U0901083

南宁统计年鉴

NANNING STATISTICAL YEARBOOK

2005

《南宁统计年鉴》编委会 编

中国统计出版社
China Statistics Press

(京)新登字 041 号

图书在版编目(CIP)数据

南宁统计年鉴.2005/南宁市统计局编.

—北京:中国统计出版社,2005.6

ISBN 7-5037-4687-4

Ⅰ.南...

Ⅱ.南...

Ⅲ.统计资料-南宁市-2005-年鉴

Ⅳ.C832.671-54

中国版本图书馆 CIP 数据核字(2005)第 052353 号

南宁统计年鉴—2005

作　　者/南宁市统计局

责任编辑/蔡启新

E-mail/yearbook@stats.gov.cn

责任校对/覃伊曼

封面设计/广西壮族自治区民族印刷厂

出版发行/中国统计出版社

通信地址/北京市西城区三里河月坛南街 75 号　中国统计出版社

邮　　编/100826

电　　话/(010)63262295

印　　刷/广西壮族自治区民族印刷厂

经　　销/新华书店

开　　本/880×1240 毫米 1/16

字　　数/94.5 千字

印　　张/29.75

印　　数/1-1000 册

版　　别/2005 年 8 月第 1 版

版　　次/2005 年 8 月第 1 次印刷

书　　号/ISBN 7-5037-4687-4/F·2087

定　　价/160.00 元

中国统计版图书,版权所有,侵权必究。

中国统计版图书,如有印装错误,本社发行部负责调换。

市委书记马飚、市长林国强等主要领导在江南污水处理厂建设工地视察

市委书记马飚、为我市荣获全国社会治安综合治理优秀城市及“平安”杯揭牌

市委书记马飚6月1日到市盲聋哑学校看望慰问盲聋哑学生

市主要领导参加南宁市江南污水处理厂一期工程开工仪式

林国强市长为外出广东、福建等省务工的农民送行

南宁市统计局是市人民政府主管统计和国民经济核算的职能部门，内设10个科室，下设计算站和普查中心2个事业单位。目前全局有职工60人，其中，大专以上文化程度56人，具有中级以上专业技术职务资格28人。

长期以来，南宁市统计局紧紧围绕市委、市政府的中心工作，充分发挥统计信息优势，在统计服务的领域、内容和方式上积极探索、大胆创新，在统计服务质量上竭力提升档次。在高质量完成国家和自治区下达的各项统计调查任务的同时，积极为地方各级党政领导和部门、社会各界提供优质的统计服务，获得了广泛好评。

面对新世纪战略机遇的挑战，南宁统计局未雨绸缪，以赤诚之心、竭诚之行、精心打造南宁统计新形象，我们提炼整合统计文化理念，培育升华统计工作者共同的价值观念和价值取向，使每个统计工作者都具有良好的人格魅力和强烈的事业心，形成加强的整体凝聚力和个体超越的创造性张力。我们创立统计服务品牌，变被动为主动服务，变事后服务为事前服务，推动有限统计管理职能向无限服务转变。集统计人之智慧扬统计人之精神，为建设“大南宁”做出新的贡献。

军民鱼水情，对子一家亲

南宁市统计工作会议

同聚迎新春，尤有新人俏

党员下基层，工学双促进

国家民政部姜力副部长率国务院经济普查督查组到我市检查指导工作

自治区统计局廖新华局长到我市视察
经济普查数据质量验收工作

2005年1月1日经济普查登记工作正式启动
南宁市副市长肖莺子亲临经济普查现场

自治区党委副书记郭声琨到我市检查指导经济普查工作

树立在高速公路旁的巨型经济普查广告牌

南宁市第一次全国经济普查动员大会

年末总人口（万人）

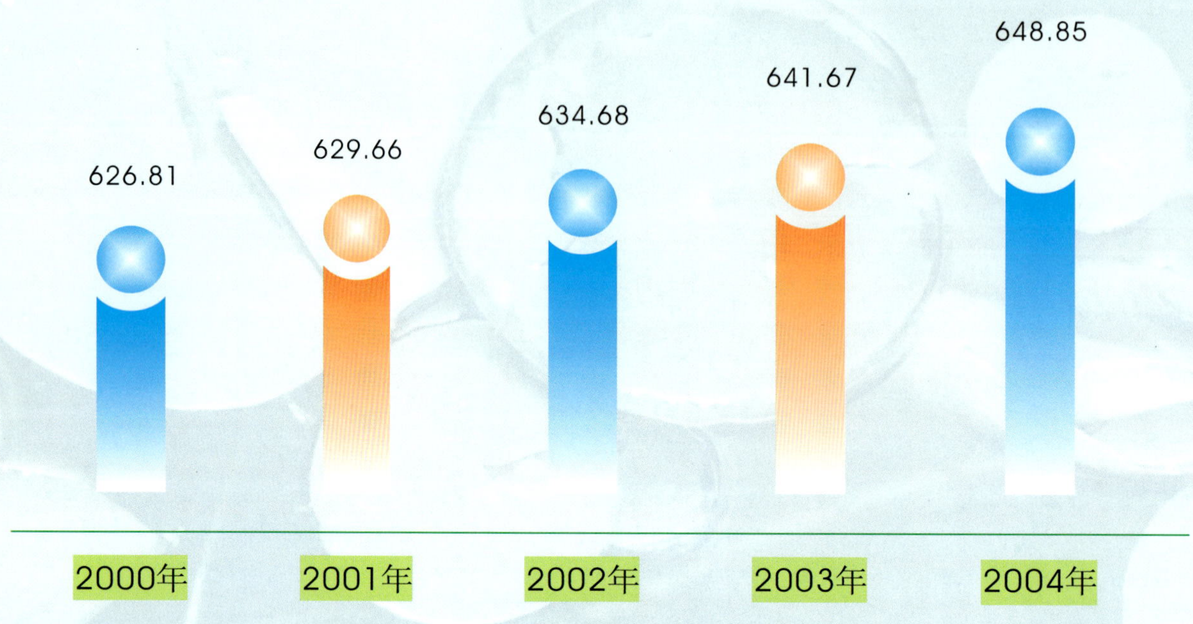

地区生产总值（亿元）

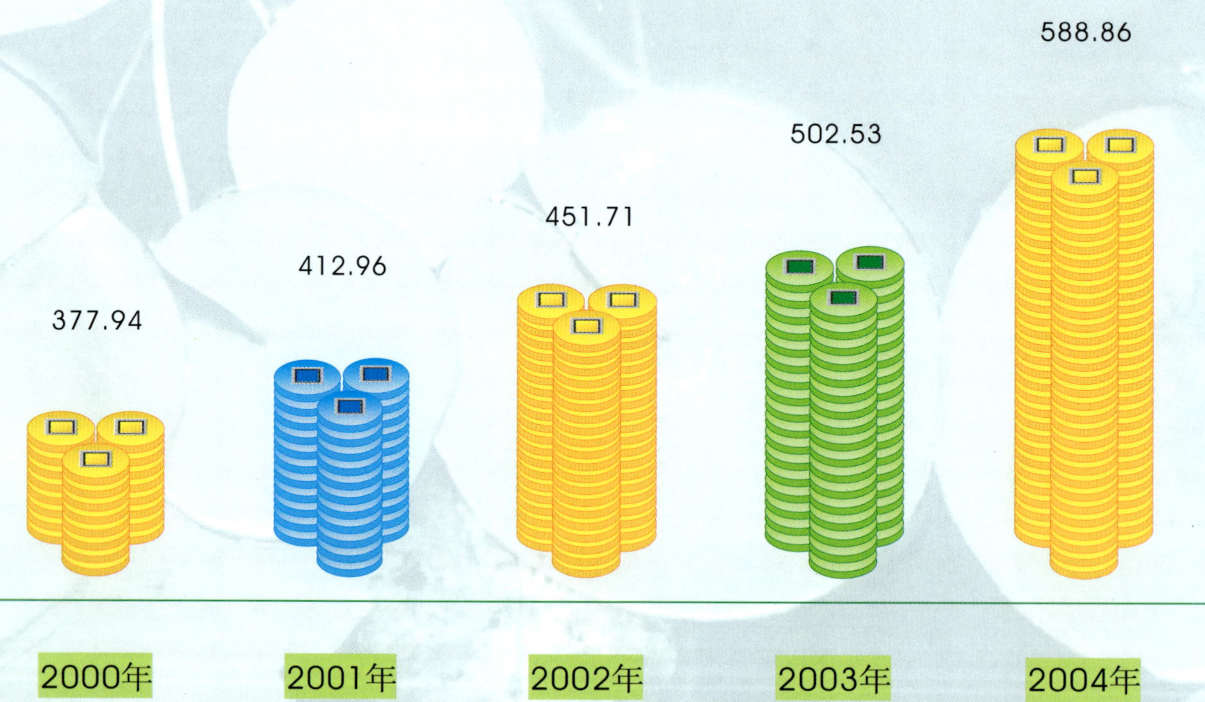

三次产业构成（%）

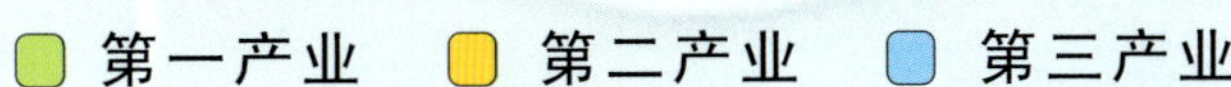

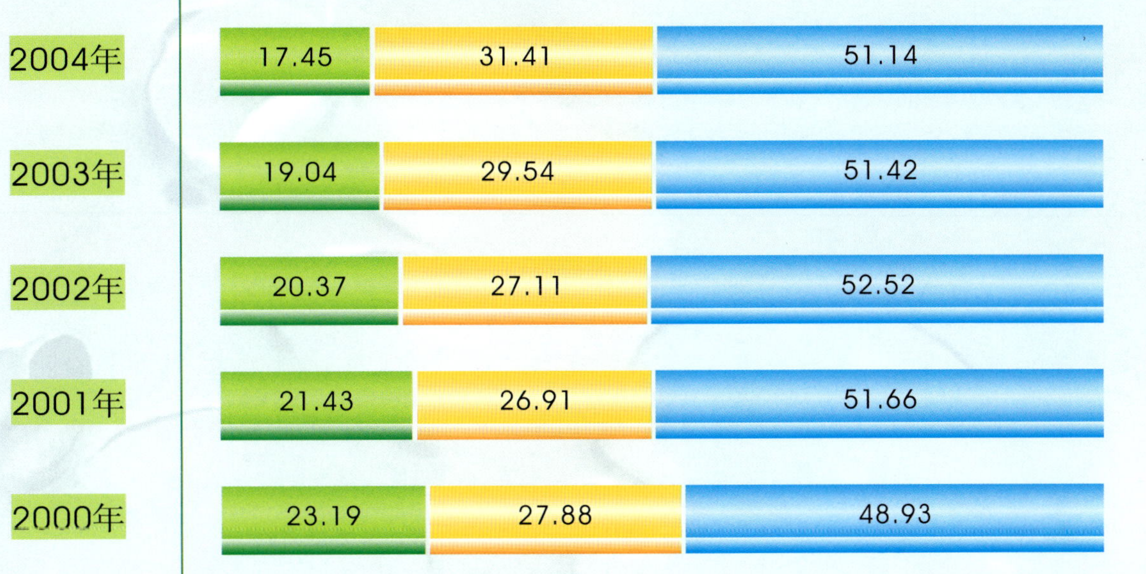

财政收入（亿元）

人均财政收入（元）

全部工业总产值（亿元）

农林牧渔业总产值（亿元）

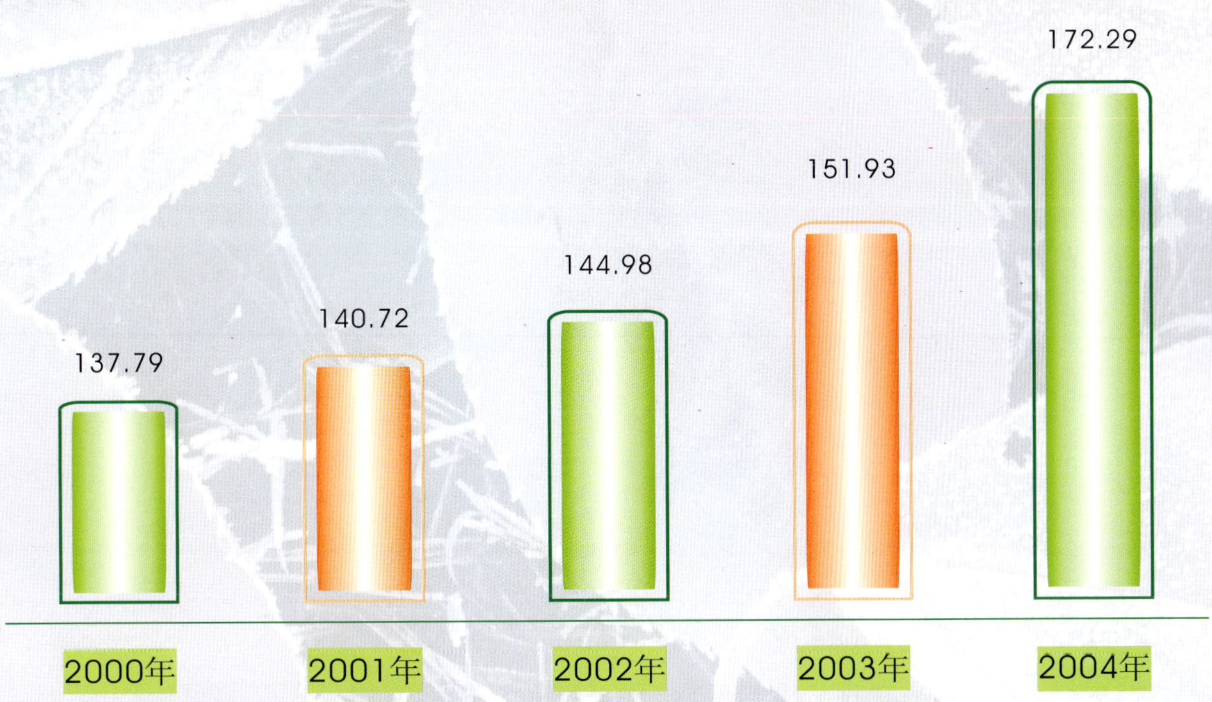

全社会固定资产投资（亿元）

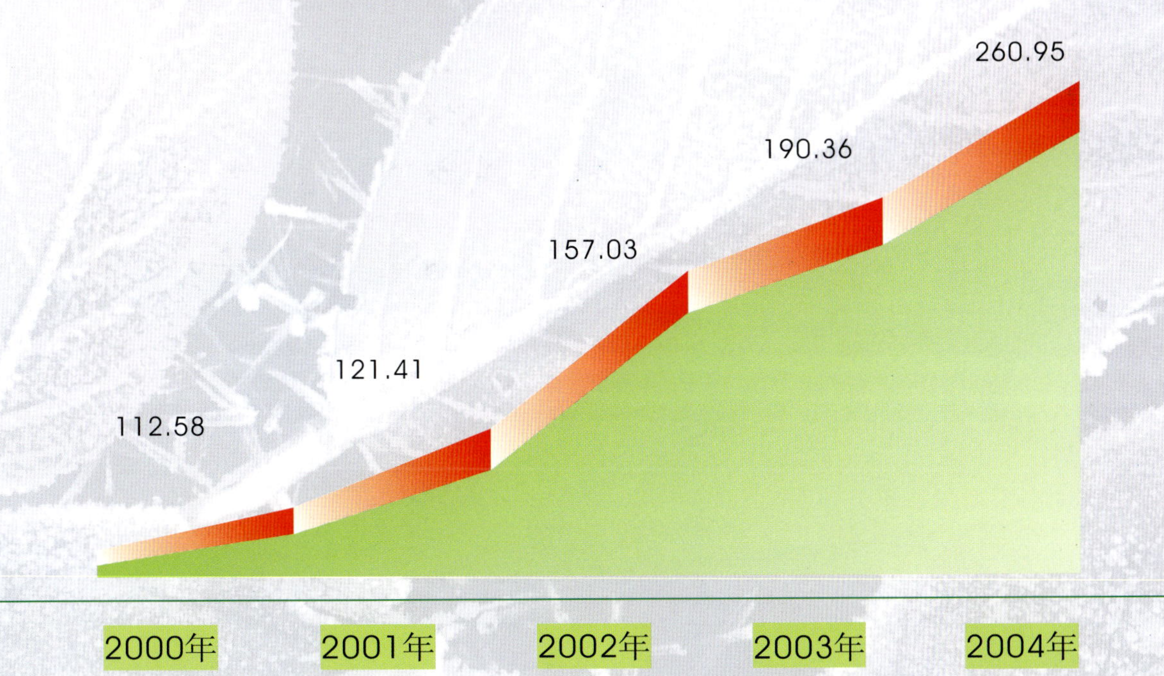

在岗职工平均工资（元）

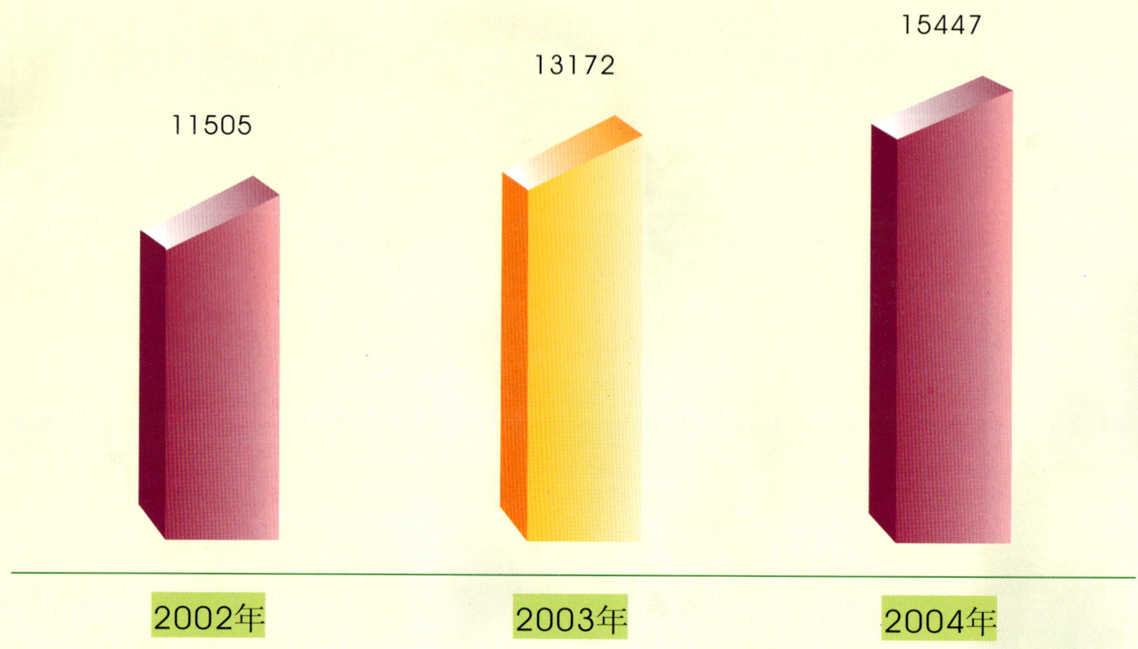

农民人均纯收入（元）

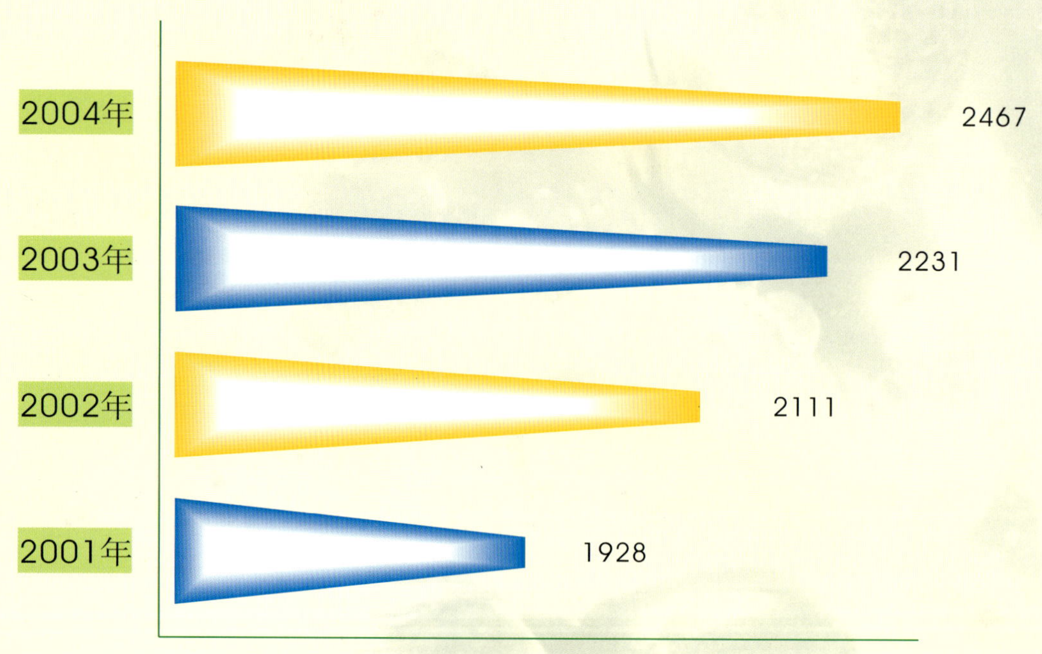

《南宁统计年鉴－2005 年》编辑委员会

名誉主任	马　飚	市委书记
	林国强	市长
主　　任	肖莺子	副市长
副 主 任	邓其新	市政府秘书长
	黄伟京	市长助理、市财政局局长
	谢小萍	市统计局局长
委　　员	刘　雄	市发展和改革委员会主任
	李克民	市经济委员会主任
	李　烜	市物价局局长
	夏建军	市教育局局长
	董秀银	市劳动局局长
	唐本开	市建设委员会主任
	唐志喜	市商贸局局长
	雷德贵	市交通局局长
	周凯声	市卫生局局长
	韦藤贤	市环保局局长
	卢学智	市农业局局长
	李文三	市统计局副局长

《南宁统计年鉴——2005》编辑人员

主　编	谢小萍
责任编辑	覃伊曼　洪　奔
编　委	（按姓氏笔划为序）
	卢致林　刘　娟　陈　斌　洪　奔
	张瑞海　张智瑜　黄玗琦　覃伊曼
编辑人员	（按姓氏笔划为序）
	马江南　韦贤珍　韦宇汕　方　强　卢文胜
	池　涛　李树兴　李碧燕　李　晖　苏应兵
	吴小玲　林　洁　朱　旭　周　琪　周　菊
	姚　峰　唐昌松　唐家昀　黄剑雄　黄勐虎
	黄旭梅　梁凤涛　梁　纬
排版编辑	池　涛　黄　强　罗川煜
英文翻译	苏应兵　林　洁

编　者　说　明

一、《南宁统计年鉴—2005》是一本集社会、经济信息资料为一体的大型工具书。本书全面系统地汇集了 2004 年南宁经济和社会各方面的数据，以及历史重要年份的主要统计数据。是党政领导部门和各部门了解“市情”、“市力”，进行定量分析、预测、宏观规划、宏观调控、科学决策的重要依据；是研究机构和各企业事业单位了解社会经济基本情况，进行微观策划的重要依据；也是社会各界了解南宁经济、社会状况的指南。

二、本年鉴内容分两大部分。（一）特辑：包括南宁概览、政府工作报告、国民经济发展计划、财政工作报告、统计公报等；（二）统计资料：内容分为 16 个篇目，1. 综合；2. 国民经济核算；3. 人口、劳动力；4. 农业；5. 工业；6. 运输、邮电；7. 固定资产投资；8. 城市公用事业、环境保护；9. 能源购进、消费、库存；10. 商业、外贸、旅游、物价；11. 财政、金融、保险；12. 文化、教育、科技、卫生、体育；13. 人民生活；14. 乡镇经济；15. 企业排序情况一览表；16. 广西及省会城市主要统计指标。为方便读者正确使用资料，附有主要统计指标解释。

三、本年鉴编辑的统计数据，以 2004 年为主，为方便读者使用，主要指标还列入了建国以来主要年份的统计数据。

四、2003 年 6 月 27 日南宁市委、市政府签约正式接管横县、宾阳、隆安、马山、上林五个县，南宁市行政区划扩大，辖县数由原来的两个县增加为七个县。本年鉴 2003 年、2004 年的统计数据口径均为大南宁口径，历年数据统计口径请注意各页的注脚。

五、本年鉴中符号使用说明：表内“空格”表示该项指标无数据；“…”表示该数据极小，不足计量单位；“#”表示其中的主要项。

六、本年鉴中由于数据小数位四舍五入，某些指标分项合计数据与总计项数据尾数略有出入。

七、由于经济普查的数据尚未审定，本年鉴编辑的统计数据中，2004 年的国民经济核算、工业、固定资产投资、商业数据均为年快报数。

八、《南宁统计年鉴》公开出版以来，得到广大读者的关心和支持，对此我们深表谢意。竭诚欢迎对本年鉴的结构、指标体系、提出宝贵意见，使《南宁统计年鉴》更趋完善，更好地为服务社会。

二 00 五年七月

目 录

Contents

第一部分 特 辑

Part I Special Issue

南宁概览……（2）
Summary Of Nanning
政府工作报告……（4）
The Government's Work Report Of Nanning
关于南宁市2004年国民经济和社会发展计划执行情况及2005年国民经济和社会发展计划草案的报告………………（13）
The Report Of The Enforcement Situation Of Nanning's National Ecocomy And Social Development Planning In 2004And The Draft Plan For 2005
关于南宁市与市本级2004年预算执行情况及2005年预算草案的报告………………………………………………………（17）
The Report Of The Enforcement Situation Of Nanning's Fiscal Budget In 2004 And The Fiscal Budget Plan For 2005
2004年南宁市国民经济和社会发展统计公报………………………………………………………………………………（25）
Statistical Communique Of Nanning National Economy And Social Development In 2004

第二部分 统计资料

Part II Statistical Data

一、综 合

Chapter 1 General Survey

1-1 行政区划 ………（34）
Administrative Divisions
1-2 乡（镇）、街道办事处一览表…………………………………………………………………………………………（35）
List Of Counties (Towns) And Subdistrict Offices
1-3 全市气象情况……（36）
Meteorological Situation
1-4 市区气象情况……（37）
Meteorological Situation Of Urban Districts
1-5 各县气象情况……（38）
Meteorological Situation By county
1-6 南宁市主要年份平均每天的主要经济活动……………………………………………………………………………（39）
Average Daily Economic Activities Of Nanning City In Main years
1-7 南宁市国民经济主要指标占全区比重…………………………………………………………………………………（40）
Main Indicators Of Nanning' s National Economy As Percentage In Guangxi
1-8 全市国民经济和社会发展结构指标……………………………………………………………………………………（41）
Structural Indicators Of National Economy And Social Development

1-9 全市各时期主要经济指标平均增长率……(44)
Average Growth Rate Of Main Economic Indicators In Each Period
1-10 全市历年主要指标……(45)
Main Indicators Of Nanning City Over The Years
1-11 全市社会经济主要指标……(49)
Main Social Economic Indicators Of Nanning City
1-12 全市人均主要社会经济指标……(54)
Per Capita Main Indicators Of Social Economy
1-13 市区社会经济主要指标……(55)
Main Social Economic Indicators Of Urban Districts
1-14 市区人均主要社会经济指标……(60)
Per Capita Main Indicators Of Social Economy In Urban Districts
1-15 各县社会经济主要指标……(61)
Main Social Economic Indicators By County
1-16 各县人均主要社会经济指标……(76)
Per Capita Main Indicators Of Social Economy By County

二、国民经济核算
Chapter 2 National Accounts

2-1 全市主要年份生产总值 ……(78)
Gross Domestic Product Of Nanning City In Main Years
2-2 全市主要年份生产总值构成……(79)
Composition Of Gross Domestic Product Of Nanning City In Main Years
2-3 全市主要年份生产总值指数……(80)
Indices Of Gross Domestic Product Of Nanning City In Main Years
2-4 全市主要年份人均生产总值……(81)
Per Capita Gross Domestic Product Of Nanning City In Main Years
2-5 全市各时期生产总值平均指数……(82)
Average Annual Development Indice Of Nanning' s Gross Domestic Product In Each Period
2-6 全市财政收入相当于地区生产总值的比例……(83)
Totac Finace Revenue As Percentage Of Gross Domestic Product
2-7 全市总产出……(84)
Total Output
2-8 全市生产总值及指数……(85)
Gross Domestic Product And Development Speed
2-9 全市生产总值构成……(86)
Composition Of Gross Domestic Product
2-10 市区主要年份生产总值……(87)
Gross Domestic Product Of Urban Districts In Main Years
2-11 市区主要年份生产总值构成……(88)
Composition Of Gross Domestic Product Of Urban Districts In Main Years
2-12 市区主要年份生产总值指数……(89)
Indices Of Gross Domestic Product Of Urban Districts In Main Years

2-13 市区主要年份人均生产总值…………………………………………………………………………… (90)
Per Capita Gross Domestic Product Of Urban Districts In Main Years
2-14 市区各时期生产总值平均指数…………………………………………………………………………… (91)
Average Annual Development Speed Of Gross Domestic Product In Urban Districts In Each Period
2-15 市区财政收入相当于地区生产总值的比例…………………………………………………………………… (92)
Government Revenue As Percentage Of Gross Domestic Product In Urban Districts
2-16 市区总产出 …………………………………………………………………………………………… (93)
Total Output Of Urban Districts
2-17 市区生产总值…………………………………………………………………………………………… (94)
Gross Domestic Product Of Urban Districts
2-18 市区生产总值构成………………………………………………………………………………………… (95)
Composition Of Gross Domestic Product In Urban Districts
2-19 邕宁县主要年份生产总值…………………………………………………………………………………… (96)
Gross Domestic Product Of Yongning County In Main Years
2-20 邕宁县主要年份生产总值构成……………………………………………………………………………… (97)
Composition Of Gross Domestic Product Of Yongning County In Main Years
2-21 邕宁县主要年份生产总值指数……………………………………………………………………………… (98)
Indices Of Gross Domestic Product Of Yongning County In Main Years
2-22 邕宁县各时期生产总值平均指数…………………………………………………………………………… (99)
Average Annual Development Indice Of Gross Domestic Product Of Yongning County In Each Period
2-23 武鸣县主要年份生产总值…………………………………………………………………………………… (100)
Gross Domestic Product Of Wuming County In Main Years
2-24 武鸣县主要年份生产总值构成……………………………………………………………………………… (101)
Composition Of Gross Domestic Product Of Wuming County In Main Years
2-25 武鸣县主要年份生产总值指数……………………………………………………………………………… (102)
Indices Of Gross Domestic Product Of Wuming County In Main Years
2-26 武鸣县各时期生产总值平均指数…………………………………………………………………………… (103)
Average Annual Development Indice Of Gross Domestic Product Of Wuming County In Each Period
2-27 横县主要年份生产总值……………………………………………………………………………………… (104)
Gross Domestic Product Of Hengxian County In Main Years
2-28 横县主要年份生产总值构成………………………………………………………………………………… (105)
Composition Of Gross Domestic Product Of Hengxian County In Main Years
2-29 横县主要年份生产总值指数………………………………………………………………………………… (106)
Indices Of Gross Domestic Product Of Hengxian County In Main Years
2-30 横县各时期生产总值平均指数……………………………………………………………………………… (107)
Average Annual Development Indice Of Gross Domestic Product Of Hengxian County In Each Period
2-31 宾阳县主要年份生产总值…………………………………………………………………………………… (108)
Gross Domestic Product Of Binyang County In Main Years
2-32 宾阳县主要年份生产总值构成……………………………………………………………………………… (109)
Composition Of Gross Domestic Product Of Binyang County In Main Years
2-33 宾阳县主要年份生产总值指数……………………………………………………………………………… (110)
Indices Of Gross Domestic Product Of Binyang County In Main Years
2-34 宾阳县各时期生产总值平均指数…………………………………………………………………………… (111)
Average Annual Development Indice Of Gross Domestic Product Of Binyang County In Each Period
2-35 上林县主要年份生产总值…………………………………………………………………………………… (112)
Gross Domestic Product Of Shanglin County In Main Years

2-36 上林县主要年份生产总值构成…… (113)
Composition Of Gross Domestic Product Of Shanglin County In Main Years
2-37 上林县主要年份生产总值指数…… (114)
Indices Of Gross Domestic Product Of Shanglin County In Main Years
2-38 上林县各时期生产总值平均指数…… (115)
Average Annual Development Indice Of Gross Domestic Product Of Shanglin County In Each Period
2-39 马山县主要年份生产总值…… (116)
Gross Domestic Product Of Mashan County In Main Years
2-40 马山县主要年份生产总值构成…… (117)
Composition Of Gross Domestic Product Of Mashan County In Main Years
2-41 马山县主要年份生产总值指数…… (118)
Indices Of Gross Domestic Product Of Mashan County In Main Years
2-42 马山县各时期生产总值平均指数…… (119)
Average Annual Development Indice Of Gross Domestic Product Of Mashan County In Each Period
2-43 隆安县主要年份生产总值…… (120)
Gross Domestic Product Of Long'an County In Main Years
2-44 隆安县主要年份生产总值构成…… (121)
Composition Of Gross Domestic Product Of Long'an County In Main Years
2-45 隆安县主要年份生产总值指数…… (122)
Indices Of Gross Domestic Product Of Long'an County In Main Years
2-46 隆安县各时期生产总值平均指数…… (123)
Average Annual Development Indice Of Gross Domestic Product Of Long'an County In Each Period
2-47 各县主要年份人均生产总值…… (124)
Per Capita Gross Domestic Product In Main Years By County
2-48 各县财政收入相当于地区生产总值的比例…… (125)
Government Revenue As Percentage Of Gross Domestic Product By County
2-49 各县总产出…… (126)
Total Output By County
2-50 各县生产总值 …… (127)
Gross Domestic Product By County
2-51 各县生产总值构成…… (128)
Composition Of Gross Domestic Product By County
2-52 各县生产总值指数…… (129)
Indices Of Gross Domestic Product By County

三、人口、劳动力和职工工资
Chapter 3 Population, Labor Force And Worker's Salary

3-1 全市主要年份人口…… (132)
Population In Main Years
3-2 全市人口数…… (133)
Total Population Amvumt
3-3 全市户籍人口分地区统计…… (134)
Registered Population Statistics By Region

3-4 全市户籍人口分年龄统计…… (135)
Registered Population Statistics By Age
3-5 全市人口变动情况…… (136)
Statistics On Population Changes
3-6 市区人口数…… (137)
Population Amovnt Of Urban Districts
3-7 市区人口分办事处、乡镇统计…… (138)
Population Amovnt Of Urban Districts By street office,Village and Town
3-8 市区人口变动情况…… (139)
Statistics On Population Changes In Urban Districts
3-9 各县人口数…… (140)
Population Amovnt By County
3-10 各县人口分乡镇统计…… (141)
Population Statistics Of Counties By Village and town
3-11 市区城乡劳动力资源分配平衡表…… (144)
Balance Sheet Of Urban Labor Force Resource Allocation
3-12 主要年份全市在岗职工人数及构成…… (146)
Number And Composition Of Staff And Workers On The Job In Main Years
3-13 主要年份全市在岗职工工资总额及平均工资…… (147)
Total Wages And Average Wage Of Staff And Workers On The Job In Main Years
3-14 全市单位从业人员人数…… (148)
Number Of Employed Persons Of Nanning City
3-15 全市单位从业人员劳动报酬…… (155)
Wages Of Employed Persons Of Nanning City
3-16 全市职工人数变动情况…… (162)
Variation Of Staff And Workers In Nanning City
3-17 全市离休、退休、退职人数及保险福利费用构成情况…… (163)
Number Of Retirees, Composition Of Insurance And Welfare Of Retirees
3-18 市区单位从业人员人数…… (164)
Number Of Employed Persons In Urban Districts
3-19 市区单位从业人员劳动报酬…… (171)
Wages Of Employed Persons In Urban Districts
3-20 市区职工人数变动情况…… (178)
Variation Of Staffs And Workers In Urban Districts
3-21 各县城镇单位年末从业人员…… (180)
Number Of Employed Persons In Town By County At The Year-End
3-22 各县城镇单位在岗职工年末人数…… (181)
Number Of Staffs And Workers On The Job In Town By County At The Year-End
3-23 各县城镇单位从业人员劳动报酬…… (182)
Wages Of Employed Persons In Town By County
3-24 各县城镇单位在岗职工劳动报酬…… (183)
Wages Of Staffs And Workers On The Job In Town By County
3-25 各县城镇单位在岗职工平均工资…… (184)
Average Wage Of Staff And Workers On The Job In Town By County

四、农　业
Chapter 4　Agriculture

4-1　全市主要年份农林牧渔业总产值……（186）
Gross Output Value Of Agriculture、Forestry、Animal Husbandry And Fishery In Main Years

4-2　全市主要年份农林牧渔业总产值发展速度……（187）
Development Speed Of Gross Output Value Of Agricultural、Forestry、Animal Husbandry And Fishery In Main Years

4-3　全市主要年份农民人均纯收入及主要农产品产量……（188）
Per Capita Net Income Of The Peasant And Yield Of Major Farm Crops In Main Years

4-4　农村基本情况及从业人员构成……（189）
Basic Conditions Of Countryside And Composition Of Employed Persons

4-5　农村社会总产值……（190）
Total Social Output Value Of Countryside

4-6　全市农林牧渔业总产值……（191）
Gross Output Value Of Farming, Forestry, Animal Husbandry And Fishery

4-7　市区农林牧渔业总产值……（192）
Gross Output Value Of Farming, Forestry, Animal Husbandry And Fishery In Urban Districts

4-8　全市农林牧渔业中间消耗……（193）
Consumption In Production Of Farming, Forestry, Animal Husbandry And Fishery

4-9　市区农林牧渔业中间消耗……（194）
Consumption In Production Of Farming, Forestry, Animal Husbandry And Fishery In Urban Districts

4-10　农业林牧渔业总产值及构成……（195）
Composition And Gross Output Value Of Farming, Forestry, Animal Husbandry And Fishery

4-11　耕地增减变动情况……（196）
Changes In Areas Of Cultivated Land

4-12　农作物播种面积和产量……（197）
Total Sown Areas And Output Of Farm Crops

4-13　茶叶和水果生产情况……（199）
Statistics On Production Of Teas And Fruits

4-14　林业生产情况……（200）
Statistics On Forestry Production

4-15　主要牲畜年末存栏情况……（201）
Year-End Amount Of Main Livestocks In Stock

4-16　主要牲畜全年出栏情况……（201）
Delivered Amount Of Main Livestocks

4-17　牧业主要产品产量……（202）
Output Of Main Animal Husbandry Products

4-18　渔业生产情况……（202）
Statistics On Fishery Production

4-19　农业机械化情况……（203）
Mechanization Level Of Agriculture

4-20　农村水电、化肥用量及灌溉情况……（204）
Sitruation Of Rural Water,Electricity,Chemical Fertilizer And Irrigation

4-21　各县农村基本情况及从业人员构成……（205）
Basic Conditions Of Countryside And Composition Of Employed Persons By County

4-22 各县农村社会总产值…………………………………………………………………………………………（206）
Total Social Output Value Of Countryside By County
4-23 各县农林牧渔业总产值………………………………………………………………………………………（207）
Gross Output Value Of Farming, Forestry, Animal Husbandry And Fishery By County
4-24 各县农林牧渔业中间消耗……………………………………………………………………………………（209）
Consumption In Production Of Farming, Forestry, Animal Husbandry And Fishery By County
4-25 各县耕地增减变动情况………………………………………………………………………………………（212）
Changes In Areas Of Cultivated Land By County
4-26 各县农作物播种面积和产量…………………………………………………………………………………（213）
Total Sown Areas And Output Of Farm Crops By County
4-27 各县茶叶和水果生产情况……………………………………………………………………………………（215）
Statistics On Production Of Teas And Fruits By County
4-28 各县林业生产情况……………………………………………………………………………………………（216）
Statistics On Forestry Production By County
4-29 各县主要牲畜年末存栏情况…………………………………………………………………………………（217）
Year-End Amount Of Main Livestocks In Stock By County
4-30 各县主要牲畜全年出栏情况…………………………………………………………………………………（217）
Delivered Amount Of Main Livestocks By County
4-31 各县牧业主要产品产量………………………………………………………………………………………（218）
Output Of Main Animal Husbandry Products By County
4-32 各县渔业生产情况……………………………………………………………………………………………（218）
Statistics On Fishery Production By County
4-33 各县农业机械化情况…………………………………………………………………………………………（219）
Mechanization Level Of Agriculture By County
4-34 各县农村水电、化肥用量及灌溉情况………………………………………………………………………（220）
Sitruation Of Rural Water,Electricity,Chemical Fertilizer And Irrigation By County

五、工业
Chapter 5 Industry

5-1 全市主要年份工业总产值……………………………………………………………………………………（222）
Gross Industrial Output Value Of Nanning City In Main Years
5-2 全市主要年份工业总产值发展速度…………………………………………………………………………（223）
Development Speed Of Gross Industrial Output Value Of Nanning City In Main Years
5-3 全部工业企业单位数、总产值与增加值……………………………………………………………………（224）
Number Of All Industrial Enterprises, Total Gross Industrial Output Value and Value-added
5-4 全市主要工业产品产量………………………………………………………………………………………（225）
Output Of Main Industrial Products
5-5 全市规模以上工业企业主要财务状况………………………………………………………………………（226）
Main Financial Status Of Industrial Enterprises Above Designated Scale In Nanning City
5-6 全市规模以上工业主要经济效益指标 ……………………………………………………………………（232）
Main Economic Results Indicators Of Industrial Enterprises Above Designated Scale In Nannig City
5-7 市区工业企业单位数、总产值与增加值……………………………………………………………………（233）
Number Of All Industrial Enterprises, Total Gross Industrial Output Value and Value-added In Urban Districts

5-8 市区主要工业产品产量…… (234)
Output Of Main Industrial Products In Urban Districts
5-9 市区规模以上工业企业主要财务状况…… (235)
Main Financial Status Of Industrial Enterprises Above Designated Size In Urban Districts
5-10 各县工业企业单位数…… (241)
Number Of All Industrial Enterprises By County
5-11 各县全部工业总产值…… (242)
Gross Industrial Output Value By County
5-12 各县全部工业增加值…… (243)
Gross Industrial Value-added By County
5-13 各县主要工业产品产量…… (244)
Output Of Main Industrial Products By County
5-14 各县规模以上工业企业主要财务状况…… (245)
Main Financial Status Of Industrial Enterprises Above Designated Scale By County

六、运输、邮电

Chapter 6 Transport, Postal And Telecommunications

6-1 全市主要年份交通邮电情况…… (248)
Statistics On Traffic, Post And Telecommunication Services In Main Years
6-2 全市民用车辆拥有量…… (249)
Number Of Civil Private-Owned Vehicles In Nanning City
6-3 全市民用运输船舶拥有量…… (250)
Number Of Civil Transport Vessels In Nannig City
6-4 全市全社会客货运输量…… (250)
Volume Of Passenger And Freight Traffic In Nanning City
6-5 全市邮政、电信业务基本情况…… (251)
Basic Statistics On Postal Service And Telecommunication Service
6-6 市区邮政、电信业务基本情况…… (252)
Basic Statistics On Postal Service And Telecommunication Service In Urban Districts

七、固定资产投资

Chapter 7 Investment In Fixed Assets

7-1 全市主要年份固定资产投资情况…… (254)
Investment In Fixed Assets In Main Years
7-2 全市全社会固定资产投资…… (255)
Total Investment In Fixed Assets
7-3 全市城镇固定资产投资…… (256)
Total Investment In Fixed Assets In Town Of Nanning City
7-4 全市城镇固定资产投资完成情况…… (257)
Total Accomplished Investment In Fixed Assets In Town Of Nanning City
7-5 全市农村非农户固定资产投资…… (258)
Investment In Fixed Assets Of Non-agricultural Households In Rural Areas Of Nanning City

7-6 全市全年新增生产能力……（259）
Newly Increased Production Capacity
7-7 全市城镇和工矿区私人建房情况……（259）
Buildings Constructed By Individuals In Cities And Towns, In Industrial And Mining Area
7-8 全市新增固定资产按国民经济行业分……（260）
Newly Increased Investment In Fixed Assets By Industry Of National Economy
7-9 房地产开发投资……（261）
Real Estate Investment
7-10 房地产开发投资完成情况……（262）
Completed Investment In Real Estate
7-11 全市建筑业企业生产情况……（263）
Production Of Construction Enterprises
7-12 市区全社会固定资产投资……（265）
Total Investment In Fixed Assets In Urban Districts
7-13 市区城镇固定资产投资………（266）
Total Investment In Fixed Assets In Town Of Urban Districts
7-14 市区城镇固定资产投资完成情况………（267）
Total Accomplished Investment In Fixed Assets In Town Of Urban Districts
7-15 市区新增固定资产按国民经济行业分………………………………………………………………………………………………………（268）
Newly Increased Investment In Fixed Assets By Industry Of National Economy In Urban Districts
7-16 各县全社会固定资产投资完成情况……（269）
Total Accomplished Investment In Fixed Assets By County
7-17 各县城镇固定资产投资………（270）
Total Investment In Fixed Assets In Town By County
7-18 各县房地产开发投资完成情况……（272）
Completed Investment In Real Estate By County

八、城市公用事业、环境保护
Chapter 8 Urban Public Utilities, Environmental Protection

8-1 市政建设情况………（274）
Urban Construction
8-2 城市园林绿化情况………（274）
Urban Parks, Gardens And Green Areas
8-3 城市供气供水情况………（275）
Gas And Water Supply In City
8-4 城市公共交通情况………（275）
Urban Public Traffic
8-5 城市清洁卫生情况………（276）
Urban Sanitation And Hygiene
8-6 城市环境保护情况………（276）
Urban Environment Protection

九、能源购进、消费与库存

Chapter 9　Purchase, Consumption And Stock Of Energy

9-1　工业企业主要能源购进、消费与库存…………（278）
Purchase, Consumption And Stock Of Main Energy Of Industrial Enterprises

9-2　全市工业企业主要能源按行业消费量…………（279）
Consumption Of Main Energy Of Industrial Enterprises In Nanning City By Sector

9-3　市区工业企业主要能源按行业消费量…………（280）
Consumption Of Main Energy Of Industrial Enterprises In Urban Districts By Sector

9-4　各县工业企业主要能源购进、消费与库存…………（281）
Purchase, Consumption And Stock Of Main Energy Of Industrial Enterprises By County

十、商业、外贸、旅游、物价

Chapter 10　Business, Foreign Trade, Travel, Price

10-1　全市主要年份商品销售总额和社会消费品零售总额…………（284）
Gross Sales Of The Goods And Total Retail Sales Of Social Consumer Goods In Main Years

10-2　全市社会消费品零售总额…………（285）
Total Retail Sales Of Social Consumer Goods

10-3　全市批发零售贸易业商品销售总额…………（286）
Total Sales Of Enterprises In Wholesale And Retail Trades

10-4　全市限额以上批发零售贸易业商品销售类值…………（287）
Total Sales Of Enterprises Above Designated Scale In Wholesale And Retail Trades By Category Of Commodities In Nanning City

10-5　全市限额以上批发零售贸易业商品销售数量…………（288）
Sale Quantity Of Enterprises Above Designated Scale In Wholesale And Retail Trades In Nanning City

10-6　市区社会消费品零售总额…………（289）
Total Retail Sales Of Social Consumer Goods In Urban Districts

10-7　市区批发零售贸易业商品销售总额…………（290）
Total Sales Of Enterprises In Wholesale And Retail Trades In Urban Districts

10-8　市区限额以上批发零售贸易业商品销售类值…………（291）
Total Sales Of Enterprises Above Designated Scale In Wholesale And Retail Trades By Category Of Commodities In Urban Districts

10-9　市区限额以上批发零售贸易业商品销售数量…………（292）
Sale Quantity Of Enterprises Above Designated Scale In Wholesale And Retail Trades In Urban Districts

10-10　各县社会消费品零售总额…………（293）
Total Retail Sales Of Social Consumer Goods By County

10-11　各县批发零售贸易业商品销售总额…………（294）
Total Sales Of Enterprises In Wholesale And Retail Trades By County

10-12　各县限额以上批发零售贸易业商品销售类值…………（296）
Total Sales Of Enterprises Above Designated Scale In Wholesale And Retail Trades By Category Of Commodities By County

10-13 各县限额以上批发零售贸易业商品销售数量…………………………………………………………………………………（297）
Sale Quantity Of Enterprises Above Designated Scale In Wholesale And Retail Trades By County
10-14 外国和港澳台地区在华直接投资……………………………………………………………………………………………（298）
Direct Investments From Foreign Countries And Hong Kong,Macao And Taiwan Areas
10-15 国际旅游收入……（299）
Earnings Of International Tourism
10-16 接待过夜旅游人数……（299）
Numbers Of Tourists Staying Overnight In Nanning City
10-17 主要宾馆酒店接待能力和接待人数………………………………………………………………………………………（300）
Rcception Capacity And Number Of Tourists In Main Hotels
10-18 旅行社基本情况………（300）
Basic Statistics On Travel Agency
10-19 居民消费价格总指数………………………………………………………………………………………………………（301）
Consumer Price Indices
10-20 个体工商业基本情况………………………………………………………………………………………………………（302）
Basic Indicators Of Self-Employment Business
10-21 私营企业基本情况……（303）
Basic Indicators Of Private Enterprises

十一、财政、金融、保险
Chapter 11 Government Finance, Banking And Insurance

11-1 全市主要年份财政、金融…………………………………………………………………………………………………（306）
Government Finance And Banking In Main Years
11-2 全市财政收入……（307）
Government Revenue
11-3 全市财政支出……（307）
Government Expenditure
11-4 市区财政收入……（308）
Government Revenue Of Urban Districts
11-5 市区财政支出……（308）
Government Expenditure Of Urban Districts
11-6 各县财政收入……（309）
Government Revenue By County
11-7 各县财政支出……（310）
Government Expenditure By County
11-8 全市银行现金收入………（311）
Cash Revenue Of Banking System
11-9 全市银行现金支出………（311）
Cash Expenditure Of Banking System
11-10 市区银行现金收入……（312）
Cash Revenue Of Banking System In Urban Districts
11-11 市区银行现金支出……（312）
Cash Expenditure Of Banking System In Urban Districts

11-12 各县银行现金收入…………………………………………………………………………………………（313）
Cash Revenue Of Banking System By County
11-13 各县银行现金支出…………………………………………………………………………………………（314）
Cash Expenditure Of Banking System By County
11-14 全社会金融机构存款余额…………………………………………………………………………………（315）
Deposits Balace Of Financial Institution At The Year-End
11-15 全社会金融机构贷款余额…………………………………………………………………………………（315）
Loans Balace Of Financial Institution At The Year-End
11-16 市区金融机构存款余额……………………………………………………………………………………（316）
Deposits Balace Of Financial Institution At The Year-End In Urban Districts
11-17 市区金融机构贷款余额……………………………………………………………………………………（316）
Loans Balace Of Financial Institution At The Year-End In Urban Districts
11-18 各县金融机构存款余额……………………………………………………………………………………（317）
Deposits Of Financial Institution At The Year-End By County
11-19 各县金融机构贷款余额……………………………………………………………………………………（318）
Loans Balace Of Financial Institution At The Year-End By County
11-20 保险业务情况………………………………………………………………………………………………（319）
Indicators Of Insurance Business
11-21 各县保险业务情况…………………………………………………………………………………………（320）
Insurance Business By County

十二、文化、教育、卫生、体育
Chapter 12 Culture, Education, Hygiene And Sports

12-1 文化事业基本情况…………………………………………………………………………………………（322）
Basic Statistics On Culture
12-2 各县文化事业基本情况……………………………………………………………………………………（323）
Basic Statistics On Culture By County
12-3 教育事业基本情况…………………………………………………………………………………………（324）
Basic Statistics On Education
12-4 各县教育事业基本情况……………………………………………………………………………………（325）
Basic Statistics On Education By County
12-5 普通高等学校一览表………………………………………………………………………………………（326）
List Of Institutions Of Ordinary Higher Education
12-6 中等专业学校一览表………………………………………………………………………………………（327）
List Of Specialized Secondary Speciallty Schools
12-7 技工学校一览表……………………………………………………………………………………………（329）
List Of Technical Schools
12-8 大中型工业企业技术开发成果……………………………………………………………………………（330）
Technology Development Achievements In Large and medium-scale Industrial Enterprises
12-9 大中型工业企业技术开发机构、人员情况………………………………………………………………（330）
Technological Development Organization And Personnel's Situation Of Large and medium-scale Industrial Enterprises
12-10 大中型工业企业技术开发经费总额………………………………………………………………………（331）
Total Funds Of Technological Development Of Large and medium-scale Enterprises

12-11 市属国有企事业单位各类专业技术人员…………………………………………………………………………………… (331)
Professional And Technological Personnel In State-owned Units Under City Administration
12-12 卫生机构、床位、人员情况……………………………………………………………………………………………… (332)
Statistics On Hygiene Organizations, Beds And Personnel
12-13 各县卫生机构、床位、人员情况……………………………………………………………………………………… (333)
Statistics On Hygiene Organizations, Beds And Personnel By County
12-14 体育事业基本情况…… (334)
Basic Statistics On Sports
12-15 各县体育事业基本情况…………………………………………………………………………………………………… (335)
Basic Statistics On Sports By County

十三、人 民 生 活
Chapter 13 People's Livelihood

13-1 历年城市居民收支及价格指数情况…………………………………………………………………………………… (338)
Citizens' Income And Expenditure And Price Indices Over The Years
13-2 历年城市居民家庭主要食品消费量…………………………………………………………………………………… (339)
Consumption Of Main Foods In Urban Households Over The Years
13-3 城乡居民家庭生活基本情况…………………………………………………………………………………………… (341)
Basic Statistics On Living Conditions Of Urban And Rural Households
13-4 城乡居民家庭生活消费支出情况……………………………………………………………………………………… (342)
Statistics On Living Expenditure Of Urban And Rural Households
13-5 城乡居民家庭主要食品消费量………………………………………………………………………………………… (343)
Main Foods Consumption Of Urban And Rural Households
13-6 城镇居民家庭生活基本情况…………………………………………………………………………………………… (344)
Basic Statistics On Urban Households
13-7 城镇居民家庭现金收支情况…………………………………………………………………………………………… (346)
Cash Income And Expenditures Of Urban Households
13-8 城镇居民家庭消费支出情况…………………………………………………………………………………………… (348)
Living Expenditures Of Urban Households
13-9 城镇居民家庭生活费支出构成情况…………………………………………………………………………………… (350)
Composition Of Living Expenditure Of Urban Households
13-10 城镇居民家庭年末主要消费品拥有情况……………………………………………………………………………… (351)
Possession Of Main Consumer Goods Of Urban Households At The Year-End
13-11 城镇居民家庭居住情况………………………………………………………………………………………………… (352)
Living Conditions Of Urban Households
13-12 各县区城镇居民家庭生活基本情况…………………………………………………………………………………… (353)
Basic Statistics On Urban Households By Region
13-13 各县区城镇居民家庭现金收支情况…………………………………………………………………………………… (355)
Cash Income And Expenditures Of Urban Households By Region
13-14 各县区城镇居民家庭消费支出情况…………………………………………………………………………………… (359)
Living Expenditures Of Urban Households By Region
13-15 各县区城镇居民家庭年末主要消费品拥有情况……………………………………………………………………… (363)
Possession Of Main Consumer Goods Of Urban Households At The Year-End By Region

13-16 全市农村居民家庭平均每人全年收支情况…………………………………………………………………………………………(365)
Statistics On Per Capita Income And Expenditure Of Rural Households
13-17 全市农村居民家庭基本情况……(366)
Basic Statistics On Rural Households
13-18 市区农村居民家庭平均每人全年收支情况…………………………………………………………………………………………(367)
Statistics On Per Capita Income And Expenditure Of Rural Households In Urban Districts
13-19 市区农村居民家庭基本情况……(368)
Basic Statistics On Rural Households In Urban Districts
13-20 各县农村居民家庭平均每人全年收支情况…………………………………………………………………………………………(370)
Statistics On Per Capita Income And Expenditure Of Rural Households By County
13-21 各县农村居民家庭基本情况……(371)
Basic Statistics On Rural Households By County

十四、乡镇经济
Chapter 14 Villages And Towns Economy

14-1 市区各乡镇主要统计指标………(374)
Main Indicators Of Each Village And Town In Urban Districts
14-2 邕宁县各乡镇主要统计指标……(376)
Main Indicators Of Each Village And Town In Yongning County
14-3 武鸣县各乡镇主要统计指标……(379)
Main Indicators Of Each Village And Town In Wuming County
14-4 横县各乡镇主要统计指标………(383)
Main Indicators Of Each Village And Town In Hengxian County
14-5 宾阳县各乡镇主要统计指标……(386)
Main Indicators Of Each Village And Town In Binyang County
14-6 上林县各乡镇主要统计指标……(389)
Main Indicators Of Each Village And Town In Shanglin County
14-7 马山县各乡镇主要统计指标……(391)
Main Indicators Of Each Village And Town In Mashan County
14-8 隆安县各乡镇主要统计指标……(393)
Main Indicators Of Each Village And Town In Long'an County

十五、企业排序情况一览表
Chapter 15 List Of Enterprises By Main Indicators

15-1 大中型工业企业一览表 ……(396)
List Of Large And Medium-Scale Industrial Enterprises
15-2 工业总产值、产品销售收入超亿元的企业…………………………………………………………………………………………(398)
Industrial Enterprises With Gross Industrial Output Value And Sales Revenue Above 100 Million Yuan
15-3 工业利税总额、利润总额前 30 名的企业……………………………………………………………………………………………(399)
List Of Top 30 Industrial Enterprises By Total Profits, Tax And Total Profits

十六、广西及省会城市主要统计指标
Chapter 16　Main Indicators of Guangxi And Provincial Capital Cities

16-1　广西主要年份国民经济主要统计指标……（402）
Main Indicators Of National Economy Of Guangxi in Main Years
16-2　各省会城市行政区划和土地面积……（403）
Administrative Division And Land Area Of Provincial Capital Cities
16-3　各省会城市建城区面积和人口密度……（404）
Urban Building Area And Population Density Of Provincial Capital Cities
16-4　各省会城市年末总人口……（405）
Total Population Of Provincial Capital Cities At The Year-End
16-5　各省会城市人口自然增长率……（406）
Natural Growth Rate Of Population Of Provincial Capital Cities
16-6　各省会城市地区生产总值……（407）
Gross Domestic Product Of Provincial Capital Cities
16-7　各省会城市第一产业增加值……（408）
Value-Added Of Primary Industry Of Provincial Capital Cities
16-8　各省会城市第二产业增加值……（409）
Value-Added Of Secondary Industry Of Provincial Capital Cities
16-9　各省会城市第三产业增加值……（410）
Value-Added Of Tertiary Industry Of Provincial Capital Cities
16-10　各省会城市人均地区生产总值……（411）
Per Capita Gross Domestic Product Of Provincial Capital Cities
16-11　各省会城市农林牧渔业总产值……（412）
Gross Output Value Of Farming, Forestry, Animal Husbandry And Fishery Of Provincial Capital Cities
16-12　各省会城市全部工业总产值……（413）
Gross Industrial Output Value Of Provincial Capital Cities
16-13　各省会城市全社会固定资产投资……（414）
The Whole Society's Investment In Fixed Assets Of Provincial Capital Cities
16-14　各省会城市社会消费品零售总额……（415）
Total Retail Sales Of Consumer Goods Of Provincial Capital Cities
16-15　各省会城市海关进出口贸易总额……（416）
Total Value Of Imports And Exports Of Provincial Capital Cities
16-16　各省会城市海关出口贸易总额……（417）
Total Value Of Exports Of Provincial Capital Cities
16-17　各省会城市实际利用外资……（418）
Foreign Capital Actually Used By Provincial Capital Cities
16-18　各省会城市国际旅游者人数……（419）
Numbers Of Foreign Tourists Of Provincial Capital Cities
16-19　各省会城市国际旅游收入……（420）
Foreign Exchange Earnings Of Provincial Capital Cities
16-20　各省会城市财政收入……（421）
Government Revenue Of Provincial Capital Cities
16-21　各省会城市地方财政收入……（422）
Final Statement Of Government Revenue Of Provincial Capital Cities

16-22 各省会城市地方财政支出 …… (423)
Final Statement Of Government Expenditures Of Provincial Capital Cities
16-23 各省会城市金融机构存款余额 …… (424)
Deposits Of Financial Institutions In Provincial Capital Cities At The Year-End
16-24 各省会城市金融机构贷款余额 …… (425)
Loans Of Financial Institutions In Provincial Capital Cities At The Year-End
16-25 各省会城市居民消费价格总指数 …… (426)
Consumer Price Indices Of Provincial Capital Cities
16-26 各省会城市居民人均可支配收入 …… (427)
Per Capita Disposable Income Of Urban Households In Provincial Capital Cities
16-27 各省会城市农民人均纯收入 …… (428)
Per Capita Net Income Of Rural Households In Provincial Capital Cities
16-28 各省会城市普通高等学校在校学生人数 …… (429)
Students Enrolled In Institutions Of Ordinary High Education In Provincial Capital Cities
16-29 各省会城市年末电话用户数 …… (430)
Number Of Telephone Subscribers In Provincial Capital Cities At The Year-End

附　录
APPENDIX

指标解释 …… (432)
Explanatory Notes On Statistical Indicators

第一部分　特辑

PART Ⅰ　　SPECIAL ISSUE

南　宁　概　况

【地理位置】 南宁，一座历史悠久，风情独特的南国绿城，是广西壮族自治区政治、经济、文化、科技、教育、金融和信息中心。南宁历经1680多年的风雨沧桑，凝聚了深厚的历史文化积淀，已发展成为一座清新灵秀、洋溢现代化气息的新兴都市。南宁毗邻粤港澳，背靠大西南，面向东南亚，是链接东南沿海与西南内陆的重要枢纽，也是西部各省区唯一沿海的省会城市，更是中国走向东盟的前沿城市。

【建置沿革、行政区划、人口】 南宁自古以来就是中国的边陲重镇和著名商埠，是历代州、郡、府和省会驻地，南宁建制从东晋大兴元年（318年）始，距今已有1680多年。唐贞观八年（634），南晋更名为邕州，设邕州下都督府，南宁简称"邕"由此而来。全市土地面积22112平方公里，市区面积1799平方公里，辖兴宁区、新城区、城北区、江南区、永新区五个城区和邕宁县、武鸣县、横县、宾阳县、上林县、马山县、隆安县七个县（2003年6月27日南宁市正式接管横县、宾阳、上林、马山、隆安五个县，南宁市辖县数由原来的两个县增加为七个县）。2004年，全市户籍人口648.85万人，市区人口150.06万人。南宁是壮乡的一支古老歌谣，全市聚居壮、汉、瑶、苗、侗、仫佬、毛南、回、京、彝、水、仡佬等12个民族。

【自然资源】 南宁有丰富的水资源、矿产资源、农副产品资源、动植物资源、森林资源、中草药资源。南宁地处岭南有色金属地带，已勘查发现的有锰、锌、铅、金、银、煤、石英砂、水晶、重晶石、白云石，花岗岩等41种，为全国已知矿种的三分之一。南宁是广西的产粮区和经济作物基地，盛产水稻、玉米、甘蔗、木薯、花生、豆类、麻类、茶叶等农副土特产品；还盛产香蕉、菠萝、芒果、荔枝、扁桃、龙眼等40多种亚热带水果，一年四季瓜果飘香。中草药资源丰富，有砂仁、淮山、半夏、茯苓、银花、田七、桂皮等300多种。

【旅游资源】 南宁市的旅游资源相当丰富。以南宁为中心的桂南旅游是广西三大旅游区之一，优美的绿城风貌，迷人的中越边境风光、浓郁的壮乡民俗风情、壮丽的南国边关以及扬美古风、青山塔影、明山锦绣、望仙怀古、伊岭神宫、九龙系珠、南湖情韵、龙虎猴趣、凤江绿野、邕江春泛等十大景观，构成南宁多层次的旅游景观。

【综合实力】 2004年，国民经济发展取得了新的突破，城市综合实力进一步增强，各项社会事业不断进步，人民生活水平稳步提高，全面完成了年初市委、市政府提出的各项目标任务，主要经济指标创1996年以来的最好水平。2004年，全市实现生产总值588.86亿元，比上年增长13.2%，增幅为9年来最高。其中，第一产业增加值102.75亿元，增长5.9%；第二产业增加值184.97亿元，增长18.2%；第三产业增加值301.14亿元，增长13.1%。投资对经济增长贡献率达59%，拉动经济增长7.8个百分点，成为是推动经济增长的主动力；消费对经济贡献率达41%，拉动经济增长5.4个百分点。

【财政金融】 2004年，全市财政收入74.63亿元，比上年增加13.57亿元，增长22.23%，增量创历史新高，增幅创10年来最好水平；其中，地方财政收入43.25亿元，同比增长19.34%。财政支出62.56亿元，增长19.16%。年末，全市金融机构存款余额1090.96亿元，比年初增长17.6%，其中，城乡居民储蓄存款余额515.79亿元，比年初增长15.09%；全市金融机构贷款余额1208.77亿元，比年初增长33.4%。

【农村经济】 在政策扶持、价格上涨的推动下，2004年，全市农业生产和农村经济保持良好发展势头。全年实现农林牧渔业总产值172.29亿元，比上年增长6.47%。

农作物种植结构进一步调整。粮食种植面积出现了6年以来首次恢复性增长，全年粮食种植面积41.42万公顷，增长1.93%；经济作物种植面积22.41万公顷，同比扩大2318公顷，增长1.05%，其中，甘蔗种植面积12.7万公顷，同比减少了5.84%；蔬菜种植面积小幅增长，全年种植面积13.78万公顷，增长3.36%。

农产品产量有增有减。受夏季洪涝和秋季干旱的严重影响，粮食、甘蔗产量略有下降，其他主要农产品产量均呈增长态势。全市肉类总产量41.98万吨，增长9.8%，水产品产量15.88万吨，增长9.18%，禽蛋产量1.45万吨，增长2.22%，牛奶产量2.4万吨，增长51.48%，蔬菜产量253.42万吨，增长3.16%，水果产量67.04万吨，增长17.13%。

农村生产条件继续改善。2004年末，全市拥有农业机械总动力277.45万千瓦，比上年增长4%，其中农用排灌机械42.92万千瓦，增长6.69%；大型拖拉机2.04万台，增长7.1%；大中型拖拉机配套农具0.36万部，增长15.6%；农用运输车（含载重汽车）0.91万辆，与上年持平。全年农村用电量47034万千瓦时，比上年下降1.64%。化肥使用量（折纯）34.42万吨，增长9.7%。有效灌溉面积352.68万亩，旱涝保收面积290.45万亩。

基础设施建设进一步增强。在村村通电的基础上，通车、通电话、通自来水的村所占的比重继续提高。全市通汽车村达1392个，占村总数的97.96%，比上年提高0.56个百分点；通电话的村1332个，占93.74%，提高0.62个百分点；自来水受益村达 1126 个，占 79.24%，提高 2.61 个百分点。

【工业经济】 2004 年，全市规模以上工业总产值 263.65 亿元，增长 24.55%，增速比上年提高 4.99 个百分点。工业对 GDP 增长的贡献率为 26.9%，拉动全市经济增长 3.5 个百分点。 2004 年，全市工业经济呈现以下几个特点：

国有、股份制和三资企业齐头并进。 2004 年国有及国有控股企业完成工业总产值 108.63 亿元，完成工业增加值 47.44 亿元，增长 12.54%，股份制企业完成工业总产值 152.62 亿元，完成工业增加值 43.83 亿元，增长 24.48%，外商及港澳台商投资企业完成工业总产值 35.42 亿元，完成工业增加值 10.53 亿元，增长 21.68%。

轻工业增长快于重工业，二者差距缩小。 2004 年我市轻工业完成工业总产值 148.6 亿元，完成工业增加值 51.73 亿元，增长 23.18%，增幅高于重工业 6.62 个百分点。

产销衔接稳定，重点产品发展良好。 2004 年全市规模以上工业实现销售产值 253.91 亿元，增长 23.14%，工业产销率 96.31%。 全市统计的 137 种主要工业产品比上年同期增长的有 74 种，占全市统计产品数的 54.01%。主要工业产品完成情况：机制糖 116.41 万吨，下降 6.74%，卷烟 254.52 亿支，增长 6.05%，纸浆 17.82 万吨，增长 6.84%，化学原料药 3230 吨，增长 55.29%，平板玻璃 486.61 万重量箱，增长 7.62%，人造板 34.51 万立方米，增长 4.89%，小型拖拉机 6.27 万台，下降 3.37%，烧碱 14.78 万吨，增长 5.5%，铝材 3.34 万吨，增长 71.65%。

大中型企业支撑作用强劲。 2004 年，全市有 69 家大中型工业企业，共完成工业总产值 134.07 亿元，完成工业增加值 53.43 亿元，增长 16.41%，完成的工业总产值、工业增加值占全市比重分别为 50.68%和 59.25%，拉动全市工业增长 9.79 个百分点；工业总产值超亿元企业也由 2003 年的 38 家增加到 40 家。产值超 10 亿元的企业仍然是南宁卷烟厂（18.68 亿元）和南宁糖业（11.05 亿元）。

大部分行业产值增长，支柱产业和热点行业作用突出。 2004 年，我市 33 个工业行业大类中有 28 个行业保持了增长，超过全市平均增速的行业有 14 个，其中，支柱产业和热点行业作用突出。农副产品加工业、烟草制品业、化学原料及化学制品制造业和医药制造业分别比上年增长 18.69%、32.9%、34.78%和 37.84%，拉动工业产值增长 11.47 个百分点，对产值增长的贡献率达 46.72%。同时，受投资和市场推动，我市水泥、钢材等建材产值高速增长，全市非金属矿物制品业、黑色金属冶炼及压延加工业和有色金属冶炼及压延加工业三行业总产值分别比上年增长 36.95%、73.66%和 55.66%，直接拉动工业产值增长 6.52 个百分点，对产值增长的贡献率达 26.56%。

开发区份额逐渐加大。 2004 年全市高新区、经开区、华投区三个开发区完成工业总产值 48.78 亿元，占全市产值比重为 18.5%，比上年提高 2.5 个百分点，增长 44.43%（现价计算），对全市产值增长贡献率达 28.87 个百分点，拉动全市规模以上工业总产值增长 6.14 个百分点。

【固定资产投资】 2004 年，在 “136” 城建目标、“中国一东盟博览会” 建设项目及工业、商贸百亿投资工程项目的有力推动下，全市投资形势保持较高增长态势，呈现项目多、力度大、重点突出的特点。全年完成全社会固定资产投资 260.76 亿元，比上年增长 36.99%，其中，城镇固定资产投资 254.26 亿元，增长 39.43%。全年投资的主要特点有：

各类投资均衡增长，投资结构进一步改善。 全年完成基本建设投资 125.23 亿元，更新改造投资 40.25 亿元，房地产投资 66.04 亿元，分别增长 29.12%、44.86%、67.26%。从增速看，基本建设投资由于基数较大增速比较平稳，更新改造投资保持较快增长，房地产增速仍然强劲。从三次产业看，全年第一产业完成投资 3.21 亿元，第二产业完成投资 45.3 亿元、第三产业完成投资 212.25 亿元，同比分别增长 41.85 %、33.54%、38.16%，一、二、三产投资增速分别比 2003 年提高了 26.45、11.36、9.77 个百分点，一、二产业投资增速明显加快。

“136”目标建设步伐加快，三年中变化基本实现。 2004 年是“136” 城建目标“中变化”的一年，市委市政府紧紧抓住“中国一东盟博览会” 在我市召开的契机，加快推进城市建设“136” 目标建设步伐，同时实施服务“中国一东盟博览会”配套工程，有力地促进了固定资产投资的快速增长。全市“136” 项目完成投资 70.16 亿元，同比增长 64.05%。竹溪—民族立交桥、会展中心一期配套工程、永和大桥、江北地堤路园、滨江路、英华路等 36 个服务“中国—东盟博览会” 基础设施建成竣工和荔园山庄等 60 多家宾馆改造的建成使用，为首届博览会成功举办增添了光彩，也成为今年投资的一个新亮点。由于投资效果显著，城市面貌焕然一新，城市建设三年“中变化” 目标基本实现。

“百亿投资” 工程初见成效。 2004 年，在“工业强市 城建美市 商贸活市” 三个百亿工程带动下，通过吸引外资投入、多渠道筹集资金等有效措施，工业和商业投资大幅增长。全年完成工业投资 45 亿元，同比增长 36.49%；完成商业投资 28 亿元，同比增长 3.35 倍。

房地产市场供销两旺。 “136” 项目的实施，南博会永久落户南宁，旧城改造力度加大及城市中心辐射作用扩展，给我市房地产发展带来新的机遇，房地产市场继续呈现供求两旺的态势。全年销售各类商品房 341.57 万平方米，同比增长 84.63%，实现商品房销售额 94.53 亿元，增长 131.72%。

在建项目和新开工项目多。 2004 年，全市共有在建项目 1978 个，比上年增加 351 个，其中，新开工项目 1275 个，比上年增加 163 个，新开工项目计划总投资 194.95 亿。

项目资金到位良好。2004 年，我市投资资金到位良好，全市共到位建设资金 310.07 亿元，同比增长 38.83%，政府投资及贷款以外的资金占全部资金的 58.88%，全市项目资金呈现增速快、结构良好的态势。

【国内商业】 2004 年，全市消费市场亮点多多。全年完成社会消费品零售总额 239.41 亿元，同比增长 15.12%，增速比上年同期提高 2.79 个百分点，创下了自 1997 年以来的最快增速。2004 年，我市消费市场的主要亮点有：

大型商场、超市加盟拉动了增长。2004 年，王府井、沃尔玛、百盛等大型超市、商场落户南宁，带动了限额以上批发和零售业快速发展，全年限额以上批发零售业商品零售额 100.16 亿元，同比增长 18.55%。

私营企业、股份制企业发展迅猛，市场份额大幅提高。全年私营企业商品零售额 36.14 亿元，同比增长 36.46%；股份制企业商品零售额 62.37 亿元，同比增长 20.86%，二者占全部社会消费品零售总额的比重分别比上年上升了 2.36、1.24 个百分点。

市场销售热点突出。汽车、通信器材、家用电器等继续保持快速增长势头，从限额以上批零贸易企业分类商品零售看，通信器材比上年增长 53.68%，汽车增长 23.5%，家用电器和音像器材增长 33.82%，化妆品增长 44.98%。

节假日消费对市场拉动明显。元旦、春节的 1 月份，社会消费品零售总额同比增长 13.94%；5 月份的“五一”长假，商品零售总额同比增长高达 28.58%；10 月份的“国庆节”和 11 月的“中国—东盟博览会”又给商场和餐饮业带来消费热潮，零售额增速分别达到 14.63%和 14.84%。

【城乡居民生活】 2004 年，全市在岗职工年平均工资 15447 元，增长 17.27%；全年城市居民人均可支配收入 9531 元，增长 4%；城镇居民人均可支配收入 8060 元，增长 9.1%；农民人均纯收入 2467 元，比上年增加 236 元，增长 10.58 %。

政府工作报告

——2005 年 1 月 28 日在南宁市第十一届人民代表大会第九次会议

市　长　　林国强

各位代表：

现在，我代表市人民政府向大会报告工作，请予审议，并请市政协各位委员及其他列席人员提出意见。

2004 年的工作回顾

2004 年，在自治区党委、政府和市委的正确领导下，在市人大的监督、支持和市政协的帮助下，市人民政府认真贯彻党的十六大和十六届三中、四中全会精神，全面落实科学发展观，带领和依靠全市各族人民，团结拼搏，战胜了禽流感、严重旱涝灾害及煤、电、油、运不足等种种困难，圆满完成了年初人民代表大会通过的各项工作目标和自治区下达的经济发展“三突破”任务。据统计，全市实现地区生产总值 588.86 亿元，同比增长 13.20%；财政收入完成 74.63 亿元，同比增长 22.23%；完成规模以上工业总产值 263.65 亿元，同比增长 24.55%；全社会固定资产投资达 260.76 亿元，同比增长 36.99%；实现全社会消费品零售总额 239.41 亿元，同比增长 15.12%；规模以上工业企业盈亏相抵后实现利润 12.13 亿元，同比增长 73.10%；城市居民人均可支配收入 9531 元，增长 4.0%；农民人均纯收入 2466 元，增加 235 元，增长 10.53%；城镇人口登记失业率控制在 3.80% 以内。年内南宁市被评为“全国再就业工作先进单位”、“全国科技进步先进城市”、“全国双拥模范城”、“中国关爱未来先锋模范城市”、“全国厂务公开工作先进单位”和自治区第四轮文明城市。各县区、各部门荣获省部级以上先进荣誉称号 41 个。

一、农业和农村经济发展势头良好，“三大会战”成效显著

农业产业结构进一步优化，县域经济得到发展。农业向规模化、产业化发展，农业产业链不断形成和延伸，农产品的商品率和竞争力水平得到提高，特色产业和优势农产品较快发展。畜牧水产等养殖业发展势头喜人，肉类、牛奶、禽蛋和水产品产量分别增长 7.26%、41.19%、2.26%和 6.77%。无公害农作物基地面积达 59.63 万亩。农民增收是 10 年来

增幅最大的一年。

农村基础设施“三大会战”成效显著。完成总投资3.14亿元。建成乡村道路92条797.19公里，解决了120多万人的行路难问题。完成农田水利建设93项，解决了6.75万人的饮水困难，改善了13.50万亩土地的灌溉条件。建成生态文明村100个，改善了2.82万人的居住环境。

二、工业经济快速增长，效益明显提高

工业经济创“九五”以来最好成绩。全市工业投资45亿元，增长36.50%。更新改造投资40.25亿元，增长44.86%。新增规模以上工业企业70户，年产值超亿元的企业达60户。“工业强市百亿投资工程”项目进展顺利，累计开工建设66项，投产31项。工业企业经济效益指数达144.34，比上年提高22.12个百分点，规模以上工业实现利税35.89亿元，增长35.89%。

“实力工程”取得新突破。两家企业销售收入突破20亿大关，销售收入南烟达22.27亿元，南糖达20.45亿元，另外，南化集团达9.12亿元，南南铝业达5.09亿元，这几家企业在我市工业企业中调整结构、技术改造、新品开发和改革改制方面均做出了表率作用。南糖云鸥牌白砂糖荣获中国名牌产品称号，实现了我市中国名牌产品零的突破。

开发区龙头带头作用逐步显现。高新技术产业开发区、经济开发区、华侨投资区完成规模以上工业总产值48.78亿元，增长44.43%，占全市规模以上工业总产值的18.50%；完成更新改造投资8亿元，增长47.20%，占全市的19.90%。开发区成为全市最具活力的经济增长点。

三、服务业整体实力不断增强

商贸、旅游等行业保持强劲态势。“商贸活市百亿投资工程”进展顺利。大连万达、沃尔玛、王府井、百盛等知名商贸企业入驻南宁，为商贸业快速发展增添了活力。旅游业各项指标均创历史最高水平，全年接待海外旅游者6.56万人次，增长87.73%；接待国内旅游者1386.91万人次，增长21.37%；旅游总收入73.07亿元，增长17.48%。

“放心工程”取得阶段性成效。严格执行食品安全市场准入制度，粉、肉、奶、药等“放心工程”顺利实施，评选出95家星级质量信誉等级单位，树立了一批食品放心工程品牌。建立了市、县区、乡镇三级蔬菜质量安全检测网络，实行蔬菜“从农田到餐桌”全过程监管，抽检菜样合格率达98.30%，广大市民及中国—东盟博览会（以下简称“南博会”）来宾的食品安全得到保障。

信息化建设取得新突破。政府门户网站不断完善，开发和完成了办公自动化系统、网上政务服务平台、视频会议系统等一批电子政务应用系统。消防指挥中心智能化系统、交通管理指挥中心系统、宾馆饭店信息化改造、会展中心信息化改造、应急联动系统扩容升级、“南博会”通信保障与综合信息服务系统等一批信息化建设改造项目如期完成。公共服务呼叫中心、政务信息网英文版、“南博会”网站、南宁糖业网等相继建成开通。

四、“三年中变化”目标基本实现，城市规划建设管理各项工作明显进步

继续全力推进“136”目标工程建设，“三年中变化”目标基本实现。去年是城市“三年中变化”的决战年，全年共开工城市建设“136”工程项目110项，计划总投资122.73亿元，完成投资70.58亿元。其中，59个项目已建成投入使用。服务“南博会”的36项重点工程全部按时建成启用。英华路等22条新建道路建成通车；永和大桥、竹溪立交桥等5座桥梁已建成通车，葫芦顶大桥等5座跨江桥已动工。会展中心一期配套、主建筑二期及宴会厅工程、民歌广场二期工程已投入使用。市容整治“1858”（“穿衣戴帽”）工程共205个子项目全部完成。新建8座垃圾中转站、60座星级卫生公厕。完成石西垃圾处理工程并积极推进城南垃圾处理厂扩建工程。金桥客运站等4个交通场站项目、14项水环境整治工程已开工建设。小街小巷计划改造300条，实际完成351条。30万平方米经济适用住房开工建设，300套廉租房竣工。市一医院改善就医环境工程取得初步成果。恢复、新建13个停车场。五象广场建成开放。全市36个长期停工建筑工程已处置35个。“136”工程三年总投资236.81亿元，建设329个项目，使我市基础设施、市容市貌、人居环境等有了明显改观。

城市规划建设管理各项工作明显进步。城市总体规划修编进展顺利，全面完成相思湖、中国—东盟商务区等重大规划。完成“堤路园”等16项重点规划和65项市政规划。“广东商业街、香港街、澳门街”项目前期工作按计划推进。建设工程应公开招标项目招标率达100%、工程竣工验收合格率达100%。实施了“三片一环七节点”园林绿化工程，完成了97条小街小巷的绿化建设。加强国土资源管理，经营性土地“招拍挂”出让收入完成20.12亿元，“招拍挂”工作和征用农民集体所有土地补偿费管理使用工作顺利通过国务院联合检查组检查。旧城改造稳步推进，旧改项目开工建设面积107万平方米。加强城市管理，推进综合执法，对市区主干道、公共场所等市容重点保障区域实施高强度整治。房地产管理、住房制度改革工作顺利进行。

五、各项改革稳步推进，对外开放不断扩大

企业改革取得新进展。实行“一企一策”，通过采取破产关闭一批、转让重组一批和投入做大一批等形式，重点推进45家国有企业的改革改制工作已基本完成。非公经济加快发展，对全市经济增长的贡献显著提高。市供销社10个直属公司的产权制度改革工作成效明显。

各项配套改革稳步实施。政府机构改革顺利完成。行政审批制度改革继续深化，审批工作质量提高，群众对窗口审批办证工作的满意率在95%以上。农村税费改革不断推进。国库集中支付、非税收入收缴管理、政府采购管理逐步规范化、制度化、科学化。积极稳妥做好原南宁地区393名机关事业单位干部、75家企业和38个直属事业单位接收工作，圆满完成了自治区交给我市的南宁地区撤地设市的行政区划调整中与我市相关的各项任务。同时，顺利完成在南宁市辖区内柳州铁路局部分事业单位剥离的接收工作。

招商引资工作再上新台阶。我市赴东盟、日韩、欧美、港澳台和福建、浙江、广东等地举办的各类招商活动影响广泛、成效显著。凭借“两会一节”平台，“引进来”与“走出去”取得新突破，超额完成“双百亿”目标任务。全市内外资合同引进资金256.08亿元，增长101.21%；实际到位资金122.54亿元，增长105.23%。市属外贸出口总额完成2.63亿美元，增长73.30%。对外交流与合作取得新成效。

六、各项社会事业全面发展

科技与经济结合日趋紧密。组织实施第二轮科技创新计划项目328个，重点培育扶持高新技术企业47家。实施农业科技项目101项，培育和发展带动千户以上的科技型农产品深加工企业11家。开展全国“重要技术标准研究”专项试点工作取得阶段性成果。

教育创新取得新成果。开展了“教育品牌创建年”和“课堂教学改革年”活动。“两基”攻坚扎实开展，义务教育水平进一步提高。高、中等教育和职业教育稳步推进。规范学校收费管理，实行义务教育阶段学校“一费制”收费。教育基础设施建设力度加大，十四中埌东校区、白沙路学校、滨湖路小学竣工投入使用，中小学危房改造进展顺利。全市高考高分段考生数名列全区榜首。

文化事业繁荣兴旺。创作演出的大型歌舞《美丽壮锦》在国内外产生巨大反响。邕剧《开泰新声》、小品《灯下的女孩》等获得国家级奖项。群众文化活动丰富多彩，滨湖广场被评为“全国特色文化广场”。深入开展“扫黄打非”和网吧专项整治活动，促进了文化市场健康发展。

卫生工作成效显著。全力做好禽流感监测和重大传染病预防控制工作。加大卫生执法力度，组织开展了食品行业、公共场所和医疗机构等专项整治活动。“两会一节”期间，全程监控食品卫生安全，全市没有发生一起食品污染和食物中毒事件。

体育事业再创佳绩。在各类赛事中获金牌283枚、银牌227枚、铜牌157枚。南宁市籍运动员周蜜在2004年雅典奥运会上夺得羽毛球女单铜牌。成功举办国际龙舟邀请赛以及10项全国单项锦标赛。全民健身活动广泛开展。

人口与计划生育事业健康发展。人口低生育水平保持稳定，全市人口出生7.29万人，控制在自治区下达的指标内；计划生育率87.38%，提高1.03个百分点。率先在全区实行对农村部分计划生育家庭奖励扶助制度，实现计划生育利益导向机制的新突破，较好完成自治区下达的人口与计划生育工作任务。

环境保护事业取得新进展。全年大气环境质量优良天数达到95%，邕江饮用水源地专项整治取得明显成效，水源地水质达标率达到98.03%，城市声环境质量达到国家考核要求，创建国家环境保护模范城市工作已经启动。

社会保障和再就业工作不断加强。社会保障体系进一步完善。养老、失业、医疗保险参保面扩大，社会保险配套政策和社会化管理服务逐步完善。“两个确保”、“三条保障线”全面落实，企业离退休人员养老金按时足额发放。符合条件的失业人员全部享受失业保险，城市居民最低生活保障、农村五保户供养和特困户救济得到落实，实现了分类施保、应保尽保。全市共向28.97万户次、71.59万人次发放低保金4277.90万元。救灾救济工作扎实开展，全市因灾倒房重建2912户、5888间，发放救济粮476.38万斤，救济灾民14.55万人。就业和再就业工作成效显著，全年新增就业岗位5.37万个，组织劳务输出5.05万人，较好地完成了年度计划。

七、民主法制和精神文明建设取得新进展

民主法制建设成效显著。各级政府自觉接受人大及其常委会的法律监督和工作监督，认真执行人大通过的决议、决定，主动接受政协的民主监督，重大决策之前广泛征求民主党派和社会各界的意见，密切与各人民团体的联系。认真办理人大代表议案、建议和政协提案，办复率均为100%。政府法制工作得到加强，提请市人大常委会审议地方性法规20件，发布政府规章6件、规范性文件156件；认真做好与行政许可法或上位法不相符的地方性法规、政府规章、规范性文件的清理工作。“四五”普法教育深入开展，公民、法人和其他组织的合法权益得到有效保障。

社会秩序保持稳定。深入开展“严打”整治斗争和“侦破命案专项行动”，有效遏制各种刑事犯罪，确保了首府社会秩序的稳定。扎实做好信访和人民调解工作，及时化解农村“三大纠纷”、城市拆迁纠纷、拖欠工程款和农民工工资等各类不稳定因素。抓好安全生产大检查，对煤矿和非煤矿山、危险化学品、消防隐患、烟花炮竹生产等进行了专项治理，取得明显效果。

精神文明建设扎实推进。坚持以人为本、诚信教育为重点，组织开展了服务“南博会”全民道德教育活动；第五轮创建文明县区达标竞赛和文明单位、文明社区、文明村镇、文明行业等各项活动全面推进。“双拥”工作和军民、警民共建活动深入开展，军政军民关系进一步密切。民兵和预备役建设得到加强。

机关自身建设进一步加强。切实抓好党风廉政建设和反腐败工作，深入进行行政效能监察，全面实行政务公开，逐步推行 ISO9000 质量管理体系。将民主评议行风、政务公开与行政效能监察考评范围扩大到 68 个部门和单位，有力地促进了机关和公共服务部门政风、行风的优化和转变。

20 件为民办实事项目已基本完成。

八、服务“两会一节”工作取得突出成效

服务“南博会”是我市 2004 年工作的重点之一。在不到一年的筹备期里，全市上下群策群力，奋力拼搏，为首届“南博会”、中国—东盟商务与投资峰会提供了良好的服务，“两会”取得了巨大成功。同时，成功举办了 2004 南宁国际民歌艺术节，促进了中国和东盟各国的文化交流。“两会一节”期间，全市签订投资项目 72 个，总投资额 282.92 亿元，位居全区各市第一。签约“走出去”投资项目 2 个，总投资额 800 万美元；签订商品购销合同 1056 份，签约金额 111.60 亿元。“两会一节”的成功举办，为广西、为南宁打造了一个面向全国、面向东盟、面向世界的大平台。

一年来，我市审计、物价、统计、广播电视、机关事务管理、民族、宗教、科协、农机、扶贫、口岸、人防、档案、老龄、气象、地震、残联、市志、人事、社会科学、侨务、台湾事务、红十字会等部门和单位都做了大量的工作，取得了显著成绩。工商、税务、金融、保险、邮政、电信、供电、烟草、铁路、民航、海关、海事、边防、国家安全、技术监督、药品监督、检验检疫等中央、自治区驻邕单位为我市经济社会发展提供了有力保障，作出了积极贡献。

各位代表，过去的一年，全市地区生产总值、财政收入、全社会固定资产投资、全市引进内外资、规模以上工业利润盈亏相抵后实现利润增量创五个历史新高。我市物质文明、政治文明和精神文明建设方面取得的成绩，是在自治区党委、政府和市委的正确领导下，在市人大的监督、支持和市政协的帮助下取得的，是全市各县区努力工作、各族人民团结奋斗的结果。这些成绩的取得，也是与各民主党派、工商联、各人民团体、社会各界人士、驻邕部队、港澳台同胞、广大爱国侨胞和境外友好人士的关心、支持分不开的。在此，我代表市人民政府表示衷心的感谢和崇高的敬意！

回顾过去一年的工作，我们也清醒地看到我市经济和社会发展中还存在一些比较突出的困难和问题：一是农村基础设施薄弱，抗御自然灾害的能力还不强，农业增产、农民增收的基础不稳固。二是经济结构不尽合理，工业总量依然偏小。三是煤、电、油、运短缺严重，给经济社会发展和人民生活带来比较大的影响。四是按照建设国际性现代化城市的要求，城市功能仍不够完善，城乡发展不平衡。五是社会就业矛盾依然突出。六是政府个别部门及工作人员作风不实、服务精神不够和效率不高等。这些问题的存在，既有客观方面的原因，也与我们相关方面的工作做得不够有关。我们一定要以负责任的态度，高度重视并认真加以解决。

2005 年的主要任务

2005 年是我市抓住重要战略机遇，继续促进经济社会发展的关键一年，也是全面实现第十个五年计划目标、衔接第十一个五年计划发展的重要一年。今年政府各项工作的总体要求是：**以邓小平理论和“三个代表”重要思想为指导，认真贯彻党的十六大和十六届三中、四中全会，以及自治区党委八届五次全会、市委九届十一次全会精神，全面落实科学发展观，坚决执行国家宏观调控政策，全力推进工业化、城镇化、信息化和农业产业化进程，当好东道主、服务“南博会”，推进大开发，建设大南宁，深入实施“农业稳市工程”、“工业强市百亿投资工程”、“商贸活市百亿投资工程”、“城建美市百亿投资工程”。进一步解放思想，抓住机遇，保持经济快速发展的良好态势，进一步扩大改革开放，大力发展县域经济和非公有制经济，加快调整经济结构，转变经济增长方式。切实加强物质文明、政治文明和精神文明建设，大力发展各项社会事业，不断提高城乡居民生活水平，努力建设国际性现代化城市，促进经济社会全面协调可持续发展。**

全市经济社会发展的主要预期目标建议为：**全市生产总值增长 11 %；财政收入增长 12%；全社会固定资产投资增长 20%；社会消费品零售总额增长 13%；实际利用外资增长 20%；外贸出口增长 5%；城镇居民人均可支配收入增长 6%，农民人均纯收入增长 5.5%；居民消费价格总指数在 104%以内；人口自然增长率控制在 10‰以内；城镇新增就业岗位 5 万个，城镇登记失业率控制在 4 %以内。**

今年经济社会发展的主要预期目标体现了加快发展、实事求是和积极稳妥的要求，经过努力是完全可以实现的。在实际工作中，我们要埋头苦干，加倍努力，争创一流，能快就不要慢，力争主要经济指标达到或超过 2004 年的实际增长率。

为实现上述目标，我们将着力抓好以下工作：

一、提高农业综合生产能力，努力解决“三农”问题

调整农业产业结构，发展优势特色农业。坚持以市场为导向，以效益为中心，以发展特色、生态、标准化农业为方向，进一步调整优化农业结构，在巩固发展优质谷、蔗糖、水果、淀粉、蔬菜、桑蚕、水产、畜牧、林产和乳品十大产业的基础上，着力建设特色农业经济带，提高农业规模化程度。在确保粮食安全的前提下，重点促进禽畜业、水产业、乳品业、蔬菜类、水果等产量有较大增长。采取有效措施，确保农产品质量，力争新建 3 万亩无公害蔬菜基地，认定蔬菜无公害标准化生产 10 万亩以上；畜禽生产基地认定 20 个；

水产养殖基地产地认定20个面积2万亩。积极发展规模养殖，力争新建家禽养殖小区300个，带动养殖户3900户，新增出栏家禽4500万羽。发展罗非鱼加工出口养殖基地2万亩。新建标准化奶牛养殖小区5个，发展肉牛养殖小区5个。畜禽免疫率达100%。

推进农业产业化。重点扶持龙头企业，增强带动能力；扶持基地建设，增强产业后劲；扶持打造品牌，增强竞争能力。积极推进优质农产品区域化布局、专业化生产和产业化经营，培植龙头企业，发展各种专业经济合作组织和行业协会，促进农村的分工分业，提高农民的组织化程度，争取有30%以上的农户进入农业产业链，实现农产品的加工增值。加强农产品市场体系建设，发展壮大专业营销队伍。有针对性地开辟终端销售市场，提高农产品的附加值。建设发展农产品生产加工基地。

积极引导农村富余劳动力转移。拓宽转移渠道，以劳务输出为重点，引导农民就地就近转移，由从事种植业向养殖业转移、向二三产业转移，由农村向小城镇，向县、市、外省转移，年内完成农村劳动力培训20万个，积极创造条件帮助农村富余劳动力外出务工，增加收入。

加快推进农村基础设施“三大会战”建设。计划总投资3.95亿元，其中市本级投入2亿元，县区筹措1.95亿元，力争完成乡村道路157条817.45公里，实现乡镇全部通柏油路，构建以乡镇所在地为中心，以县城为节点，贯通市—县区—乡镇—村四级公路网，为打造大南宁“一小时交通经济圈”奠定基础。重点抓好水库除险加固26座、水毁工程修复53项、大型灌区渠道硬化131.42公里、人畜饮水工程92项等，满足人民群众生产生活用水需求。加大扶贫开发力度，完善扶贫开发机制。抓好生态文明村建设，力争建设生态文明村100个、农村沼气池3万座，逐步实现农村绿化美化、农业生产无害化、庭院经济效益化。

大力发展县域经济。继续把发展县域经济作为解决“三农”问题，推动城乡协调发展，缩小城乡差距的重大战略举措。把工作的着力点放在落实各项扶持政策，增强县域自我发展能力上。大力推进农村工业化，形成布局合理、各具特色的县域工业经济结构。充分发挥比较优势，以发展特色产业为重点，依靠科技进步搞好农副产品深加工。以提高规模化、市场化程度为重点，积极引导农民因地制宜确定具有比较优势的主导产品，集中连片发展优质、高产、高效、生态和无公害农产品，形成各具特色的农业产业带。推进农村城镇化，加快城乡一体化进程。

认真落实党在农村的各项政策。依法保障农民对土地承包经营的各项权利，坚决纠正损害农民土地利益的行为。深化农村税费改革，加强农村“两工”（劳动义务工、劳动累积工）管理，规范“一事一议”。抓好减轻农民负担各项制度的落实，确保农民负担明显减轻，不出现恶性案件和严重群体性事件。

二、强化工业主导地位，大力推进工业化和城镇化

以项目为载体，加大工业投入。继续实施“工业强市百亿投资工程”，加强重点项目的策划、跟踪、协调工作，促进规划落实，加快形成产业优势。继续优化工业结构调整，多渠道筹集资金，加快推进100项投资额在3000万元以上重点项目建设。其中：续建重点项目50项，总投资96.57亿元。重点抓好南宁电厂和年产20万吨铝板带项目两个特大工业龙头项目的报批和开工建设工作，积极推进华润集团水泥项目、浮法公司新型OLC节能无机材料生产线等项目建设。充分利用“南博会”、民歌节等经贸交流平台，立足优势产业和重点工业项目，加快推动铝加工、制糖、制药、造纸、化工等方面的改造和重组，继续支持南烟技术改造。

进一步抓好开发区和工业规划区建设。各开发区要抓紧完善规划和机制，突出抓好重大项目前期工作，注重引进具有产业带动优势、产业关联效应和配套协作功能的重大工业项目，大力发展具有比较优势和竞争优势的产业集群。积极引导各开发区按循环经济模式进行规划和建设，帮助南宁高新区、南宁经开区这两个国家级开发区继续做强、做大，形成我市开发区的龙头。严禁高耗能、高污染、低效益产业发展，鼓励发展节约型、节能型工业。青秀山管理区、中国—东盟经济园区、相思湖管理区及六景工业园区要进一步理顺管理体制、创新发展模式和运行机制，加强规划，合理布局，不断完善基础设施和配套服务设施，积极推进已批项目的建设。要继续研究制定优惠政策，积极发展新的县区工业规划区，通过招商引资、多元投资、财政资金引导等多种方式筹集资金，加快各县区工业规划区的发展。

继续实施企业“实力工程”，培育大企业、大集团。巩固和发展现有的重点优势企业，扶持重点优势企业技术改造和技术创新。积极培育和扶持重点名牌产品，进一步扩大工业名牌产品数量。不断增强企业自主开发能力、核心竞争力，提高平均销售收入水平。力争新增销售收入超过25亿元的企业2家，10亿元的企业2家，5亿元的企业1家。

加强对工业经济运行的调控和服务。积极协调有关部门做好煤、电、油、运的供应。根据电力供需和紧缺情况，采取有效措施做好枯水期的电力供应及利用工作。充分利用水利资源，规划发展小水电，鼓励企业发展和改造自备电源。进一步加强计划用电管理和用电预告，加强电力调度和用电稽查。综合平衡，尽可能保证学校、医院、重点企业、居民、公用事业单位、优势企业和重点工程用电。缓解交通运输压力，帮助企业尽量降低运输成本。帮助企业解决项目建设和投产过程中遇到的问题，抓好已竣工的重大项目尽快投产达产，发挥效益。引导企业以国家宏观调控为契机，抓好生产，

扩大销售，提高效益。

以工业化带动城镇化。以各类工业规划区建设构建城市经济发展新格局，把各类工业区、乡镇企业小区作为城镇新区来规划和建设。着力抓好 6 个全国重点镇和 24 个中心镇的建设，大力发展特色经济，以产业兴镇。结合乡镇撤并扩大城镇规模，推进城镇化进程。

三、改造传统服务业，加快发展新兴服务业

抓好商圈建设，搞活商贸流通。按照发展“两区两带两级城镇”商业布局的思路，认真做好城市商业中心区、区域性商业中心区、特色商业街、社区商业中心及邕江经济带、快速环道经济带及县、乡镇的商圈建设，改造提升商贸流通、餐饮等传统服务业，培育和发展一批重点大中型商贸企业、商场和专业批发市场。继续实施“商贸活市百亿投资工程”，重点抓好一批有较大影响力的现代化商场和专业市场建设，促进商贸流通的发展。

大力发展现代服务业。全面推进现代物流业的发展，建成一批功能齐全、设备现代化的综合性物流项目。进一步完善江南、安吉、金桥、玉洞四个物流园区总体规划，年内力争引进一批龙头物流企业在园区落户。积极创造条件，培育和发展有一定规模的第三方物流企业。继续扶持各种新型商业业态和流通组织形式的发展，积极引进国内外大型连锁企业、国际国内知名品牌进入我市，引导各类企业采取同业连锁、特许加盟等方式经营，培育一批具有综合服务功能和较强销售、扩张能力以及价格影响力的大型连锁综合超市、仓储式商场、专业店、加盟店，使连锁经济占全市消费品零售中的份额达到22%以上。加快会展经济发展，打造一批会展品牌。继续培育和发展社会需求多、潜力大的新兴服务业。

积极建设大南宁旅游圈。以建设区域性旅游目的地和集散中心为目标，科学合理制定旅游业发展总体规划，抓好青秀山、大明山等旅游重大项目的开发，整合旅游资源，做大做强旅游企业，增强南宁整体旅游的吸引力和竞争力，形成大南宁旅游圈。做好旅游资源和旅游形象的推介和展示工作，进一步开拓国内外旅游市场，特别是加强与泛珠三角区域及大西南各省市和境外的日本、韩国和东盟各国的旅游合作力度，积极争取国内外客源。

全力推进信息化建设。以建设区域性信息中心城市为目标，大力推进社会信息化、领域信息化、行业信息化工作。抓好电子政务三期工程、“南博会”综合信息服务平台、城市应急联动系统三期工程、信息中心大楼等一批重要信息化项目建设。抓好信息技术在重点单位、行业以及社会公共领域和农业、农村的推广应用。进一步加大信息化对传统产业的改造力度，努力提升产品竞争力和企业形象。以高新技术产业开发区为依托，鼓励各类资金投资信息产业和软件业，使之成为新的经济增长点。

四、构筑国际性现代化城市框架，全面提升城市规划建设和管理水平

充分发挥城市规划的龙头作用。做好城市总体规划和相关城市规划的编制与报审，完善相思湖新区、道路桥梁和堤路园交通组织、重点城镇等专项规划，促进城市功能的完善，强化城乡规划的统一管理，统筹“大南宁”建设。

继续推进“136”工程项目建设。突出邕江“堤路园”工程、城市路桥建设和旧城改造、经济适用住房建设、相思湖新区建设四个重点。加快“堤路园”工程建设，完善邕江两岸城市道路及滨江绿地景观，带动沿江经济发展。继续推进城市交通设施建设，加快 4 环 8 条对外放射道路及“五横三纵”的城市主干路网系统建设，加强主城与副城的交通联系，完善大南宁的交通框架，加快市内邕江 5 座大桥和城市立交桥建设，改造一批交通拥堵路口，改善交通节点。全面推进经济适用住房建设，今年要开工建设 80 万平方米，竣工 50 万平方米，以解决中低收入者及被拆迁户中符合享受经济适用房条件的市民住房问题。加快相思湖新区启动区 10 条道路和绿地建设、大学园区基础设施建设。全面启动“中国东盟商务区”、“广东商业街”、“香港街”、“澳门街”等项目建设，完善服务“南博会”设施。

加快建设事业发展。进一步抓好建筑市场秩序的整顿、规范和监管工作，严格执行工程建设强制性标准。建立廉租住房专项基金，健全住房保障体系。加大危旧公房改造及直管公房安全整治力度，提高居民居住水平。建立房地产业发展的预警预报及宏观调控机制，引导房地产业健康发展。坚持市场化运作方向，拓展和用活城市建设政策。发展市政公用事业。加强城市供水、节水、排水、污水处理及其再生利用的统筹规划和协调实施，推进污水处理产业化。做大做强南宁建宁水务集团，加快进行培育上市工作。新建先进高效垃圾中转站一批，建设和完善一批环卫后方基地。建立道路、地下管线信息平台。

搞好园林绿化。继续抓好“1858”园林绿化建设和改造，加大城市公共绿地建设力度，确保三项绿化指标稳步增长。加快“花花世界”园林产业园区建设。对已建成的城区广场、游园、街头绿地进行全面整治。继续深入开展全民义务植树和单位庭院绿化达标活动。

强化国土资源管理。完成南宁市土地利用总体规划的修编和上报工作，加强建设用地预审，加大土地收购储备工作力度。确保重点建设项目用地。落实最严格的耕地保护制度，确保全市耕地总量动态平衡。全面推行经营性土地使用权招标拍卖挂牌出让。加强地质矿产资源管理。加大对违法占地案件查处力度。积极推进旧城成片改造，做好旧改项目的筹备、招商和实施工作。加强项目建设的动态管理，完善项目建设的管理程序，建立依法拆迁改造的惠民工程示范项目。

加快相思湖新区建设。围绕启动区的基础设施建设，重点推进道路路网的建设，完善大学园区的水、电、通讯管网建设，做好大学园区、启动核心区已征土地的“三通一平”工作。启动可利江综合整治项目。做好青少年活动中心、老年活动中心、妇女活动中心、市博物馆等重大项目的选址、规划、征地拆迁、建设等前期工作。加大招商引资力度，策划、包装、推介相思湖新区。

提高城市管理水平。对第二批300条小街小巷实施“穿衣戴帽”，依法拆除所有的违章户外广告设施，清理临时摆卖摊点。完善市政管理法规，加强对市容环境卫生、静态停车、城市管线、城市垃圾的管理，解决市容环境局部“脏、乱、差”等突出问题。加强城市管理执法队伍和信息化建设，提高城市现代管理的科技含量。

五、充分运用“南博会”平台，进一步提高对外开放水平

举全市之力抓好服务“南博会”的各项工作。按照“五个一流”的目标要求做好第二届“南博会”服务工作，进一步完善政府推动、社会参与、市场运作的办展模式，尽快形成“南博会”良性发展机制。及早做好“南博会”的服务方案、计划和安排。加强城市道路、桥梁、饭店、宾馆等相关设施建设，不断完善软硬设施条件。认真做好东盟各国、泛珠三角区域、南贵昆经济区域的经济社会发展研究，南宁—谅山—河内—海防—广宁经济走廊及环北部湾经济圈发展战略研究，选准对接项目。积极推动中国—东盟商务区、中国—东盟经济园区、东盟物流园区等相关项目建设。

加强区域经济合作，促进招商引资发展。完善招商引资工作考核激励机制，创新招商引资方式，拓宽外来投资的领域和规模，力争今年招商引资实际完成数增长50%。境外重点拓展东盟、港澳台、日韩、欧美等国家和地区市场，境内重点巩固长三角经济区、珠三角经济区等沿海发达地区，拓展环渤海湾经济区。全面推进支柱产业、高新技术产业、国企改造与重组、城建、商贸服务业、农业等各领域招商。工业招商工作以项目招商、存量招商、大企业招商为重点，加大对国内外知名企业集团招商力度。加强招商重点项目的跟踪与协调，努力提高项目履约率、资金到位率和项目开工率。积极推进区域经济合作，加强与泛珠三角经济区城市合作，主动接轨广东，推进优势资源开发、高新技术产业、国企改造、商贸物流等方面合作。加强与香港、澳门在服务贸易开放、贸易投资便利化等方面的合作，以积极的姿态加快融入粤港澳经济圈；加强与南贵昆经济区和南北钦防经济区的合作，进一步完善南宁作为西南出海大通道的服务功能，提高合作水平。

努力扩大外贸出口。充分利用“南博会”双向促进中国与东盟开放的有利条件，采取更有力措施扩大外贸出口。以出口加工区作为吸引国内和东南亚及其它国外客商投资和商务交流的平台，扩大加工贸易出口，推动高新技术产业的发展，逐步形成以电子信息、生物工程及制药、机电一体化、农产品深加工为特色的优势产业，带动工业经济、农业产业化和出口贸易发展。加强对外交流与合作，不断提高对外开放水平。

六、加大各项改革力度，积极发展非公有制经济

进一步深化国有企业改革。抓紧制定国有经济布局和结构调整总体规划。调整优化市级国有资产经营公司，完善授权经营制度。以投资主体多元化为重点，积极推进国有经济的改革和发展，重点做强做大上市公司，大力发展具有核心竞争力的大企业。抓住有利时机，做好不良企业关闭破产工作。

继续完善各项配套改革。巩固农村税费改革成果，切实落实中央、自治区关于减免农业税的政策，减轻农民负担不反弹。深化行政审批制度改革，提高行政效率。继续深化部门预算、国库集中收付制度、政府采购制度及机构改革，加快公共财政体制建设。加大对公共卫生、社会保障等公共事业的支持力度。深化农村信用社改革，充分发挥其服务农业、农村、农民的作用。做好投融资体制改革、供销合作社改革、粮食流通体制改革和乡镇撤并等工作。

放手发展非公有制经济。不断完善我市相关配套政策，为民营经济加快发展创造良好的政策环境。建立和健全管理机制，放宽市场准入，全力支持民营企业朝有利于社会和经济方面发展。对于民营企业发展科技类、优势传统制造类、外贸出口类项目等给予大力支持。用好用活自治区每年扶持中小（民营）企业专项资金，支持民营企业技术创新、信用担保体系建设，为国家中小企业发展资金和科技型中小企业技术创新基金提供配套等。积极协调金融部门建立健全民营企业信用评级和信贷制度。对民营企业的项目建设用地，各级审批单位在合法前提下给予大力支持。

七、坚持以人为本，努力改善人民生活

加强财税工作，集中财力办大事。财税工作的着力点放在培植财源、增收节支和完善财政体制上，尤其要重点做强支柱财源、开发替代财源、培育新的财政收入增长点。同时，依法加强税收征管，确保财政收入稳定增长。努力压缩一般性财政支出，优先保证政权运转、工资、社会保障以及工业、农业、科技、教育等重点支出的需要。开源节流，增收节支，强化管理，健全财政监督，确保财政收支平衡。加强资金筹措力度，集中财力搞好“136”工程和服务“南博会”工程。进一步完善市、县、区财税体制。

切实提高就业再就业工作水平。把就业和再就业工作放在更加突出的位置，大力推进经济和就业同步增长良性互动。积极发展社区就业，采取灵活多样的就业方式，扩大就业总量。进一步落实再就业政策，完善援助困难群体再就业工作机制和公共就业服务机制，为劳动者提供一站式、一条龙、全方位、零距离的优质服务，全面提升就业再就业服务水平。加大职业技能培训力度，规划启动南宁高级技工学校建设，为提高劳动者就业素质创造更好条件。

加快社会保障和社会救助体系建设。继续巩固“两个确保”，规范和完善城市“低保”工作。努力扩大社会保险覆盖面，提高各类非公有制企业的社会保险参保率，促进非公有制企业从业人员和灵活就业人员参保。加大社会保险费的征缴力度，提高征缴率。完善企业退休人员社会化管理服务工作机制和医疗保险政策。启动“金保工程”，为群众提供直接的社会公共服务网络。启动基本养老保险市级统筹工程。适当提高城市居民最低生活保障水平，并进一步规范管理，完善审批程序。继续抓好福利机构和“五保村”建设，落实五保供养和优抚优待政策。重视解决困难群众的生活问题。建立健全城乡低收入困难群众社会救助体系，切实保障社会特殊群体和特困家庭的基本生活。启动农村医疗救助，完善城乡临时救助，不断提高社会救助水平。认真做好救灾救济工作。

努力为群众办实事。在抓好全面工作的同时，按照量力而行、尽力而为的原则，在广泛征求各方面意见的基础上，经过筛选、论证，今年继续安排20件为民办实事项目：

1．完成江南“堤路园”工程。

2．农村“二大会战”工程投入3.95亿元（其中市财政投入2亿元）。

3．建成友爱南路。

4．继续修建、改造市区小街小巷300条。

5．完成三津水厂一期工程建设。

6．完成竹排冲整治一期工程（埌东污水处理厂至市中级法院段）。

7．新建公共停车场8个。

8．开工建设80万平方米、竣工50万平方米经济适用住房。

9．创建60个文明社区（平安小区）。

10．扶助3000名贫困生读书。

11．对农村劳动力20万人进行职业技能培训。

12．各城区建设或完善1个三级以上图书馆。

13．修复、建设5个历史、文化景观项目。

14．实现村村（50户以上自然村）通广播电视。

15．为生活困难的城乡肺结核病患者提供免费治疗。

16．为5000对农村新婚夫妇免费进行地中海贫血筛查工程。

17．适当提高城市居民最低生活保障水平；新增就业岗位5万个。

18．完成1000户农村贫困残疾人危房改造。

19．支持每县各建1个规范化的人民法庭；解决80个公安派出所办公用房。

20．新建3个消防站，新安装150个消防栓。

八、大力发展各项社会事业，增强可持续发展能力

推进科技事业发展。实施第三轮科技创新计划，培植一批高新技术企业和产业。认真组织实施技术标准战略和专利战略，继续抓好重要技术标准、研究专项试点工作。不断建立健全技术标准支撑体系，积极鼓励发明创造，保护知识产权。实施“星火富民工程”，加强科技服务县域经济，有重点地培育、引进、推广一批应用面广、有一定影响的农业先进实用技术。积极推进科技体制机制创新，加强科技中介服务体系和科技服务平台建设，提高科技成果转化率。抓好科技“创先”活动，促进市、县区、乡镇科技进步。

积极发展教育事业。实施农村教育“312”工程，加快推进“两基”攻坚，巩固提高“普九”成果；确保隆安、马山两县年内通过自治区“两基”达标验收、上林通过国家“普九”验收、宾阳通过自治区“两基”复查。做大做强优质教育资源，加快自治区示范性普通高中建设步伐，扩大高中阶段优质教育（含中等职业教育）和初中后职业培训的规模，大力发展职业教育和成人教育。加快相思湖大学园区规划和建设，引入市场机制，将学校后勤逐步社会化。稳步推进基础教育课程改革实验，全面提高教育教学质量。

加强人才工作。加强多层次人才队伍和人才小高地建设，加快形成具有一定规模、优势明显的高层次重点优势学科专业人才群体、专业技术带头人群体、中青年科技骨干群体和支柱产业人才群体。制定实施“南博会”人才开发计划，重点培养“南博会”服务型人才，推进专业技术人才资源开发。深化人事制度改革，完善人才市场，推动人才流动，落实促进人才发展的各项政策措施，优化人才发展环境。

促进文化、卫生、体育等各项社会事业发展。繁荣绿城文化，继续办好南宁国际民歌艺术节，推进文化精品工程和广播电视村村通工程，抓好新民族影城、孔庙、市博物馆等建设，加强文化市场管理和文物保护，培育和发展文化产业。积极发展卫生事业。开展创建国家级卫生城活动。加强农村卫生工作，加大乡镇卫生院、村卫生所的规范化管理和推进新型合作医疗试点工作。高度重视非典等重大疫情的预防控制，切实预防和控制重大传染病的暴发流行。加强公共卫生体系基础设施建设，建立和完善重大疫病预警机制，提高突发公共卫生事件的应对能力。广泛开展全民健身活动，逐步构建全民健身组织网络和服务体系。积极发展体育产业。做好南宁国际龙舟邀请赛、南宁国际马拉松邀请赛、南宁市第七届运动会等赛事筹办工作。促进广播影视、新闻出版、社会科学事业发展。进一步做好档案、修志、气象、防震减灾等工作。关心支持妇女儿童、残疾人事业，重视做好老龄工作。依法管理宗教事务。发展民族经济、文化、教育等各项事业，维护民族团结。进一步抓好对台和侨务工作。抓好全民国防教育，加强国防动员、民兵预备役工作和人民防空建设。深入开展双拥模范创建活动，积极为当地驻军做好后勤保障和服务，做好军队转业干部、退役士兵安置和拥军优属工作，增进军政军民团结。

加强人口、资源、环保和生态建设工作。继续实施农村部分计划生育家庭奖励扶助制度和“三结合”工程，综合治理出生人口性别比升高问题，依法开展流动人口计划生育管理与服务工作，稳定低生育水平，优化人口结构，提高人口素质。依法加强资源管理与保护，合理开发和节约利用资源，健全资源有偿使用制度。继续推进以农村沼气为重点的生态能源建设，抓好水土保持综合治理，加快退耕还林、珠江水系防护林、生态公益林等生态工程建设。全面组织开展创建国家环保模范城市和国家级生态示范区工作，加强环境影响评价和建设项目环境管理，严格防范和控制新的环境问题。组织开展城市、城镇环境综合整治和水污染防治工作，加快城市内河的综合整治。开展清洁生产活动，从源头控制污染。组织实施和落实中心城市工业企业结构调整和搬迁改造，基本解决第一代工业污染环境问题。积极做好“联合国人居环境奖”的申报工作。

九、加强社会主义民主法制和精神文明建设，努力构建和谐社会

进一步加强依法治市工作。坚持依法治市，自觉接受人大的法律监督和工作监督，支持人民政协发挥政治协商、民主监督、参政议政职能，及时办理人大议案代表、建议和政协提案。加强与工会、共青团、妇联等人民团体和民主党派、工商联、无党派爱国人士的联系。健全民主管理制度和政务公开制度，完善重大决策的规则和程序，拓宽社情民意反馈渠道，积极推行社会公示、听证和专家咨询等制度，健全述职述廉、重大事项报告、质询和民主评议等制度，推进决策的民主化、科学化。拓展和规范法律服务，积极开展法律援助，落实“四五”普法规划，增强全民尤其是国家公务员的法律素质和法制观念。扩大基层民主，完善村民自治，坚持和完善职工代表大会和其他形式的企事业单位民主管理制度，保障职工合法权益。

加大社会治安综合治理力度。着手创建“平安南宁”、“和谐南宁”，全面开展创建“平安乡镇”、“平安街道”、“平安社区”、“平安村屯”活动。继续开展“严打”整治斗争，切实整治治安乱点，坚决扫除“黄赌毒”等社会丑恶现象。高度重视和正确处理人民内部矛盾，认真解决人民群众关心的热点、难点问题。努力预防和减少青少年违法犯罪。及时处置群体性事件，继续调解处理好农村“三大纠纷”，积极化解城市拆迁征地过程中的不稳定因素，妥善解决拖欠农民工工资问题。

切实抓好安全生产工作。进一步完善安全生产控制目标体系和目标管理考核办法，加大对煤矿和非煤矿山、烟花爆竹、危险化学品等重点领域和重点行业的整治力度；加强道路交通、人员密集场所消防、农机运行、水上交通等安全专项整治，防止重特大安全事故发生。建立健全各种突发事件应急机制，提高保障公共安全和处置突发事件的能力。

继续深入开展精神文明创建活动。今年力争实现创建全国文明城目标。加强以创建文明社区为重点的群众性精神文明建设。大力推进以创建“中国绿城”和“服务‘南博会’、树文明新风”系列活动为载体的精神文明创建活动。大力提倡团结互助、扶贫济困的良好风尚。加强文明城市、文明村镇、文明社区、文明行业、文明单位建设。加强和改进未成年人思想道德建设。加强科普宣传教育，弘扬科学精神，倡导文明健康的生活方式。

十、切实转变政府职能，努力提高服务水平

改革和完善决策机制。促进决策科学化、民主化，完善公众参与、专家咨询和政府决策相结合的机制，健全重大决策的规则和程序，拓宽人民群众参与决策的渠道。认真抓好“十一五”规划体系制定工作。

全面推进依法行政。按照“职权法定、依法行政、有效监督、高效便民”的要求，实行政务公开，努力建设行为规范的法治政府。转变职能，改进经济管理方式方法，切实加强社会管理。按照《全面推进依法行政实施纲要》和行政许可法的内容和要求，制定和完善政府有关规章制度，用制度规范政府及部门的行为。建立健全行政执法责任制和过错追究制，强化行政层级监督。

加强政风建设和公务员队伍建设。全面落实党风廉政建设责任制。完善责任考核办法，增强工作的可操作性和有效性。继续深化反腐败三项工作。全面落实中央关于领导干部廉洁自律的各项规定，尤其严格遵守中纪委三次全会提出的“四大纪律、八项要求”，规范领导干部的从政行为。加强政治理论学习和业务学习，强化服务和诚信意识，重视和加强公务员的培训和考核工作。不断提高行政能力。

各位代表，建设国际性现代化城市的伟大目标任重而道远。在新的一年里，我们要思路不改、镜头不换、自我加压、埋头苦干、克服困难、负重奋进，以良好的精神状态和务实的工作作风，努力完成和超额完成 2005 年的工作目标。不辜负全市人民的支持和期望。让我们紧密团结在以胡锦涛同志为总书记的党中央周围，高举邓小平理论伟大旗帜，全面贯彻“三个代表”重要思想，在自治区党委、政府和市委的正确领导下，解放思想，抢抓机遇，开拓创新，为在全区率先实现跨越式发展而奋斗！

关于南宁市2004年国民经济和社会发展计划执行情况及2005年国民经济和社会发展计划草案的报告

——2005年1月28日在南宁市第十一届人民代表大会第九次会议

市发展和改革委员会主任　刘　雄

各位代表：

我受市人民政府委托，向大会报告我市2004年国民经济和社会发展计划执行情况及2005年国民经济和社会发展计划草案，请予审议，并请市政协各位委员和其他同志提出意见。

一、2004年全市国民经济和社会发展计划执行情况

2004年，我市树立和落实科学发展观，认真贯彻落实中央宏观调控政策，努力克服严重干旱、禽流感疫情、煤电油运紧张等不利因素的影响，围绕“当好东道主，服务‘南博会’，推进大开放，建设大南宁”的总体思路，全面实施“农业稳市工程”　“工业强市百亿投资工程”、“城建美市百亿投资工程”、　“商贸活市百亿投资工程”等四大工程，首届中国—东盟博览会取得圆满成功，经济工作“三突破”目标全面完成，城市建设管理三年中变化顺利实现，国民经济呈现出速度快、结构优、质量高的良好态势，各项社会事业不断进步。

（一）经济发展创新高，主要预期目标和“三突破”目标全面完成

初步统计，全年实现地区生产总值588.86亿元，增长13.20%，完成计划的105.72%，是9年来发展最快最好的一年。其中第一产业增加值102.75亿元，增长5.90%，完成计划的102.75%；第二产业增加值184.97亿元，增长18.20%，完成计划的115.61%，其中工业增加值125.80亿元，增长16.60%，完成计划的112.32%；第三产业增加值301.14亿元，增长13.10%，完成计划的101.40%。三次产业比重为17.45：31.41：51.14，第二产业增加值占GDP的比重比上年提高了1.87个百分点，结构调整开始出现积极变化。财政收入74.63亿元，增长22.23%，完成计划的110.11%，其中地方财政收入43.25亿元，增长19.34%，完成计划的108.64%。全社会固定资产投资260.76亿元，增长36.99%，完成计划的118.31%，其中基本建设投资125.23亿元，增长29.12%，完成计划的112.27%；更新改造投资40.25亿元，增长44.86%，完成计划的125.98%；社会消费品零售总额239.41亿元，增长15.12%，完成计划的99.75%。实际利用外资10034万美元，增长5.89%，完成计划的62.71%；外贸出口总额5.25亿美元，增长2.57%，完成计划的97.76%。城镇居民人均可支配收入8060元，增长9.10%，完成计划的122.07%；农民人均纯收入2466元，增长10.50%，完成计划的105.61%；居民消费价格总指数104.20%，超出计划2.20个百分点；城镇登记失业率3.80%、人口自然增长率6.79‰，均在计划控制范围内。

（二）投资保持对经济强劲拉动作用，重大项目建设顺利推进

统筹推进项目建设，突出重点，不断优化投资结构，加大了工业、农业投资力度，全年工业完成投资45亿元，增长36.49%；农村基础设施建设“三大会战”完成投资3.14亿元。投资需求对全年经济增长的贡献率为59%，拉动经济增长7.80个百分点，保持了强劲拉动力。

加强组织协调，明确责任，狠抓落实，三大“百亿投资工程”和农村基础设施建设“三大会战”重大项目建设进展顺利。城市建设再创辉煌，“三年中变化”目标顺利实现，竹溪立交桥、会展中心一期配套工程、永和大桥、江北东西堤堤路园、滨江路、英华路等36个南博会配套基础设施项目按期竣工。“工业强市百亿投资工程”　成效良好，南烟50万箱卷烟技改二期等项目建成投产，新增年产6万吨离子膜烧碱和6万吨PVC等一批项目进展顺利，20万吨铝板带项目前期工作取得实质性进展。沃顿大酒店、邕江宾馆等66家宾馆设施改造工程以及大连万达商业广场等一批“商贸活市百亿投资工程”项目顺利建成，提升了我市接待能力和档次，夯实了商贸流通基础设施。完成了横县新平公路等一批农村基础设施建设“三大会战”工程，农村生产、生活条件进一步改善。

（三）工业经济步入快车道，经济脊梁作用日益凸显

工业经济实现了多年未见的速度快、效益好的良好势头。全年规模以上工业总产值263.65亿元，增长24.55%，增速比上年提高4.99个百分点。工业拉动全市经济增长3.50个百分点，比上年提高0.88个百分点。烟草、医药等行业发展势头好；开发区和城区工业全年增长速度平均保持在30%以上，成为支撑全市工业持续快速增长的重要力量。在投资需求的拉动下，水泥、铝材、商品混凝土等产销高速增长。工业经济效益大幅提高，规模以上工业实现利润12.13亿元，创历史新高，增长73.10%。工业经济效益综合指数为144.34，比上年提高22.12个百分点，创1997年以来的最高水平。

（四）农业结构调整力度加大，产业化经营取得新成效

去年，我市突出加强“三农”工作，采取有力措施，稳定粮食生产，积极促进农业结构调整，农业经济呈现了增长提速、结构优化的好局面，第一产业增加值增速比上年提高了2.28个百分点。农业结构调整取得新进展，蔬菜、水果、木薯、桑蚕等经济作物种植面积进一步扩大，粮食和经济作物种植面积比例达到1：1.07；养殖业发展势头好，肉类、牛奶和水产品产量分别增长7.26%、41.19%和6.77%。温氏、凤翔、正大等龙头企业落户我市，带动了规模家禽养殖业。在皇氏乳业等重点企业的带动下，奶牛业跃上新台阶，全市奶牛占全区奶牛总量的30%，牛奶产量名列全区第一。农业产业化经营取得新成效，金泰尔、万利来、农乐公司等农业产业化经营重点企业发展迅速，粮油、木薯淀粉、罗非鱼、乳业等农产品产业链初步形成。产业化经营水平的提高，促进了农民收入增加。

（五）消费市场持续活跃，新型服务业快速发展

首府商贸流通中心功能迅速增强，消费需求进入稳定上升期，去年社会消费品零售总额增长了15.12%，创下自1997年以来新高。房地产销售持续火爆，汽车、通讯等消费热点不断，春节、“五一”、“十一”以及“南博会-民歌节”假日消费持续活跃。沃尔玛超市、王府井百货等大型商场开业，拉动了全市消费持续快速增长，形成了首府商贸流通新格局。南博会效应初步显现，旅游、会展和信息等新型服务业快速发展。全市旅游总收入73.07亿元，增长16.27%；首届南博会吸引境内外参展商、采购商1.8万人，接待海内外观众35万人次，商品贸易累计交易总额10.33亿美元；围绕服务南博会、建设“数字南宁”目标，完成了全市政务网络平台、会展中心信息化建设、南博会通讯保障与综合信息服务系统等一批信息化项目的建设。

（六）财政收入大幅增长，收入结构不断优化

财政收入继续保持大幅增长，增速比上年提高了6个百分点，占全区财政收入的比重上升到18.49%。非税收入占财政收入比重为8.35%，财政收入结构优化、质量提高。

（七）招商引资成效显著，区域合作实现新突破

一年来，全市上下抢抓机遇，充分利用南博会大平台，突出招商引资重点区域，强力推进招商引资工作，成效显著。全市内外资合同引进资金256.08亿元，增长101.21%，其中实际到位资金122.54亿元，增长105.23%。南博会期间，共签约投资项目72个，总投资282.92亿元，其中合同项目47个，总投资157.63亿元，签约金额创造了历届投资贸易洽谈会的新高。积极参与和推进泛珠三角区域合作，与广东、香港和澳门合作实现历史性突破，成功签订了广东工业园、广东商业街、香港街、澳门街项目合作协议；积极推进与东盟合作，新加坡工业园、印尼工业园落户中国——东盟经济园。

（八）劳动就业和社会保障工作进一步加强，人民生活水平继续提高

通过开发公益性岗位，加强失业人员培训等工作，劳动就业和社会保障工作取得新成效。全年新增就业岗位5.37万个，下岗失业人员再就业1.59万人，帮助大龄就业困难人员再就业2680人；城镇登记失业率为3.80%，控制在年度计划目标范围内。“两个确保”和“三条保障线”工作得到加强，社会救助制度不断完善。城乡居民收入继续增加，城镇居民人均可支配收入8060元，增长9.10%；农民人均纯收入2466元，增长10.50%。

（九）统筹经济社会协调发展，科技、教育、卫生和文化等社会事业全面进步

推动科技与经济紧密结合，“重要技术标准研究”试点工作取得阶段性成效；全年共组织实施第二轮科技创新计划项目328个；以服务“三农”为重点的科技服务体系建设进一步完善。整合优质教育资源，打造教育品牌，2004年优质高中资源已占全市高中教育资源的36%。教育基础设施建设步伐加快，滨湖路小学、白沙路学校、三十二中及南宁职业技术学院西校区一期工程等新建学校建成投入使用，南宁二中东校区完成征地工作。进一步改善农村义务教育段基础设施建设，加大对新接受五县教育基础设施投入，新开工、完成一批农村中小学校危房改造、寄宿制学校改造和“两基”攻坚项目。进城农民工子女入学难问题也得到进一步缓解。市县疾病控制中心、传染病区、乡镇卫生院及重点医疗单位基础设施建设加快，全市卫生基础设施有了较大改善。民歌艺术节品牌进一步提升，文化产业持续发展。积极争取国家和自治区的支持，推进以新城区为试点的社区服务设施建设。生态文明村建设顺利推进，丰富和提高了农村文化生活水平。全民健身网点进一步普及，体育产业持续快速发展。

2004年经济社会发展的大好局面，是市委正确领导、市人大加强监督指导、市政协大力支持的结果，是全市上下团结一致、开拓创新、真抓实干、奋力拼搏的结果。在肯定成绩的同时，我们也应当清醒地看到我市经济社会发展中还存在不少困难和问题，主要表现在：煤电油运供求矛盾加剧，严重影响国民经济发展和人民生活；土地征用及资金筹措难度加大，影响了项目建设进度；农业抵御自然灾害的能力不强；工业总体规模仍然偏小；直接利用外资不多；物价水平上升幅度较大，在一定程度上影响了人民群众的生活，等等。对于这些问题，我们要在今后的工作中认真加以解决。

二、2005 年经济和社会发展主要预期目标

总体看，今年我市经济发展存在很多有利因素：世界经济正呈现恢复性增长，各国间的贸易往来和跨国直接投资日趋活跃；国家将进一步巩固宏观调控成果，加快经济结构调整，经济环境总体继续趋好；我区经济正处于新一轮的上升周期，加快发展的势头将会继续保持；我市城建三年中变化目标的实现和首届南博会的成功举办，大大提升了首府综合实力和竞争力，南博会对经济的促进作用将进一步显现。但影响今年经济快速发展的不确定因素也较多，困难不少，资金、土地等约束因素，以及煤电油运供给紧张状况依然存在。根据对 2005 年发展环境分析，综合考虑完成“十五”计划目标和首府在全区率先实现跨越式发展的要求，2005 年国民经济和社会发展的主要预期目标是：

地区生产总值	增长 11%
其中：第一产业	增长 5%
第二产业	增长 14%
其中:工业	增长 14%
第三产业	增长 11.5%
全社会固定资产投资	增长 20%
社会消费品零售总额	增长 13%
财政收入	增长 12%
其中：地方财政收入	增长 10.5%
实际利用外资	增长 20%
其中：外商直接投资	增长 15%
外贸出口总额	增长 5%
城镇居民人均可支配收入	增长 6%
农民人均纯收入	增长 5.5%
居民消费价格总指数	控制在 104%以内
人口自然增长率	控制在 10‰以内
城镇登记失业率	控制在 4%以内

三、2005 年经济社会发展的主要任务和措施

今年，我们要坚持以科学发展观统领经济社会发展全局，按照“五个统筹”的要求，更加注重结构调整和经济增长方式的转变，深化改革，扩大开放，当好东道主，服务南博会，全面推进“农业稳市工程”、“工业强市百亿投资工程”、“城建美市百亿投资工程”、“商贸活市百亿投资工程”四大工程，重点做好以下六个方面的工作。

（一）加快结构调整，促进产业发展

继续实施“农业稳市”工程，大力推进农业产业化经营。坚持抓好粮食生产不放松，加快农村基础设施建设，推进农业结构调整，进一步延伸优势农产品产业链，提高我市农业产业化水平。

大力推进农业产业化。继续支持农产品加工龙头企业，重点扶持广西快点河粉集团、金泰尔公司、万利来公司、凤翔公司、皇氏乳业公司等龙头企业，发展优质谷生产基地、蔬菜基地、蘑菇基地、西瓜生产基地，积极发展规模养殖，促进家禽、罗非鱼及奶牛等养殖业更快发展。

抓好农产品标准化生产，实施名牌战略。继续开展以无公害标准化生产基地建设及认证为主要内容的农产品标准化工作，农产品市场准入范围扩大到全市各县区、各乡镇。以实施“名牌战略”带动农业结构调整，重点发展莲藕、蘑菇、红江橙等名特优农产品，扩大我市农产品市场影响力。

继续加大扶贫开发力度。积极争取国家和自治区以工代赈资金，增加扶贫开发的投入，大力开展生态扶贫、教育扶贫。加强农民工职业技能培训工作，加大劳务输出力度，促进农民增收。

实施“工业强市”战略，促进工业更快更好发展。加快培育发展产业集群，着力发展铝加工、食品加工、林浆纸一体化等产业，形成首府特色优势产业。

做大做强开发区，进一步推进高新区、经开区“二次创业”，支持六景工业园、铝工业园、中国—东盟经济园基础设施和配套设施建设，完善功能，创造条件，吸引更多的工业企业进入园区发展。

加快县区工业发展。以优势资源为依托，培育特色产业，促进县区工业发展与市中心区产业结构调整相结合，努力形成县区特色产业合理布局、协调发展的新格局。

转变经济增长方式，大力发展循环经济。落实相关产业政策，引导社会资金投向符合经济结构调整发展方向的产业。努力探索低消耗、低污染、高效益、资源综合利用率高的产业发展路子，加强对制糖、造纸和化工等重点行业的能源、原材料的消耗管理，提高“三废”的综合利用率，促进循环经济发展。优化中心城区工业布局，积极发展电子信息、印刷、工艺美术等科技型、服务型、就业容量大的都市型工业。

进一步改造提升传统服务业，加快发展新型服务业。

优化商贸、流通企业布局，发展新型业态。继续引进国内外大型连锁企业、国际国内品牌进入我市，大力发展超市、便利店、连锁店等新型商业。以南博会为契机，促进信息、会展、旅游、现代物流、房地产业发展。

（二）坚持以项目为中心，促进投资持续快速增长

坚持把扩大投资和加强重大项目建设作为工作的重中之重，继续按照“开工一批，续建一批，投产一批，储备一批”的要求，狠抓项目建设。全面实施 “城建美市”、“工业强市”、“商贸活市”三大“百亿投资工程”和农村基础设施建设“三大会战”，千方百计加大投入，保持投资对经济增长的强劲拉动。

继续实施“城建美市百亿投资工程”，扎实推进“六年大变化”目标。全力推进堤路园工程建设，确保年内完成江南堤路园工程。进一步完善南博会配套设施，加快会展中心二期工程建设，启动中国—东盟商务区等项目建设。加快城市交通网络建设，重点建设友爱南延长线、园湖北路延长线、南站南侧路、葫芦顶大桥、凌铁大桥、南宁大桥、民主路铁路立交桥等路桥项目。进一步加快相思湖新区建设，重点建设罗文大道、可利大道、相思湖北路等 10 条道路，推进新区内老年活动中心等项目的前期工作。推进园林绿化和环境整治工程建设，重点建设 “花花世界”园林产业示范园、竹排冲整治一期和江南污水处理厂一期工程、城南垃圾填埋场等一批项目，开展七县垃圾污水处理项目前期工作。全面推进环保模范城市、国家级生态示范区的创建工作。结合旧城改造，发展房地产业，加大经济适用房建设力度，重点推进东沟岭居住区一号组团、上海路—济南路—华强路—南京路围合片区、白沙片区一期等旧城改造及富宁新兴苑、桃花源小区等经济适用房建设。

突出重点，推进“工业强市百亿投资工程”，提升产业发展水平。做好项目策划，促进重点产业规划落实，争取年内一批工业项目竣工投产。着力抓好南宁电厂和 20 万吨铝板带两个特大型工业龙头项目建设。推进南糖股份伶俐糖厂扩建、南化新增离子膜烧碱和 PVC、广西宁振纸业公司林浆纸一体化等项目的实施和高新区、经济技术开发区等工业（经济）园区各类工业项目建设，促进工业特色优势产业快速发展。

继续推进“商贸活市百亿投资工程”，全面提升首府服务中心功能。推进香港街、澳门街、五象广场附属商贸设施、航洋国际城、玉洞、安吉、金桥等商贸、物流项目实施，继续完善服务南博会宾馆设施。加快开发青秀山风景名胜旅游区系列项目。

继续实施农村基础设施建设 “三大会战”工程。今年“三大会战”投资总规模为 39513 万元，其中市财政安排 20000 万元，县区筹措 19513 万元。力争完成农村道路 157 条 817.45 公里，实现乡镇全部通柏油路；建设生态文明村 100 个，农村沼气池 3 万座，改善农村生态环境；抓好水库除险加固、水毁工程修复、大型灌区改造、水源开发利用、人畜饮水工程、电灌站工程技改等建设，满足人民群众生产生活用水需求。同时积极策划一批项目，争取国债支持，加快节水灌溉、人畜饮水和农村道路等“六小”工程建设，推进农田水利和生态环境建设。

继续加快推进城市信息化重点项目建设，提高城市管理及综合服务水平。加快建设南博会通讯保障和综合信息服务工程及市电子政务工程两方面的项目，重点推进城市应急联动系统三期工程、电子政务系统二期工程、卫生信息服务系统、文化活动信息管理系统、交通信息综合管理系统、重大事件应急指挥系统、会展信息综合服务系统的建设。

加强项目协调工作力度，做好与国家、自治区有关部门的汇报、衔接工作，着力解决项目用地、报批等问题，落实建设条件，确保项目顺利推进。积极做好规划研究、项目策划、筛选等前期工作，探索项目前期工作市场化的办法和途径。积极筹措项目建设资金。进一步落实企业投资主体地位，规范政府投资行为。最大限度地放开投资领域，激活民间投资。以南博会为契机，以招商引资为突破口，更多地引进国内外资金。加强与银行的沟通衔接，争取更多的银行贷款支持。紧紧抓住西部大开发的机遇，积极争取国家和自治区的支持。

（三）进一步扩大开放，积极推进区域合作

充分发挥好南博会效应，改善投资软环境，强力推进招商引资工作。今年，招商引资工作要突出重点。在项目上，瞄准大企业、跨国公司，力争在引进大项目上实现新突破。境外招商要巩固东盟和港澳台，大力开拓日韩，突破欧美。境内招商要巩固广东、福建和浙江，突破和拓展江苏、上海等沿海地区，争取招商引资和区域合作迈向新台阶。要精心选择招商项目，积极推出一批现代物流、商贸服务、城市基础设施项目吸引外资。工业招商引资要立足优势资源、优势产业，力争引进一批大资金、大品牌。鼓励以产业投资基金、风险投资、境外上市、转让经营权和特许经营等方式吸引外资，重点推出一批城市基础设施项目转让经营权。积极参与和推进粤港澳经济圈、泛珠三角经济圈的合作，全面跟踪落实已经签署的各项合作协议，争取项目尽快开工建设，早日发挥效益。继续推进对外贸易，广泛开展经济技术交流与合作，实现资金引进和人才引进相结合。积极调整出口产品结构，努力扩大对外贸易。

（四）坚持经济与社会协调发展，推动各项社会事业全面进步

统筹经济与社会协调发展，推动科技、教育、文化、卫生、人口与计划生育、体育、民政和妇女儿童等社会事业全面进步。

加快推进科技创新。继续抓好“重要技术标准研究”专项试点工作，重点推进甘蔗、木薯、亚热带水果和城市公共安全方面的技术标准研究项目；继续实施专利战略，抓好 10 家专利试点示范企业；实施科技成果转化工程，抓好 20 个科技成果转化项目。

大力发展教育事业。加快义务教育均衡化建设，大力扶持农村基础教育，改善农村义务教育教学环境，加大“两基”攻坚工程和农村中小学危房改造工作力度；利用好优质教育资源，优化学校布局，开工建设市二中东校区、市三十三中教学楼，开展1－2所新建学校前期工作；促进高等教育发展，加快南宁职业技术学院西校区二期工程建设。

加强公共卫生体系建设。加大投入，争取开工、竣工一批卫生设施项目。以市急救中心、市四医院甲类传染病楼以及七县传染病区等项目为重点，加快建设全市医疗救助体系基础设施；改造乡镇卫生院一批，进一步完善农村公共卫生体系。

继续完善公共文化设施。加快青少年活动中心及妇女儿童活动中心、博物馆的前期工作，开工孔庙迁建，抓好"村村通"广播电视工程、县级计生服务站和各城区三级以上图书馆建设。

继续抓好就业和社会保障工作。进一步落实完善财政投入、小额贷款、免费培训和税费减免等就业再就业扶持政策，通过产业发展促进就业岗位增加。支持多种形式就业，鼓励灵活就业和自主创业。加强就业培训、职业介绍和就业指导，统筹兼顾城乡就业，今年力争新增就业岗位5万个。继续做好"两个确保"和"三条保障线"工作，完善社会救助制度，切实帮助困难家庭解决实际问题，加大清理拖欠工程款和农民工工资工作力度。

（五）正确处理改革发展稳定的关系，推进各项改革顺利进行

按照中央关于完善社会主义市场经济体制的部署，扎实推进各项改革。一是加快我市投资体制改革，贯彻落实《国务院关于投资体制改革的决定》，推进我市项目核准制和"代建制"，完善审批制和备案制等投资体制改革工作。二是深化国有企业改革，进一步完善有关政策，规范国有企业改革，按出让国有产权、国有股减持、公司制改造、关闭破产等多种方式推动企业改革；做大做强上市公司，重点推进南南铝业股份公司的上市工作和南糖股份公司H股在香港的上市工作；继续引导企业建立健全现代企业制度。三是加快公用事业改革，市水务股份公司对外引进战略投资者，实现公用事业投资主体多元化。四是完善国有资产监督管理体制，调整优化市级国有资产经营公司，进一步完善授权经营制度。

（六）谋划长远，编制好"十一五"规划

继续做好"十一五"时期我市经济社会发展重大课题研究，按照市委有关"十一五"规划的建议和市"十一五"规划工作方案要求，按时完成"十一五"规划草案，组织有关部门编制好专项规划，加强与国家、自治区有关部门衔接，争取我市一批重大项目列入上级规划和产业布局。

各位代表，今年是全面贯彻落实科学发展观、保持经济社会良好发展的关键一年，也是全面实现"十五"计划目标、衔接"十一五"发展的重要一年，做好今年的各项工作意义重大。我们要在市委的领导下，团结协作，奋发向上，积极进取，开拓创新，为实现经济社会全面、协调、可持续发展做出新的贡献。

关于南宁市与市本级2004年预算执行情况和2005年预算草案的报告

——2005年1月28日在南宁市第十一届人民代表大会第九次会议

市财政局局长　　黄伟京

各位代表：

受市人民政府的委托，我向大会提出2004年全市与市本级预算执行情况和2005年全市与市本级预算草案报告，请予审查全市预算草案，批准市本级预算草案，并请列席会议的市政协委员及其他同志提出意见。

一、2004年全市与市本级预算执行情况

2004年，我市各族人民在市委的正确领导下，认真实践"三个代表"重要思想，全面贯彻党的十六大和十六届三中、四中全会及自治区党委八届五次全会、市委九届十一次全会精神，抓住中国—东盟博览会永久落户南宁的历史机遇，以经济建设为中心，按照"五个统筹"要求，着力解决"三农"问题，全力推进工业化、城镇化进程，大力支持"136"目标建设，依法理财治税，狠抓增收节支，全面推进财政改革，加强财政监督管理，实现了财政收入的新突破和财经秩序的继续好转，预算总体执行情况较好。

（一）2004年全市预算执行情况

2004年全市财政总收入(预算执行数，下同)759902万元，财政总支出691240万元，收入和支出相抵，年终滚存结余68662万元，扣除结转下年度使用的专款36727万元，全市当年财政收大于支31935万元。

2004年，全市地方一般预算收入完成432525万元，完成预算的106.47%，比上年增长19.34%,按可比口径(2004年起执行新的出口退税政策，增值税出口退税的25%从地方国库中退付,2003年无此因素。下同)比上年（预算执行数，下同）增长21.59 %（全市组织的财政收入完成746323万元，完成预算的110.12%，比上年增长22.23%。其中，上划中央“两税”收入完成241613万元，完成预算的107.88%，比上年增长23.55%；上划中央所得税收入完成72185万元，完成预算的119.23%，比上年增长37.22%）。全市财政一般预算支出完成625551万元，完成预算的95.11%，比上年增长19.16%。此外,全市基金预算收入完成25573万元，基金预算支出完成14115万元。

全市财政总收入除一般预算收入432525万元外，自治区财政税收返还补助收入111246万元，自治区财政转移支付和结算补助收入145622万元,上年结余收入70509万元。

全市财政总支出除一般预算支出625551万元外，上解自治区财政支出65689万元。

全市一般预算收入主要项目的执行情况是：(1)工商税收316455万元，完成预算的101.96%，比上年增长20.09%，按可比口径计算，比上年增长23.19%。(2)农牧业税和耕地占用税35732万元，完成预算的133.01%，比上年下降7.63%。(3)企业所得税18010万元，完成预算的107.35%，比上年增长39.72%。(4)国有资产经营收益11847万元，完成预算的99.37%，比上年增长56.07%。(5)行政性收费收入12993万元,完成预算的101.84%,比上年增长19.17%。(6)罚没收入19310万元，完成预算的148.90%，比上年增长29.80%。(7)专项收入14756万元,完成预算的111.44%，比上年增长17.33%。

2004年全市财政收入的增收因素：一是工商企业生产经营情况较好，效益明显好转，国内“两税”和企业所得税分别增收4.61亿元和1.28亿元。二是着力推进城市建设“136”目标和工业化、城镇化建设，固定资产投资增长较快，相关的建筑、房地产营业税、房产税、契税增收3.12亿元。三是城镇居民收入增加和强化个人所得税征管，个人所得税增收1.98亿元。四是严格实行“收支两条线”管理，非税收入增收1.5亿元。

2004年全市一般预算支出主要项目的执行情况是：(1)建设性支出126125万元，完成预算的93.47%，比上年增长41.68%。(2)事业行政费支出369762万元，完成预算的97.37%，比上年增长15.63%。(3)城市维护费支出81471万元，完成预算的96.30%，比上年增长9.94%。(4)专项支出15089万元，完成预算的85.18%，比上年增长27.61%。

2004年全市预算支出在保证农业、科技、教育、社会保障和服务中国—东盟博览会等重点支出的同时，各级财政加强对一般性支出的管理和控制，在各项事业发展较快，资金缺口较大的情况下，基本实现了收支平衡。

2004年全市财政预算执行有以下主要特点：一是来自于固定资产投资的相关税收增长继续保持较高幅度。二是非税收入与税收保持同步增长。三是区、县之间收入差距继续拉大。

（二）2004年市本级预算执行情况

2004年市本级财政总收入544431万元，财政总支出490497万元，收入和支出相抵，年终滚存结余53934万元。扣除结转下年度继续使用的专款32426万元,净结余21508万元。结转下年度使用的专款主要是上级财政年底下达的部分补助资金来不及拨付预算单位，还有少部分是年初预算安排的项目因各种原因未能如期执行，需要结转到2005年继续使用。当年预算净结余除安排部分调整工资以及偿还到期政府债务的支出以外，全部结转到2005年，主要用于增加农业、科技、教育、公共卫生、社会保障等支出。

2004年，市本级一般预算收入完成171410万元，完成预算的104.39%，比上年增长11.98%,按可比口径计算比上年（预算执行数，下同）增长12.77%（市本级组织的财政收入完成336508万元,完成预算的106.66%,比上年增长17.32%。其中，上划中央“两税”收入完成134013万元，完成预算的111.35%，比上年增长25.40%；上划中央所得税收入完成31085万元，完成预算的100.44%，比上年增长15.60%）。市本级一般预算支出完成277306万元，完成调整预算数（包括当年安排预算、上年结转支出预算和自治区专项补助支出预算）的89.53%，比上年（预算执行数，下同）增长15.64%。此外,市本级基金预算收入15144万元，基金预算支出6865万元。

市本级财政总收入除一般预算收入171410万元外，自治区财政税收返还补助收入111246万元，自治区财政转移支付和结算补助收入145622万元,下级财政上解收入55468万元，上年结余收入60685万元。

市本级财政总支出除一般预算支出277306万元外，上解自治区财政支出65689万元，补助下级财政支出147502万元。

市本级一般预算收入主要项目的执行情况是：(1)工商税收132988万元，完成预算的96.08%，比上年增长8.11%，按可比口径计算比上年增长9.09%。(2)农牧业税和耕地占用税15160万元,完成预算的163.01%,比上年增长40.05%。(3)企业所得税5382万元，完成预算的80.81%，比上年下降 14.34%。(4) 行政性收费收入 2671 万元，完成预算 95.39%，比上年下降 14.12%。(5) 罚没收入 9003 万元，完成预算的 300.10%，比上年增长 50.08%。(6) 专项收入 6713 万元，完成预算的 111.40%，比上年增长 13.40%。

市本级财政的主要增收因素：一是通过近几年的投资，卷烟、化工、建材、机糖加工、铝材加工等工业项目生产经营开始呈现新的发展，使相关增值税、消费税等增收 27093 万元。二是固定资产投资拉动建筑业、房地产业发展，相关的营业税增收 4315 万元，增长 7.49%。土地增值税增收 1264 万元。契税增收 3601 万元。三是个人和个体工商户收入增加，个人所得税增收 9244 万元，增长 31.76%。同时，有关部门加大清欠和依法行政的力度，强化“收支两条线”管理，罚没收入、专项收入分别增收 3004 万元、793 万元，增长 50.08%、13.40%。

市本级一般预算支出主要项目的执行情况是：(1) 建设性支出 74687 万元，完成预算的 89.12%，比上年增长 38.88%。(2) 事业行政费支出 124442 万元，完成预算的 88.47%，比上年增长 10.59%。(3) 城市维护费 54876 万元，完成预算的 93.61%，比上年增长 3.93%。(4) 专项支出 8451 万元，完成预算的 80.32%，比上年增长 55.46%。

以上向各位代表报告的 2004 年全市及市本级预算执行情况，是根据各县（区）及本级快报数初步汇编而成，与决算数相比会有一定出入。待全市和市本级决算编成后，我们再按预算管理的有关规定，报市人大常委会备案和批准。

二、2004 年为完成全年预算所做的主要工作

（一）狠抓增收节支，确保全年财政收支平衡

2004 年，我市经济增长强劲，财政增收的有利因素较多。但是出口退税机制调整，停止征收农业特产税，降低农业税税率，落实西部大开发税收优惠政策，政策性减收因素也大于正常年度。同时，禽流感、特大水灾、严重干旱等自然灾害，煤电运紧张，石油涨价等客观因素，给财政增收带来了较多的困难。为了完成人大批准的预算，我们围绕市委提出的经济发展“三突破”目标，认真分析主客观因素的影响，有针对性地调整财政工作思路，加强财政收入目标管理监督考核机制，积极解决组织收入过程中出现的困难和问题，坚持依法治税，完善税源控制机制，清理非政策性减免税，充分调动和利用各种有利因素，克服消化不利因素，使全市财政收入的增长继续高于国内生产总值的增长幅度。在支出管理上，我们按照“量入为出，尽力而为”的原则，认真执行预算，着力调整财政支出结构，将保证党政机关正常运转、支持农业、教育和科技事业发展、促进就业和再就业、完善社会保障体系及服务中国—东盟博览会项目支出等作为优先安排的项目予以全力保障。同时强化预算约束，加强编制管理，严格核查和控制财政供养人员，大力压缩一般性支出，保证了当年预算收支平衡。

（二）积极支持“四大工程”，夯实经济发展基础，努力做大我市经济蛋糕

2004 年我们紧紧围绕市委提出的“农业稳市工程”、“工业强市百亿投资工程”、“商贸活市百亿投资工程”、“城建美市百亿投资工程”等四大工程，加大财政的支持力度，做大我市经济蛋糕，进而做大财政收入蛋糕。

——按统筹城乡发展的要求加大对农业和农村经济结构调整的支持力度。2004 年市本级财政安排并足额拨付 1.5 亿元用于农村“三大会战”建设。同时安排各种支农资金 5412 万元，重点支持农业基础设施建设、农业产业化经费、农业综合开发、生态环境保护、农村经济结构调整和农村扶贫开发，有力地促进我市农村经济的发展和农民增收。

——支持工业企业加强核心竞争力，支持经济园区的建设。选择发展前景好、竞争力强的企业给予重点支持，帮助企业进行产品结构调整和技术创新升级。2004 年市财政安排工业结构调整资金 1.25 亿元，用于工业技改项目补助、贴息、城区工业经济园建设和铝工业园的基础设施建设。安排资金 2800 万元用于高新区、经开区、东盟工业园（华侨投资区）的基础设施建设，支持经济技术开发区、高新技术开发区“二次创业”，做大、做强、做精、做稳一批新兴财源。

——大力支持民营企业和中小企业发展。2004 年全市财政安排用于民营企业的企业挖潜改造资金 6458 万元，争取上级财政安排中小企业发展专项资金 114 万元。同时认真落实国家有关税费扶持政策，调高增值税和营业税起征点，减轻中小企业税负 1000 多万元，有力地推动了民营企业和中小企业发展。

——全力支持城市建设管理“136”目标重点项目建设，改善城市面貌。2004 年，为改善城市环境，保证中国—东盟博览会的举办，城市基础设施建设项目达 178 项，计划总投资 122.1 亿元。在国家加强宏观调控、压缩国债规模、紧缩银根的情况下，我们克服困难，继续加大资金筹集力度，通过向银行特别是国家开发银行贷款、经营城市、财政专项筹措、城区和业主自筹、招商引资等渠道，根据项目建设进度要求共落实项目建设资金 85.5 亿元。建成了总长 49.6 公里的城市道路、全长 26.2 公里邕江北岸堤路园工程、永和大桥及竹溪大道立交等四座立交桥，完善会展中心一期和开工建设二期工程，完成了市容景观“1858”工程和市区 351 条小街小巷的维修改造，基本实现“三年中变化”目标，为中国—东盟博览会成功举办提供了一流的市容景观和服务设施，改善了我市经济发展的硬环境，也促进了与固定资产投资相关的税收高幅度增长。

——加强财政资金的引导作用，市本级财政安排了一定资金引导推动宾馆、物流、旅游、中介咨询、信息等服务业加速发展，全面提升服务业水平。

（三）继续深化财政改革，推进依法理财和科学理财

——稳步推进部门预算改革。2004 年市本级上报市人大审议部门预算的一级预算单位增加到 55 个，基层预算单位增加到 319 个，编制质量逐步提高。我们还完善部门预算编制办法，研究确定了公用经费和车辆经费定额标准，使预算编制进一步细化，增强了预算的可执行性，强化了部门预算严肃性。

——深化国库集中支付制度改革。我们对国库集中支付业务各环节做出了明确规定，使工作走上规范化、制度化、科学化的轨道。2004 年列入集中支付试点改革的单位已经增加到 174 个，占全部应实行集中支付改革单位的 50.58%。

——进一步规范政府采购管理。2004 年我们以采购信息公开透明为突破口，加大对信息披露的监督检查，促进规范化管理，有效地维护了公开、公平、公正的政府采购环境。政府采购的规模不断扩大。全年实际完成政府采购金额 18.1 亿元，是 2003 年的 2.4 倍，节约资金 2.6 亿元，节约率为 12.56%。

——稳步推行非税收入改革。在 2003 年先后开展两批非税收入收缴管理制度改革试点的基础上，2004 年在本级所有预算单位顺利推开。全年非税收入达 4.5 亿元。

——进一步完善对县、区的财政预算管理体制，合理界定事权和财权，建立健全科学规范的转移支付制度，充分调动各县区发展经济和增收节支的积极性，促进各县区经济快速协调发展。

——继续深化农村税费改革，降低农业税率，减轻农民负担。在巩固 2003 年税改成果的基础上，全面落实农业税降低一个百分点和取消除烟叶外的农业特产税的工作，全年共停征、减征农业税和农业特产税 1.78 亿元，农民人均减负约 38 元。

（四）增加教育、科技、公共卫生和计划生育投入，支持重点事业加快发展

——投入 10051 万元支持教育“两基”攻坚及巩固提高。其中：支持教育危改工程 3370 万元，实施农村学校现代远程教育工程 3184 万元；安排农村义务教育阶段家庭经济困难学生实行“两免一补”930 万元，投入 205 万元扶助 3008 名贫困学生就学；用于“西部地区农村寄宿制学校建设工程”319 万元，市、县、乡师资培训 140 万元。

——安排科技三项经费 2715 万元，支持制造业信息化技术示范城市建设、生产力促进中心联动服务体系建设示范、特色农业技术集成示范等 147 个科学研究与技术开发、科技创新项目。

——增加公共卫生的投入。安排国家开发银行卫生项目软贷款贴息 421 万元，市第二人民医院和急救中心偿还西班牙政府贷款 262 万元，市中医院搬迁经费 700 万元；支付农村卫生和改水改厕经费 300 万元；投入“光明工程”经费 154 万元，为城乡 1780 例经济困难白内障患者提供手术复明补助。

——安排 834 万元，用于提升 50 个一级计划生育服务所建设、计划生育“四术”免费手术、购置药品、试剂、耗材、医疗设备等。

（五）进一步完善社会保障体系，切实维护社会稳定

继续做好“两个确保”。2004 年共拨付企业离退休人员基本养老金 62542 万元、失业人员失业保障金 4824 万元，发放企业离休人员生活补贴 659 万元。全力支持就业和再就业工作，全年共拨付下岗职工基本生活保障和下岗失业人员再就业资金 5505 万元（含中央转移支付）；安排公益性岗位 5500 个，培训经费 145 万元；安排社会保险补助 1251 万元，为 120 名下岗职工提供 224 万元小额贷款担保；安排县区劳动力市场建设资金 663 万元，为农村劳动力输出提供有效服务。筹集低保资金 4649 万元，为 315086 户次、777349 人次发放了最低生活保障金。投入 1350 万元建成 300 个五保新村。拨出救灾专款 1427 万元，积极做好农村灾民救灾救济工作，其中用于宾阳县灾后重建 743 万元。发放困难企业军转干部的生活补助金 291 万元。

（六）强化财政监督检查，维护正常的财经秩序

我们加强财政监督检查，对预算单位 2003 年度发放奖金、补贴等情况进行专项检查，开展了 2003 年度行政事业性收费年审。全面贯彻执行《会计法》，开展会计信息质量检查，打击会计造假。开展政府专项资金检查，对彩票福利基金、交通、交警专项资金、“支农”资金进行专项检查。2004 年共查出各种违纪金额 21220 万元，清收入库 681 万元。加大工程预决算审核力度，全年共审结项目 2691 项，比上年增长 42%，审核金额 52.48 亿元，比上年增长 76%，净核减金额 7.77 亿元，比上年增长 19%。

各位代表，2004 年财政工作虽然取得一定成绩，但是当前财政运行中的一些深层次的困难和问题仍比较突出，如新兴财源不够稳固，财政增收后劲不足；县区间财政经济发展不平衡，财政困难面大；县级财政非税收入比重偏大；县乡政府负债较重，收支矛盾加剧；会计信息失真等违反财经纪律的现象时有发生等。这些问题，需要在今后工作中认真加以解决。

三、2005 年全市与市本级预算草案

根据全区、全市经济工作会议和全国、全区财政工作会议的精神以及对全市经济形势的分析，编制我市 2005 年财政收支预算的指导思想是：

以邓小平理论和“三个代表”重要思想为指导，全面贯彻党的十六大和十六届三中、四中全会，以及自治区党委八届五次全会、市委九届十一次全会精神，紧紧围绕加快建设大南宁，确保我市在全区率先实现跨越式发展的战略目标，牢固树立和落实科学发展观，贯彻实施稳健财政政策，严格

执行自治区改革和完善对下财政体制的决定，大力支持经济发展，依法加强税收征管，确保财政收入的稳定增长；不断调整和优化财政支出结构，合理安排财政支出；继续坚持“多予、少取、放活”的方针，增加农业投入；进一步完善社会保障体系，促进就业和再就业；支持公共卫生体系建设和教育发展；全力筹集资金，支持“136”工程建设，协助完善博览会功能；加大财政管理制度改革力度，强化预算管理和财政监督，努力提高财政资金使用的有效性；加强财政监管，严肃财经纪律，促进经济社会全面协调可持续发展。

（一）2005年全市预算草案

根据以上指导思想和全市经济预期目标、财政收支政策要点以及自治区人民政府关于改革和完善自治区对下财政体制的决定，2005年全市地方一般预算收入计划365128万元，比2004年预算执行数（简称比上年，下同）432525万元减少67397万元，下降15.58%，按可比口径计算，增加28392万元，增长8.43%(2005年全市组织的财政收入835882万元，比上年746323万元增加89559万元，增长12%。其中：上划中央“两税”收入266770万元，比上年241613万元增加25157万元，增长10.41%；上划中央所得税收入86231万元，比上年72185万元增加14046万元，增长19.46%；上划自治区“四税”收入117753万元，按可比口径比上年101921万元增加15832万元，增长15.53%)。全市地方一般预算支出计划578187万元，比2004年年初预算数增加79650万元，增长15.98%。2005年全市财政总收入安排663258万元，财政总支出安排643132万元，收支相抵，预算结余20126万元。此外全市基金预算收入和基金预算支出各安排23162万元。

在全市财政总收入中，一般预算收入安排365128万元，自治区财政补助收入298130万元。在全市财政总支出（不含自治区专项拨款支出和上年结转支出）中，一般预算支出578187万元，上解自治区财政支出64945万元。

全市一般预算收入主要项目的安排计划是：(1)工商税收256842万元，按可比口径计算（下同）比上年增加31674万元，增长14.07%；(2)农牧业税和耕地占用税31944万元，比上年减少3788万元，下降10.60%；(3)企业所得税16562万元，比上年增加3054万元，增长22.61%；(4)国有资产经营收益10671万元，比上年减少1176万元，下降9.93%；(5)国有企业计划亏损补贴1269万元，比上年减少162万元，下降11.32%；(6)行政性收费收入14912万元，比上年增加1919万元，增长14.77%；(7)罚没收入16554万元，比上年减少2756万元，下降14.27%；(8)专项收入14795万元，比上年增加39万元，增长0.26%。

全市一般预算支出主要项目的安排计划是：(1)建设性支出90274万元，比上年增长12.05%，其中：基本建设支出36279万元，比上年增长6.64%，企业挖潜改造资金18303万元，比上年增长13.23%，科技三项费用8609万元，比上年增长38.32%，农业支出27083万元，比上年增长12.10%；(2)事业行政费支出370800万元，比上年增长19.41%，其中：教育支出102481万元，比上年增长13.51%，医疗卫生支出29387万元，比上年增长17.42%，行政事业单位离退休支出54872万元，比上年增长16.28%，社会保障补助支出4728万元，比上年增长0.38%，行政管理费支出55408万元，比上年增长18.50%，公检法司支出44199万元，比上年增长26.64%；(3)城市维护费43518万元，比上年增长25.48%；(4)政策性补贴支出1091万元，比上年下降20.42%；(5)支援不发达地区支出871万元，比上年增长18.50%；(6)专项支出15627万元，比上年增长1.08%；(7)其他支出26810万元，比上年增长7.09%；(8)总预备费7471万元，比上年增长0.21%；(9)偿债资金21725万元，比上年下降4.30%。

2005年财政支出预算安排的重点：一是确保全市机关事业单位工资发放所必需的资金。二是保证教育、科技、农业支出的增长高于经常性财政收入的增长比例。重点安排教育“两基”攻坚和巩固提高经费、普通高校贫困生补助经费、进城务工农民工子女入学经费、科技三项经费、科普经费、标准化工作经费、农村基础设施建设“三大会战”资金等。三是继续安排城镇居民最低生活保障经费、下岗职工基本生活保障和再就业经费，增加安排关闭破产企业职工基本医疗保障和困难企业离休干部生活补贴、医疗补贴。四是增加行政事业单位职工正常晋级工资和离退休职工离退休费、机关事业单位年终奖励经费；五是安排市委、市政府确定的城市建设重点项目和为民办实事资金。

由于目前的全市预算草案是市本级代编而成，尚未经县区人大审查批准，因此，正式全市预算方案待县区人大批准后，我们再汇总报市人大常委会备案。

(二)2005年市本级预算草案

2005年市本级财政总收入和财政总支出拟各安排494581万元，收支平衡。此外，市本级财政基金预算收入和基金预算支出各安排13000万元。

在市本级财政总收入中，地方一般预算收入安排141448万元，比2004年预算执行数（简称比上年，下同）171410万元减少29962万元，下降17.48%，按可比口径计算，增加6341万元，增长4.69%（2005年市本级组织的财政收入369380万元，比上年336508万元增加32872万元，增长9.77%。其中：上划中央“两税”收入151520万元，比上年134013万元增加17507万元，增长13.06%；上划中央所得税收入34546万元，比上年31085万元增加3461万元，增长11.13%；上划自治区“四税”收入41866万元，按可比口径比上年37652万元增加4214万元，增长11.19%)。自治区财政补助收入298130万元，下级财政上解收入55003

万元。

在市本级财政总支出中，当年一般预算支出安排239412万元，比上年（年初预算数，下同）增加29110万元，增长13.84%，上解自治区财政支出64945万元，补助下级财政支出190224万元。收支相抵，预算平衡。

市本级一般预算收入主要项目的安排情况是：(1) 工商税收 106579 万元，按可比口径计算（下同），比上年增加8549万元，增长8.72%；(2) 农牧业税和耕地占用税 19761万元，比上年增加 4601 万元，增长 30.35%；(3) 企业所得税 4786 万元，比上年增加 750 万元，增长 18.57%；(4) 国有企业计划亏损补贴 1214 万元，比上年减少 105 万元，下降7.96%；(5) 行政性收费收入 1850 万元，比上年减少 821 万元，下降 30.74%；(6) 罚没收入 3378 万元，比上年减少 5625万元，下降 62.48%；(7) 专项收入 6308 万元，比上年减少405 万元，下降 6.03%。

市本级一般预算支出主要项目的安排情况是：(1) 建设性支出 43123 万元，比上年增长 14.02%，其中：基本建设支出 13000 万元，比上年增长 30%，企业挖潜改造资金 11000万元，与上年持平，科技三项费用 2600 万元，比上年增长18.18%，农业支出 16523 万元，比上年增长 13.02%；(2) 事业行政经费支出 137289 万元，比上年增长 23.58%，其中：教育支出 25910 万元，比上年增长 16.08%，医疗卫生支出16476 万元，比上年增长 24.39%，行政事业单位离退休支出16151 万元，比上年增长 12.72%，社会保障补助支出 3273万元，比上年增长 5.58%，行政管理费支出 14906 万元，比上年增长 12.80%，公检法司支出 23787 万元，比上年增长34.89%；(3) 城市维护费 20218 万元，比上年增长 9.13%；(4) 政策性补贴支出 550 万元，比上年增长 3.58%；(5) 支援不发达地区支出 540 万元，比上年增长 12.50%；(6) 专项支出 8308 万元，比上年增长 3.51%；(7) 其他支出 7134万元，比上年下降 25.49%；(8) 总预备费 2250 万元，与上年持平；(9) 偿债资金 20000 万元，比上年下降 9.09%。

市本级预算草案中需要说明的事项主要有：

1．关于自治区改革和完善对下财政体制的决定。为了进一步增强自治区本级宏观调控能力，调节市县之间财力差异，自治区人民政府决定，从2005年1月1日起改革和完善自治区对下财政体制，**主要内容是：①划分预算收入。**按照中央关于分税制改革和所得税收入分享改革后所规定的地方财政收入范围，对增值税（25%部分）、营业税（不包括金融保险营业税）、企业所得税（40%部分）、个人所得税（40%部分，不包括利息所得税 40%部分）（简称“四税”，下同）实行自治区与市、县（市）按比例分享。金融保险（包括区内各级各类银行及非银行金融机构）营业税、中央核定的跨地区集中缴库企业所得税（40%部分）、利息所得税（40%部分）仍作为自治区本级的固定收入；其余各税种按照属地征管原则作为当地财政固定收入。自治区与市、县（市）分享“四税”收入分别为：**增值税：**国内增值税地方分享 25%部分由自治区与征管属地按比例分享，其中自治区分享 8%，征管属地市或县（市）分享 17%，税收返还增量自治区不参与分享。**营业税：**除原自治区本级固定收入—金融保险营业税外，其余营业税由自治区与征管属地按比例分享，其中自治区分享 40%，征管属地市或县（市）分享 60%。**企业所得税：**企业所得税地方分享 40%部分不再按企业隶属关系划分为各级财政收入，由自治区与征管属地按比例分享，其中自治区分享 10%，征管属地市或县（市）分享 30%。**个人所得税：**除利息所得税地方分享 40%部分继续作为自治区本级固定收入外，其余个人所得税地方分享 40%部分由自治区与征管属地按比例分享，其中自治区分享 15%，征管属地市或县（市）分享 25%。上划中央的“两税”返还以批复各市、县（市）的 2004 年决算数作为基数；所得税基数返还以所得税收入分享改革确定的基数为准，不再调整。按照保证既得利益的原则，以上四个税种以 2004 年为基期年，**若当期实现的“四税”收入小于基期年“四税”收入的，相应扣减当期税收返还。②对目前享受一般性转移支付补助的县（市）取消原体制上解。③增加对市县的一般性转移支付补助。**自治区对下的一般性转移支付补助直接测算并下达到市、县（市）。城区纳入地级市本级统一测算，不单独作为一个测算单位进行测算。城区的财政困难由市本级统筹解决。自2005 年起，各地级市一律不得向享受一般性转移支付补助的县(市)集中财力；向不享受一般性转移支付补助的县(市)集中财力后，该县（市）的财政困难由地级市负责解决，自治区不另行给予财力或资金调度帮助。

实行新体制后，县级尤其是五县财政将获得新增补助，财政困难会有所缓解，但从全市范围来看，自治区集中分享收入将远远大于对县级的补助额，特别是市本级和城区（开发区）利益会受到极大影响，并随着收入的不断增长而逐渐加大。一是地方财政收入大幅减少。预计全市 2005 年一般预算收入比上年减少6.74 亿元，其中市本级减少2.99 亿元。二是财力减少额大。预计全市 2005 年减少财力 1.49 亿元，其中市本级减少 1.22 亿元。三是分享比例过高，新增财力需多上解。四是除 2004 年基数内的既得利益得以保障外，上划自治区“四税”收入增量部分我市财政不得参与分享。五是市本级可支配和调控的财力空间缩小，支持经济和社会发展的财力受限。

2．关于市本级一般预算收入安排。2005 年是“十五”计划的最后一年。根据全市经济工作会议确定的全市地区生产总值比上年增长 11%、全社会固定资产投资比上年增长20%、规模以上工业增加值比上年增长 14%、社会消费品零售总额比上年增长 13%等主要预期目标，财政收入的增幅要与地区生产总值的增幅相适应，并继续提高财政收入占地区生产总值的比重。与此同时，国家宏观经济政策调整，经济增长将有所放缓；重点税源卷烟生产体制调整，我市财政增收会受到影响；实施西部大开发、推动工业化和城镇化、下岗职工再就业、高新技术产业税收减免，国定贫困县全面取消农业税、其他县农业税率降低至 2%征收，地方负担出口企业增值税 25%退税等政策的执行，将直接影响财政收入的增长；自治区人民政府对下财政体制进行重大调整后，自治区进一步集中财力，除按 2004 年收入保既得利益外，增量部分归自治区财政，由于分享的税收占的比重较高，虽然市本级组织的收入有所增加，但一般预算收入的总量将会大量减少。面对诸多政策性减收因素，财政收入预算任务的完成必将付出相当艰苦的努力。

3. 关于市本级一般预算支出安排。2005 年市本级财政支出预算盘子是按照总财力水平和收支平衡的原则安排的。由于财政体制调整的原因，可用财力的增长与各方面支出需求的增长存在较大差距，必须通过压缩一般性支出和调整支出结构来确保市委、市政府重大决策的落实。2005 年市本级财政支出安排的重点和新增支出安排主要有：（1）市本级行政事业单位职工、离退休人员增加工资和离退休经费增支 8162 万元，其中公安、城管、离退休人员的增加增支 4920 万元；接收原南宁地区分流人员和事业单位人员增加支出 2356 万元。（2）提高公用经费定额标准增加支出 166 万元。（3）教育、科技、农业等法定增长以及加大农村基础设施建设“三大会战”的投入，教育经费、科技三项经费、支农支出增加 9965 万元。（4）继续安排城镇居民最低生活保障经费、下岗职工基本生活保障和再就业经费、医改前关闭破产企业职工基本医疗保险、困难企业离休干部生活补贴、医疗经费。（5）安排市委、市政府确定的为民办实事、“农业稳市工程”、“工业强市百亿投资工程”、“城建美市百亿投资工程”、“商贸活市百亿投资工程”、农村基础设施建设“三大会战”、构建首府公共卫生体系等重点项目资金。除以上重点支出外，为保证收支平衡，一般性支出将按照基本不增长的原则安排，要做到这一点，需要各部门的全力支持和配合。

4. 关于市本级部门预算编报情况。提交本次大会的部门预算共 72 个单位。这 72 个单位的部门预算建议数已经各部门编制和财政部门审核，现一并提请本次大会审查。

四、努力完成 2005 年全市与市本级预算

做好 2005 年的财政工作，确保完成 2005 年全市与市本级预算，对贯彻落实市委九届十一次全会精神，以及推进大开放、建设大南宁战略，维护我市改革、发展和稳定大局，实现国民经济持续、协调、快速、健康发展和社会全面进步，具有十分重要的意义。

（一）充分发挥财政职能，大力支持经济发展，做大经济财政蛋糕

——加大对农业的支持力度，努力解决“三农”问题。围绕农业增效、农民增收、农村稳定目标，财政部门要继续按“多予、少取、搞活”的原则优化财政支农资金结构，大力支持农村基础设施建设“三大会战”；加大对我市农业优势产业的扶持力度，促进农业产业化和市场化的发展；深化农村税费改革，按照中央和自治区的要求，继续做好降低农业税税率的工作，进一步减轻农民负担。加大农村教育投入，确保教育、文化、卫生等方面的新增支出主要用于农村等深化农村税费改革的相关配套工作，防止农民负担反弹。

——强化工业主导地位，大力支持南宁建设产业发展大基地和“工业强市百亿投资工程”，保持工业经济强劲增长。一是加大国有经济资源整合力度，培育和壮大市场经济主体。二是调整和优化“企业挖潜改造资金”、“科技三项费用”等专项资金的投向，支持企业技术创新，支持中小企业发展壮大，加快国有企业改革和脱困步伐。三是继续抓住西部大开发的机遇，建立项目库，积极争取中央、自治区的扶持和外国政府、国际金融组织贷款。

——大力支持各开发区和工业园区建设，发展县域经济。一是继续对各开发区和工业园区内的基础设施和服务配套设施建设给予一定的财政资金支持，改善投资环境。二是在财政体制上对各开发区、工业园区和市属七县给予一定的激励机制，将部分企业、收入划归县区管理，提高县区发展经济的积极性，增强县区按市场经济规律自主发展的能力。

——大力支持招商引资工作，积极推进服务业和非公经济发展。一是要做好部分重点招商引资项目的工作，保证 2005 年内有所突破。二是完善我市的各项招商引资政策。三是要继续发挥财政资金的引导作用，在资金上适当支持服务业和非公经济发展，营造有利于服务业和非公经济发展的外部环境。

（二）坚持以人为本的科学发展观，全面推进经济社会有效协调发展，构建和谐社会

——不断完善社会保障体系，扩大保障范围和提高保障水平。一是要提高就业和再就业工作水平，在资金上积极支持劳动市场的建立和完善，帮助困难群体再就业工作机制、公共就业服务机制、职业技能培训机制的完善，促进全社会广泛就业。二是继续巩固“两个确保”，全面落实“三条保障线”工作，依法扩大社会保障覆盖面。三是完善医疗保障体系，在扩大保障面的同时积极解决医疗保障各种问题和矛盾。

——密切关注困难群众和贫困农民的生产生活问题。要进一步建立和完善社会救助体系，切实保障社会特殊群体、特困家庭和困难企业军转干部等困难群众的基本生活。加大对贫困农民的扶贫力度，大力扶持扶贫龙头企业，提高贫困地区群众的生产技能，拓宽贫困农民的增收渠道。同时做好农村“低保”对象的排查工作，有计划、分阶段逐级将农村特困家庭纳入低保范围。

——全面推进科技、教育、文化、卫生、体育等各项社会事业的发展。2005 年我们将严格执行《预算法》规定，确保用于科技、教育等方面的财政支出达到和超过法定要求，同时我们将调整财政支出结构，保证财政支出的增长主要用于发展与人民群众生活密切相关的社会事业，让最广大人民群众享受经济发展所带来的好处。

（三）依法强化和规范收入征管，确保财政收入任务圆满完成

2005 年国家将加大宏观调控的力度，继续严格控制信贷和土地两个关口，实行稳健的财政政策，对我市的经济增长将产生一定的影响。为确保财政收入继续保持快速增长，我们要坚决贯彻执行国务院“加强征管、堵塞漏洞、清缴欠税、惩治腐败”的税收工作方针，严格依法治税，依率计征，努力做到应收尽收。坚持实事求是，坚决反对弄虚作假，严禁收“过头税”。严禁出台地方性税收优惠政策，清理和规范现行税收优惠政策，已经到期的税收优惠政策要及时恢复征税。强化税收征管，加大稽查力度，严厉打击各种偷税、逃税、骗税、抗税行为。建立财政收入增长激励机制，促进财政收入稳定增长，不断提高财政收入增长质量。依法、依规加大对非税收入的稽查和监缴力度，强化对政府性基金收入的预算管理，进一步健全、完善政府性基金收入的财务监缴机制。

（四）深化财政改革，构建财政资金运行新模式

——按照建设公共财政框架的要求，深化部门预算改革。全面编制部门预算，完善预算编制的内容，完善备选项目库建设，推行项目预算滚动管理；研究制定《市本级零星预算追加管理办法》，规范预算追加审批程序和管理。

——完善制度，提升国库集中支付技术支持系统，确保国库集中支付改革顺利推进。

——全面实施政府采购“管采分离”。完善政府采购管理机制，加强制度建设，强化监督检查，做好政府采购信息发布工作，促进公平竞争。

——进一步完善县区财政体制，特别是自治区改革完善对下财政体制及区划调整后的县、城区、开发区财政体制，规范转移支付制度，探索建立财政风险防范机制，努力消赤减债。

（五）创新思路，拓宽筹资渠道，千方百计筹措建设资金

2005 年是实现城市建设管理“六年大变化”目标承上启下的关键一年，我们要创新城市管理理念，深化投融资体制改革，充分利用市场机制，积极推进公用事业的股份制改造，开通民营资本进入渠道。盘活公用事业国有资产，加快公共资源的开发。完善土地储备制度，规范土地经营行为。继续加强与各金融机构的联系，大力争取银行贷款。努力争取国家和自治区给予资金政策支持。全面实施经营城市管理战略，多渠道筹措“136”工程建设资金。

（六）强化支出管理，确保财政资金使用的最佳效益

今年自治区调整了对下财政体制，对我市的财政状况产生较大的影响。因此，我们要继续发扬勤俭节约、艰苦奋斗的优良传统，牢记“两个务必”，强化财政支出管理。按照“一要吃饭，二要建设”的原则和公共财政的要求，调整和优化财政支出结构，合理安排各项支出。财政资金的安排，要优先保证干部职工工资的按时足额发放、国家政权机关正常运转、社会保障和社会稳定的支出需要。在保证重点支出的同时，确保专款和事业发展资金到位。大力压缩和控制会议费、招待费、差旅费和出国考察培训费等一般性支出。加强对预算支出执行进度的监控，严格按预算办事。

（七）加强财政监督管理，整顿财经秩序

把整顿财经秩序作为深入开展反腐败工作的治本之策，建立和完善事前、事中、事后监督相结合，涵盖财政资金运动全过程的财政监督体系。加强对财政资金使用的追踪问效，确保资金的专款专用并发挥最佳效益。严格执行《预算法》、《会计法》，依法管理预算收支，自觉维护财经纪律，加强会计基础工作和会计从业人员的管理，整顿规范会计秩序。自觉接受各级人大及人大常委会的监督。

各位代表， 2005 年财政工作尽管面临诸多困难，但是我们有信心在市委的正确领导下，在市人大、市政协的监督指导下，进一步解放思想，开拓进取，团结拼搏，扎实工作，全面完成 2005 年各项预算任务，为首府经济建设和社会发展作出应有的贡献。

2004年南宁市国民经济和社会发展
统　计　公　报

南宁市统计局

2005年3月22日

2004年，在市委、市政府的领导下，全市各族人民以邓小平理论和“三个代表”重要思想为指导，树立、落实科学发展观，开拓创新，真抓实干，团结拼搏，战胜旱涝、电力不足等种种困难，国民经济发展取得了新的突破，全市经济呈现速度快、效益好、活力强、后劲足的喜人景象，城市综合实力进一步增强，各项社会事业不断进步，人民生活水平稳步提高，圆满完成年初提出的各项目标任务，主要经济指标创近几年最好水平。

国民经济和社会发展中存在的主要困难和问题是：农业基础薄弱，工业产业竞争力不强，土地、电力、资金等生产要素供求紧张，就业压力较大，社会保障体系仍需完善。

一、综　合

经济总量快速增长，产业结构进一步优化。初步核算，2004年全市实现生产总值588.86亿元，比上年增长13.2%，增幅为1996年以来最高水平。三次产业全面发展，其中：第一产业增加值102.75亿元，增长5.9%；第二产业增加值184.97亿元，增长18.1%；第三产业增加值301.14亿元，增长13.1%。三次产业结构由上年19.03:29.54:51.43调整为17.45:31.41:51.14，第一、第三产业比重分别下降了1.58和0.29个百分点，第二产业比重上升了1.87个百分点，第二产业对经济增长的推动作用进一步增强。全市人均生产总值9126元，比上年增长11.9%。

市场价格总水平上涨。与上年比较，全年居民消费价格总水平上升4.2%。其中，食品类价格受粮油等商品价格上扬的拉动上升10.1%，烟酒及用品类价格上升0.6%，家庭设备用品及服务类价格上升0.2%，医疗保健和个人用品类价格上升1.4%，居住类价格上升7.0%。除此之外，衣着类价格下降1.9%，文教娱乐用品及服务类价格下降2.2%，交通和通讯类价格下降2.2%。

各项税收保持较快增长。全年各项税收收入68.4亿元，比上年增加12.06亿元，增长21.44%。

就业和再就业工作取得新成效。过去的一年，市委、市政府不断优化创业环境，加大对自主创业的扶持力度，就业和再就业工作取得好成绩。全市年末城镇私营企业从业人员和个体劳动者达38.55万人。高校毕业生就业情况良好，全市年末共有0.66万名高校毕业生实现就业，就业率达83.94%。全市新增就业岗位5.37万个，通过多种形式，帮助1.59万人实现再就业。全市新增城镇就业人数5.37万人，年末城镇登记失业人员2.65万人，登记失业率为3.8%。2004年，南宁市被评为“全国再就业工作先进单位”。

二、农　业

农业生产稳步发展，农业结构调整进一步深化。2004年，全年实现农林牧渔业总产值174.25亿元，比上年增长6.52%。其中，农业产值99.77亿元，增长5.47%；林业产值4.75亿元，下降0.26%；畜牧业产值57.01亿元，增长9.31%；渔业产值10.74亿元，增长8.0%；农业服务业产值1.99亿元，增长9.64%。农林牧渔业各业的比重分别为：农业57.26%，下降4.37个百分点；林业2.72%，下降0.19个百分点；畜牧业32.72%，提高4.31个百分点；渔业6.16%，提高0.27个百分点；农业服务业1.14%，下降0.02个百分点。农作物种植结构调整出现新变化。粮食种植面积呈恢复性增长，全年粮食种植面积621.3万亩，比上年增加11.75万亩，增长1.93%；全市蔬菜种植面积206.66万亩，比上年增加6.73万亩，增长3.36%；各类经济作物种植面积（含其他农作物面积）635.20万亩，比上年增加13.25万亩，增长2.13%；各类经济作物种植面积占农作物总播种面积的比重为50.55%，全年粮食作物和经济作物的种植面积比例为1：1.02；水稻优良品种覆盖率上升，水稻优质品种种植率62.61%，比上年提高3.44个百分点。畜牧业、渔业生产稳步发展。粮食、甘蔗产量受夏季洪涝和秋季干旱的严重影响有所下降，其他主要农产品产量增加。2004年全市主要农产品产量如下：

产品名称	2004年	比上年增长%
粮食产量	170.05万吨	-3.02
#稻谷	133.43万吨	-5.63
玉米	29.12万吨	11.78
花生产量	8.32万吨	7.59
甘蔗产量	858.61万吨	-7.47
蔬菜产量	253.42万吨	3.16
木薯产量	45.91万吨	29.50
水果产量	67.04万吨	17.13
肉类总产量	41.98万吨	9.80
#猪牛羊肉产量	30.91万吨	9.10
禽蛋产量	1.45万吨	2.22
牛奶产量	2.40万吨	52.09
水产品产量	15.88万吨	9.18
全年肉猪出栏	384.31万头	8.21
全年家禽出栏	6834万只	13.79

林业生产在调整中发展。全年共造林20441公顷，比上年下降14.44%，其中用材林18753公顷，比上年增长67.83%；经济林1267公顷，比上年增长33.09%；防护林421公顷，比上年下降96.42%。幼林抚育面积74224公顷，比上年增长40.5%。育苗面积336公顷，比上年增长73.2%。退耕还林面积2082公顷。

农村基础设施和生产条件继续改善。2004年末，全市拥有农业机械总动力277.45万千瓦，比上年增长4%，其中农用排灌机械42.69万千瓦，增长6.31%；大型拖拉机2.04万台，增长7.1%；大中型拖拉机配套农具0.36万部，增长15.6%；农用运输车（含载重汽车）0.91万辆，与上年持平。全年农村用电量47034万千瓦时，比上年下降1.64%。化肥使用量(折纯)34.42万吨，增长9.7%。有效灌溉面积352.68万亩，旱涝保收面积290.45万亩。农村基础设施建设进一步增强，在村村通电的基础上，通车、通电话、通自来水的村所占的比重提高。通汽车村达1392个，占村总数的97.96%，比上年提高0.56个百分点；通电话的村1332个，占93.74%，提高0.62个百分点；自来水受益村达1126个，占79.24%，提高2.61个百分点。

三、工业和建筑业

工业经济快速发展，对经济的推动作用增大。2004年，全年完成工业总产值364.97亿元，比上年增长20.89%，其中，规模以上工业总产值263.65亿元，增长24.55%。轻工业总产值150.01亿元，增长22.71%；重工业总产值113.63亿元，增长27.08%。轻重工业产值比例为56.9：43.1。优势行业带动作用明显。农副产品加工业、烟草制品业、化学原料及化学制品制造业和医药制造业分别比上年增长24.43%、32.9%、34.78%和37.84%，拉动工业产值增长11.47个百分点。

工业运行质量趋好，经济效益提高。全年规模以上工业企业经济效益综合指数144.34%，比上年提高22.12个百分点，创1997年以来的最好水平。产品销售率达96.31%，成本费用利润率5.44%，比上年提高1.7个百分点，全员劳动生产率72466元/人，增长26.76%。企业利润大幅增长，全年规模以上工业企业实现利税总额35.89亿元，增长35.89%，其中实现利润12.13亿元，增长73.1%；实现税金23.76亿元，增长22.45%。2004年全市规模以上工业企业主要产品产量如下：

产品名称	2004年	比上年增长%
配混合饲料	122.83万吨	17.26
机制糖	117.79万吨	-5.63
淀粉	30.59万吨	19.09
啤酒	7.49万吨	-10.62
卷烟	254.52亿支	6.05
机制纸	13.62万吨	24.16
烧碱（折100%）	14.78万吨	5.59
盐酸（31%以上）	11.94万吨	24.06
人造板	34.93万立方米	4.92
水泥	607万吨	10.79
商品混凝土	155.84万立方	101.00
平板玻璃	486.61万重量箱	7.62
铝材	3.34万吨	71.65
小型拖拉机	6.27万台	-3.37

投资规模扩张拉动建筑业强劲增长。2004年，全市实现建筑业增加值59.17亿元，比上年增长22.2%。全市建筑施工企业全年承接施工项目9093个。全年完成房屋施工面积2130.83万平方米，增长32.67%；房屋竣工面积1052.08万平方米，增长33.38%。

四、固定资产投资

固定资产投资规模扩大，投资总量创历史新高。2004年，在“136”城市建设目标、“中国—东盟博览会”建设项目及工业、商业百亿工程项目的有力推动下，全市固定资产投资呈现强劲的增长势头。全年全社会固定资产投资260.76亿元，比上年增长36.99%，增幅提高6.79个百分点。其中，城镇固定资产投资254.26亿元，增长39.43%。在城镇固定资产投资中，基本建设投资125.23亿元，增长29.12%；更新改造投资40.25亿元，增长44.86%；房地产开发投资66.04亿元，增长67.26%。

投资结构不断优化。在全社会固定资产投资中，第一产业投资3.21亿元，增长14.43%；第二产业投资46.04亿元，增长35.71%，其中工业投资45亿元，增长36.48%；第三产业投资211.51亿元，增长37.68%。

房地产开发投资保持强劲增长，房地产市场供求两旺。受城市经济扩张和路桥建设带动，以及需求扩大的拉动，房地产开发投资大幅增长。全年共完成房地产开发投资66.04亿元，比上年增长67.26%。商品房在建面积1096.64万平方米，增长52.32%，其中住宅面积占74.38%；商品房屋竣工面积402.43万平方米，增长98.99%，其中住宅面积占79.84%。商品房销售再创历史新高。商品房销售面积341.57万平方米，增长84.63%，其中销售住宅314.49万平方米，增长92.57%；商品房销售额94.53亿元，增长1.32倍，其中住宅销售额78.13亿元，增长1.22倍。

五、交通和邮电通信业

交通运输持续发展，综合运输能力进一步加强。2004年，全年各种运输方式完成货物运输总量6791万吨，比上年增长15.23%。其中铁路运输461万吨，增长17.3%；公路运输5616万吨，增长12.52%；水路运输712万吨，增长40.16%；民用航空运输1.42万吨，增长30.28%。全年完成旅客运输量8451万人，比上年增长20.44%。其中铁路476万人，增长12.8%；公路7757万人，增长21.34%；水路136万人，下降3.55%；民航81.9万人，增长34.55%。南宁国际机场全年起降航班1.99万架次，比上年增加3700架次。南宁民航开通国内航线53条，比上年增加2条；国际航线7条，比上年增加4条。

各类民用车辆迅速增长。年末，全市拥有各类民用车辆87.58万辆，增长3.59%，其中汽车11.21万辆，增长20.76%。在汽车拥有量中，私人汽车5.49万辆，增长29.88%；摩托车65.85万辆，增长1.31%。

邮电通信业继续发展。全年完成邮电业务总量24.8亿元，比上年增长29.43%，其中电信业务总量22.34亿元，增长33.46%；邮政业务总量2.47亿元，增长1.61%。邮政服务门类增多，投递速度加快。全年发送特快专递166.96万件，增长38.36%；邮政储蓄年平均余额比上年增长29.78%。电信业务持续快速增长，现代化通讯手段更加普及。年末市话交换机总容量207.26万门，新增45.26万门；年末固定电话用户153.4万户，增长27.62%。其中城市固定电话用户121.32万户，增长27.91%；乡村固定电话用户32.08万户，增长26.52%；移动电话用户199.37万户，增长35.03%。电话普及率54.37部/百人，计算机互联网用户45.66万户，增长31.61%。

六、国内商业

商贸流通规模扩大，零售餐饮市场繁荣活跃。2004年，全年实现社会消费品零售总额239.41亿元，比上年增长15.12%，增幅为1997年以来最高水平。其中，城市消费品零售额183.29亿元，增长15.83%，县及县以下消费品零售额56.12亿元，增长12.68%，城市比县及县以下零售额增长快3.15个百分点。各种经济类型零售额呈不同的发展态势。国有经济实现零售额21.72亿元，下降0.71%，市场份额由上年的10.52%下降为9.07%；个体、私营、股份制经济零售额快速增长，实现零售额197.66亿元，增长18.63%，市场份额由上年80.11%提高到82.56%。批发零售贸易业、餐饮业零售额均保持较快增长。批发零售贸易业实现零售额202.95亿元，增长16.11%，市场份额达84.77%，比上年提高0.72个百分点；餐饮业实现零售额36.12亿元，增长10.98%，市场份额为15.09%，比上年下降0.56个百分点。

居民消费层次提升，新的消费热点逐渐升温。通信器材、汽车、家用电器和音像器材等商品持续旺销。限额以上批零贸易企业全年家用电器和音响器材类零售额增长33.82%；汽车类零售额增长23.5%；金银珠宝类增长68.04%；通讯器材类零售额增长53.68%；建筑及装潢材料类零售额增长3倍。

商贸招商引资取得新成果。年内有沃尔玛、百盛等知名商贸企业入驻南宁投资建店，有利地刺激了消费，带动了批发零售贸易业的快速发展。年末全市共有限额以上批发零售贸易企业266家，比上年增加4家。

各类商品市场不断发展，市场体系进一步完善。全市拥有建材、装饰材料等生产资料专业市场，粮食、蔬菜、果品、水产等农副产品批发市场，以及各类农贸市场共485个，比上年增加7个，其中成交额超过亿元的市场14个。全年实现商品销售总额达506.88亿元，比上年增长18.34%。

七、对外贸易、招商引资和旅游业

外贸出口保持增长，进口贸易有所下降。2004年，全市实现进出口总值6.37亿美元，比上年下降3.21%。其中出口总值5.25亿美元，增长2.57%；进口总值1.12亿美元，下降23.29%。贸易顺差4.13亿美元，比上年增长13.15%。市属出口贸易继续保持较快增长，比重上升。在进出口总值中，市属企业完成进出口总值3.3亿美元，增长46.4%。其中出口总值2.63亿美元，增长73.3%，市属出口占全市出口的比重由上年的29.68%上升到50.14%；进口总值0.67亿美元，下降9.11%。

内联招商引资成果显著。全年吸引外地在南宁投资合同资金232.8亿元，比上年增加125.64亿元，增长1.17倍。实际到位内资106.04亿元，增加58.55亿元，增长1.23倍。外地在南宁投资500万元以上项目有334个，主要投向制造业、房地产开发和商贸流通等行业。

利用外资稳步推进。全市新签利用外资合同项目69项，比上年增长13.11%，合同外资额2.8亿美元，增长15.77%。外商直接投资额0.78亿美元。年末实有三资企业597家，建成投产开业385家。

旅游基础设施不断完善，旅游经济加快发展。2004年末，全市星级宾馆61家，比上年增加15家。旅行社70家，其中，国际旅行社16家。全年接待国外旅游者6.56万人次，增长87.73%；国际旅游收入1711万美元，增长109.86%。全年接待国内旅游者1386.91万人次，增长21.37%；国内旅游收入71.65亿元，增长16.45%。

八、金融和保险

金融业务不断扩大，金融机构存款增加。2004年末，全市金融机构11家，营业网点783家。全市金融机构各项存款余额1090.96亿元，比年初增加163.3亿元，增长17.6%。其中企业存款余额419.11亿元，比年初增加86.03亿元，增长25.83%；城乡居民储蓄存款余额515.79亿元，比年初增加67.62亿元，增长15.09%；金融机构贷款余额1208.77亿元，比年初增加302.63亿元，增长33.4%；全年银行现金收入2653.23亿元，现金支出2582.4亿元，收支相抵回笼现金70.83亿元。

保险业务不断扩大，保费收入增加。2004年末，全市有各类保险公司10家，其中财险公司5家，寿险公司5家。全年保费收入17.15亿元，比上年增长19.57%。其中财产险保费收入5.51亿元，增长29.23%；人身险保费收入11.64亿元，增长15.49%。全年各项保险赔款及给付2.15亿元。

九、科学技术和教育

科技创新能力进一步提高。2004年，全市共组织实施创新计划项目315项，其中国家级星火项目12项，国家科技攻关项目5项，国家重点成果推广项目4项，国家863计划项目1项，自治区下达科技计划项目75项，区市创新项目218项。全市共取得科技成果37项，其中国内领先水平11项，国内先进水平15项，区内领先水平6项，区内先进水平5项。全年签订各类技术合同9项，合同金额31.93亿元。市级科技项目总投资4.74亿元。全年专利申请336件，获得授权专利319件。全市拥有各类专业技术人员18.74万人，其中市属国有企事业单位专业技术人员10.79万人，中级技术职称以上人员3.25万人。南宁市2004年被国家科技部批准为“全国科技进步先进城市”。

开发区经济发展进一步加快，在全市经济发展中的作用明显提高。全年高新技术开发区、经济技术开发区、华侨投资区三个国家级和自治区级开发区完成财政收入4.56亿元，增长47.84%，占全市财政收入的6.11%，比上年提高1.06个百分点；实现规模以上工业总产值48.78亿元，增长44.43%，占全市规模以上工业总产值的18.5%，比上年提高2.54个百分点；完成全社会固定资产投资23.08亿元，增长70.99%，占全市全社会固定资产投资的8.85%，比上年提高1.76个百分点。

教育规模逐步扩大，整体水平进一步提高。全市拥有研究生培养单位6个，全年招收研究生2134人，比上年增加555人，在校研究生4659人，增加1138人，毕业生958人；全市共有普通高等院校28所，全年招生5.21万人，增加1.15万人，在校学生13.56万人，毕业生2.56万人；全市共有中等专业学校33所，在校学生9.31万人，比上年增加0.39万人，毕业生2.67万人；全市共有技工学校20所，在校学生2.47万人，增加0.31万人，毕业生0.62万人；全市共有普通中学420所，在校学生41.97万人，增长0.49%。其中高中92所，在校学生10.39万人，增长8.2%，毕业生2.77万人；初中328所，在校学生31.59万人，下降1.8%，毕业生10.37万人。全市共有职业中学35所，在校学生1.95万人，下降0.18%，毕业生0.62万人。全市初中毕业升学率60.1%，市区初中毕业升学率91%，全市小学毕业升学率99%，学龄儿童入学率99.5%。幼儿园在园幼儿人数12.72万人，增长9.69%。

十、文化、卫生和体育

文化、新闻、出版和广播电视事业取得新发展。2004年，首届中国－东盟博览会、中国一东盟商务与投资峰会在南宁隆重举办，取得巨大成功。同时，成功地举办了第六届南宁国际民歌艺术节、第八届南宁国际学生用品交易会暨2004年南宁国际教育展览会和2004年广西投资贸易洽谈会等一系列大型文化交流活动。推出了大型民族歌舞《美丽壮锦》、邕剧《龙象塔奇缘》、舞蹈《背篓、瑶人》等艺术精品。邕剧《开泰新声》、小品《灯下的女孩》获国家级奖项。全市共有艺术表演团体18个，文化馆12个。县级以上公共图书馆11个，总藏书量3301千册（件）。乡镇文化站124个。全市广播人口覆盖率达87.33%，电视人口覆盖率达89.02%。全市有线电视用户33.41万户。全年出版报纸2.9亿份、杂志0.54亿册、各类图书1.9亿册。

医疗卫生力量不断增强，城乡居民医疗卫生条件逐步改善。年末全市拥有各类卫生机构1645个（含个体），其中医院、卫生院206个。医院、卫生院病床位1.69万张。各类卫生专业技术人员2.39万人（含个体），其中执业医师0.84万人。卫生保健服务网络不断完善，城区已建立社区卫生服务机构22个，全市有农村卫生室1589个，占村总数的99.1%，全市241个行政村建立新型农村合作医疗。卫生防疫取得较好成效。全年无甲类传染病发生，乙、丙类传染病发病率控制在较低水平，全市未发生重大传染病疫情暴发流行。儿童计划免疫接种率保持较高水平。儿童计划免疫接种率市区为99.31%，县区农村为95.78%。无偿献血工作顺利开展，全市无偿献血者8.62万人次，比上年增加2.41万人次，献血总量1712万毫升，增加280万毫升，保证了医疗临床用血。继续实施“光明工程”，年内为1447名城乡经济困难白内障患者提供复明手术。

体育事业向前发展。年内成功举办2004年中国南宁国际龙舟邀请赛、全国女子柔道锦标赛、全国女子手球冠军赛等自治区级以上各项赛事19项。专业体育取得新发展，南宁市运动员在参加国际比赛中共夺金牌14枚、银牌6枚、铜牌5枚；参加全国性比赛中夺金牌12枚、银牌10枚、铜牌19枚；参加自治区比赛中夺金牌231枚、银牌192枚、铜牌134枚。群众性体育活动蓬勃开展，全市有各级老年体协组织798个，晨晚练点308个，老年体协会员14万人。全年开展各类群众体育活动425次，体育运动竞赛41次。在学校大力开展体育锻炼达标活动，提倡“每天锻炼一小时，健康工作50年，幸福生活一辈子”。全市中小学在校学生体育锻炼达标率达98%。

十一、城市建设和环境保护

城市建设再创辉煌，城市面貌日新月异。建设跨江大桥7座，年内永和大桥已建成通车，葫芦顶大桥、仙葫大桥、北大桥、桃源桥、南宁大桥、凌铁大桥正在建设中。竹溪立交桥、五一路立交桥等4座城市立交桥建成使用。城市道路建设工程项目 48 项，英华路、滨江路、青山路延长线、民族大道西段延长线、鲁班路、南梧大道、衡阳西路延长线、仙葫大道与民族大道连接线、望园路等 22 条道路建成通车。年内完成 351 条小街小巷的改造，累计总长 8.54 万米、面积 62.79 万平方米。年末实有道路长度 865.12 公里，增加 48.55 公里，道路面积 1604.4 万平方米，增加 246.3 万平方米。新建 8 座垃圾中转站、60 座星级卫生公厕。随着五象广场、民歌广场、会展中心一期配套设施、主建筑二期及宴会厅工程、南湖景观亮化城市工程、市容整治“1858”(“穿衣戴帽”）工程等一批“美市”工程的建成使用，“三年中变化”目标基本实现。

城市公用事业取得新进展，公共交通更加便捷。年末，公共汽车营运线路 102 条，新开辟公交线路 21 条。当年新购置公共汽车 311 辆，年末拥有公交营运车辆 1981 标台（辆)，增长 35.68%，全年客运量 4.87 亿人次，增长 70.24%。年末拥有大小出租汽车 3450 辆。年末实有燃气供气管道长度 595.5 公里，液化石油气供气总量 5.38 万吨，液化石油气用户 2.93 万户，城市气化率 95.26%，全年自来水供水总量 2.69 亿吨，水质综合合格率 99.96%。

城市绿化取得新进展，城市品位不断提升。年内完成了会展中心周边、民歌广场二期、南湖广场三期、五象广场等城区游园绿地及青秀山主干道、长湖路、柳沙路、滨江路、英华路、鲁班路、公园路、民生路等 30 多条道路的园林绿化工程。提升了园林绿化挡次，凸显“绿城”风貌。全年共绿化植树 1486.25 万株，生产花苗 30 万盆。

环境保护力度工作继续加大，全市大气、水、声环境质量总体保持良好。全年大气环境质量优良天数达 95%，邕江饮用水质达标率为 96%，城市声环境质量达到国家考核要求。年内，拆除市中心城区燃煤锅炉烟囱 14 条，对市中心区 633 家餐饮企业油烟污染开展综合治理。全市空气质量基本保持在国家空气质量二级标准。全年完成环境污染限期治理项目 6 项，投入资金 1453 万元。市区烟尘控制区 7 个，烟尘控制区面积 151 平方公里，市区噪声达标区 11 个，噪声达标面积达 104 平方公里。工业废水排放达标率 86%，工业固体废物综合利用率 80%。

十二、人口、人民生活和社会保障

人口总量继续得到控制，人口保持缓慢增长。年末，全市共有常住人口 686.19 万人，比上年增加 19.86 万人，增长 2.98%。全市人口出生率为 10.5‰，与上年持平；人口死亡率 3.73‰，比上年下降 0.02 个千分点；人口自然增长率 6.79‰，比上年增加 0.02 个千分点。2004 年末，全市户籍人口 648.85 万人，比上年增加 7.18 万人，增长 1.12%。

城乡居民收入较快增长。据抽样调查，城镇居民人均可支配收入 8060 元，比上年增加 670 元，增长 9.1%。农民人均纯收入 2467 元，比上年增加 236 元，增长 10.58 %。住房条件进一步改善，城镇居民人均住房使用面积 24.94 平方米，农村居民人均居住面积 30.81 平方米。

社会保障体系进一步完善，社会保障覆盖面逐步扩大。全市参加养老保险职工人数 31.17 万人，参加失业保险职工人数 29.92 万人，参加社会统筹的离退休人数 9.91 万人。全市社会福利机构 536 个，床位 8680 张，收养人数 5380 人。得到抚恤、补助的各类优抚对象 10224 人。享受城镇最低生活保障人数 88759 人。

注：1、本公报为初步统计数。

2、地区生产总值、各产业增加值及各项产值绝对数按现行价格计算，增长速度按可比价格计算（工业总产值除外)。

第二部分　统计资料

PART Ⅱ　STATISTICAL DATA

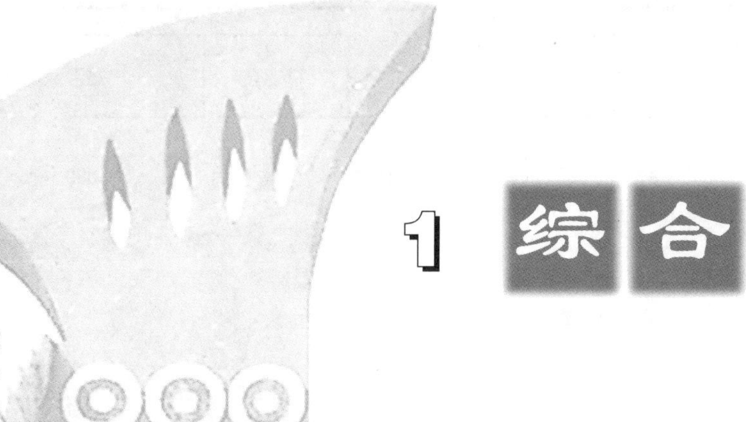

1 综 合

CHAPTER 1 GENERAL SURVEY

1-1 行政区划

(2004年) 单位：个

	乡镇、街道办事处	乡	镇	办事处	村民、居民委员会	村委会	社区居委会
全　市	**145**	**36**	**93**	**16**	**1760**	**1421**	**339**
市　区	28	2	10	16	303	134	169
兴宁区	4		1	3	45	18	27
新城区	5	1		4	61	10	51
城北区	8		4	4	83	35	48
江南区	4		2	2	49	28	21
永新区	7	1	3	3	65	43	22
邕宁县	21	3	18		277	235	42
武鸣县	16	2	14		211	191	20
横　县	21	5	16		302	276	26
宾阳县	20	5	15		236	191	45
上林县	13	6	7		147	131	16
马山县	14	7	7		151	145	6
隆安县	12	6	6		133	118	15

1-2 乡(镇)、街道办事处一览表

(2004年)

县(区)	乡(镇)、街道办事处
邕宁县	蒲庙镇、五塘镇、新江镇、中和乡、吴圩镇、苏圩镇、良庆镇、那马镇、百济乡、那楼镇、刘圩镇、南阳镇、伶俐镇、昆仑镇、那陈镇、大塘镇、镇龙乡、长塘镇、四塘镇、延安镇、南晓镇
武鸣县	城厢镇、锣圩镇、陆斡镇、城东镇、双桥镇、宁武镇、太平镇、罗波镇、灵马镇、仙湖镇、府城镇、两江镇、马头镇、上江乡、甘圩镇、玉泉乡
横　县	横州镇、石塘镇、云表镇、马岭镇、百合镇、那阳镇、峦城镇、六景镇、良圻镇、陶圩镇、校椅镇、新福镇、莲塘镇、南乡镇、灵竹镇、平马镇、镇龙乡、马山乡、板路乡、飞龙乡、平朗镇
宾阳县	芦圩镇、思陇镇、新桥镇、新圩镇、邹圩镇、大桥镇、和吉镇、洋桥镇、武陵镇、中华镇、古辣镇、露圩镇、甘棠镇、黎塘镇、王灵镇、陈平乡、高田乡、太守乡、河田乡、双桥乡
上林县	大丰镇、巷贤镇、白圩镇、三里镇、明亮镇、乔贤镇、西燕镇、覃排乡、澄泰乡、木山乡、塘红乡、中可乡、镇圩瑶族乡
马山县	白山镇、周鹿镇、百龙滩镇、古零镇、金钗镇、永州镇、林圩镇、乔利乡、加方乡、双联乡、片联乡、州圩乡、古寨瑶族乡、里当瑶族乡
隆安县	城厢镇、乔建镇、那桐镇、雁江镇、丁当镇、南圩镇、都结乡、杨湾乡、布泉乡、屏山乡、古潭乡、敏阳乡
兴宁区	三塘镇、朝阳街道办事处、民生街道办事处、安宁街道办事处
新城区	津头乡、新竹街道办事处、中山街道办事处、建政街道办事处、南湖街道办事处
江南区	那洪镇、沙井镇、福建园街道办事处、江南街道办事处
城北区	金陵镇、心圩镇、双定镇、那龙镇、衡阳街道办事处、北湖街道办事处、西乡塘街道办事处、安吉街道办事处
永新区	石埠镇、坛洛镇、江西镇、富庶乡、新阳街道办事处、华强街道办事处、上尧街道办事处

1-3 全市气象情况

(2004年)

月 份	平均气温(℃)	降雨量(毫米)	日照时间(小时)
全 年	22.0	1320.7	1595.5
一 月	13.3	68.5	47.6
二 月	15.6	31.4	83.1
三 月	16.9	44.3	47.7
四 月	23.2	97.2	109.4
五 月	25.2	209.9	128.0
六 月	28.1	174.4	184.0
七 月	27.4	437.7	126.2
八 月	28.6	136.3	189.0
九 月	27.2	69.3	203.5
十 月	23.4	2.4	213.1
十一月	20.3	34.4	123.5
十二月	14.5	14.9	140.4

1-4 市区气象情况

(2004年)

月　份	平均气温(℃)	降雨量(毫米)	日照时间(小时)
全　年	22.0	1101.9	22.7
一　月	13.3	49.7	14.1
二　月	15.6	22.2	16.2
三　月	16.9	28.4	17.5
四　月	23.2	122.1	23.6
五　月	25.2	99.3	25.8
六　月	28.1	246.7	28.7
七　月	27.4	276.6	28.0
八　月	28.6	154.8	29.3
九　月	27.2	57.4	28.1
十　月	23.4		24.7
十一月	20.2	31.3	21.0
十二月	14.5	13.4	15.4

1-5 各县气象情况

(2004年)

月 份	邕宁县	武鸣县	横 县	宾阳县	上林县	马山县	隆安县
年平均气温(℃)	22.3	22.5	21.7	21.6	20.9	22.0	21.9
一 月	14.0	13.9	12.8	12.3	12.1	13.1	13.9
二 月	15.9	16.0	15.2	15.3	14.7	15.4	15.8
三 月	17.2	17.5	16.4	15.9	15.9	16.8	17.7
四 月	23.3	23.5	23.0	23.2	22.8	23.2	23.3
五 月	25.5	25.6	25.0	24.9	24.3	24.9	25.2
六 月	28.2	28.5	28.1	27.9	27.2	28.0	27.8
七 月	27.7	27.7	27.3	27.3	26.8	27.2	26.9
八 月	28.8	29.0	28.2	28.7	28.0	28.9	28.2
九 月	27.5	27.7	26.9	26.9	26.0	27.5	26.7
十 月	24.0	24.3	22.9	23.0	21.6	24.0	23.0
十一月	20.8	20.8	20.1	19.7	18.8	19.9	20.1
十二月	15.2	15.2	14.5	13.9	13.0	14.5	14.4
全年降雨量(毫米)	851.3	1392.5	1521.7	1526.2	1538.7	1527.6	1105.8
一 月	56.5	69.6	67.7	98.5	102.7	56.6	46.9
二 月	22.4	24.7	65.1	41.8	29.9	18.5	26.8
三 月	33.0	29.7	43.8	64.2	85.8	55.7	13.9
四 月	89.7	60.4	111.6	92.9	98.0	112.5	90.6
五 月	121.0	294.1	245.8	200.8	283.6	285.1	149.5
六 月	118.2	229.9	147.5	157.7	137.4	151.9	205.7
七 月	219.1	443.5	560.1	554.5	445.7	654.7	347.5
八 月	114.8	109.8	146.7	138.4	219.0	77.4	129.1
九 月	29.0	78.5	85.5	114.7	93.3	39.4	56.4
十 月					8.1	10.8	0.5
十一月	38.8	31.1	19.0	48.8	23.3	54.5	28.3
十二月	8.8	21.2	28.9	13.9	11.9	10.5	10.6
全年日照时间(小时)	1701.7	1621.3	1498.7	1500.4	1654.6	1607.3	1682.0
一 月	56.8	38.5	52.9	47.1	56.2	36.3	46.0
二 月	81.8	85.8	71.1	80.5	91.6	85.4	88.7
三 月	58.4	51.2	41.3	35.0	44.0	49.2	45.3
四 月	111.2	109.4	90.0	91.2	121.9	123.9	116.7
五 月	149.0	133.0	110.0	129.9	135.3	120.6	130.1
六 月	202.7	165.0	207.9	168.9	184.4	178.6	184.0
七 月	162.3	141.8	106.1	111.1	129.1	115.0	131.7
八 月	201.9	201.6	163.1	163.9	190.4	207.5	217.5
九 月	206.1	221.0	185.1	197.4	201.8	216.7	222.0
十 月	222.6	216.4	186.9	222.0	224.3	207.4	220.3
十一月	112.7	120.4	140.1	116.0	129.2	128.0	130.0
十二月	136.2	137.2	144.2	137.4	146.4	138.7	149.7

1-6　南宁市主要年份平均每天的主要经济活动

指　标　名　称	单位	1997年	1998年	1999年	2000年	2001年	2002年	2003年	2004年
出生人数	人	75	84	79	73	61	60	134	141
生产总值(当年价)	万元	6345	7057	7522	8063	8898	9755	13768	16133
工农业总产值(当年价)	万元	6348	6875	7099	7512	7822	8236	12434	14719
工业总产值	万元	4649	4999	5125	5451	5691	6043	8271	9999
农业总产值	万元	1699	1876	1974	2062	2131	2193	4162	4720
粮食总产量	吨	2197	2231	2181	2068	1859	2041	4804	4659
甘蔗产量	吨	8952	10375	9241	8845	11447	14267	25422	23524
蔬菜产量	吨	2344	2650	2928	3493	3618	3848	6731	6943
肉类产量	吨	385	424	459	485	505	528	1047	1150
水产品产量	吨	146	166	179	188	178	187	399	435
邮电业务总量	万元	238	309	367	521	701	798	525	680
全社会固定资产投资总额	万元	1682	1890	2082	2626	2787	3408	5215	7144
新增固定资产	万元	1040	1461	1316	1948	1654	1741	3190	4259
地方财政收入	万元	320	361	410	475	666	717	993	1185
社会消费品零售总额	万元	3161	3524	3757	4098	4478	5017	6986	6559
城乡集贸市场成交额	万元	1524	1802	1989	2258	2938	3655	4483	
银行现金收入	万元	24452	25744	29553	36060	40034	47503	61651	67762
银行现金支出	万元	23615	24969	28756	35046	28933	46028	59782	65352
市区用电量	万千瓦时	525	551	579	660	697	761	869	1028
市区供水量	万吨	79	75	70	69	68	69	72	75
市区公共车辆乘客人数	万人次	38	41	42	41	47	63	78	134

注：2003年、2004年数据为行政区划调整后大南宁口径的数据，其余年份为原南宁口径的数据。

1-7 南宁市国民经济主要指标占全区比重

(2004年)

指 标 名 称	单 位	南宁市	广 西	南宁市占广西%
年末总人口	万人	648.85	4889.00	13.27
生产总值	亿元	588.86	3320.00	17.74
第一产业	亿元	102.75	811.38	12.66
第二产业	亿元	184.97	1288.30	14.36
#工业	亿元	125.80	1044.80	12.04
第三产业	亿元	301.14	1220.50	24.67
工农业总产值(现价)	亿元	537.25	4286.80	12.53
工业总产值	亿元	364.97	2992.30	12.20
农业总产值	亿元	172.29	1294.50	13.31
全社会固定资产投资总额	亿元	260.95	1254.86	20.80
#城镇固定资产投资	亿元	246.86	1112.97	22.18
#基本建设投资	亿元	125.23	635.99	19.69
更新改造投资	亿元	40.25	199.04	20.22
房地产开发投资	亿元	66.04	192.35	34.33
社会消费品零售总额	亿元	239.41	973.40	24.60
#城市零售额	亿元	183.21	531.10	34.50
海关进出口总额	亿美元	6.37	42.88	14.86
#出口总额	亿美元	5.25	23.96	21.91
实际利用外资额	亿美元	1.00	5.38	18.59
财政收入	亿元	74.63	403.68	18.49
城乡居民储蓄存款	亿元	515.80	2240.00	23.03
年末在岗职工人数	万人	54.26	261.00	20.79
年末职工工资总额	亿元	82.96	352.00	23.57

1-8 全市国民经济和社会发展结构指标

单位：%

指　　标	1985年	1990年	1995年	2000年	2001年	2002年	2003年	2004年
人口与就业								
人　口								
农业与非农业人口结构								
农业	69.35	66.23	62.12	59.14	58.48	58.32	73.82	73.52
非农业	30.65	33.77	37.88	40.86	41.52	41.68	26.18	26.48
性别结构								
男性	51.94	52.14	52.33	52.04	52.02	51.97	52.17	52.30
女性	48.06	47.86	47.67	47.96	47.98	48.03	47.83	47.70
就　业								
从业人员产业结构								
第一产业	62.88	57.96	49.60	49.62	48.67	50.08	60.29	
第二产业	18.19	18.45	20.83	16.10	16.12	15.11	12.77	
第三产业	18.94	23.59	29.58	34.28	35.21	34.81	26.94	
国民经济核算								
生产总值结构								
第一产业	24.27	22.68	17.12	16.52	15.25	14.37	19.03	17.45
第二产业	43.01	40.59	38.22	30.28	28.77	28.80	29.54	31.41
第三产业	32.72	36.73	44.66	53.2	55.99	56.83	51.43	51.14
生产总值支出结构								
最终消费				56.77	56.37	56.90	57.50	
居民消费				44.45	43.66	43.82	45.03	
政府消费				12.32	12.71	13.08	12.48	
资本形成总额				31.89	33.00	34.82	39.44	
固定资本形成总额				31.55	32.12	34.73	37.04	
存货增加				0.34	0.88	0.09	2.40	
货物和服务净出口				11.34	10.63	8.28	3.06	
农　业								
农业牧渔业总产值结构								
农业	68.15	69.61	68.24	65.76	65.57	66.56	61.63	57.69
林业	2.29	1.58	1.41	1.86	1.97	2.03	2.91	2.80
牧业	26.90	24.81	24.76	26.62	27.25	26.36	28.41	32.19
渔业	2.65	3.99	5.59	5.76	5.21	5.05	5.89	6.19
服务业							1.16	1.13
工　业								
工业经济类型结构								
国有经济	82.53	82.59	60.07	19.83	16.18	14.06	17.96	20.54
集体经济	14.43	10.92	15.13	14.82	13.70	9.81	5.86	3.87
其他经济	3.04	6.49	24.80	65.35	70.12	76.13	76.18	75.59
#私营、个体经济		1.24	7.19	25.30	28.43	30.39	38.31	
“三资”经济		2.77	9.27	11.82	10.57	11.60	9.46	13.44
规模以上工业				63.74	64.40	67.60	69.02	72.24
规模以下工业				33.30	32.24	28.84	26.44	27.76

注：2003年、2004年数据为行政区划调整后大南宁口径的数据，其余年份为原南宁口径的数据。

1-8续表1

单位：%

指　　标	1985年	1990年	1995年	2000年	2001年	2002年	2003年	2004年
轻重工业结构								
轻工业	69.13	69.64	58.29	57.94	57.12	54.23	55.26	56.36
重工业	30.87	30.36	41.71	42.06	42.88	45.77	44.74	43.64
企业规模结构								
大型企业	2.00	3.37	1.43	2.91	3.26	3.49	7.22	9.27
中型企业	1.72	3.50	3.98	3.17	3.26	3.49	31.49	41.58
小型企业	96.28	93.13	94.59	93.92	93.48	93.03	61.29	49.15
固定资产投资								
投资经济类型结构								
国有单位	82.14	76.74	50.50	49.60	57.48	61.29	57.68	55.03
集体单位	4.45	3.38	12.47	5.28	1.70	0.75	0.67	0.54
私营及个体投资	13.41	19.88	12.89	17.89	13.34	12.12	6.07	14.02
其他经济			24.14	27.23	27.48	25.84	35.58	30.41
投资种类结构								
#基本建设	51.44	34.87	34.39	45.96	47.95	51.55	50.95	50.73
更新改造	29.33	33.43	18.32	14.43	15.42	15.71	25.41	16.30
其他投资	5.45	2.67	1.48	6.71	5.82	2.73	2.97	2.74
房地产		8.13	22.48	16.41	18.24	19.19	20.74	26.75
交通运输								
货运量结构								
铁路	11.18	14.44	8.08	5.59	5.52	5.78	6.68	6.80
公路	78.58	79.82	84.29	90.61	90.03	89.54	84.68	82.70
水路	10.24	5.74	7.63	3.77	4.42	4.65	8.62	10.48
民航			0.01	0.03	0.03	0.03	0.02	0.02
客运量结构								
铁路	6.42	7.47	8.87	7.01	7.08	7.06	6.02	5.63
公路	91.96	91.66	89.92	91.86	91.64	91.58	91.11	91.79
水路	1.61	0.87	0.44	0.37	0.42	0.43	2.00	1.61
民航		0.08	0.77	0.76	0.85	0.94	0.87	0.97
国内贸易								
社会消费品零售总额经济类型结构								
国有经济	44.95	42.55	32.12	19.43	17.78	15.53	12.46	9.07
集体经济	36.7	22.58	13.87	12.51	11.58	10.86	6.89	5.73
私营、个体经济	7.85	20.32	28.48	37.58	38.74	39.51	45.54	56.51
“三资”经济			5.04	0.65	0.78	0.80	1.30	1.51
其他经济	10.5	14.56	20.48	29.83	31.12	33.30	33.90	27.18
行业结构								
批发零售贸易业	76.22	68.95	64.99	62.35	59.33	59.31	67.97	84.77
餐饮业	4.37	5.26	7.50	13.43	14.40	14.79	12.92	15.09
制造业	7.32	6.81	5.60	3.06	3.12	2.69	2.94	
农业生产者	10.50	14.56	12.81	20.78	21.73	21.93	15.49	
其 他	1.59	4.42	9.10	0.38	1.42	1.27	0.68	0.14

1-8 续表2 单位：%

指　　标	1985年	1990年	1995年	2000年	2001年	2002年	2003年	2004年
财　　政								
地方财政收入结构								
#工商税收	69.68	87.95	67.13	75.97	73.44	78.52	66.59	73.16
企业所得税	26.37	17.11	11.48	8.95	14.19	5.47	3.56	4.16
个人所得税		0.01	2.24	8.30	13.20	7.46	6.12	6.96
农业四税	1.92	3.13	9.91	6.97	4.37	5.69	10.67	8.26
财政支出结构								
#基本建设支出	13.23	2.71	4.99	14.43	13.69	11.61	8.64	10.22
企业挖潜改造资金	9.17	3.07	9.61	5.27	4.94	3.83	4.25	4.30
科技三项费用	1.02	0.11	0.22	1.05	1.11	1.35	0.96	1.18
农业支出	2.92	5.49	3.61	3.12	2.54	2.61	3.00	4.60
文化、教育、卫生支出	29.57	22.46	26.92	24.00	20.92	19.52	23.71	22.61
社会保障支出				2.79	3.18	4.21	3.14	2.73
人民生活								
城市居民人均生活消费结构								
#食品类	54.42	61.99	49.85	36.49	34.67	37.46	37.52	40.09
衣着类	9.94	8.9	8.19	6.38	6.08	7.36	6.78	6.96
居住	3.87	3.9	7.16	11.78	12.81	7.73	9.93	8.75
交通通讯	0.83	1.18	7.52	9.55	9.42	14.96	12.43	10.18
医疗保健	0.97	1.47	2.2	4.62	3.94	5.5	6.82	8.67
农村居民人均生活消费结构								
#食品类					55.99	54.21	56.29	57.88
衣着类					2.47	2.79	2.41	2.26
居住					12.99	12.04	11.73	12.29
交通通讯					5.02	6.09	6.92	7.56
医疗保健费					3.57	4.37	4.39	3.73
教　育								
在校学生结构								
大学生	4.29	4.06	4.84	8.27	9.64	12.83	8.43	10.61
中学生	4.85	23.22	22.56	31.05	31.65	30.49	32.81	32.86
小学生	67.74	63.16	59.15	45.42	43.17	40.49	48.46	46.23
专任教师结构								
大学教师	15.28	14.38	15.40	14.22	13.87	18.79	12.93	13.74
中学教师	22.50	24.91	26.42	29.33	30.55	26.73	33.93	35.08
小学教师	50.12	43.75	40.03	38.06	39.20	33.36	43.46	42.29
卫　生								
卫生技术人员结构								
#医生	46.28	47.72	46.74	45.53	45.16	41.65	42.31	41.99
护士			9.60	34.09	34.02	37.33	35.42	34.75

1-9 全市各时期主要经济指标平均增长率

单位：%

时　期	生产总值	第一产业	第二产业	第三产业	全社会固定资产投资	地方财政收入	地方财政支出	社会消费品零售总额
“一五”时期（1953-1957）	12.02	2.12	32.29	17.38	44.35	33.49	11.87	13.96
“二五”时期（1958-1962）	7.35	-1.89	7.18	12.06	-6.00	-5.29	0.32	9.58
调整时期（1963-1965）	10.90	14.50	20.82	5.71	38.36	11.43	18.96	-1.79
“三五”时期（1966-1970）	6.24	7.32	12.89	1.53	-3.25	11.04	2.76	2.05
“四五”时期（1971-1975）	8.56	7.80	11.91	4.87	13.39	16.98	10.01	8.84
“五五”时期（1976-1980）	9.70	4.69	14.25	7.25	13.51	7.42	13.67	12.50
“六五”时期（1981-1985）	8.45	4.71	7.99	12.24	21.70	8.40	19.38	21.00
“七五”时期（1986-1990）	10.06	6.25	9.96	12.41	11.23	12.52	21.55	16.66
“八五”时期（1991-1995）	16.66	10.17	17.07	19.63	49.32	7.37	14.69	29.20
“九五”时期（1996-2000）	10.48	7.16	8.42	14.42	11.21	13.71	17.94	12.07
“十五”时期前四年（2001-2004）	10.93	4.87	13.90	11.82	23.36	17.65	20.91	11.81

注：“十五”时期前四年数据为行政区划调整后大南宁口径的数据，其余年份为原南宁口径的数据。

1-10 全市历年主要指标

年份	年末总人口（万人）	全社会从业人数（万人）	生产总值（万元）				生产总值指数（%）			
				第一产业	第二产业	第三产业		第一产业	第二产业	第三产业
1950	228.55	106.49	14272	10376	587	3309	100.00	100.00	100.00	100.00
1951	233.89	109.21	16885	12045	844	3996	113.25	110.12	147.56	119.00
1952	239.35	113.05	19369	13449	1228	4692	112.67	109.19	146.35	115.95
1953	245.81	112.99	22355	14565	2283	5507	115.32	108.15	199.89	117.82
1954	251.68	116.45	23675	14713	2557	6405	108.43	103.74	112.57	119.70
1955	254.93	117.64	25529	15113	3053	7363	108.31	102.92	118.60	117.99
1956	261.44	121.05	28189	15404	4048	8737	109.93	102.27	129.59	118.50
1957	266.89	124.98	30015	16262	4163	9590	105.63	104.95	105.17	108.97
1958	279.89	126.74	34627	15512	7887	11228	112.41	96.28	158.05	114.35
1959	286.78	128.50	43541	16522	12986	14033	127.93	106.34	170.10	128.11
1960	290.98	128.23	46193	14144	15527	16522	109.72	89.21	123.61	117.85
1961	292.75	134.30	36679	13623	8305	14751	79.92	94.23	52.68	95.27
1962	298.48	137.21	37274	14913	7279	15082	102.54	108.99	87.12	104.33
1963	309.93	141.33	39195	15925	7771	15499	104.28	106.54	102.86	103.01
1964	318.88	142.33	44568	17948	10157	16463	111.61	112.73	135.98	101.51
1965	329.84	144.92	53362	21483	13309	18570	116.79	115.16	132.02	109.65
1966	338.72	147.66	59518	23441	16911	19166	113.21	109.00	125.22	111.15
1967	345.70	147.71	59634	25458	15366	18810	101.25	107.97	92.78	102.42
1968	352.82	151.89	55120	25297	11956	17867	92.97	99.20	78.98	94.66
1969	361.74	157.08	67743	29168	20006	18569	118.37	109.68	172.35	103.63
1970	368.74	160.76	75982	33585	23099	19298	110.70	112.85	117.10	104.33
1971	380.39	167.49	82528	37749	25116	19663	107.12	108.74	107.72	104.25
1972	390.19	172.10	92412	43136	27863	21413	112.12	113.02	114.96	107.99
1973	401.91	175.94	103457	48440	31523	23494	111.55	113.85	113.65	104.77
1974	413.16	180.46	109354	49650	34988	24716	106.38	103.25	109.81	107.55
1975	423.38	187.05	117937	52955	38654	26328	107.90	107.58	110.25	104.82
1976	432.37	188.90	121775	51557	42621	27597	103.18	96.95	109.73	107.04

注：本表数据均为行政区划调整后大南宁口径。

1-10 续表1

年 份	年末总人口（万人）	全社会从业人数（万人）	生产总值（万元）	第一产业	第二产业	第三产业	生产总值指数（%）	第一产业	第二产业	第三产业
1977	440.08	192.21	130702	54687	46009	30006	107.95	103.47	112.74	109.81
1978	451.77	195.33	147407	61866	52192	33349	111.50	110.33	112.12	112.61
1979	460.86	200.40	166868	66443	64096	36329	112.38	100.28	127.88	110.19
1980	470.05	209.82	180111	70093	70017	40001	105.47	105.28	108.01	101.67
1981	480.27	217.08	194836	75578	72684	46574	109.04	107.03	107.54	117.38
1982	490.35	228.19	225795	96967	79171	49657	114.90	125.28	110.06	106.20
1983	497.86	233.96	241907	100133	84744	57030	106.93	103.58	107.97	113.33
1984	509.27	240.73	247810	98513	84852	64445	100.24	97.21	99.18	107.93
1985	519.06	249.12	309278	118263	108351	82664	112.71	103.38	122.12	113.14
1986	529.34	258.76	351522	126421	127214	97887	107.95	101.41	111.70	114.11
1987	538.79	267.21	420513	146358	156696	117459	112.64	105.25	117.57	114.19
1988	540.52	272.57	537786	178831	191331	167624	109.71	92.84	109.04	129.61
1989	547.50	277.27	620446	191616	219227	209603	107.44	107.68	102.76	114.88
1990	558.20	285.93	708788	231018	248354	229416	109.58	111.06	111.58	107.80
1991	563.74	293.26	793241	239063	274634	279544	106.29	100.57	106.92	111.61
1992	571.55	301.14	918098	277741	304726	335631	112.75	115.08	109.32	114.32
1993	579.54	306.12	1346171	344360	499312	502499	123.51	106.91	134.35	128.27
1994	587.86	312.25	1872259	491029	675122	706108	116.53	107.70	119.62	120.72
1995	594.92	317.25	2358085	615225	807943	934917	114.46	112.65	114.90	115.69
1996	601.95	328.50	2671991	690541	845891	1135559	111.37	105.86	110.38	116.48
1997	607.19	334.79	3044914	785856	922155	1336903	112.52	113.89	108.77	115.25
1998	612.20	336.52	3395532	834421	997314	1563797	111.46	108.41	110.34	114.81
1999	615.11	332.10	3569886	852645	1019933	1697308	109.40	107.39	108.08	111.73
2000	626.81	331.21	3779364	876615	1053679	1849070	107.70	100.65	104.61	113.89
2001	629.66	333.86	4129607	884941	1111438	2133228	108.80	102.20	106.40	113.20
2002	634.68	336.07	4517149	920126	1224527	2372496	110.90	107.70	112.20	111.60
2003	641.67	343.45	5025271	956525	1484583	2584163	110.90	103.70	119.30	109.40
2004	648.85		5888588	1027521	1849695	3011372	113.20	105.90	118.20	113.10

1-10 续表2

单位：万元

年 份	全社会固定资产投资	财政收入	#地方财政收入	财政支出	农业总产值	工业总产值	社会消费品零售总额
1950	388	781	774	317	14674	1223	5834
1951	458	1648	1624	545	17009	1932	7482
1952	547	1898	1850	1084	19131	2967	9021
1953	2287	2733	2680	1184	20602	4941	11127
1954	1682	3464	3454	1298	20769	5981	13165
1955	1697	3468	3416	1322	21545	7290	13434
1956	3621	4659	4617	1939	22043	9151	16912
1957	3178	5676	5618	2168	23144	9678	16248
1958	6860	5744	5645	4037	22060	18666	18312
1959	14569	7654	7604	4446	23646	30235	23701
1960	16761	6725	6616	5933	20471	36901	25139
1961	6162	4613	4561	3442	19772	19501	20949
1962	4126	5058	5006	2456	21665	17648	22843
1963	4649	5205	5140	2648	23266	18857	22905
1964	7710	5339	5263	3548	26084	23917	22851
1965	8662	6293	6212	3377	31782	32618	25626
1966	7217	7402	7286	3538	34898	44529	27943
1967	3709	6435	6310	3493	37765	40518	26755
1968	2725	5081	4839	3196	37156	31260	22728
1969	4764	7946	7858	4223	43077	53287	29638
1970	5851	9930	9819	4142	50570	63861	29429
1971	6615	12178	12023	4692	56731	65930	29591
1972	8515	14032	13628	8047	64208	75342	32041
1973	8848	16591	16175	5748	70500	86364	36544
1974	9725	19180	18711	6645	71747	96037	39891
1975	11062	19813	19405	6381	75695	106363	43954
1976	12086	19461	19270	6581	73039	117477	45133

单位：万元

年 份	全社会固定资产投资	财政收入	#地方财政收入	财政支出	农业总产值	工业总产值	社会消费品零售总额
1977	11396	21537	21273	7579	76148	127749	49347
1978	20349	23188	23184	10879	81632	136758	54365
1979	28550	24008	23992	9962	91527	144489	62380
1980	20248	27538	27538	11833	97019	157057	76941
1981	18437	28864	28864	12399	106454	168984	83388
1982	22813	31563	31563	13174	126695	182935	92740
1983	24934	32792	32757	13577	136535	198420	104626
1984	28394	33915	33813	16635	143894	211645	123936
1985	51008	42633	42321	27267	172481	260770	167304
1986	67233	47723	47376	39718	184142	305786	186098
1987	78940	55007	54675	45438	215076	376240	224707
1988	108827	64246	64246	60931	272515	490246	294082
1989	84519	74593	74593	60261	286725	607592	339300
1990	88386	82478	82478	68441	361702	671708	356467
1991	103255	89637	89637	71913	379696	766803	410693
1992	147118	94542	94542	75287	444538	938925	493513
1993	288531	141425	141425	107415	563494	1337414	669925
1994	447150	193018	107076	128398	791925	1774347	828756
1995	711065	219576	122823	144050	995180	1984448	1088523
1996	825818	240141	138598	155555	1116908	2044709	1293125
1997	969255	273637	159742	178987	1242108	2159248	1464026
1998	1049861	308392	178092	202323	1317691	2332161	1618304
1999	1111761	339803	201008	245770	1342494	2311969	1724235
2000	1125839	375390	225728	290667	1377933	2417252	1877797
2001	1214130	452926	291860	348556	1407186	2521240	2045022
2002	1570312	525341	312805	452120	1449795	2721139	2269829
2003	1903567	610594	362435	524981	1519259	3019078	2079753
2004	2609489	746328	432526	621191	1722877	3649670	2394129

注：2003年、2004年社会消费品零售总额按新口径统计（不含制造业零售和农业生产者零售），其余年份仍按旧口径。

1-11 全市社会经济主要指标

指标名称	单位	2004年	2003年	2004年为2003年%
人口、土地面积				
年末总人口	人	6488450	6416736	101.12
#男性人口	人	3393652	3347842	101.37
女性人口	人	3094798	3068894	100.84
#农业人口	人	4770274	4736807	100.71
非农业人口	人	1718176	1679929	102.28
年平均人口	人	6452593	6381787	101.11
自然增长率	‰	5.25	4.84	0.41▲
土地面积	平方公里	22111.98	22111.98	100.00
#建成区面积	平方公里	125	124.7	100.24
生产总值(当年价)	**万元**	**5888588**	**5025271**	**113.20**
第一产业	万元	1027521	956525	105.90
第二产业	万元	1849695	1484583	118.20
工　业	万元	1257971	1030917	116.60
建筑业	万元	591724	453666	122.20
第三产业	万元	3011372	2584163	113.10
人均生产总值（当年价）	元	9126	7874	111.90
生产总值构成	**%**	**100**	**100**	
第一产业	%	17.45	19.03	-1.58*
第二产业	%	31.41	29.54	1.87*
工　业	%	21.36	20.51	0.85*
建筑业	%	10.05	9.03	1.02*
第三产业	%	51.14	51.43	-0.29*
工农业总产值(当年价)	**万元**	**5372547**	**4538337**	
工业总产值	万元	3649670	3019078	120.89
农林牧渔业总产值	万元	1722877	1519259	106.47
农　业				
农村社会总产值(当年价)	万元	3647322	3270229	111.53
#非农行业产值	万元	1924445	1750970	109.91
农林牧渔业总产值(当年价)	万元	1722877	1519259	106.47
农　业	万元	993849	936298	105.29
林　业	万元	48190	44241	102.58
牧　业	万元	554602	431564	109.31
渔　业	万元	106746	89587	108.00
服务业	万元	19490	17568	107.40
农林牧渔业总产值(1990年不变价)	万元	1041728	978386	106.47
农林牧渔业商品产值	万元	1178471	1060681	111.11
乡(镇)村从业人员	万人	282.07	281.28	100.28
#农林牧渔业从业人员	万人	196.09	198.34	98.87
年末实有耕地面积	公顷	366222	367092	99.76
粮食总产量	吨	1700479	1753387	96.98

注：1.生产总值 、农业总产值发展速度按可比价计算，工业发展速度按现价计算。2.“▲”为增减千分点，“*”为增减百分点。

1-11 续表1

指　标　名　称	单 位	2004年	2003年	2004年为2003年%
油料产量	吨	84207	78270	107.59
蔬菜产量	吨	2534179	2456652	103.16
甘蔗产量	吨	8586119	9279100	92.53
水果产量	吨	670431	572372	117.13
肉类产量	吨	419792	382334	109.80
水产品产量	吨	158829	145468	109.18
农业机械总动力	万千瓦	277.45	266.78	104.00
农村用电量	万千瓦时	47034	47817	98.36
农用化肥施用量(折纯量)	吨	344188	313766	109.70
工　业				
全部工业总产值(当年价)	万元	3649670	3019078	120.89
#规模以上工业总产值	万元	2636466	2116709	124.55
规模以下工业总产值	万元	1013204	902369	112.28
规模以上工业企业主要指标				
企业单位数	个	561	470	119.36
#亏损企业	个	164	173	94.80
工业总产值(现价)	万元	2636466	2116709	124.55
内资企业	万元	2282247	1840469	124.00
国有企业	万元	541581	473278	114.43
集体企业	万元	101881	104080	97.89
股份合作企业	万元	18911	12182	155.24
股份有限公司	万元	1526244	1182027	129.12
其他经济类型企业	万元	93629	68902	135.89
外商及港澳台商投资企业	万元	354219	276240	128.23
按轻重工业分				
轻工业	万元	1486040	1208628	122.95
重工业	万元	1150426	908082	126.69

注：规模以上工业企业是指全部国有及年销售收入500万元以上非国有工业企业。

1-11 续表2

指 标 名 称	单 位	2004年	2003年	2004年为2003年%
按企业规模分				
大型企业	万元	244398	217991	112.11
中型企业	万元	1096304	951133	115.26
小型企业	万元	1295764	947585	136.74
工业增加值	万元	901774	713684	126.35
产品销售收入	万元	2437367	2006229	121.49
#产品销售税金及附加	万元	99954	75397	132.57
利税总额	万元	358898	264115	135.89
#利润总额	万元	121325	70090	173.10
亏损企业亏损额	万元	31433	42647	73.71
交通、邮电、电力				
货运总量	万吨	6791	5893	115.24
客运总量	万人	8451	7017	120.44
内河港口货物吞吐量	万吨	242	218	111.01
年末邮电局（所）数	处	215	214	100.47
邮电业务总量(2000年价)	万元	248049	191649	129.43
年末电话用户数	户	3527773	2678588	131.70
# 移动电话用户数	户	1993745	1476514	135.03
年末互联网用户	户	456566	346905	131.61
全年用电量	万千瓦时	564575	507438	111.26
#工业用电量	万千瓦时	321807	312154	103.09
城乡居民生活用电量	万千瓦时	109171	106152	102.84
固定资产投资				
全社会固定资产投资总额	万元	2609489	1903567	137.08
#城镇固定资产投资额	万元	2468559	1751740	140.92
基本建设投资	万元	1252317	969888	129.12
更新改造投资	万元	402472	277835	144.86
其他投资	万元	67737	56646	119.58
房地产开发投资	万元	660379	394830	167.26
固定资产投资额中				
国有经济	万元	1360608	1097893	123.93
集体经济	万元	61793	15679	394.11

注：工业增加值发展速度按缩减法计算。

1-11 续表3

指　标　名　称	单 位	2004年	2003年	2004年为2003年%
新增固定资产	万元	1554498	1164327	133.51
#国有经济	万元	816415	770730	105.93
房屋施工面积（含商品房）	万平方米	1676.84	1218.82	137.58
#住宅	万平方米	998.46	741.33	134.68
房屋竣工面积（含商品房）	万平方米	598.09	401.41	149.00
#住宅	万平方米	389.62	261.96	148.73
商业、外贸、旅游				
社会消费品零售总额	万元	2394129	2079753	115.12
#国有商业	万元	217204	218749	99.29
集体商业	万元	137132	129703	105.73
私营商业	万元	361443	264862	136.46
个体商业	万元	991493	885314	111.99
批发零售贸易业商品销售总额	万元	5068795	4237166	119.63
外贸进出口总值(海关数)	万美元	63661	65792	96.76
进口总值	万美元	11204	14649	76.48
#市属	万美元	6683	7072	94.50
出口总值	万美元	52457	51143	102.57
#市属	万美元	26303	14371	183.03
利用外资新签协议合同数	个	69	61	113.11
利用外资新签协议合同外资金额	万美元	28047	34226	81.95
实际利用外资金额	万美元	10034	9476	105.89
旅游者人数	万人次	1393.47	1146.2	121.57
#国际旅游人数	万人次	6.56	3.49	187.97
旅游收入	万元	730686	622004	117.47
#国际旅游收入	万元	14233	6782	209.86
财政、金融				
财政收入	万元	746328	610594	122.23
#地方财政收入	万元	432526	362435	119.34
#工商税收	万元	316457	263513	120.09
地方财政支出	万元	621191	524981	118.33
金融机构各项存款余额	万元	10909576	9434021	115.64
#城乡居民储蓄存款余额	万元	5157925	4514961	114.24
金融机构各项贷款余额	万元	12087669	9597681	125.94

注：2003年、2004年社会消费品零售总额按新口径统计（不含制造业零售和农业生产者零售）。

1-11 续表4

指 标 名 称	单 位	2004年	2003年	2004年为2003年%
劳动工资				
年末在岗职工人数	人	542585	506235	107.18
国有单位	人	363721	353927	102.77
城镇集体单位	人	32842	35024	93.77
其他经济类型单位	人	146022	117284	124.50
在岗职工工资总额	万元	829568	668976	124.01
国有单位	万元	611737	499260	122.53
城镇集体单位	万元	31265	31082	100.59
其他经济类型单位	万元	186566	138634	134.57
在岗职工年平均工资工资	元	15447	13172	117.27
国有单位	元	16969	14082	120.50
城镇集体单位	元	9753	8870	109.95
其他经济类型单位	元	12914	11721	110.18
教育、科研、卫生				
在校学生人数(不含成人教育)	人	1277510	1272925	100.36
#普通中学	人	419739	417673	100.49
小　学	人	590573	615557	95.94
专任教师数	人	60335	60322	100.02
#普通中学	人	21164	20468	103.40
小　学	人	25513	26214	97.33
专业技术人员(市、县属国有企事业单位)	人	107877	77676	138.88
#中级技术职称以上人员	人	32494	29256	111.07
卫生机构数(含个体)	个	1645	1261	130.45
#医院、卫生院	个	206	198	104.04
卫生机构床位数	张	18184	17639	103.09
#医院、卫生院床位数	张	16870	16450	102.55
卫生技术人员数(含个体)	人	23934	22268	107.48
#医　生	人	10049	9421	106.67
居民消费价格指数	**%**	**104.2**	**100.8**	

注：2004年专业技术人员统计口径包括聘用的专业技术人员，2003年统计口径仅为单位正式人员中的专业技术人员。

1-12 全市人均主要社会经济指标

指标名称	单位	2004年	2003年
生产总值	元	9126	7874
工农业总产值	元	8326	7111
农业总产值	元	2670	2381
工业总产值	元	5656	4731
固定资产投资额	元	4044	2983
财政收入	元	1157	957
城乡居民储蓄存款余额	元	7949	7036
社会消费品零售总额	元	3710	3259
在岗职工年平均工资	元	15447	13172
城镇居民年人均可支配收入	元	8060	
城镇居民年人均消费性支出	元	6211	
农民年人均纯收入	元	2467	2231
耕地面积(按总人口计算)	亩	0.85	0.86
耕地面积(按农业人口计算)	亩	1.15	1.16
粮食产量	公斤	264	275
油料产量	公斤	13	12
蔬菜产量	公斤	393	385
肉类产量	公斤	65	60
水果产量	公斤	104	71
水产品产量	公斤	25	23
甘蔗产量	公斤	1331	1454
电话机	部/万人	5437	4456
普通中学在校生	人/万人	647	651
小学在校生	人/万人	910	959
医院	个/万人	0.32	0.32
医院病床	张/万人	26.00	25.64
卫生技术人员	人/万人	36.89	34.70
#医生	人/万人	15.50	14.68

注：电话机数含移动电话。

1-13 市区社会经济主要指标

指 标 名 称	单 位	2004年	2003年	2004年为2003年%
人口、土地面积				
年末总人口	人	1500641	1457726	102.94
#男性人口	人	771775	751906	102.64
女性人口	人	728866	705820	103.27
#农业人口	人	373795	367992	101.58
非农业人口	人	1126846	1089734	103.41
年平均人口	人	1479184	1430812	103.38
自然增长率	‰	4.04	2.83	1.21▲
土地面积	平方公里	1799.21	1799.21	100.00
#建成区面积	平方公里	125	124.70	100.24
生产总值(当年价)	**万元**	**3593796**	**3036343**	**115.30**
第一产业	万元	85781	119062	103.80
第二产业	万元	1147115	909379	120.40
工 业	万元	719149	588301	119.01
建筑业	万元	427967	321078	123.30
第三产业	万元	2360899	2007902	113.70
人均生产总值(当年价)	元	24296	21221	111.55
生产总值构成	**%**	**100**	**100**	
第一产业	%	2.39	3.92	-1.53*
第二产业	%	31.92	29.95	1.97*
工 业	%	20.01	19.38	0.63*
建筑业	%	11.91	10.57	1.34*
第三产业	%	65.69	66.13	-0.44*
工农业总产值(当年价)	**万元**	**2378273**	**1979790**	
工业总产值	万元	2161896	1788244	120.89
农林牧渔业总产值	万元	216377	191546	106.21
农 业				
农村社会总产值(当年价)	万元	469467	449581	104.42
#非农行业产值	万元	253090	258035	98.08
农林牧渔业总产值(当年价)	万元	216377	191546	106.21
农 业	万元	110115	102078	107.45
林 业	万元	9106	9048	102.19
牧 业	万元	67610	55147	104.96
渔 业	万元	16873	13776	103.50
服务业	万元	12673	11496	106.72
农林牧渔业总产值(1990年不变价)	万元	151784	142911	106.21
农业商品产值	万元	123145	139606	88.21
乡(镇)村从业人员	万人	23.67	24.99	94.72
#农林牧渔业从业人员	万人	17.77	17.89	99.33
年末实有耕地面积	公顷	34914	34487	101.24
粮食总产量	吨	92094	97539	94.42

注：1.生产总值、农业总产值发展速度按可比价计算，工业总产值发展速度按现价计算。2.“▲”为增减千分点，“*”为增减百分点。

1-13 续表1

指　标　名　称	单 位	2004年	2003年	2004年为2003年%
油料产量	吨	11103	9495	116.94
蔬菜产量	吨	372522	375186	99.29
甘蔗产量	吨	955406	1113042	85.84
水果产量	吨	186915	150721	124.01
肉类产量	吨	48320	45942	105.18
水产品产量	吨	25155	22728	110.68
农业机械总动力	万千瓦	32.15	30.48	105.48
农村用电量	万千瓦时	9010	8013	112.44
农用化肥施用量(折纯量)	吨	36995	32814	112.74
工　业				
全部工业总产值(当年价)	万元	2161896	1788244	120.89
#规模以上工业总产值	万元	1775283	1431895	123.98
规模以下工业总产值	万元	386613	356349	108.49
规模以上工业企业主要指标				
企业单位数	个	296	260	113.85
#亏损企业	个	77	90	85.56
工业总产值(现价)	万元	1775283	1431895	123.98
内资企业	万元	1599855	1302476	122.83
国有企业	万元	429355	371330	115.63
集体企业	万元	70848	75298	94.09
股份合作企业	万元	16751	9321	179.71
股份有限公司	万元	1067673	835353	127.81
其他经济类型企业	万元	15228	11174	136.28
外商及港澳台商投资企业	万元	175428	129419	135.55
按轻重工业分				
轻工业	万元	1030676	852851	120.85
重工业	万元	744607	579045	128.59

注：规模以上工业企业是指全部国有及年销售收入500万元以上非国有工业企业。

1-13 续表2

指 标 名 称	单 位	2004年	2003年	2004年为2003年%
按企业规模分				
大型企业	万元	244398	217991	112.11
中型企业	万元	716288	633493	113.07
小型企业	万元	814597	580411	140.35
工业增加值	万元	599657	465628	123.59
产品销售收入	万元	1588405	1294023	122.75
#产品销售税金及附加	万元	94561	71310	132.61
利税总额	万元	261817	182371	143.56
#利润总额	万元	73069	31095	234.99
亏损企业亏损额	万元	23131	34054	67.92
交通、邮电、电力				
货运总量	万吨	3852	2863	134.54
客运总量	万人	6274	4313	145.47
内河港口货物吞吐量	万吨	81	82	98.78
年末邮电局（所）数	处	69	65	106.15
邮电业务总量(2000年不变价)	万元	174199	144914	120.21
年末电话用户数	户	2148043	1696684	126.60
#移动电话用户数	户	1172315	911099	128.67
年末互联网用户	户	368626	280859	131.25
全年用电量	万千瓦时	375151	317085	118.31
#工业用电	万千瓦时	191812	183557	104.50
城乡居民生活用电	万千瓦时	71049	66642	106.61
固定资产投资				
全社会固定资产投资总额	万元	1815035	1312636	138.27
#城镇固定资产投资额	万元	1786089	1284673	139.03
基本建设投资	万元	931004	712033	130.75
更新改造投资	万元	253740	190398	133.27
其他投资	万元	27253	19126	142.49
房地产开发投资	万元	564195	353820	159.46
固定资产投资额中：				
国有经济	万元	1079717	839762	128.57
集体经济	万元	31780	8192	387.94

1-13 续表3

指 标 名 称	单 位	2004年	2003年	2004年为2003年%
新增固定资产	万元	1137624	884925	128.56
#国有经济	万元	581830	609054	95.53
房屋施工面积	万平方米	1380.78	1037.85	133.04
#住宅	万平方米	824.53	644.72	127.89
房屋竣工面积	万平方米	483.76	317.49	152.37
#住宅	万平方米	332.38	222.97	149.07
商业、外贸				
社会消费品零售总额	万元	1832118	1581721	115.83
#国有商业	万元	167101	155155	107.70
集体商业	万元	90541	81449	111.16
私营商业	万元	348354	257258	135.41
个体商业	万元	575078	522514	110.06
批发零售贸易业商品销售总额	万元	4284226	3609274	118.70
利用外资新签协议合同数	个	62	51	121.57
利用外资新签协议合同外资金额	万美元	26315	32659	80.58
实际利用外资金额	万美元	8651	8137	106.32
财政、金融				
财政收入	万元	563280	453803	124.12
#地方财政收入	万元	314579	258984	121.47
#工商税收	万元	256765	214693	119.60
地方财政支出	万元	390273	331847	117.61
金融机构各项存款余额	万元	9230110	8000212	115.37
#城乡居民储蓄存款余额	万元	3829609	3374694	113.48
金融机构各项贷款余额	万元	11417516	8977312	127.18

1-13 续表4

指 标 名 称	单 位	2004年	2003年	2004为2003年%
劳动工资				
年末在岗职工人数	人	362335	332795	108.88
国有单位	人	223921	216480	103.44
城镇集体单位	人	21474	24966	86.01
其他经济类型单位	人	116940	91349	128.01
在岗职工工资总额	万元	634388	503696	125.95
国有单位	万元	454569	364913	124.57
城镇集体单位	万元	21416	23583	90.81
其他经济类型单位	万元	158403	115201	137.50
在岗职工年平均工资	元	17745	15083	117.65
国有单位	元	20606	16863	122.20
城镇集体单位	元	10339	9489	108.96
其他经济类型单位	元	13633	12427	109.70
教育、科研、卫生				
在校学生人数(不含成人教育)	人	488434	457975	106.65
#普通中学	人	104689	102025	102.61
小 学	人	139070	136982	101.52
专任教师数	人	25359	24974	101.54
#普通中学	人	5977	5660	105.60
小 学	人	6800	6763	100.55
专业技术人员(市县属国有企事业单位)	人	45445	25070	181.27
#中级技术职称以上人员	人	16112	12760	126.27
卫生机构数(含个体)	个	868	625	138.88
#医院、卫生院	个	54	49	110.20
卫生机构床位数	张	11725	11447	102.43
#医院、卫生院床位数	张	11114	10756	103.33
卫生技术人员数	人	15457	14206	108.81
#医 生	人	6206	5903	105.13
居民消费价格指数	**%**	**104.2**	**100.8**	

1-14　市区人均主要社会经济指标

指　标　名　称	单位	2004年	2003年
生产总值	元	24296	21221
工农业总产值	元	16078	13837
农业总产值	元	1463	1339
工业总产值	元	14615	12498
固定资产投资额	元	12270	9174
财政收入	元	3808	3172
城乡居民储蓄存款余额	元	25890	23151
社会消费品零售总额	元	12386	11055
在岗职工年平均工资	元	17745	15083
城市居民年人均可支配收入	元	9531	9162
城市居民年人均消费性支出	元	7329	7217
农民年人均纯收入	元	3178	2913
耕地面积(按总人口计算)	亩	0.34	0.35
耕地面积(按农业人口计算)	亩	1.40	1.40
粮食产量	公斤	62	68
油料产量	公斤	8	7
蔬菜产量	公斤	252	262
肉类产量	公斤	33	32
水果产量	公斤	126	105
水产品产量	公斤	17	16
甘蔗产量	公斤	646	778
电话机	部/万人	14314	11639
普通中学在校生	人/万人	698	700
小学在校生	人/万人	927	940
医院	个/万人	0.36	0.34
医院病床	张/万人	74	74
卫生技术人员	人/万人	103	97
#医生	人/万人	41	40

注：电话机数含移动电话。

1-15　各县社会经济主要指标

指 标 名 称	单 位	邕宁县			武鸣县		
		2004年	2003年	2004为2003%	2004年	2003年	2004为2003%
人口、土地面积							
年末总人口	人	938834	930815	100.86	646504	645113	100.22
#男性人口	人	500246	490596	101.97	337615	336374	100.37
女性人口	人	438588	440219	99.63	308889	308739	100.05
#农业人口	人	835380	828016	100.89	535566	535536	100.01
非农业人口	人	103454	102799	100.64	110938	109577	101.24
年平均人口	人	934825	928426	100.69	645809	646122	99.95
自然增长率	‰	8.22	7.7	0.52▲	1.35	1.18	0.17▲
土地面积	平方公里	4677.24	4677.24	100.00	3378.36	3378.36	100.00
生产总值(当年价)	**万元**	**603056**	**509660**	**113.30**	**478658**	**434579**	**107.80**
第一产业	万元	239213	219867	107.00	221691	203756	105.20
第二产业	万元	234833	181738	119.80	137957	123411	112.30
工　业	万元	173550	143150	113.40	107126	98553	111.50
建筑业	万元	61283	38588	148.60	30831	24858	116.10
第三产业	万元	129010	108055	116.60	119010	107412	107.80
人均生产总值（当年价）	元	6451	5492	112.50	7412	6726	107.80
生产总值构成	**%**	**100**	**100**		**100**	**100**	
第一产业	%	39.67	43.10	-3.47*	46.32	46.89	-0.57*
第二产业	%	38.94	35.70	3.28*	28.82	28.4	0.42*
工　业	%	28.78	28.10	0.69*	22.38	22.68	-0.30*
建筑业	%	10.16	7.57	2.59*	6.44	5.72	0.72*
第三产业	%	21.39	21.20	0.19*	24.86	24.71	0.14*
工农业总产值(当年价)	**万元**	**830137**	**716812**		**628274**	**565098**	
工业总产值	万元	446598	367377	121.56	279341	250027	111.72
农林牧渔业总产值	万元	383539	349435	107.36	348933	315071	105.41
农　业							
农村社会总产值(当年价)	万元	907540	839152	108.15	721849	677598	106.53
#非农行业产值	万元	524001	489717	107.00	372916	362527	102.87
农林牧渔业总产值(当年价)	万元	383539	349435	107.36	348933	315071	105.41
农　业	万元	236035	235749	105.44	203949	200529	104.44
林　业	万元	11142	12135	75.43	10730	8065	114.58
牧　业	万元	117038	86889	115.93	110900	87284	106.25
渔　业	万元	17496	12972	122.42	20760	16845	107.92
服务业	万元	1828	1689	104.85	2594	2348	106.97
农林牧渔业总产值(1990年不变价)	万元	235394	219247	107.36	215420	204365	105.41
农业商品产值	万元	271766	215097	126.35	271867	243280	111.75
乡(镇)村从业人员	万人	49.64	49.01	101.29	32.8	32.99	99.42
#农林牧渔业从业人员	万人	36.27	36.57	99.18	25.01	24.76	101.01
年末实有耕地面积	公顷	75681	75732	99.93	59594	59690	99.84
粮食总产量	吨	345143	349463	98.76	304786	301591	101.06

注：1.生产总值、工业、农业总产值发展速度按可比价计算。2.“▲”为增减千分点，“*”为增减百分点。

1-15 续表1

指 标 名 称	单 位	邕宁县			武鸣县		
		2004年	2003年	2004为2003%	2004年	2003年	2004为2003%
油料产量	吨	22796	20930	108.92	22147	20418	108.47
蔬菜产量	吨	658017	656478	100.23	536839	497565	107.89
甘蔗产量	吨	2329076	2376141	98.02	1424058	1691819	84.17
水果产量	吨	121462	102925	118.01	228254	202605	112.66
肉类产量	吨	90394	76968	117.44	93567	84080	111.28
水产品产量	吨	26114	21285	122.69	30014	28012	107.15
农业机械总动力	万千瓦	61.3	58.79	104.27	52.29	50.96	102.61
农村用电量	万千瓦时	7825	8912	87.80	7100	6670	106.45
农用化肥施用量(折纯量)	吨	101921	92547	110.13	67843	64149	105.76
工 业							
全部工业总产值(当年价)	万元	446598	367377	121.56	279341	250027	111.72
#规模以上工业总产值	万元	316344	247753	127.69	112180	91064	123.19
规模以下工业总产值	万元	130253	119624	108.89	167161	158963	105.16
规模以上工业企业主要指标							
企业单位数	个	83	63	131.75	59	49	120.41
#亏损企业	个	21	19	110.53	12	18	66.67
工业总产值(现价)	万元	316344	247753	127.69	112180	91064	123.19
内资企业	万元	223888	170517	131.30	97221	78303	124.16
国有企业	万元	9975	8172	122.06	27835	26930	103.36
集体企业	万元	13264	11089	119.61	6532	7407	88.19
股份合作企业	万元	482	1393	34.60			
股份有限公司	万元	177247	132115	134.16	34216	25494	134.21
其他经济类型企业	万元	22920	17748	129.14	28638	18472	155.03
外商及港澳台商投资企业	万元	92457	77236	119.71	14959	12762	117.22
按轻重工业分							
轻工业	万元	183289	131598	139.28	71107	53325	133.35
重工业	万元	133055	116155	114.55	41073	37740	108.83

注：规模以上工业企业是指全部国有及年销售收入500万元以上非国有工业企业。

1-15 续表2

指 标 名 称	单 位	邕宁县			武鸣县		
		2004年	2003年	2004为2003%	2004年	2003年	2004为2003%
按企业规模分							
大型企业	万元						
中型企业	万元	145177	118340	122.68	15291	14248	107.32
小型企业	万元	171167	129413	132.26	96888	76816	126.13
工业增加值	万元	106925	85499	116.17	40045	30172	127.71
产品销售收入	万元	318798	263033	121.20	107164	88491	121.10
#产品销售税金及附加	万元	1385	1283	107.95	958	852	112.44
利税总额	万元	28514	25347	112.49	5206	4210	123.66
#利润总额	万元	14608	12668	115.31	-609	-625	97.44
亏损企业亏损额	万元	687	1983	34.64	4292	3160	135.82
交通、邮电、电力							
货运量	万吨	464	371	125.07	733	746	98.26
客运量	万人	499	586	85.15	582	581	100.17
年末邮电局（所）数	处	28	28	100.00	18	18	100.00
邮电业务总量(2000年不变价)	万元	15757	11197	140.73	11760	8818	133.36
年末电话用户数	户	302014	194157	155.55	228462	172038	132.80
＃移动电话用户数	户	179301	104221	172.04	139499	104139	133.95
全年用电量	万千瓦时	46246	43455	106.42	34431	38680	89.01
＃工业用电	万千瓦时	29382	27374	107.34	26564	29854	88.98
城乡居民生活用电	万千瓦时	9169	8754	104.74	5103	6464	78.94
固定资产投资							
全社会固定资产投资总额	万元	297129	160423	185.22	133838	111415	120.13
#城镇固定资产投资额	万元	281209	142024	198.00	115680	89856	128.74
基本建设投资	万元	91678	68813	133.23	61968	42504	145.79
更新改造投资	万元	55860	19082	292.74	35250	34642	101.76
其他投资	万元	8184	5818	140.67	9535	6950	137.19
房地产开发投资	万元	74025	30201	245.11	5668	2398	236.36
#区局直统反馈投资额	万元	13763	18029	76.34	21553	22174	97.20
固定资产投资额中：							
国有经济	万元	89262	67977	131.31	50786	46128	110.10
集体经济	万元	6464	4280	151.03	4419	100	4419.00

注：区局直统反馈投资额指跨县公路投资分摊给当地的投资额。

1-15 续表3

指 标 名 称	单 位	邕宁县			武鸣县		
		2004年	2003年	2004为2003%	2004年	2003年	2004为2003%
新增固定资产	万元	93919	65320	143.78	71216	55493	128.33
#国有经济	万元	25685	46931	54.73	37132	21631	171.66
房屋施工面积	万平方米	173.74	95.96	181.05	29.85	18.49	161.44
#住宅	万平方米	124.69	58.17	214.35	13.69	7.59	180.37
房屋竣工面积	万平方米	55.93	31.27	178.86	9.13	7.95	114.84
#住宅	万平方米	36.12	11.88	304.04	6.00	4.75	126.32
商业							
社会消费品零售总额	万元	111743	98287	113.69	104913	91344	114.85
#国有商业	万元	7872	11400	69.05	11144	9747	114.33
集体商业	万元	9405	12782	73.58	13055	11786	110.77
私营商业	万元	6512	2920	223.01	72	60	120.00
个体商业	万元	80552	69234	116.35	64830	56635	114.47
批发零售贸易业商品销售总额	万元	179201	110118	162.74	125730	127391	98.70
财政、金融							
财政收入	万元	61030	45894	132.98	30100	28193	106.76
#地方财政收入	万元	37884	28048	135.07	20945	21132	99.12
#工商税收	万元	21150	16548	127.81	10241	7308	140.13
地方财政支出	万元	55122	38720	142.36	38119	37652	101.24
金融机构各项存款余额	万元	410661	332884	123.36	284115	246756	115.14
#城乡居民储蓄存款余额	万元	278480	227442	122.44	234308	204495	114.58
金融机构各项贷款余额	万元	172740	145442	118.77	127537	108197	117.87

1-15 续表4

指标名称	单位	邕宁县			武鸣县		
		2004年	2003年	2004为2003%	2004年	2003年	2004为2003%
劳动工资							
年末在岗职工人数	人	42091	39245	107.25	33036	35257	93.70
国有单位	人	25246	24652	102.41	30201	31559	95.70
城镇集体单位	人	5465	4216	129.63	1363	1685	80.89
其他经济类型单位	人	11380	10377	109.67	1472	2013	73.12
在岗职工工资总额	万元	54112	40183	134.66	33113	29608	111.84
国有单位	万元	36852	26720	137.92	30191	26475	114.04
城镇集体单位	万元	4846	3067	158.00	1598	1513	105.62
其他经济类型单位	万元	12414	10397	119.40	1324	1620	81.73
在岗职工年平均工资	元	12970	10057	128.96	9887	8382	117.96
国有单位	元	14520	10503	138.25	9944	8416	118.16
城镇集体单位	元	9422	7171	131.39	9996	9121	109.59
其他经济类型单位	元	11088	10156	109.18	8652	7352	117.68
教育、科研、卫生							
在校学生人数(不含成人教育)	人	157688	160456	98.27	88123	93765	93.98
#普通中学	人	63558	64889	97.95	40896	43514	93.98
小学	人	81601	84709	96.33	45425	48407	93.84
专任教师数	人	6966	6971	99.93	4301	4675	92.00
#普通中学	人	2885	2882	100.10	2136	2127	100.42
小　学	人	3520	3559	98.90	2012	2395	84.01
专业技术人员	人	10762	8975	119.91	8738	7739	112.91
#中级技术职称以上人员	人	2070	2140	96.73	2152	2335	92.16
卫生机构数(含个体)	个	119	78	152.56	155	160	96.88
#医院、卫生院	个	31	28	110.71	21	19	110.53
卫生机构床位数	张	1414	1279	110.56	928	820	113.17
#医院、卫生院床位数	张	1287	1234	104.29	837	730	114.66
卫生技术人员数	人	1561	1454	107.36	1282	1169	109.67
#医　生	人	653	597	109.38	512	478	107.11

1-15 续表5

指标名称	单位	横县			宾阳县		
		2004年	2003年	2004为2003%	2004年	2003年	2004为2003%
人口、土地面积							
年末总人口	人	1084422	1078034	100.59	982141	979000	100.32
#男性人口	人	580273	573198	101.23	514540	515189	99.87
女性人口	人	504149	504836	99.86	467601	463811	100.82
#农业人口	人	956813	949224	100.80	853322	848249	100.60
非农业人口	人	127609	128810	99.07	128819	130751	98.52
年平均人口	人	1081228	1075351	100.55	980571	977737	100.29
自然增长率	‰	5.99	5.98	0.01▲	5.00	4.83	0.17▲
土地面积	平方公里	3456.36	3456.36	100.00	2308.49	2308.49	100.00
生产总值(当年价)	**万元**	**418146**	**375527**	**107.15**	**392096**	**329938**	**110.11**
第一产业	万元	168671	147166	109.16	119321	102774	105.68
第二产业	万元	90737	88399	97.49	135912	102447	118.71
工　业	万元	65587	56279	110.30	115938	85746	120.10
建筑业	万元	25150	32120	73.30	19974	16701	112.00
第三产业	万元	158737	139962	110.57	136863	124717	108.15
人均生产总值（当年价）	元	3867	3492	106.60	3999	3374	109.80
生产总值构成	**%**	**100**	**100**		**100**	**100**	
第一产业	%	40.34	39.19	1.15*	30.43	31.15	-0.72*
第二产业	%	21.70	23.54	-1.84*	34.66	31.05	3.61*
工　业	%	15.69	14.99	0.70*	29.57	25.99	3.58*
建筑业	%	6.01	8.55	-2.54*	5.09	5.06	0.03*
第三产业	%	37.96	37.27	0.69*	34.91	37.8	-2.89*
工农业总产值(当年价)	**万元**	**481078**	**389402**		**562383**	**467161**	
工业总产值	万元	204051	146290	139.48	373000	306216	121.81
农林牧渔业总产值	万元	277027	243112	107.72	189383	160945	106.63
农　业							
农村社会总产值(当年价)	万元	536711	422771	126.95	563479	491271	114.70
#非农行业产值	万元	259684	179659	144.54	374096	330326	113.25
农林牧渔业总产值(当年价)	万元	277027	243112	107.72	189383	160945	106.63
农　业	万元	167106	151758	108.71	106793	94426	103.11
林　业	万元	6100	4798	125.02	2311	1662	136.87
牧　业	万元	86411	71064	104.80	62761	48556	110.33
渔　业	万元	17237	15341	102.70	16245	15219	107.44
服务业	万元	173	152	109.93	1273	1082	113.93
农林牧渔业总产值(1990年不变价)	万元	172249	159898	107.72	98845	92695	106.63
农业商品产值	万元	197328	169963	116.10	108341	89614	120.90
乡(镇)村从业人员	万人	56.03	55.48	100.99	51.1	50.69	100.81
#农林牧渔业从业人员	万人	36.51	37.42	97.57	34.72	35.04	99.09
年末实有耕地面积	公顷	62222	62532	99.50	53864	53952	99.84
粮食总产量	吨	315183	329126	95.76	269703	291904	92.39

1-15 续表6

指标名称	单位	横县			宾阳县		
		2004年	2003年	2004为2003%	2004年	2003年	2004为2003%
油料产量	吨	8727	9238	94.47	9968	9313	107.03
蔬菜产量	吨	327838	343014	95.58	245268	220172	111.40
甘蔗产量	吨	1269772	1259024	100.85	1023951	1019819	100.41
水果产量	吨	33202	27886	119.06	8023	6429	124.79
肉类产量	吨	57894	56501	102.47	42606	39489	107.89
水产品产量	吨	25667	24732	103.78	24322	22716	107.07
农业机械总动力	万千瓦	39.93	39.29	101.63	32.35	30.89	104.73
农村用电量	万千瓦时	6573	6882	95.51	6975	8027	86.89
农用化肥施用量(折纯量)	吨	43510	42544	102.27	40772	36896	110.51
工业							
全部工业总产值(当年价)	万元	204051	146290	139.48	373000	306216	121.81
#规模以上工业总产值	万元	134513	105296	127.75	167640	126033	133.01
规模以下工业总产值	万元	69538	40994	169.63	205361	180183	113.97
规模以上工业企业主要指标							
企业单位数	个	46	25	184.00	35	32	109.38
#亏损企业	个	27	12	225.00	13	14	92.86
工业总产值(现价)	万元	134513	105296	127.75	167640	126033	133.01
内资企业	万元	129549	99642	130.01	101228	74866	135.21
国有企业	万元	11330	14706	77.04	29448	26215	112.33
集体企业	万元	11237	10287	109.23			
股份合作企业	万元	542	399	135.84			
股份有限公司	万元	91520	58555	156.30	71780	48651	147.54
其他经济类型企业	万元	14920	15695	95.06			
外商及港澳台商投资企业	万元	4965	5656	87.78	66411	51167	129.79
按轻重工业分							
轻工业	万元	78963	56454	139.87	60991	62545	97.52
重工业	万元	55551	48842	113.74	106648	63489	167.98

1-15 续表7

指 标 名 称	单 位	横 县			宾阳县		
		2004年	2003年	2004为2003%	2004年	2003年	2004为2003%
按企业规模分							
大型企业	万元						
中型企业	万元	81983	69436	118.07	91521	71135	128.66
小型企业	万元	52530	35860	146.49	76118	54898	138.65
工业增加值	万元	43282	37467	109.22	54330	35707	135.44
产品销售收入	万元	127418	100273	127.07	174640	137819	126.72
#产品销售税金及附加	万元	1069	643	166.25	958	543	176.43
利税总额	万元	12297	9703	126.73	23440	13638	171.87
#利润总额	万元	4117	2667	154.37	12388	5381	230.22
亏损企业亏损额	万元	1705	1152	148.00	888	1191	74.56
交通、邮电、电力							
货运量	万吨	831	769	108.06	579	774	74.81
客运量	万人	375	464	80.82	410	630	65.08
年末邮电局（所）数	处	31	32	96.88	22	22	100.00
邮电业务总量(2000年不变价)	万元	13745	8003	171.75	16002	9685	165.22
年末电话用户数	户	269951	191029	141.31	276029	215593	128.03
#移动电话用户数	户	153747	104108	147.68	158150	126765	124.76
全年用电量	万千瓦时	37906	35929	105.50	30302	30966	97.86
#工业用电	万千瓦时	26212	24164	108.48	19412	18824	103.12
城乡居民生活用电	万千瓦时	8022	8222	97.57	7037	8020	87.74
固定资产投资							
全社会固定资产投资总额	万元	112673	128039	88.00	96118	76658	125.39
#城镇固定资产投资额	万元	81845	92167	88.80	78841	64345	122.53
基本建设投资	万元	52172	68525	76.14	39163	24683	158.66
更新改造投资	万元	21760	7785	279.51	17839	22140	80.57
其他投资	万元	1801	10403	17.31	6762	5157	131.12
房地产开发投资	万元	3231	370	873.24	10578	4954	213.52
固定资产投资额中							
国有经济	万元	36850	69367	53.12	46591	26088	178.59
集体经济	万元	8320	398	2090.45	5331	1140	467.63

1-15 续表8

指 标 名 称	单 位	横 县			宾阳县		
		2004年	2003年	2004为2003%	2004年	2003年	2004为2003%
新增固定资产	万元	56373	64635	87.22	68461	55680	122.95
#国有经济	万元	29993	40965	73.22	39757	23885	166.45
房屋施工面积	万平方米	48.28	14.19	340.24	24.07	25.37	94.88
#住宅	万平方米	16.60	3.6	461.11	11.38	12.15	93.66
房屋竣工面积	万平方米	23.30	8.78	265.38	16.36	19.19	85.25
#住宅	万平方米	3.34	2.23	149.78	6.94	10.51	66.03
商业							
社会消费品零售总额	万元	139312	125459	111.04	128077	114002	112.35
#国有商业	万元	17217	17698	97.28	2611	10660	24.49
集体商业	万元	13082	12649	103.42	4532	4524	100.18
私营商业	万元	4380	3631	120.63	2035	901	225.86
个体商业	万元	104176	91098	114.36	110860	97587	113.60
批发零售贸易业商品销售总额	万元	173962	164491	105.76	189102	129778	145.71
财政、金融							
财政收入	万元	30708	28167	109.02	30013	26019	115.35
#地方财政收入	万元	19775	18645	106.06	18424	16825	109.50
#工商税收	万元	9281	8881	104.50	9540	8205	116.27
地方财政支出	万元	38303	34232	111.89	40099	29364	136.56
金融机构各项存款余额	万元	370073	314048	117.84	302532	275566	109.79
#城乡居民储蓄存款余额	万元	314352	263801	119.16	251214	232980	107.83
金融机构各项贷款余额	万元	147259	135228	108.90	114843	117032	98.13

1-15 续表9

指 标 名 称	单 位	横 县			宾阳县		
		2004年	2003年	2004为2003%	2003年	2003年	2004为2003%
劳动工资							
年末在岗职工人数	人	31265	27651	113.07	35680	35530	100.42
国有单位	人	21980	19713	111.50	29005	30008	96.66
城镇集体单位	人	1170	1108	105.60	2000	1849	108.17
，其他经济类型单位	人	8115	6830	118.81	4675	3673	127.28
在岗职工工资总额	万元	31837	27009	117.88	37697	35218	107.04
国有单位	万元	24351	21229	114.71	32217	30761	104.73
城镇集体单位	万元	804	669	120.18	1643	1510	108.81
其他经济类型单位	万元	6682	5111	130.74	3836	2948	130.12
在岗职工年平均工资	元	10304	9814	104.99	10660	10011	106.48
国有单位	元	11065	10734	103.08	11128	10316	107.87
城镇集体单位	元	6769	5801	116.69	8025	7925	101.26
其他经济类型单位	元	8671	7756	111.80	8795	8530	103.11
教育、科研、卫生							
在校学生人数(不含成人教育)	人	169007	172583	97.93	178725	182370	98.00
#普通中学	人	66537	63080	105.48	68837	64225	107.18
小学	人	100480	107233	93.70	105123	113632	92.51
专任教师数	人	7495	7391	101.41	6999	7214	97.02
#普通中学	人	3157	2749	114.84	3165	3176	99.65
小 学	人	4219	4458	94.64	3719	3918	94.92
专业技术人员	人	12369	10385	119.10	13110	10690	122.64
#中级技术职称以上人员	人	4159	3839	108.34	3603	3452	104.37
卫生机构数(含个体)	个	170	50	340.00	158	108	146.30
#医院、卫生院	个	25	25	100.00	30	31	96.77
卫生机构床位数	张	1138	1042	109.21	1643	1695	96.93
#医院、卫生院床位数	张	1023	1002	102.10	1395	1479	94.32
卫生技术人员数(含个体)	人	1506	1327	113.49	2078	2127	97.70
#医 生	人	786	630	124.76	908	870	104.37

1-15 续表10

指标名称	单位	上林县			马山县			隆安县		
		2004年	2003年	2004为2003%	2004年	2003年	2004为2003%	2004年	2003年	2004为2003%
人口、土地面积										
年末总人口	人	460011	455719	100.94	505100	501034	100.81	370797	369295	100.41
#男性人口	人	237800	235984	100.77	258261	251780	102.57	193142	192815	100.17
女性人口	人	222211	219735	101.13	246839	249254	99.03	177655	176480	100.67
#农业人口	人	415963	411887	100.99	466546	462906	100.79	332889	332997	99.97
非农业人口	人	44048	43832	100.49	38554	38128	101.12	37908	36298	104.44
年平均人口	人	457865	454291	100.79	503067	500042	100.60	370046	369008	100.28
自然增长率	‰	4.57	5.34	-0.77▲	7.27	6.47	0.80▲	5.91	5.75	0.16▲
土地面积	平方公里	1869.64	1869.64	100.00	2345.33	2345.33	100.00	2277.34	2277.34	100.00
生产总值(当年价)	**万元**	**129171**	**113407**	**106.01**	**132884**	**109713**	**103.70**	**140781**	**116104**	**107.10**
第一产业	万元	64180	54507	106.88	55210	47399	100.70	73454	61994	104.80
第二产业	万元	26501	22147	107.12	37742	27250	99.50	38897	29812	107.30
工业	万元	17950	14960	105.30	30613	21254	96.30	28058	22674	98.80
建筑业	万元	8551	7187	111.40	7129	5996	111.30	10839	7138	142.20
第三产业	万元	38490	36753	103.52	39932	35064	111.00	28430	24298	113.80
人均生产总值(当年价)	元	2821	2496	105.20	2641	2194	103.80	3804	3146	106.80
生产总值构成	**%**	**100**	**100**		**100**	**100**		**100**	**100**	
第一产业	%	49.69	48.06	1.62*	41.55	43.2	3.01*	52.18	53.39	-1.21*
第二产业	%	20.52	19.53	0.99*	28.40	24.84	-4.54*	27.63	25.68	1.95*
工业	%	13.90	13.19	0.71*	23.04	19.37	-5.03*	19.90	19.53	0.40*
建筑业	%	6.62	6.34	0.28*	5.36	5.46	-0.10*	7.70	6.15	1.55*
第三产业	%	29.80	32.41	-2.61*	30.05	31.96	1.54*	20.19	20.92	-0.73*
工农业总产值(当年价)	**万元**	**158865**	**132302**		**140099**	**123067**		**193438**	**164704**	
工业总产值	万元	55408	44943	123.29	53561	49726	107.71	75815	66254	114.43
农林牧渔业总产值	万元	103457	87359	108.92	86538	73341	102.44	117623	98450	104.92
农业										
农村社会总产值(当年价)	万元	158805	136613	116.24	136171	115100	118.31	153300	138144	110.97
#非农行业产值	万元	55348	49253	112.37	49633	41759	118.86	35677	39694	89.88
农林牧渔业总产值(当年价)	万元	103457	87359	108.92	86538	73341	102.44	117623	98450	104.92
农业	万元	49719	46112	102.80	39271	36521	93.94	80861	69125	104.33
林业	万元	2171	3204	91.80	3954	3052	123.70	2676	2277	106.69
牧业	万元	44152	31744	118.42	37759	29006	107.84	27971	21875	106.51
渔业	万元	7107	6038	106.07	5281	4531	104.63	5747	4865	106.36
服务业	万元	308	261	114.34	273	232	104.63	368	308	106.58
农林牧渔业总产值(1990年不变价)	万元	52719	48403	108.92	41608	40617	102.44	73709	70250	104.92
农业商品产值	万元	58606	52486	111.66	56945	44282	128.60	90473	106353	85.07
乡(镇)村从业人员	万人	22.69	22.54	100.67	26.47	25.87	102.32	19.67	19.71	99.80
#农林牧渔业从业人员	万人	15.90	15.82	100.51	15.73	16.33	96.33	14.18	14.51	97.73
年末实有耕地面积	公顷	25531	25674	99.44	22733	23084	98.48	31683	31941	99.19
粮食总产量	吨	134614	138437	97.24	110620	124329	88.97	128336	120998	106.06

1-15 续表11

指 标 名 称	单 位	上林县			马山县			隆安县		
		2004年	2003年	2004为2003%	2004年	2003年	2003为2002%	2004年	2003年	2004为2003%
油料产量	吨	5464	4829	113.15	2145	2150	99.77	1857	1897	97.89
蔬菜产量	吨	73613	67830	108.53	133604	127604	104.70	186478	168803	110.47
甘蔗产量	吨	445000	462038	96.31	106915	149803	71.37	1031941	1207414	85.47
水果产量	吨	2402	2327	103.22	6547	5999	109.13	83626	73480	113.81
肉类产量	吨	30617	27352	111.94	32266	29413	109.70	24128	22589	106.81
水产品产量	吨	10892	10272	106.04	8040	7603	105.75	8625	8120	106.22
农业机械总动力	万千瓦	28.35	25.97	109.16	14.43	13.27	108.74	16.67	17.12	97.37
农村用电量	万千瓦时	4918	4891	100.55	2500	2178	114.78	2133	2244	95.05
农用化肥施用量(折纯量)	吨	15911	15716	101.24	8557	8049	106.31	28679	21051	136.24
工 业										
全部工业总产值(当年价)	万元	55408	44943	123.29	53561	49726	107.71	75815	66254	114.43
#规模以上工业总产值	万元	33921	26918	126.02	38130	37881	100.66	58455	49868	117.22
规模以下工业总产值	万元	21487	18026	119.20	15431	11845	130.27	17360	16386	105.94
规模以上工业企业主要指标										
企业单位数	个	15	19	78.95	12	13	92.31	15	9	166.67
#亏损企业	个	7	9	77.78	6	7	85.71	1	4	25.00
工业总产值(现价)	万元	33921	26918	126.02	38130	37881	100.66	58455	49868	117.22
内资企业	万元	33921	26918	126.02	38130	37881	100.66	58455	49868	117.22
国有企业	万元	26229	19915	131.70	2513	1321	190.23	4896	4689	104.41
集体企业	万元									
股份合作企业	万元							1136	1070	106.17
股份有限公司	万元	5122	5499	93.14	31143	34933	89.15	47544	41427	114.77
其他经济类型企业	万元	2570	1504	170.88	4475	1628	274.88	4879	2682	181.92
按轻重工业分										
轻工业	万元	17074	13098	130.36	6328	4328	146.21	37613	34429	109.25
重工业	万元	16847	13819	121.91	31803	33553	94.78	20842	15440	134.99

1-15 续表12

指 标 名 称	单 位	上林县			马山县			隆安县		
		2004年	2003年	2004为2003%	2004年	2003年	2004为2003%	2004年	2003年	2004为2003%
按企业规模分										
中型企业	万元	15170	14288	106.17				30873	30193	102.25
小型企业	万元	18751	12629	148.48	38130	37881	100.66	27583	19675	140.19
工业增加值	万元	9557	7702	108.28	26138	30798	89.11	21841	20710	95.38
产品销售收入	万元	29263	26199	111.70	36272	40694	89.13	55407	55698	99.48
#产品销售税金及附加	万元	280	163	171.78	324	290	111.72	420	314	133.76
利税总额	万元	4038	3233	124.90	13306	15798	84.23	10279	9815	104.73
#利润总额	万元	2029	883	229.78	9206	11798	78.03	6517	6222	104.74
亏损企业亏损额	万元	418	201	207.96	248	739	33.56	63	166	37.95
交通、邮电、电力										
货运量	万吨	191	150	127.33	87	134	64.93	55	86	63.95
客运量	万人	159	198	80.30	93	173	53.76	59	72	81.94
年末邮电局(所)数	处	18	18	100.00	13	13	100.00	16	18	88.89
邮电业务总量（2000年不变价）	万元	5933	3199	185.46	5072	2944	172.28	5581	2888	193.25
年末电话用户数	户	105193	72193	145.71	94443	60578	155.90	103638	76316	135.80
#移动电话用户数	户	66909	44289	151.07	56704	35136	161.38	67120	46757	143.55
全年用电量	万千瓦时	11020	11810	93.31	13384	13738	97.42	16135	15775	102.28
#工业用电	万千瓦时	6482	6158	105.26	9430	9823	96.00	12513	12400	100.91
城乡居民生活用电	万千瓦时	3099	2814	110.13	3319	3001	110.60	2373	2235	106.17
固定资产投资										
全社会固定资产投资总额	万元	39845	33784	117.94	63243	43481	145.45	51608	37131	138.99
#城镇固定资产投资额	万元	29782	21510	138.46	55101	32242	170.90	40012	25528	156.74
基本建设投资	万元	14172	9866	143.64	30708	26606	115.42	31452	16858	186.57
更新改造投资	万元	4049	1250	323.92	900	485	185.57	13074	2053	636.82
其他投资	万元	6271	4470	140.29	6951	1770	392.71	980	2952	33.20
房地产开发投资	万元	1940	1600	121.25		800		742	687	108.01
#区局直统反馈投资额	万元				16163	13945	115.91	7735		
固定资产投资额中：										
国有经济	万元	16211	10981	147.63	25338	27041	93.70	15853	10549	150.28
集体经济	万元	2010			1500	1120	133.93	1969	449	438.53

注：区局直统反馈投资额指跨县公路投资分摊给当地的投资额。

1-15 续表13

指标名称	单位	上林县			马山县			隆安县		
		2004年	2003年	2004为2003%	2004年	2003年	2004为2003%	2004年	2003年	2004为2003%
新增固定资产	万元	18927	14628	129.39	99948	14916	670.07	8030	8730	91.98
#国有经济	万元	12381	10103	122.55	86827	12296	706.14	2810	5865	47.91
房屋施工面积	万平方米	6.28	10.36	60.62	2.09	7.46	28.02	11.75	9.64	121.89
#住宅	万平方米	2.00	7.32	27.32	1.19	3.56	33.43	4.38	4.24	103.30
房屋竣工面积	万平方米	5.59	8.31	67.27	2.09	6.46	32.35	1.93	1.95	98.97
#住宅	万平方米	2.00	6.24	32.05	1.19	2.56	46.48	1.65	0.82	201.22
商业										
社会消费品零售总额	万元	26908	24004	112.10	25567	22014	116.14	25491	22922	111.21
#国有商业	万元	2893	3334	86.77	3868	4220	91.66	4498	6535	68.83
集体商业	万元	3045	3199	95.19	2939	3134	93.78	533	180	296.11
私营商业	万元				90	92	97.83			
个体商业	万元	20970	17471	120.03	17525	14568	120.30	17502	16207	107.99
批发零售贸易业商品销售总额	万元	38357	35221	108.90	47139	34128	138.12	31078	27443	113.25
财政、金融										
财政收入	万元	10088	8918	113.12	8050	7302	110.24	13059	12298	106.19
#地方财政收入	万元	7118	6386	111.46	5229	4645	105.98	8572	7770	110.32
#工商税收	万元	2672	2335	114.43	3225	2730	118.13	3583	2813	127.37
地方财政支出	万元	19199	16701	114.96	19876	18554	107.13	20200	17911	112.78
金融机构各项存款余额	万元	98890	86050	114.92	87059	74148	117.41	126136	104357	120.87
#城乡居民储蓄存款余额	万元	85413	72632	117.60	64841	56564	114.63	99708	82353	121.07
金融机构各项贷款余额	万元	29076	30241	96.15	31048	25598	121.29	47651	58631	81.27

1-15 续表14

指标名称	单位	上林县			马山县			隆安县		
		2004年	2003年	2004为2003%	2004年	2003年	2004为2003%	2004年	2003年	2004为2003%
劳动工资										
年末在岗职工人数	人	12163	11925	102.00	12358	11887	103.96	13657	11945	114.33
国有单位	人	11338	11210	101.14	10938	10557	103.61	11092	9748	113.79
城镇集体单位	人	137	55	249.09	543	466	116.52	690	679	101.62
其他经济类型单位	人	688	660	104.24	877	864	101.50	1875	1518	123.52
在岗职工工资总额	万元	12471	10982	113.56	12159	10683	113.82	13792	11596	118.94
国有单位	万元	11542	10301	112.05	11202	9784	114.49	10811	9077	119.10
城镇集体单位	万元	104	53	196.23	388	312	124.36	466	376	123.94
其他经济类型单位	万元	825	627	131.58	568	587	96.76	2514	2143	117.31
在岗职工年平均工资	元	10264	9173	111.89	9893	8993	110.01	10126	9600	105.48
国有单位	元	10202	9151	111.49	10313	9269	111.26	9797	9231	106.13
城镇集体单位	元	7569	9709	77.96	7219	6741	107.09	6754	5543	121.85
其他经济类型单位	元	11804	9503	124.21	6380	6821	93.53	13268	13676	97.02
教育、科研、卫生										
在校学生人数(不含成人教育)	人	70941	73850	96.06	77118	81515	94.61	47474	50411	94.17
#普通中学	人	28020	26789	104.60	25485	31677	80.45	21717	21474	101.13
小学	人	42810	46798	91.48	51267	49586	103.39	24797	28210	87.90
专任教师数	人	3534	3581	98.69	3251	3079	105.59	2430	2437	99.71
#普通中学	人	1476	1493	98.86	1367	1375	99.42	1001	1006	99.50
小 学	人	2021	2051	98.54	1844	1675	110.09	1378	1395	98.78
专业技术人员	人	5740	4880	117.62	6315	5163	122.31	5398	4774	113.07
#中级技术职称以上人员	人	1467	1594	92.03	1841	1892	97.30	1090	1244	87.62
卫生机构数(含个体)	个	91	84	108.33	22	94	23.40	62	62	100.00
#医院、卫生院	个	14	14	100.00	17	17	100.00	14	15	93.33
卫生机构床位数	张	399	396	100.76	413	444	93.02	524	516	101.55
#医院、卫生院床位数	张	354	351	100.85	381	422	90.28	479	476	100.63
卫生技术人员数(含个体)	人	775	647	119.78	512	592	86.49	764	746	102.41
#医 生	人	346	333	103.90	258	288	89.58	380	322	118.01

1-16 各县人均主要社会经济指标

(2004年)

指 标 名 称	单位	邕宁县	武鸣县	横 县	宾阳县	上林县	马山县	隆安县
国内生产总值	元	6451	7412	3867	3999	2821	2641	3804
工农业总产值	元	8880	9728	4449	5735	3470	2785	5227
农业总产值	元	4103	5403	2562	1931	2260	1720	3179
工业总产值	元	4777	4325	1887	3804	1210	1065	2049
固定资产投资额	元	3178	2072	1042	980	870	1026	1709
财政收入	元	653	466	284	306	220	160	353
城乡居民储蓄存款余额	元	2966	3624	2899	2558	1857	1284	2689
社会消费品零售总额	元	1195	1625	1288	1306	588	508	689
在岗职工年平均工资	元	12970	9887	10304	10660	10264	9893	10126
农民年人均纯收入	元	2844	3020	2319	2287	2077	1852	2008
耕地面积(按总人口计算)	亩	1.21	1.38	0.86	0.82	0.83	0.68	1.28
耕地面积(按农业人口计算)	亩	1.36	1.67	0.98	0.95	0.92	0.73	1.43
粮食产量	公斤	369	472	292	275	294	220	347
油料产量	公斤	24.39	34.29	8.07	10.17	11.93	4.26	5.02
蔬菜产量	公斤	704	831	303	250	161	266	504
肉类产量	公斤	97	145	54	43	67	64	65
水果产量	公斤	130	353	31	8	5	13	226
水产品产量	公斤	28	46	24	25	24	16	23
甘蔗产量	公斤	2491	2205	1174	1044	972	213	2789
电话机	部/万人	3217	3534	2489	2811	2287	1870	2795
普通中学在校生	人/万人	677	633	614	701	609	505	586
小学在校生	人/万人	869	703	927	1070	931	1015	669
医院	个/万人	0.33	0.32	0.23	0.31	0.30	0.34	0.38
医院病床	张/万人	13.71	12.95	9.43	14.20	7.70	7.54	12.92
卫生技术人员	人/万人	16.63	19.83	13.88	21.16	16.85	10.14	20.60
#医生	人/万人	6.96	7.92	7.25	9.25	7.52	5.11	10.25

注：电话机数含移动电话。

2 国民经济核算

CHAPTER 2　　NATIONAL ACCOUNTS

2-1 全市主要年份生产总值

（按当年价格计算）

单位：万元

年　份	生产总值	第一产业	第二产业	第三产业
1950	14272	10376	587	3309
1965	53362	21483	13309	18570
1978	147407	61866	52192	33349
1980	180111	70093	70017	40001
1985	309278	118263	108351	82664
1986	351522	126421	127214	97887
1987	420513	146358	156696	117459
1988	537786	178831	191331	167624
1989	620446	191616	219227	209603
1990	708788	231018	248354	229416
1991	793241	239063	274634	279544
1992	918098	277741	304726	335631
1993	1346171	344360	499312	502499
1994	1872259	491029	675122	706108
1995	2358085	615225	807943	934917
1996	2671991	690541	845891	1135559
1997	3044914	785856	922155	1336903
1998	3395532	834421	997314	1563797
1999	3569886	852645	1019933	1697308
2000	3779364	876615	1053679	1849070
2001	4129607	884941	1111438	2133228
2002	4517149	930126	1224527	2372496
2003	5025271	956525	1484583	2584163
2004	5888588	1027521	1849695	3011372

注：本表数据均为行政区划调整后大南宁口径。

2-2 全市主要年份生产总值构成

(按当年价格计算)

单位：%

年　份	生产总值	第一产业	第二产业	第三产业
1950	100.00	72.70	4.11	23.19
1965	100.00	40.26	24.94	34.80
1978	100.00	41.97	35.41	22.62
1980	100.00	38.92	38.87	22.21
1985	100.00	38.24	35.03	26.73
1986	100.00	35.96	36.19	27.85
1987	100.00	34.80	37.26	27.93
1988	100.00	33.25	35.58	31.17
1989	100.00	30.88	35.33	33.78
1990	100.00	32.59	35.04	32.37
1991	100.00	30.14	34.62	35.24
1992	100.00	30.25	33.19	36.56
1993	100.00	25.58	37.09	37.33
1994	100.00	26.23	36.06	37.71
1995	100.00	26.09	34.26	39.65
1996	100.00	25.84	31.66	42.50
1997	100.00	25.81	30.29	43.91
1998	100.00	24.57	29.37	46.05
1999	100.00	23.88	28.57	47.55
2000	100.00	23.19	27.88	48.93
2001	100.00	21.43	26.91	51.66
2002	100.00	20.37	27.11	52.52
2003	100.00	19.04	29.54	51.42
2004	100.00	17.45	31.41	51.14

注：本表数据均为行政区划调整后大南宁口径。

2-3 全市主要年份生产总值指数

(按可比价计算，以上年为100)　　单位：%

年　份	生产总值	第一产业	第二产业	第三产业
1951	113.25	110.12	147.56	119.00
1965	116.79	115.16	132.02	109.65
1978	111.50	110.33	112.12	112.61
1980	105.47	105.28	108.01	101.67
1985	112.71	103.38	122.12	113.14
1986	107.95	101.41	111.70	114.11
1987	112.64	105.25	117.57	114.19
1988	109.71	92.84	109.04	129.61
1989	107.44	107.68	102.76	114.88
1990	109.58	111.06	111.58	107.80
1991	106.29	100.57	106.92	111.61
1992	112.75	115.08	109.32	114.32
1993	123.51	106.91	134.35	128.27
1994	116.53	107.70	119.62	120.72
1995	114.46	112.65	114.90	115.69
1996	111.37	105.86	110.38	116.48
1997	112.52	113.89	108.77	115.25
1998	111.46	108.41	110.34	114.81
1999	109.40	107.39	108.08	111.73
2000	107.70	100.65	104.61	113.89
2001	108.80	102.20	106.40	113.20
2002	110.90	107.70	112.20	111.60
2003	110.90	103.70	119.30	109.40
2004	113.18	105.95	118.18	113.11

注：本表数据均为行政区划调整后大南宁口径。

2-4　全市主要年份人均生产总值

（按当年价格计算）

年　份	人均生产总值(元)	以上年为100的发展速度(%)
1950	62	
1965	165	120.48
1978	331	113.98
1980	387	107.59
1985	602	115.08
1986	671	110.05
1987	787	114.76
1988	997	110.85
1989	1141	108.31
1990	1282	111.36
1991	1414	107.85
1992	1617	114.09
1993	2339	125.23
1994	3208	118.18
1995	3987	115.97
1996	4465	112.69
1997	5036	113.68
1998	5569	112.40
1999	5817	110.11
2000	6086	108.98
2001	6573	110.07
2002	7145	111.60
2003	7874	110.90
2004	9126	111.93

注：1、本表数据均为行政区划调整后大南宁口径的数据。2、发展速度按可比价计算。

2-5 全市各时期生产总值平均指数

(按可比价格计算,以上年为100)　　单位：%

时　期	生产总值	第一产业	第二产业	第三产业
恢复时期(1950-1952)	108.46	106.34	129.26	111.33
“一五”时期(1953-1957)	109.48	104.39	129.46	116.53
“二五”时期(1958-1962)	105.27	98.73	108.81	111.40
调整时期(1963-1965)	110.77	111.42	122.69	104.66
“三五”时期(1966-1970)	106.90	107.64	113.12	103.10
“四五”时期(1971-1975)	108.99	109.22	111.25	105.86
“五五”时期(1976-1980)	108.04	103.17	113.89	108.20
“六五”时期(1981-1985)	108.64	106.90	109.13	111.52
“七五”时期(1986-1990)	109.45	103.45	110.43	115.90
“八五”时期(1991-1995)	114.57	108.46	116.63	117.98
“九五”时期(1996-2000)	110.48	107.16	108.42	114.42
“十五”时期前四年(2001-2004)	110.93	104.87	113.90	111.82
1951年至2004年	109.44	105.85	114.95	111.39
1979年至2004年	110.64	105.94	112.01	113.72
1993年至2004年	112.49	106.86	113.67	115.25

注：本表数据均为行政区划调整后大南宁口径的数据。

2-6 全市财政收入相当于地区生产总值的比例

(按当年价格计算)

年 份	财政收入(万元)	地区生产总值(万元)	比重(%)
1950	781	14272	5.47
1965	6293	53362	11.79
1978	23188	147407	15.73
1980	27538	180111	15.29
1985	42633	309278	13.78
1986	47723	351522	13.58
1987	55007	420513	13.08
1988	64246	537786	11.95
1989	74593	620446	12.02
1990	82478	708788	11.64
1991	89637	793241	11.30
1992	94542	918098	10.30
1993	141425	1346171	10.51
1994	193018	1872259	10.31
1995	219576	2358085	9.31
1996	240141	2671991	8.99
1997	273637	3044914	8.99
1998	308392	3395532	9.08
1999	339803	3569886	9.52
2000	375390	3779364	9.93
2001	452926	4129607	10.97
2002	529594	4517149	11.72
2003	610594	5025271	12.15
2004	746328	5888588	12.67

注：本表数据均为行政区划调整后大南宁口径的数据。

2-7 全市总产出

(按当年价格计算)

单位：万元

指　标　名　称	2004年	2003年
总产出	**13134862**	**11020425**
第一产业	**1704015**	**1519263**
第二产业	**6118267**	**4932585**
工业	4078545	3378645
建筑业	2039722	1553940
第三产业	**5312580**	**4568576**
交通运输、仓储及邮政业	516460	468056
批发和零售业	850365	732090
住宿和餐饮业	481465	419837
金融保险业	442323	371513
房地产业	457571	354914
其他服务业	2564396	2222166

2-8　全市生产总值及指数

（按当年价格计算）　　　　单位：万元

指　标　名　称	2004年	2003年	以上年为100的发展速度%
生产总值	**5888588**	**5025271**	**113.18**
第一产业	**1027521**	**956525**	**105.95**
第二产业	**1849695**	**1484583**	**118.18**
工业	1257971	1030917	116.62
建筑业	591723	453666	122.18
第三产业	**3011372**	**2584164**	**113.11**
交通运输、仓储及邮政业	294173	266602	111.74
批发和零售业	564456	485948	111.85
住宿和餐饮业	210175	183273	110.11
金融保险业	356479	299412	113.99
房地产业	267206	207258	122.84
其他服务业	1318882	1141672	112.54

注：发展速度按可比价格计算。

2-9 全市生产总值构成

(按当年价格计算)　　单位：%

指　标　名　称	2004年	2003年
生产总值构成	**100.00**	**100.00**
第一产业	**17.45**	**19.03**
第二产业	**31.41**	**29.54**
工业	21.36	20.51
建筑业	10.05	9.03
第三产业	**51.14**	**51.43**
交通运输、仓储及邮政业	5.00	5.31
批发和零售业	9.59	9.67
住宿和餐饮业	3.57	3.65
金融业	6.05	5.96
房地产业	4.54	4.12
其他保险业	22.40	22.72

2-10 市区主要年份生产总值

(按当年价格计算)

单位：万元

年　份	生产总值	第一产业	第二产业	第三产业
1950	3046	436	246	2364
1965	22638	1544	8235	12859
1978	59723	6457	32737	20529
1980	80145	8390	48126	23629
1985	137188	12295	69647	55246
1986	157464	14969	79292	63203
1987	189304	18269	96480	74555
1988	247112	20371	121670	105071
1989	300593	23036	139684	137873
1990	340290	27065	156940	156285
1991	381114	29911	169976	181227
1992	442794	32406	190265	220123
1993	680811	39548	295045	346218
1994	939953	63000	378579	498374
1995	1209002	75261	466539	667202
1996	1389576	89059	476292	824225
1997	1602754	96847	527294	978613
1998	1842721	98833	571864	1172024
1999	1978768	103240	599291	1276237
2000	2152169	104958	647310	1399901
2001	2422583	104386	682179	1636018
2002	2690634	111299	759528	1819807
2003	3036343	119062	909379	2007902
2004	3593796	85781	1147115	2360899

2-11 市区主要年份生产总值构成

（按当年价格计算） 单位：%

年 份	生产总值	第一产业	第二产业	第三产业
1950	100.00	14.31	8.08	77.61
1965	100.00	6.82	36.38	56.80
1978	100.00	10.81	54.81	34.38
1980	100.00	10.47	60.05	29.48
1985	100.00	8.96	50.77	40.27
1986	100.00	9.51	50.35	40.14
1987	100.00	9.65	50.97	39.38
1988	100.00	8.24	49.24	42.52
1989	100.00	7.66	46.47	45.87
1990	100.00	7.95	46.12	45.93
1991	100.00	7.85	44.60	47.55
1992	100.00	7.32	42.97	49.71
1993	100.00	5.81	43.34	50.85
1994	100.00	6.70	40.28	53.02
1995	100.00	6.23	38.58	55.19
1996	100.00	6.41	34.28	59.31
1997	100.00	6.04	32.90	61.06
1998	100.00	5.37	31.03	63.60
1999	100.00	5.22	30.29	64.49
2000	100.00	4.88	30.08	65.05
2001	100.00	4.31	28.16	67.53
2002	100.00	4.14	28.23	67.63
2003	100.00	3.92	29.95	66.13
2004	100.00	2.39	31.92	65.69

2-12 市区主要年份生产总值指数

(按可比价格计算，以上年为100)

单位：%

年　份	生产总值	第一产业	第二产业	第三产业
1951	123.34	105.60	173.74	121.18
1965	118.93	110.64	139.47	111.49
1978	109.95	99.32	110.78	111.28
1980	105.27	99.21	107.38	103.09
1985	121.59	95.12	125.91	120.84
1986	108.36	113.76	108.91	106.61
1987	113.36	112.01	114.72	111.49
1988	112.57	92.10	112.25	116.75
1989	108.67	105.60	100.84	121.20
1990	109.52	102.70	111.60	107.68
1991	108.01	104.44	105.26	111.36
1992	112.56	114.93	109.61	114.98
1993	131.28	116.42	132.30	132.77
1994	120.03	125.29	115.04	123.77
1995	116.27	111.12	116.83	116.54
1996	114.30	109.86	110.25	118.32
1997	112.32	109.92	108.54	115.58
1998	113.03	106.06	108.90	116.91
1999	111.42	111.32	109.52	112.72
2000	111.45	92.30	108.65	115.39
2001	111.99	100.17	107.98	114.72
2002	112.14	111.32	112.17	112.18
2003	112.30	101.10	117.60	110.70
2004	115.33	103.81	120.44	113.67

2-13 市区主要年份人均生产总值

(按当年价格计算)

年 份	人均生产总值(元)	以上年为100的发展速度(%)
1950	74	
1965	235	115.90
1978	461	107.89
1980	575	103.24
1985	878	113.75
1986	988	107.28
1987	1170	110.50
1988	1460	106.37
1989	1698	105.99
1990	1968	109.56
1991	2129	104.47
1992	2430	111.28
1993	3593	126.18
1994	4995	118.98
1995	6331	114.35
1996	7093	110.46
1997	8093	110.99
1998	9104	111.25
1999	9625	109.57
2000	10196	108.02
2001	11086	108.14
2002	12024	110.35
2003	21221	112.30
2004	24296	111.56

2-14 市区各时期生产总值平均指数

(按可比价格计算，以上年为100) 单位：%

时 期	生产总值	第一产业	第二产业	第三产业
恢复时期(1950-1952)	113.09	105.61	131.56	112.01
“一五”时期(1953-1957)	119.18	103.89	133.09	117.91
“二五”时期(1958-1962)	110.81	104.91	107.87	112.39
调整时期(1963-1965)	108.87	116.83	119.29	104.32
“三五”时期(1966-1970)	106.14	108.10	113.43	101.38
“四五”时期(1971-1975)	108.14	105.65	111.23	104.36
“五五”时期(1976-1980)	111.65	106.09	115.39	107.20
“六五”时期(1981-1985)	109.07	102.07	107.74	113.01
“七五”时期(1986-1990)	110.48	104.94	109.56	112.61
“八五”时期(1991-1995)	117.37	114.24	115.46	119.65
“九五”时期(1996-2000)	112.50	105.64	109.17	115.77
“十五”时期前四年(2001-2004)	112.93	104.01	114.44	112.81
1951年至2004年	111.88	106.62	115.04	111.38
1979年至2004年	112.55	105.96	111.97	113.95
1993年至2004年	115.03	107.92	113.83	116.80

2-15 市区财政收入相当于地区生产总值的比例

年 份	财政收入(万元)	生产总值(万元)	比重（%）
1950	310	3046	10.18
1965	2930	22638	12.94
1978	16365	59723	27.40
1980	18852	80145	22.89
1985	28858	137188	21.04
1986	30668	157464	19.48
1987	33220	189304	17.55
1988	37723	247112	15.27
1989	42153	300593	14.02
1990	45918	340290	13.49
1991	50782	381114	13.12
1992	55027	442794	12.43
1993	78830	680811	11.58
1994	109881	939953	11.69
1995	127678	1209002	10.56
1996	143756	1389576	10.35
1997	167161	1602754	10.43
1998	189589	1842721	10.29
1999	209110	1978768	10.57
2000	252023	2152169	11.71
2001	328534	2422583	13.56
2002	386608	2690634	14.37
2003	453812	3036343	14.95
2004	563273	3593796	15.67

2-16 市区总产出

(按当年价格计算)

指标名称	2004年	2003年
总产出	**8105080**	**6751529**
第一产业	**197515**	**191547**
第二产业	**3721528**	**2967458**
工业	2263211	1862083
建筑业	1458317	1105375
第三产业	**4186038**	**3592524**
交通运输、仓储及邮政业	261873	236766
批发和零售业	690788	592031
住宿和餐饮业	414778	357933
金融保险业	400886	334596
房地产业	363060	285183
其他服务业	2054652	1786015

2-17 市区生产总值

(按当年价格计算)　　单位：万元

指　标　名　称	2004年	2003年	以上年为100的发展速度(%)
生产总值	**3593796**	**3036343**	**115.33**
第一产业	**85781**	**119062**	**103.81**
第二产业	**1147115**	**909379**	**120.44**
工业	719149	588301	119.09
建筑业	427967	321078	123.27
第三产业	**2360899**	**2007902**	**113.67**
交通运输、仓储及邮政业	165454	149448	111.73
批发和零售业	468247	400805	111.58
住宿和餐饮业	182564	157749	110.84
金融保险业	316706	263683	114.93
房地产业	195308	144285	127.52
其他服务业	1032621	891933	112.99

2-18 市区生产总值构成

(按当年价格计算) 单位：%

指 标 名 称	2004年	2003年
生产总值构成	**100.00**	**100.00**
第一产业	**2.39**	**3.92**
第二产业	**31.92**	**29.95**
工业	20.01	19.38
建筑业	11.91	10.57
第三产业	**65.69**	**66.13**
交通运输、仓储及邮政业	4.60	4.92
批发和零售业	13.03	13.20
住宿和餐饮业	5.08	5.20
金融业	8.81	8.68
房地产业	5.43	4.75
其他服务业	28.73	29.38

2-19 邕宁县主要年份生产总值

(按当年价格计算)

单位：万元

年 份	生产总值	第一产业	第二产业	第三产业
1950	2287	2198	30	59
1965	5727	3669	808	1250
1978	15665	10463	3051	2151
1980	20896	13576	4426	2894
1985	33504	20544	7625	5335
1986	38340	22102	9518	6720
1987	46319	26311	11522	8486
1988	55577	32192	13461	9924
1989	64318	35919	17240	11159
1990	84496	51685	19029	13782
1991	84635	48493	20933	15209
1992	98307	58102	22868	17337
1993	145785	74872	42076	28837
1994	220808	105435	72158	43215
1995	276081	130467	91018	54596
1996	310659	142404	106584	61671
1997	345890	160575	116749	68566
1998	374036	174824	122931	76281
1999	393569	183138	128203	82228
2000	411736	193318	134881	83537
2001	424102	191634	140084	92384
2002	454310	207727	150820	95763
2003	509660	219867	181738	108055
2004	603056	239213	234833	129010

2-20 邕宁县主要年份生产总值构成

(按当年价格计算)

单位：%

年 份	生产总值	第一产业	第二产业	第三产业
1950	100.00	96.11	1.31	2.58
1965	100.00	64.06	14.11	21.83
1978	100.00	66.79	19.48	13.73
1980	100.00	64.97	21.18	13.85
1985	100.00	61.32	22.76	15.92
1986	100.00	57.65	24.82	17.53
1987	100.00	56.80	24.88	18.32
1988	100.00	57.92	24.22	17.86
1989	100.00	55.85	26.80	17.35
1990	100.00	61.17	22.52	16.31
1991	100.00	57.30	24.73	17.97
1992	100.00	59.10	23.26	17.64
1993	100.00	51.36	28.86	19.78
1994	100.00	47.75	32.68	19.57
1995	100.00	47.26	32.97	19.77
1996	100.00	45.84	34.31	19.85
1997	100.00	46.42	33.76	19.82
1998	100.00	46.74	32.87	20.39
1999	100.00	46.53	32.58	20.89
2000	100.00	46.95	32.76	20.29
2001	100.00	45.19	33.03	21.78
2002	100.00	45.72	33.20	21.08
2003	100.00	43.14	35.66	21.20
2004	100.00	39.67	38.94	21.39

2-21 邕宁县主要年份生产总值指数

(按可比价格计算，以上年为100)　　单位：%

年　份	生产总值	第一产业	第二产业	第三产业
1951	112.62	112.35	145.45	108.05
1965	118.31	119.83	112.44	117.95
1978	111.90	113.73	105.66	108.93
1980	108.89	106.03	116.78	110.04
1985	103.94	99.23	126.53	90.70
1986	109.77	104.83	114.67	119.64
1987	107.06	102.60	112.18	112.94
1988	99.03	93.90	99.43	113.86
1989	107.14	112.47	105.17	96.82
1990	115.31	118.29	106.68	120.92
1991	98.03	92.63	106.23	106.99
1992	114.77	118.54	110.10	108.95
1993	123.49	110.44	143.43	141.95
1994	122.16	110.13	145.89	122.02
1995	112.82	113.42	112.68	111.57
1996	105.83	97.33	115.69	110.61
1997	109.62	108.12	111.43	109.75
1998	110.72	108.43	114.17	109.54
1999	109.46	107.66	112.72	107.26
2000	106.65	105.67	106.96	108.17
2001	104.00	100.90	107.00	106.39
2002	110.33	109.67	111.79	109.43
2003	110.69	104.54	120.22	108.53
2004	113.31	106.97	119.85	116.60

2-22 邕宁县各时期生产总值平均指数

(按可比价格计算，以上年为100) 单位：%

时 期	生产总值	第一产业	第二产业	第三产业
恢复时期(1950-1952)	107.84	107.27	130.30	113.74
“一五”时期(1953-1957)	102.58	101.01	129.12	112.73
“二五”时期(1958-1962)	98.81	96.06	101.81	108.64
调整时期(1963-1965)	116.85	113.82	141.48	115.27
“三五”时期(1966-1970)	105.95	107.89	101.65	102.73
“四五”时期(1971-1975)	110.08	110.01	114.48	107.62
“五五”时期(1976-1980)	107.84	106.52	110.28	110.74
“六五”时期(1981-1985)	106.79	105.05	111.27	106.51
“七五”时期(1986-1990)	107.53	106.09	107.49	112.49
“八五”时期(1991-1995)	113.87	108.66	122.49	117.64
“九五”时期(1996-2000)	108.44	105.36	112.15	109.06
“十五”时期前四年(2001-2004)	109.53	105.47	114.58	110.17
1951年至2004年	107.73	105.81	114.85	110.47
1979年至2004年	109.29	106.36	113.58	111.11
1993年至2004年	111.45	106.86	117.90	113.13

2-23 武鸣县主要年份生产总值

(按当年价格计算)

单位：万元

年 份	生产总值	第一产业	第二产业	第三产业
1950	1243	1074	54	115
1965	4632	3110	564	958
1978	13458	7579	4254	1625
1980	15865	8669	5037	2159
1985	28549	15525	8407	4617
1986	33563	17098	11057	5408
1987	42093	18985	15725	7383
1988	51612	24772	18695	8145
1989	54209	24583	20489	9137
1990	67740	32948	23959	10833
1991	73951	34565	27673	11713
1992	83697	42587	27644	13466
1993	114754	51986	41871	20897
1994	171090	68967	67768	34355
1995	230169	87969	97921	44279
1996	254284	102940	100855	50489
1997	313751	140700	111078	61973
1998	358976	166499	120483	71994
1999	373169	177305	118100	77764
2000	379097	188049	108944	82104
2001	401171	199153	112008	90010
2002	415726	202510	108246	104970
2003	434579	203756	123411	107412
2004	478658	221691	137957	119010

2-24 武鸣县主要年份生产总值构成

(按当年价格计算)

单位：%

年　份	生产总值	第一产业	第二产业	第三产业
1950	100.00	86.40	4.34	9.26
1965	100.00	67.14	12.18	20.68
1978	100.00	56.32	31.61	12.07
1980	100.00	54.64	31.75	13.61
1985	100.00	54.38	29.45	16.17
1986	100.00	50.94	32.95	16.11
1987	100.00	45.10	37.36	17.54
1988	100.00	48.00	36.22	15.78
1989	100.00	45.35	37.80	16.85
1990	100.00	48.64	35.37	15.99
1991	100.00	46.74	37.42	15.84
1992	100.00	50.88	33.03	16.09
1993	100.00	45.30	36.49	18.21
1994	100.00	40.31	39.61	20.08
1995	100.00	38.22	42.54	19.24
1996	100.00	40.48	39.66	19.86
1997	100.00	44.85	35.40	19.75
1998	100.00	46.38	33.56	20.06
1999	100.00	47.51	31.65	20.84
2000	100.00	49.60	28.74	21.66
2001	100.00	49.64	27.92	22.44
2002	100.00	48.71	26.04	25.25
2003	100.00	46.89	28.40	24.72
2004	100.00	46.32	28.82	24.86

2-25 武鸣县主要年份生产总值指数

(按可比价格计算，以上年为100)　　单位：%

年　份	生产总值	第一产业	第二产业	第三产业
1951	113.73	111.99	121.28	128.70
1965	131.29	134.66	140.63	118.59
1978	113.26	110.65	122.40	100.36
1980	104.00	101.52	107.75	104.86
1985	106.48	102.95	123.24	90.88
1986	116.86	108.68	131.79	111.29
1987	119.27	104.82	132.25	130.61
1988	99.59	98.89	101.66	96.22
1989	104.09	107.41	103.71	97.00
1990	115.20	117.72	111.93	117.41
1991	104.55	98.93	111.94	105.31
1992	112.21	119.94	103.92	109.61
1993	120.63	105.82	133.19	138.90
1994	125.80	106.60	137.95	145.56
1995	119.76	114.00	127.29	114.55
1996	109.50	110.09	109.57	108.33
1997	117.32	127.10	110.69	115.16
1998	112.18	118.34	108.82	107.54
1999	106.61	112.34	99.43	110.24
2000	100.24	102.25	92.26	111.81
2001	103.42	103.59	100.74	106.59
2002	109.15	108.84	108.21	111.01
2003	104.63	103.62	109.20	101.73
2004	107.76	105.22	112.34	107.81

2-26 武鸣县各时期生产总值平均指数

(按可比价格计算，以上年为100)　　单位：%

时　期	生产总值	第一产业	第二产业	第三产业
恢复时期(1950-1952)	110.76	109.96	118.40	115.46
“一五”时期(1953-1957)	105.77	103.55	128.29	109.45
“二五”时期(1958-1962)	100.90	98.47	103.47	110.19
调整时期(1963-1965)	116.59	114.27	120.20	121.62
“三五”时期(1966-1970)	107.30	106.01	118.60	102.21
“四五”时期(1971-1975)	108.26	105.41	117.15	106.23
“五五”时期(1976-1980)	103.31	100.53	108.21	102.53
“六五”时期(1981-1985)	107.27	106.23	107.38	110.58
“七五”时期(1986-1990)	110.73	107.33	115.52	109.76
“八五”时期(1991-1995)	116.35	108.82	122.16	121.73
“九五”时期(1996-2000)	109.02	113.72	103.90	110.58
“十五”时期前四年(2001-2004)	106.22	105.30	107.54	106.73
1951年至2004年	108.28	106.29	113.99	110.12
1979年至2004年	109.77	108.26	110.79	111.85
1993年至2004年	111.17	109.61	111.73	114.30

2-27 横县主要年份生产总值

(按当年价格计算)

单位：万元

年　份	生产总值	第一产业	第二产业	第三产业
1950	2545	2327	115	103
1965	8027	4033	2540	1454
1978	24204	14749	7107	2348
1980	26146	15527	7334	3285
1985	40663	23746	10827	6090
1986	46462	27581	11617	7264
1987	55701	33043	14240	8418
1988	71574	37598	16475	17501
1989	80817	41285	19235	20297
1990	89305	44969	22192	22144
1991	103261	51189	25027	27045
1992	119391	57465	29032	32894
1993	170404	70668	55506	44230
1994	224688	97339	69744	57605
1995	262239	124194	65074	72971
1996	287040	140137	58408	88495
1997	321477	157297	61787	102393
1998	322694	155913	57645	109136
1999	318133	148457	53283	116393
2000	318352	148626	44415	125311
2001	323861	141005	44557	138299
2002	348984	142135	60694	146155
2003	375527	147166	88399	139962
2004	418146	168671	90737	158737

2-28 横县主要年份生产总值构成

(按当年价格计算)

单位：%

年 份	生产总值	第一产业	第二产业	第三产业
1950	100.00	91.43	4.52	4.05
1965	100.00	50.24	31.64	18.11
1978	100.00	60.94	29.36	9.70
1980	100.00	59.39	28.05	12.56
1985	100.00	58.40	26.63	14.98
1986	100.00	59.36	25.00	15.63
1987	100.00	59.32	25.57	15.11
1988	100.00	52.53	23.02	24.45
1989	100.00	51.08	23.80	25.11
1990	100.00	50.35	24.85	24.80
1991	100.00	49.57	24.24	26.19
1992	100.00	48.13	24.32	27.55
1993	100.00	41.47	32.57	25.96
1994	100.00	43.32	31.04	25.64
1995	100.00	47.36	24.81	27.83
1996	100.00	48.82	20.35	30.83
1997	100.00	48.93	19.22	31.85
1998	100.00	48.32	17.86	33.82
1999	100.00	46.67	16.75	36.59
2000	100.00	46.69	13.95	39.36
2001	100.00	43.54	13.76	42.70
2002	100.00	40.73	17.39	41.88
2003	100.00	39.19	23.54	37.27
2004	100.00	40.34	21.70	37.96

2-29 横县主要年份生产总值指数

(按可比价格计算，以上年为100)　　单位：%

年　份	生产总值	第一产业	第二产业	第三产业
1951	113.41	112.37	114.29	138.83
1965	118.39	119.77	125.05	97.34
1978	115.09	112.10	115.74	132.03
1980	103.78	104.19	105.87	97.36
1985	92.26	90.95	88.05	107.26
1986	113.94	115.41	109.95	117.67
1987	109.56	103.53	118.28	110.55
1988	118.33	95.98	105.40	205.53
1989	103.80	101.82	101.42	108.38
1990	110.82	112.66	111.05	108.38
1991	105.81	103.09	102.79	114.37
1992	115.84	116.26	112.11	118.42
1993	114.70	103.92	139.80	112.67
1994	104.69	98.28	111.68	107.90
1995	110.63	117.29	101.27	110.83
1996	106.53	110.47	91.16	115.64
1997	112.56	113.76	104.88	116.77
1998	105.00	104.60	99.07	109.80
1999	104.19	101.60	104.10	107.90
2000	100.50	102.30	84.10	108.00
2001	103.40	100.30	97.20	109.40
2002	107.70	102.00	125.40	108.20
2003	106.70	102.10	150.20	94.30
2004	107.15	109.16	97.49	110.57

2-30　横县各时期生产总值平均指数

(按可比价格计算,以上年为100)　　单位：%

时　期	生产总值	第一产业	第二产业	第三产业
恢复时期(1950-1952)	108.75	107.34	120.67	124.13
“一五”时期(1953-1957)	106.03	102.96	119.36	124.70
“二五”时期(1958-1962)	100.09	95.40	114.56	106.89
调整时期(1963-1965)	112.45	108.83	127.56	99.06
“三五”时期(1966-1970)	109.61	111.81	106.66	107.01
“四五”时期(1971-1975)	110.30	112.27	106.80	107.87
“五五”时期(1976-1980)	107.05	102.00	111.19	114.47
“六五”时期(1981-1985)	101.89	99.23	103.75	107.73
“七五”时期(1986-1990)	111.19	105.64	109.07	125.72
“八五”时期(1991-1995)	110.24	107.50	112.75	112.78
“九五”时期(1996-2000)	105.68	106.44	96.32	111.56
“十五”时期前四年(2001-2004)	106.22	103.33	115.58	105.40
1951年至2004年	107.33	105.04	111.03	112.43
1979年至2004年	106.87	104.05	106.63	112.78
1993年至2004年	106.91	105.34	107.34	109.19

2-31　宾阳县主要年份生产总值

(按当年价格计算)　　　　单位：万元

年　份	生产总值	第一产业	第二产业	第三产业
1950	1104	873	82	149
1965	4915	3273	692	950
1978	17179	10385	2514	4280
1980	18504	10820	2624	5060
1985	37507	23285	7741	6481
1986	41061	21465	11325	8271
1987	47227	24610	12854	9763
1988	58821	31697	13677	13447
1989	62007	32045	13821	16141
1990	57140	32925	16251	7964
1991	73981	33258	19235	21488
1992	83599	37236	22255	24108
1993	117440	47222	40089	30129
1994	159806	65305	55536	38965
1995	187576	80338	56221	51017
1996	212482	90587	63589	58306
1997	220185	92024	64539	63622
1998	231395	93508	69887	68000
1999	231655	94285	62778	74592
2000	232591	90922	59639	82030
2001	255960	92456	71364	92140
2002	280873	98389	80638	101846
2003	329938	102774	102447	124717
2004	392096	119321	135912	136863

2-32 宾阳县主要年份生产总值构成

(按当年价格计算)

单位：%

年 份	生产总值	第一产业	第二产业	第三产业
1950	100.00	79.08	7.43	13.50
1965	100.00	66.59	14.08	19.33
1978	100.00	60.45	14.63	24.91
1980	100.00	58.47	14.18	27.35
1985	100.00	62.08	20.64	17.28
1986	100.00	52.28	27.58	20.14
1987	100.00	52.11	27.22	20.67
1988	100.00	53.89	23.25	22.86
1989	100.00	51.68	22.29	26.03
1990	100.00	57.62	28.44	13.94
1991	100.00	44.95	26.00	29.05
1992	100.00	44.54	26.62	28.84
1993	100.00	40.21	34.14	25.65
1994	100.00	40.87	34.75	24.38
1995	100.00	42.83	29.97	27.20
1996	100.00	42.63	29.93	27.44
1997	100.00	41.79	29.31	28.89
1998	100.00	40.41	30.20	29.39
1999	100.00	40.70	27.10	32.20
2000	100.00	39.09	25.64	35.27
2001	100.00	36.12	27.88	36.00
2002	100.00	35.03	28.71	36.26
2003	100.00	31.15	31.05	37.80
2004	100.00	30.43	34.66	34.91

2-33 宾阳县主要年份生产总值指数

(按可比价格计算，以上年为100) 单位：%

年 份	生产总值	第一产业	第二产业	第三产业
1951	117.07	115.00	131.71	118.63
1965	109.36	107.90	115.78	112.70
1978	115.07	115.25	115.01	114.48
1980	108.60	113.49	114.15	93.06
1985	128.33	133.02	133.02	104.29
1986	91.31	69.03	115.73	147.22
1987	115.17	114.66	113.51	118.80
1988	107.39	89.59	106.40	146.00
1989	109.10	95.08	118.30	117.41
1990	104.22	106.47	117.58	94.50
1991	106.93	103.58	113.62	107.03
1992	108.14	104.52	113.67	109.25
1993	110.51	105.85	118.81	110.11
1994	109.43	104.75	117.84	107.99
1995	108.86	108.13	106.27	113.08
1996	110.45	107.66	114.06	110.67
1997	107.86	105.90	108.79	109.69
1998	107.38	105.75	109.04	107.83
1999	105.95	104.20	103.30	111.50
2000	102.00	96.40	101.00	110.30
2001	107.90	102.60	112.00	110.70
2002	109.70	106.80	114.20	109.50
2003	113.80	104.40	117.90	120.10
2004	110.11	105.68	118.71	108.15

2-34 宾阳县各时期生产总值平均指数

(按可比价格计算,以上年为100)　　单位：%

时　期	生产总值	第一产业	第二产业	第三产业
恢复时期(1950-1952)	118.75	114.50	148.35	118.60
“一五”时期(1953-1957)	112.46	113.07	111.71	110.72
“二五”时期(1958-1962)	106.60	108.44	95.04	107.49
调整时期(1963-1965)	112.89	113.04	119.83	108.16
“三五”时期(1966-1970)	107.35	107.26	103.69	110.10
“四五”时期(1971-1975)	111.13	111.10	113.13	110.14
“五五”时期(1976-1980)	103.28	99.09	117.68	109.10
“六五”时期(1981-1985)	116.29	116.57	124.02	106.09
“七五”时期(1986-1990)	105.13	93.58	114.22	123.16
“八五”时期(1991-1995)	108.77	105.35	113.95	109.47
“九五”时期(1996-2000)	106.69	103.90	107.14	109.99
“十五”时期前四年(2001-2004)	110.36	104.86	115.67	112.02
1951年至2004年	109.31	106.77	113.29	110.91
1979年至2004年	108.43	103.64	114.87	111.26
1993年至2004年	108.63	104.80	111.67	110.76

2-35 上林县主要年份生产总值

(按当年价格计算)　　单位：万元

年　份	生产总值	第一产业	第二产业	第三产业
1950	1830	1670	12	148
1965	3249	2770	76	403
1978	5387	4069	530	788
1980	5729	3876	747	1106
1985	12477	9229	1437	1811
1986	13394	9050	1460	2884
1987	16241	9947	2375	3919
1988	24442	14508	3246	6688
1989	26134	14524	3918	7692
1990	30386	16962	4578	8846
1991	34809	17956	5612	11241
1992	39327	20221	5639	13467
1993	48910	24042	9622	15246
1994	69971	43636	11353	14982
1995	78742	49884	10633	18225
1996	85830	50853	14013	20964
1997	91990	51775	14971	25244
1998	97597	54281	16260	27056
1999	102412	57221	16719	28472
2000	105567	57572	17673	30322
2001	109067	57804	17654	33609
2002	117264	51147	18362	47755
2003	113407	54507	22147	36753
2004	129171	64180	26501	38490

2-36 上林县主要年份生产总值构成

(按当年价格计算)

单位：%

年　份	生产总值	第一产业	第二产业	第三产业
1950	100.00	91.26	0.66	8.09
1965	100.00	85.26	2.34	12.40
1978	100.00	75.53	9.84	14.63
1980	100.00	67.66	13.04	19.31
1985	100.00	73.97	11.52	14.51
1986	100.00	67.57	10.90	21.53
1987	100.00	61.25	14.62	24.13
1988	100.00	59.36	13.28	27.36
1989	100.00	55.58	14.99	29.43
1990	100.00	55.82	15.07	29.11
1991	100.00	51.58	16.12	32.29
1992	100.00	51.42	14.34	34.24
1993	100.00	49.16	19.67	31.17
1994	100.00	62.36	16.23	21.41
1995	100.00	63.35	13.50	23.15
1996	100.00	59.25	16.33	24.43
1997	100.00	56.28	16.27	27.44
1998	100.00	55.62	16.66	27.72
1999	100.00	55.87	16.33	27.80
2000	100.00	54.54	16.74	28.72
2001	100.00	53.00	16.19	30.82
2002	100.00	43.62	15.66	40.72
2003	100.00	48.06	19.53	32.41
2004	100.00	49.69	20.52	29.80

2-37 上林县主要年份生产总值指数

(按可比价格计算，以上年为100)　　单位：%

年　份	生产总值	第一产业	第二产业	第三产业
1951	109.18	109.96	108.33	108.78
1965	110.85	111.29	97.30	62.94
1978	113.97	108.06	126.45	132.76
1980	100.35	96.25	121.46	103.86
1985	86.34	77.15	121.74	114.42
1986	112.44	97.14	118.88	161.28
1987	118.39	102.22	181.80	125.57
1988	116.99	76.26	116.24	185.94
1989	106.44	135.21	111.33	84.76
1990	105.80	103.57	111.39	107.47
1991	113.52	107.62	115.25	123.93
1992	112.89	117.45	105.38	108.90
1993	102.79	95.43	140.61	98.38
1994	101.67	105.71	122.79	80.59
1995	101.23	100.22	98.34	106.49
1996	106.83	100.78	117.21	110.12
1997	116.30	114.37	115.32	121.07
1998	106.47	106.34	103.47	109.49
1999	104.97	103.00	106.60	107.10
2000	104.40	102.50	105.00	107.10
2001	104.70	103.30	100.20	109.90
2002	107.80	106.60	104.10	111.80
2003	107.36	105.00	121.63	104.25
2004	106.01	106.88	107.12	103.52

2-38 上林县各时期生产总值平均指数

(按可比价格计算，以上年为100)　　单位：%

时　期	生产总值	第一产业	第二产业	第三产业
恢复时期(1950-1952)	104.87	105.07	114.47	104.73
“一五”时期(1953-1957)	104.08	102.92	130.07	111.96
“二五”时期(1958-1962)	96.51	94.27	94.05	106.92
调整时期(1963-1965)	108.58	108.78	110.75	84.16
“三五”时期(1966-1970)	103.62	103.48	106.79	121.64
“四五”时期(1971-1975)	108.11	107.72	126.22	104.69
“五五”时期(1976-1980)	102.33	98.06	114.28	115.22
“六五”时期(1981-1985)	108.97	109.10	105.58	110.71
“七五”时期(1986-1990)	111.89	101.18	125.52	127.96
“八五”时期(1991-1995)	106.28	105.03	115.57	102.65
“九五”时期(1996-2000)	107.71	105.29	109.38	110.86
“十五”时期前四年(2001-2004)	106.46	105.43	107.97	107.31
1951年至2004年	105.74	103.59	113.35	109.92
1979年至2004年	107.48	104.06	113.20	112.17
1993年至2004年	105.81	104.08	111.30	105.38

2-39　马山县主要年份生产总值

（按当年价格计算）　　单位：万元

年　份	生产总值	第一产业	第二产业	第三产业
1950	1552	1162	34	356
1965	2983	2095	307	581
1978	5207	3721	602	884
1980	5791	4184	771	836
1985	8164	5661	1072	1431
1986	8666	5679	1209	1778
1987	9396	5697	1589	2110
1988	10276	5502	1531	3243
1989	12932	7363	1581	3988
1990	16751	9325	1866	5560
1991	18721	10702	2202	5817
1992	20354	10739	2838	6777
1993	25374	13413	4236	7725
1994	31672	16943	7295	7434
1995	47879	25708	8362	13809
1996	52488	27413	9117	15958
1997	65433	35111	9963	20359
1998	78920	38167	19120	21633
1999	85021	39430	22151	23440
2000	89021	39117	24132	25772
2001	92955	41004	22360	29591
2002	100393	44001	23498	32894
2003	109713	47399	27250	35064
2004	132884	55210	37742	39932

2-40 马山县主要年份生产总值构成

（按当年价格计算） 单位：%

年　份	生产总值	第一产业	第二产业	第三产业
1950	100.00	74.87	2.19	22.94
1965	100.00	70.23	10.29	19.48
1978	100.00	71.46	11.56	16.98
1980	100.00	72.25	13.31	14.44
1985	100.00	69.34	13.13	17.53
1986	100.00	65.53	13.95	20.52
1987	100.00	60.63	16.91	22.46
1988	100.00	53.54	14.90	31.56
1989	100.00	56.94	12.23	30.84
1990	100.00	55.67	11.14	33.19
1991	100.00	57.17	11.76	31.07
1992	100.00	52.76	13.94	33.30
1993	100.00	52.86	16.69	30.44
1994	100.00	53.50	23.03	23.47
1995	100.00	53.69	17.46	28.84
1996	100.00	52.23	17.37	30.40
1997	100.00	53.66	15.23	31.11
1998	100.00	48.36	24.23	27.41
1999	100.00	46.38	26.05	27.57
2000	100.00	43.94	27.11	28.95
2001	100.00	44.11	24.05	31.83
2002	100.00	43.83	23.41	32.77
2003	100.00	43.20	24.84	31.96
2004	100.00	41.55	28.40	30.05

2-41 马山县主要年份生产总值指数

(按可比价格计算,以上年为100)　　单位：%

年　份	生产总值	第一产业	第二产业	第三产业
1951				
1965	100.67	100.62	101.71	100.20
1978	101.17	102.98	90.28	101.94
1980	104.99	115.84	102.18	75.09
1985	104.85	104.82	104.72	104.81
1986	105.73	105.95	112.64	100.56
1987	104.45	83.70	160.67	138.24
1988	97.53	98.34	66.32	121.88
1989	118.19	128.36	89.16	113.63
1990	97.72	95.13	110.18	98.37
1991	108.47	111.94	126.15	96.71
1992	107.97	103.84	106.46	116.64
1993	106.88	110.07	120.39	95.97
1994	94.51	89.61	146.50	78.19
1995	131.13	124.76	117.58	158.33
1996	108.78	103.72	114.64	113.74
1997	121.33	123.57	106.29	128.26
1998	119.29	108.87	166.30	108.29
1999	109.73	108.10	115.50	109.50
2000	105.20	99.30	108.50	111.40
2001	104.40	108.60	90.70	110.80
2002	107.90	105.60	104.70	113.60
2003	109.20	108.80	115.00	105.50
2004	103.66	100.67	99.48	110.99

2-42 马山县各时期生产总值平均指数

(按可比价格计算,以上年为100)　　单位：%

时　期	生产总值	第一产业	第二产业	第三产业
恢复时期(1950-1952)				
“一五”时期(1953-1957)	104.61	104.47	113.61	103.63
“二五”时期(1958-1962)	98.92	96.95	102.97	101.75
调整时期(1963-1965)	103.91	104.53	115.25	97.15
“三五”时期(1966-1970)	105.45	104.62	121.06	99.69
“四五”时期(1971-1975)	105.60	107.60	99.58	102.15
“五五”时期(1976-1980)	103.63	106.36	99.75	96.73
“六五”时期(1981-1985)	104.77	103.88	102.62	109.99
“七五”时期(1986-1990)	104.46	101.27	103.35	113.62
“八五”时期(1991-1995)	109.18	107.42	122.73	106.03
“九五”时期(1996-2000)	112.69	108.42	120.49	114.02
“十五”时期前四年(2001-2004)	106.27	105.86	102.09	110.18
1951年至2004年	105.19	104.43	108.62	104.84
1979年至2004年	107.30	105.70	109.69	108.90
1993年至2004年	109.80	107.25	115.64	110.67

2-43 隆安县主要年份生产总值

(按当年价格计算)

单位：万元

年　份	生产总值	第一产业	第二产业	第三产业
1950	665	636	14	15
1965	1191	989	87	115
1978	6584	4443	1397	744
1980	7035	5051	952	1032
1985	11226	7978	1595	1653
1986	12572	8477	1736	2359
1987	14232	9496	1911	2825
1988	18372	12191	2576	3605
1989	19436	12861	3259	3316
1990	22680	15139	3539	4002
1991	22769	12989	3976	5804
1992	30629	18985	4185	7459
1993	42693	22609	10867	9217
1994	54271	30404	12689	11178
1995	66397	41404	12175	12818
1996	79632	47148	17033	15451
1997	83434	51527	15774	16133
1998	89193	52396	19124	17673
1999	87159	49569	19408	18182
2000	90831	54053	16685	20093
2001	99908	57499	21232	21177
2002	108965	62918	22741	23306
2003	116104	61994	29812	24298
2004	140781	73454	38897	28430

2-44 隆安县主要年份生产总值构成

(按当年价格计算)

单位：%

年 份	生产总值	第一产业	第二产业	第三产业
1950	100.00	95.64	2.11	2.26
1965	100.00	83.04	7.30	9.66
1978	100.00	67.48	21.22	11.30
1980	100.00	71.80	13.53	14.67
1985	100.00	71.07	14.21	14.72
1986	100.00	67.43	13.81	18.76
1987	100.00	66.72	13.43	19.85
1988	100.00	66.36	14.02	19.62
1989	100.00	66.17	16.77	17.06
1990	100.00	66.75	15.60	17.65
1991	100.00	57.05	17.46	25.49
1992	100.00	61.98	13.66	24.35
1993	100.00	52.96	25.45	21.59
1994	100.00	56.02	23.38	20.60
1995	100.00	62.36	18.34	19.31
1996	100.00	59.21	21.39	19.40
1997	100.00	61.76	18.91	19.34
1998	100.00	58.74	21.44	19.81
1999	100.00	56.87	22.27	20.86
2000	100.00	59.51	18.37	22.12
2001	100.00	57.55	21.25	21.20
2002	100.00	57.74	20.87	21.39
2003	100.00	53.39	25.68	20.93
2004	100.00	52.18	27.63	20.19

2-45 隆安县主要年份生产总值指数

(按可比价格计算，以上年为100)　　单位：%

年　份	生产总值	第一产业	第二产业	第三产业
1951	107.82	107.08	121.43	126.67
1965	101.10	100.92	101.16	102.28
1978	105.32	104.09	108.97	107.83
1980	104.38	103.72	97.51	115.49
1985	105.99	107.07	118.33	93.07
1986	105.06	97.05	103.89	136.45
1987	104.56	101.21	104.51	113.57
1988	101.41	94.62	114.81	108.62
1989	102.64	105.58	108.99	91.95
1990	100.32	108.96	108.96	83.15
1991	104.69	91.57	120.40	140.43
1992	113.83	115.44	96.29	123.17
1993	116.31	101.94	194.10	103.41
1994	106.53	114.50	96.67	98.87
1995	104.31	113.17	86.56	100.21
1996	113.41	105.03	137.79	115.51
1997	111.79	119.08	98.07	107.37
1998	111.26	105.03	132.36	108.41
1999	108.09	108.00	110.80	105.00
2000	103.50	103.00	98.90	111.30
2001	105.80	104.50	110.70	105.40
2002	110.00	108.70	120.50	104.40
2003	114.17	103.29	152.28	106.03
2004	107.08	104.76	107.28	113.78

2-46　隆安县各时期生产总值平均指数

(按可比价格计算,以上年为100)　　　　单位：%

时　期	生产总值	第一产业	第二产业	第三产业
恢复时期(1950-1952)	106.71	106.58	108.74	110.06
“一五”时期(1953-1957)	107.85	106.58	125.93	125.80
“二五”时期(1958-1962)	98.98	97.10	110.21	112.40
调整时期(1963-1965)	102.07	102.67	97.80	100.46
“三五”时期(1966-1970)	106.31	103.31	121.04	114.57
“四五”时期(1971-1975)	107.26	104.79	112.94	118.48
“五五”时期(1976-1980)	103.48	104.33	95.75	109.98
“六五”时期(1981-1985)	104.94	102.98	110.04	108.84
“七五”时期(1986-1990)	102.78	101.35	108.16	105.17
“八五”时期(1991-1995)	109.02	106.91	113.49	112.12
“九五”时期(1996-2000)	109.55	107.88	114.41	109.46
“十五”时期前四年(2001-2004)	109.22	105.29	121.50	107.34
1951年至2004年	105.77	104.13	112.01	111.79
1979年至2004年	106.52	104.82	110.13	109.06
1993年至2004年	109.28	107.47	117.52	106.53

2-47 各县主要年份人均生产总值

(按当年价格计算)

单位:元

年 份	邕宁县	武鸣县	横 县	宾阳县	上林县	马山县	隆安县
1950	49	43	56	29	95	63	52
1965	99	122	136	102	126	101	56
1978	183	263	306	254	156	122	225
1980	236	301	321	263	161	130	231
1985	430	497	456	487	322	166	340
1986	485	576	513	525	340	173	374
1987	578	710	606	592	406	185	417
1988	685	860	770	726	604	214	532
1989	783	895	859	754	636	287	558
1990	1018	1106	931	679	730	367	644
1991	1009	1196	1059	860	828	404	640
1992	1160	1344	1209	961	926	438	854
1993	1697	1829	1704	1336	1141	544	1183
1994	2542	2710	2220	1789	1620	673	1497
1995	3153	3634	2562	2066	1812	1008	1825
1996	3523	3998	2784	2317	1966	1094	2184
1997	3896	4906	3101	2378	2098	1353	2284
1998	4186	5597	3096	2481	2215	1622	2441
1999	4376	5810	3041	2463	2314	1740	2383
2000	4538	5885	2999	2436	2361	1812	2464
2001	4631	6204	3020	2650	2418	1884	2704
2002	4924	6421	3257	2890	2594	2022	2957
2003	5492	6726	3492	3374	2496	2194	2146
2004	6451	7412	3867	3999	2821	2641	3804

2-48 各县财政收入相当于地区生产总值的比例

单位：%

年 份	邕宁县	武鸣县	横 县	宾阳县	上林县	马山县	隆安县
1950	2.10	2.90	9.31	3.08	0.00	0.45	16.39
1965	18.67	10.36	8.35	10.32	6.28	8.08	16.12
1978	14.27	14.16	4.86	4.76	5.07	5.99	7.72
1980	10.72	16.33	6.38	5.44	5.32	4.70	8.60
1985	9.65	11.75	7.79	5.44	3.86	8.68	7.02
1986	11.05	11.82	8.11	6.30	4.24	10.95	7.80
1987	12.65	11.87	8.43	6.93	4.40	10.99	8.53
1988	12.27	12.65	8.12	7.08	4.12	9.46	6.65
1989	12.74	12.93	8.90	8.53	6.40	8.30	10.36
1990	10.92	12.95	8.32	10.81	5.87	6.73	8.94
1991	11.28	14.22	7.49	9.24	5.43	5.84	8.92
1992	8.25	12.33	7.20	8.59	5.01	5.98	6.92
1993	9.32	12.25	8.58	10.01	6.31	6.28	9.12
1994	7.86	13.45	7.67	8.63	5.09	9.62	9.49
1995	6.97	10.49	7.25	8.90	3.19	8.37	9.45
1996	6.67	10.22	6.29	8.02	3.64	8.61	8.69
1997	6.58	8.25	7.33	8.11	4.35	8.08	8.54
1998	6.67	8.56	7.61	8.34	5.13	7.45	9.43
1999	6.86	9.11	8.02	9.14	7.10	7.52	10.71
2000	7.04	5.80	8.17	9.38	7.18	7.58	11.24
2001	7.68	6.03	7.18	8.28	6.42	6.50	10.16
2002	8.10	6.35	7.40	9.58	6.72	6.84	11.33
2003	9.00	6.49	7.50	7.89	7.86	6.66	10.59
2004	10.12	6.29	7.34	7.65	7.81	6.06	9.28

2-49 各县总产出

(2004年，按当年价格计算) 单位：万元

指标名称	邕宁县	武鸣县	横县	宾阳县	上林县	马山县	隆安县
总产出	**1441306**	**1011436**	**846440**	**913454**	**264376**	**243790**	**308980**
第一产业	**383539**	**348933**	**277027**	**189383**	**103457**	**86538**	**117623**
第二产业	**825335**	**450474**	**323567**	**484691**	**93143**	**84372**	**135158**
工业	602488	351019	233842	415104	63658	59522	89701
建筑业	222847	99455	89725	69587	29485	24850	45457
第三产业	**232432**	**212029**	**245846**	**239380**	**67776**	**72881**	**56199**
交通运输、仓储及邮政业	46521	39834	62613	76515	9762	14089	5253
批发和零售业	19273	36108	35561	41388	7134	13650	6463
住宿和餐饮业	14579	14493	11402	14132	3224	5898	2959
金融保险业	10580	7333	8306	6733	3320	2411	2753
房地产业	27348	15752	20856	11171	9638	3217	6528
其他服务业	114131	98509	107108	89440	34698	33616	32243

2-50 各县生产总值

（2004年，按当年价格计算） 单位：万元

指 标 名 称	邕宁县	武鸣县	横 县	宾阳县	上林县	马山县	隆安县
生产总值	**603056**	**478658**	**418146**	**392096**	**129171**	**132884**	**140781**
第一产业	**239213**	**221691**	**168671**	**119321**	**64180**	**55210**	**73454**
第二产业	**234833**	**137957**	**90737**	**135912**	**26501**	**37742**	**38897**
工业	173550	107126	65587	115938	17950	30613	28058
建筑业	61283	30831	25150	19974	8551	7129	10839
第三产业	**129010**	**119010**	**158737**	**136863**	**38490**	**39932**	**28430**
交通运输、仓储及邮政业	25158	18445	31326	40495	4303	6309	2683
批发和零售业	10098	21665	24848	24432	4209	7371	3587
住宿和餐饮业	6595	6203	4323	5974	1253	2359	904
金融保险业	11426	6910	7472	6485	2755	1881	2844
房地产业	14372	12640	20120	10791	8962	2859	2155
其他服务业	61361	53147	70648	48687	17008	19153	16257
人均生产总值(元)	**6451**	**7412**	**3867**	**3999**	**2821**	**2641**	**3804**

2-51 各县生产总值构成

(2004年，按当年价格计算) 单位：%

指标名称	邕宁县	武鸣县	横县	宾阳县	上林县	马山县	隆安县
生产总值构成	**100.00**	**100.00**	**100.00**	**100.00**	**100.00**	**100.00**	**100.00**
第一产业	**39.67**	**46.32**	**40.34**	**30.43**	**49.69**	**41.55**	**52.18**
第二产业	**38.94**	**28.82**	**21.70**	**34.66**	**20.52**	**28.40**	**27.63**
工业	28.78	22.38	15.69	29.57	13.90	23.04	19.93
建筑业	10.16	6.44	6.01	5.09	6.62	5.36	7.70
第三产业	**21.39**	**24.86**	**37.96**	**34.91**	**29.80**	**30.05**	**20.19**
交通运输、仓储及邮政业	4.17	3.85	7.49	10.33	3.33	4.75	1.91
批发和零售业	1.67	4.53	5.94	6.23	3.26	5.55	2.55
住宿和餐饮业	1.09	1.30	1.03	1.52	0.97	1.78	0.64
金融保险业	1.89	1.44	1.79	1.65	2.13	1.42	2.02
房地产业	2.38	2.64	4.81	2.75	6.94	2.15	1.53
其他服务业	10.18	11.10	16.90	12.42	13.17	14.41	11.55

2-52 各县生产总值指数

(2004年，按可比价格计算，以上年为100)

单位：%

指 标 名 称	邕宁县	武鸣县	横 县	宾阳县	上林县	马山县	隆安县
生产总值指数	**113.31**	**107.76**	**107.15**	**110.11**	**106.01**	**103.66**	**107.08**
第一产业	**106.97**	**105.22**	**109.16**	**105.68**	**106.88**	**100.67**	**104.76**
第二产业	**119.85**	**112.34**	**97.49**	**118.71**	**107.12**	**99.48**	**107.28**
工业	113.36	111.47	110.31	120.11	105.31	96.29	98.82
建筑业	148.61	116.13	73.31	111.98	111.40	111.34	142.23
第三产业	**116.60**	**107.81**	**110.57**	**108.15**	**103.52**	**110.99**	**113.78**
交通运输、仓储及邮政业	115.75	112.50	106.35	110.43	108.49	121.60	152.08
批发和零售业	108.06	110.85	106.83	111.07	103.87	109.06	102.45
住宿和餐饮业	110.30	76.06	144.84	112.47	116.26	110.76	155.52
金融业	107.36	106.39	110.18	102.68	106.52	112.36	100.45
房地产业	156.91	104.16	100.31	101.77	96.48	103.44	102.87
其他服务业	114.32	111.49	115.70	106.52	104.74	109.62	114.41
人均生产总值	**112.53**	**107.81**	**106.57**	**109.80**	**105.18**	**103.04**	**106.78**

3 人口劳动力和职工工资

CHAPTER 3 POPULATION,LABOR FORCE AND WORKER'S SALARY

3-1 全市主要年份人口

年 份	总户数（户）	总人口（人）	男	女	#非农业人口	人口自然增长率（‰）
1950	203312	887405	438013	449392	157630	
1965	299085	1429352	732110	697242	412728	29.33
1978	387853	1960454	1013310	947144	516796	16.36
1980	410131	2055433	1059660	995773	576965	16.64
1985	479524	2294642	1191771	1102871	703285	14.04
1986	497956	2346191	1219054	1127137	732040	14.22
1987	520280	2402548	1247705	1154843	775932	12.24
1988	546451	2451770	1272979	1178791	815688	8.88
1989	565288	2483593	1290928	1192665	835634	7.91
1990	586171	2521885	1314990	1206895	851694	8.19
1991	595112	2547957	1328493	1219464	871597	6.57
1992	619613	2594228	1355291	1238937	917878	7.58
1993	642254	2646075	1384775	1261300	958649	6.10
1994	663893	2686557	1407350	1279207	995856	4.90
1995	677603	2731908	1429732	1302176	1034903	5.37
1996	702328	2779142	1454335	1324807	1073692	4.92
1997	719455	2812025	1469086	1342939	1103802	4.66
1998	744972	2846264	1485054	1361210	1142897	6.04
1999	764494	2858711	1489427	1369284	1161833	5.79
2000	784715	2914127	1516601	1397526	1190792	5.62
2001	805545	2945553	1532358	1413195	1223092	4.63
2002	825387	2977064	1547153	1429911	1240820	4.99
2003	1656644	6416736	3347842	3068894	1679929	4.84
2004	1750997	6488450	3393652	3094798	1718176	5.25

注：2003年以后数据为行政区划调整后大南宁口径的数据，其余年份为原南宁口径的数据。

3-2 全市人口数

指 标 名 称	单位	2004年	2003年
总户数	**户**	**1750997**	**1656644**
总人口数	**人**	**6488450**	**6416736**
男性人口	人	3393652	3347842
女性人口	人	3094798	3068894
农业人口	人	4770274	4736807
非农业人口	人	1718176	1679929
年平均人口	人	6452593	6381787
出生人数	人	79420	63132
出生率	‰	7.99	7.64
死亡人数	人	28764	21843
死亡率	‰	2.74	2.80
自然增长人数	人	50656	41298
自然增长率	‰	5.25	4.84
迁入人数	人	166310	172534
迁出人数	人	146094	132323
机械增长人数	人	20216	40211
机械增长率	‰	3.13	6.30

3-3 全市户籍人口分地区统计

(2004年)　　　　单位：户、人

指标名称	总户数	总人口	按性别分		按农业、非农业人口分	
			男性	女性	农业人口	非农业人口
全市	**1750997**	**6488450**	**3393652**	**3094798**	**4770274**	**1718176**
市区	438457	1500641	771775	728866	373795	1126846
兴宁区	47568	158494	82312	76182	27493	131001
新城区	115892	372246	185911	186335	23780	348466
城北区	122919	460025	240074	219951	114994	345031
江南区	66206	209040	109613	99427	54158	154882
永新区	85872	300836	153865	146971	153370	147466
邕宁县	264323	938834	500246	438588	835380	103454
武鸣县	192192	646504	337615	308889	535566	110938
横　县	289709	1084422	580273	504149	956813	127609
宾阳县	256974	982141	514540	467601	853322	128819
上林县	109420	460011	237800	222211	415963	44048
马山县	110149	505100	258261	246839	466546	38554
隆安县	89773	370797	193142	177655	332889	37908

3-4　全市户籍人口分年龄统计

(2004年)　　单位：人

指标名称	总人口	按年龄分			
		18岁以下	18-35岁	35-60岁	60岁以上
全市	**6488450**	**1449205**	**2234520**	**2044594**	**760131**
市区	1500641	253548	553144	513589	180360
兴宁区	158494	24427	53851	58151	22065
新城区	372246	61392	129917	137596	43341
城北区	460025	71005	201940	138443	48637
江南区	209040	38859	68015	76125	26041
永新区	300836	57865	99421	103274	40276
邕宁县	938834	224212	324910	286792	102920
武鸣县	646504	131388	214224	215217	85675
横县	1084422	267932	353492	343534	119464
宾阳县	982141	258373	329237	288119	106412
上林县	460011	113277	151161	139519	56054
马山县	505100	123718	183947	138906	58529
隆安县	370797	76757	124405	118918	50717

3-5 全市人口变动情况

(2004年) 单位：人

指标名称	出生人口数			死亡人数	自然增长人数	迁入人数	迁出人数	机械增长人数
	合计	男	女					
全市	**79420**	**43513**	**35907**	**28764**	**50656**	**166310**	**146094**	**20216**
市区	15425	8399	7026	4764	10661	111141	80126	31015
兴宁区	1733	945	788	686	1047	9616	8665	951
新城区	3095	1661	1434	1037	2058	39212	26061	13151
城北区	4210	2331	1879	1193	3017	38372	26900	11472
江南区	2688	1476	1212	743	1945	12796	8366	4430
永新区	3699	1986	1713	1105	2594	11145	10134	1011
邕宁县	12767	7365	5402	5081	7686	19070	12989	6081
武鸣县	13110	7402	5708	4248	8862	6231	13702	-7471
横县	14087	7272	6815	6477	7610	7221	8357	-1136
宾阳县	9881	5326	4555	2529	7352	12373	16584	-4211
上林县	3850	2098	1752	1759	2091	5544	7531	-1987
马山县	5857	3115	2742	2201	3656	1971	4032	-2061
隆安县	4443	2536	1907	1705	2738	2759	2773	-14

3-6 市区人口数

指标名称	单位	2004年	2003年
总户数	**户**	**438457**	**422871**
总人口数	**人**	**1500641**	**1457726**
男性人口	人	771775	751906
女性人口	人	728866	705820
农业人口	人	373795	367992
非农业人口	人	1126846	1089734
年平均人口	人	1479184	1430812
出生人数	人	15425	13757
出生率	‰	4.95	4.15
死亡人数	人	4764	3999
死亡率	‰	0.91	1.32
自然增长人数	人	10661	9758
自然增长率	‰	4.04	2.83
迁入人数	人	111141	134586
迁出人数	人	80126	81520
机械增长人数	人	31015	53066
机械增长率	‰	20.97	37.09

3-7 市区人口分办事处、乡镇统计

（2004年）

单位：户、人

指标名称	总户数	总人口	按性别分		按农业、非农业人口分	
			男性	女性	农业人口	非农业人口
市区	**438457**	**1500641**	**771775**	**728866**	**373795**	**1126846**
兴宁区	**47568**	**158494**	**82312**	**76182**	**27493**	**131001**
朝阳办事处	10638	34592	17359	17233		34592
兴宁办事处	5903	18148	8910	9238		18148
解放办事处	2900	9019	4602	4417		9019
公园办事处	5583	19897	10606	9291		19897
邕武办事处	8143	25831	13901	11930	1389	24442
腰塘办事处	4136	13670	7121	6549	4583	9087
安吉办事处	3943	16298	8530	7768	11515	4783
三塘镇	6322	21039	11283	9756	10006	11033
新城区	**115892**	**372246**	**185911**	**186335**	**23780**	**348466**
新城办事处	16622	48323	23953	24370		48323
建政办事处	16145	54231	26882	27349		54231
中山办事处	15511	42881	20912	21969		42881
南环办事处	4983	13735	6687	7048		13735
长岗办事处	11228	58656	33131	25525	3	58653
星湖办事处	28630	87822	43841	43981		87822
河堤办事处	9992	33643	15355	18288	4816	28827
南湖办事处	4340	11549	5751	5798	960	10589
津头乡	8441	21406	9399	12007	18001	3405
城北区	**122919**	**460025**	**240074**	**219951**	**114994**	**345031**
衡阳办事处	24614	73700	37946	35754		73700
北湖办事处	21217	68556	36742	31814	9187	59369
五里亭办事处	13840	88178	50399	37779	270	87908
西乡塘办事处	5453	34246	16591	17655	1015	33231
唐山办事处	19538	65565	31419	34146		65565
高新办事处	1878	7440	4183	3257		7440
双定乡	7316	27473	14264	13209	26376	1097
心圩镇	6552	22921	11590	11331	21479	1442
金陵镇	8119	25177	13158	12019	21252	3925
那龙镇	10486	35912	18911	17001	26670	9242
上尧办事处	3906	10857	4871	5986	8745	2112
江南区	**66206**	**209040**	**109613**	**99427**	**54158**	**154882**
江南办事处	8442	28451	14788	13663	1571	26880
水上办事处	468	2137	1391	746		2137
机场办事处	192	443	187	256		443
福建园办事处	20760	60526	31153	29373	2878	57648
五一办事处	11912	34347	18225	16122	7794	26553
亭子办事处	9302	27155	13874	13281	5921	21234
那洪镇	6727	27714	15005	12709	12988	14726
沙井镇	8403	28267	14990	13277	23006	5261
永新区	**85872**	**300836**	**153865**	**146971**	**153370**	**147466**
永新办事处	6866	20398	10201	10197	8	20390
华强办事处	8125	23814	11900	11914	6	23808
新阳办事处	21310	79445	39822	39623	7414	72031
边阳办事处	5341	15445	7927	7518	1128	14317
富庶乡	4583	17714	9236	8478	17162	552
石埠镇	6004	21144	10802	10342	18529	2615
江西镇	14713	58395	30714	27681	55338	3057
坛洛镇	15236	54196	27968	26228	52224	1972
金光农场	3694	10285	5295	4990	1561	8724

3-8 市区人口变动情况

(2004年)

单位：人

指标名称	出生人口数			死亡人口数	自然增长人口数	迁入人口数	迁出人口数	机械增长人口数
	合计	男	女					
市区	**15425**	**8399**	**7026**	**4764**	**10661**	**111141**	**80126**	**31015**
兴宁区	**1733**	**945**	**788**	**686**	**1047**	**9616**	**8665**	**951**
朝阳办事处	247	133	114	159	88	1229	1349	-120
兴宁办事处	150	85	65	94	56	435	1521	-1086
解放办事处	79	46	33	52	27	969	510	459
公园办事处	149	74	75	96	53	1705	1340	365
邕武办事处	304	156	148	71	233	1456	1305	151
腰塘办事处	240	129	111	51	189	664	337	327
安吉办事处	197	118	79	123	74	1104	457	647
三塘镇	367	204	163	40	327	2054	1846	208
新城区	**3095**	**1661**	**1434**	**1037**	**2058**	**39212**	**26061**	**13151**
新城办事处	461	239	222	152	309	1618	1174	444
建政办事处	421	233	188	157	264	4897	3499	1398
中山办事处	348	179	169	113	235	2410	1083	1327
南环办事处	89	56	33	83	6	304	685	-381
长岗办事处	374	188	186	135	239	11708	12202	-494
星湖办事处	644	340	304	164	480	8305	3919	4386
河堤办事处	357	180	177	90	267	5710	3205	2505
南湖办事处	174	110	64	28	146	3746	223	3523
津头乡	227	136	91	115	112	514	71	443
城北区	**4210**	**2331**	**1879**	**1193**	**3017**	**38372**	**26900**	**11472**
衡阳办事处	627	344	283	328	299	2329	1949	380
北湖办事处	677	363	314	235	442	5912	3660	2252
五里亭办事处	382	192	190	134	248	12814	11338	1476
西乡塘办事处	151	72	79	39	112	7479	4440	3039
唐山办事处	422	203	219	169	253	6655	3911	2744
高新办事处	46	23	23	9	37	1815	669	1146
双定乡	694	366	328	110	584	189	141	48
心圩镇	421	264	157	38	383	355	125	230
金陵镇	362	233	129	64	298	302	193	104
那龙镇	280	179	101	46	234	320	404	-84
上尧办事处	148	92	56	21	127	202	70	132
江南区	**2688**	**1476**	**1212**	**743**	**1945**	**12796**	**8366**	**4430**
江南办事处	505	262	243	154	351	2557	3076	-519
水上办事处	19	14	5	20	-1	33	301	-268
机场办事处	9	4	5	2	7	72	87	-15
福建园办事处	531	271	260	269	262	4427	2031	2396
五一办事处	447	244	203	80	367	3250	1135	2115
亭子办事处	220	123	97	73	147	570	201	369
那洪镇	413	227	186	58	355	1329	1239	90
沙井镇	544	331	213	87	457	558	296	262
永新区	**3699**	**1986**	**1713**	**1105**	**2594**	**11145**	**10134**	**1011**
永新办事处	171	98	73	147	24	447	1053	-606
华强办事处	212	98	114	167	45	899	1338	-439
新阳办事处	921	392	529	258	663	7676	5975	1701
边阳办事处	159	87	72	87	72	719	544	175
富庶乡	149	89	60	12	137	106	141	-35
石埠镇	338	197	141	40	298	361	187	174
江西镇	751	455	296	328	423	439	559	-120
坛洛镇	930	532	398	41	889	325	290	35
金光农场	68	38	30	25	43	173	47	126

3-9 各县人口数

(2004年)

指 标 名 称	单位	邕宁县	武鸣县	横 县	宾阳县	上林县	马山县	隆安县
总户数	**户**	**264323**	**192192**	**289709**	**256974**	**109420**	**110149**	**89773**
总人口数	**人**	**938834**	**646504**	**1084422**	**982141**	**460011**	**505100**	**370797**
男性人口	人	500246	337615	580273	514540	237800	258261	193142
女性人口	人	438588	308889	504149	467601	222211	246839	177655
农业人口	人	835380	535566	956813	853322	415963	466546	332889
非农业人口	人	103454	110938	127609	128819	44048	38554	37908
年平均人口	人	934825	645809	1081228	980571	457865	503067	370046
出生人数	人	12767	13110	14087	9881	3850	5857	4443
出生率	‰	13.66	2.60	10.13	5.86	8.41	11.64	9.09
死亡人数	人	5081	4248	6477	2529	1759	2201	1705
死亡率	‰	5.44	1.26	4.13	0.86	3.84	4.38	3.18
自然增长人数	人	7686	8862	7610	7352	2091	3656	2738
自然增长率	‰	8.22	1.35	5.99	5.00	4.57	7.27	5.91
迁入人数	人	19070	6231	7221	12373	5544	1971	2759
迁出人数	人	12989	13702	8357	16584	7531	4032	2773
机械增长人数	人	6081	-7471	-1136	-4211	-1987	-2061	-14
机械增长率	‰	6.50	-11.57	-1.05	-4.30	-4.34	-4.10	-0.04

3-10 各县人口分乡镇统计

（2004年） 单位：户、人

指标名称	总户数	总人口	按性别分		按农业、非农业人口分	
			男性	女性	农业人口	非农业人口
邕宁县	**264323**	**938834**	**500246**	**438588**	**835380**	**103454**
蒲庙镇	37386	126374	65452	60922	84836	41538
五塘镇	16346	60743	31350	29393	56485	4258
吴圩镇	18739	61533	33910	27623	46363	15170
苏圩镇	16215	61336	32440	28896	58472	2864
良庆镇	18189	63256	33270	29986	49028	14228
那马镇	7158	25417	13707	11710	24185	1232
那楼镇	16611	63304	33728	29576	61486	1818
刘圩镇	15332	51626	26959	24667	50125	1501
南阳镇	8390	30722	15913	14809	29523	1199
伶俐镇	9997	32705	17439	15266	29553	3152
昆仑镇	7394	26811	14361	12450	25754	1057
大塘镇	13637	45446	25273	20173	41641	3805
四塘镇	7501	26191	13920	12271	23135	3056
那陈镇	8966	32306	18176	14130	30909	1397
南晓镇	11694	41147	23102	18045	39679	1468
新江镇	7523	28984	15372	13612	28003	981
百济乡	10674	42682	22988	19694	41720	962
中和乡	8888	33015	17594	15421	32092	923
镇龙乡	5453	21605	11645	9960	21306	299
长塘镇	10630	38066	19677	18389	36376	1690
延安镇	7600	25565	13970	11595	24709	856
武鸣县	**192192**	**646504**	**337615**	**308889**	**535566**	**110938**
城厢镇	21344	56468	29751	26717	11543	44925
锣圩镇	13839	48001	24899	23102	44681	3320
陆斡镇	17721	60597	31553	29044	57927	2670
城东镇	11565	39449	20364	19085	37452	1997
太平镇	9340	30153	15917	14236	28537	1616
双桥镇	16354	52810	27539	25271	49382	3428
宁武镇	10848	37041	19522	17519	35672	1369
仙湖镇	10540	39135	20325	18810	37558	1577
府城镇	15338	56090	29640	26450	51777	4313
两江镇	12369	41664	21343	20321	39663	2001
罗波镇	10524	35232	18421	16811	33395	1837
灵马镇	9470	42096	22241	19855	40948	1148
马头镇	6031	23033	11830	11203	22187	846
上江乡	1930	6874	3827	3047	6624	250
甘圩镇	5959	22853	11849	11004	22473	380
玉泉乡	4019	14842	8011	6831	14340	502
东风场	2116	6186	3217	2969	403	5783
南宁华侨投资区	12885	33980	17366	16614	1004	32976

3-10续表1

单位：户、人

指标名称	总户数	总人口	按性别分		按农业、非农业人口分	
			男性	女性	农业人口	非农业人口
横县	**289709**	**1084422**	**580273**	**504149**	**956813**	**127609**
百合镇	23150	95610	51528	44082	88884	6726
横州镇	25526	61569	32987	28582	1062	60507
附城镇	22472	92959	47949	45010	86985	5974
马山乡	15053	55468	30844	24624	54237	1231
那阳镇	15216	56169	29904	26265	53921	2248
板路乡	12414	48200	26177	22023	46730	1470
南乡镇	9575	37384	20660	16724	32219	5165
蓬塘镇	9215	36734	19725	17009	35366	1368
平马镇	8173	33184	17837	15347	31928	1256
飞龙乡	5304	20626	11176	9450	19155	1471
平朗乡	7345	25955	14051	11904	24125	1830
峦城镇	14813	53779	27908	25871	45291	8488
六景镇	8426	31616	16862	14754	27686	3930
良圻镇	16215	58728	31557	27171	50454	8274
陶圩镇	19343	77096	40852	36244	74025	3071
石塘镇	9444	34548	18383	16165	32343	2205
灵竹镇	8325	30704	16475	14229	29854	850
校椅镇	22901	91308	48784	42524	87707	3601
云表镇	17246	72717	38571	34146	69970	2747
马岭镇	6300	25577	13393	12184	23295	2282
镇龙乡	4435	17285	9571	7714	16566	719
新福镇	8818	27206	15079	12127	25010	2196
宾阳县	**256974**	**982141**	**514540**	**467601**	**853322**	**128819**
廖平农场	1722	11085	9280	1805	7346	3739
陈平乡	3147	13187	7063	6124	12891	296
高田乡	3458	11956	6453	5503	11611	345
太守乡	6049	24932	12879	12053	24505	427
河田乡	3890	16173	8472	7701	15924	249
双桥乡	2549	10500	5618	4882	10341	159
芦圩镇	50156	187969	97096	90873	135569	52400
黎塘镇	42101	130876	67975	62901	80182	50694
甘塘镇	13166	50328	26796	23532	48147	2181
大桥镇	15594	71094	36857	34237	67472	3622
新桥镇	18573	79660	41054	38606	77756	1904
思陇镇	8734	35444	19017	16427	34335	1109
邹圩镇	11826	48237	24855	23382	46564	1673
武陵镇	13392	58236	30245	27991	56274	1962
古辣镇	17670	52769	27604	25165	51614	1155

3-10续表2

单位：户、人

指 标 名 称	总户数	总人口	按性别分		按农业、非农业人口分	
			男 性	女 性	农业人口	非农业人口
和吉镇	9008	36502	18794	17708	35811	691
洋桥镇	5879	27257	14136	13121	26315	942
新圩镇	6894	28341	14522	13819	27663	678
中华镇	8372	33013	17082	15931	32369	644
露圩镇	9230	34211	18153	16058	33314	897
王灵镇	5564	20371	10589	9782	17319	3052
上林县	**109420**	**460011**	**237800**	**222211**	**415963**	**44048**
大丰镇	16145	56764	29373	27391	34391	22373
巷贤镇	10241	45054	23274	21780	42658	2396
明亮镇	7573	30102	15509	14593	28493	1609
西燕镇	9373	42940	22069	20871	40519	2421
澄泰乡	9339	40880	21195	19685	37208	3672
白圩镇	12867	56275	29402	26873	52843	3432
覃排乡	4010	18114	8986	9128	17632	482
三里镇	12059	52831	27389	25442	50125	2706
乔贤镇	8106	34138	17400	16738	32635	1503
木山乡	4851	19883	10278	9605	18998	885
塘红乡	7531	30372	15945	14427	29141	1231
中可乡	2177	9703	5150	4553	9425	278
镇圩瑶族乡	5148	22955	11830	11125	21895	1060
马山县	**110149**	**505100**	**258261**	**246839**	**466546**	**38554**
光明山林场	411	1615	888	727	1476	139
乔利乡	8049	35191	17683	17508	34112	1079
加方乡	6339	29808	15766	14042	28674	1134
古寨乡	4490	21024	10827	10197	20274	750
片联乡	4760	25329	13195	12134	24741	588
双联乡	5436	23035	11744	11291	22170	865
州圩乡	4598	21188	10812	10376	19745	1443
里当乡	4855	20725	11004	9721	20193	532
白山镇	18101	75880	38351	37529	53483	22397
周鹿镇	12291	62183	31435	30748	59549	2634
百龙滩镇	4898	20680	10550	10130	19947	733
林圩镇	10941	58685	30367	28318	57084	1601
古零镇	11821	51200	25666	25534	49192	2008
金钗镇	6814	29376	14832	14544	27987	1389
永州镇	6345	29181	15141	14040	27919	1262
隆安县	**89773**	**370797**	**193142**	**177655**	**332889**	**37908**
城厢镇	13796	48506	25613	22893	30643	17863
南圩镇	9480	37741	19636	18105	34956	2785
乔建镇	8827	37337	19490	17847	35934	1403
那桐镇	11649	50809	26569	24240	42523	8286
丁当镇	7629	32894	17059	15835	31251	1643
雁江镇	6798	26642	13560	13082	25135	1507
古潭乡	5446	23858	12469	11389	23108	750
屏山乡	3493	16331	8457	7874	15484	847
杨湾乡	5736	24306	12558	11748	23399	907
布泉乡	5204	22370	11529	10841	21812	558
都结乡	8704	37457	19451	18006	36404	1053
敏阳乡	3011	12546	6751	5795	12240	306

3-11 市区城乡劳动力资源分配平衡表

（2004年） 单位：万人

指标名称	合计	城镇	乡村
年末劳动力资源总数	**95.36**		
#当年新增加的劳动力资源	1.94		
年末16岁以上全部人数	120.87		
#不计入劳动力资源的人数	24.33		
经济活动人口	**88.01**	**54.76**	**33.25**
从业人员	**86.33**	**53.80**	**32.53**
按就业状况分组			
全部在岗职工	36.23	36.23	
再就业的离退休人员	0.18	0.18	
私营业主	3.36	2.86	0.50
私营企业和个体从业人员	20.09	12.86	7.23
乡镇企业从业人员	3.06		3.06
农村从业人员	21.74		21.74
其他	1.67	1.67	
按经济类型分组			
国有经济	23.68	23.68	
集体经济	27.01	2.21	24.80
私营经济	14.33	11.84	2.49
个体经济	9.12	2.96	6.16
联营经济	0.07	0.07	
股份制经济	2.34	2.34	
外商投资经济	0.51	0.51	
港、澳、台投资经济	0.50	0.50	
其他经济	8.77	8.77	

单位：万人

指 标 名 称	合 计	城 镇	乡 村
按国民经济行业分组			
农、林、牧、渔业	24.08	2.71	21.37
采矿业	0.13	0.10	0.03
制造业	12.47	9.41	3.06
电力、煤气及水的生产供应业	0.53	0.53	
建筑业	4.93	3.81	1.12
地质勘探、水利管理业			
交通运输、仓储及邮电通信业	4.36	2.74	1.63
信息传输和计算机服务业	1.28	1.28	
批发零售贸易业	13.56	9.37	4.19
住宿和餐饮业	3.25	3.09	0.16
金融业	1.23	1.23	
房地产业	2.36	2.36	
租赁和商务服务业	1.82	1.82	
科学研究和技术服务和地质勘察业	1.86	1.86	
水利、环境和公共设施管理业	0.66	0.66	
居民服务和其他服务业	3.11	2.22	0.89
教育	3.84	3.75	0.09
卫生、社会保障和社会福利业	2.40	2.40	
文化、体育与娱乐业	0.95	0.95	
公共管理和社会组织	3.51	3.51	
其他行业			
失业人员	1.68	1.68	
非经济活动人口	**23.16**	**21.47**	**1.69**
#16岁以上在校生	20.74	19.70	1.04
家务劳动者	2.84	1.99	0.85

3-12 主要年份全市在岗职工人数及构成

年份	在岗职工人数（人）	国有经济单位	城镇集体单位	其他经济单位	构成（%） 国有经济单位	城镇集体单位	其他经济单位
1950	4645						
1965	141718						
1978	316466						
1980	348858						
1981	365994	291928	74066		80	20	
1982	393866	320038	73828		81	19	
1983	388923	315746	73177		81	19	
1984	393707	319171	74536		81	19	
1985	406270	326815	79406	49	80	20	
1986	441427	341108	99973	346	77	23	
1987	457911	355604	101217	1090	78	22	
1988	474252	372567	99503	2182	79	21	
1989	483379	378469	101782	3128	78	21	1
1990	473944	400527	69077	4340	84	15	1
1991	496852	417411	74011	5430	84	15	1
1992	505474	424700	73863	6911	84	15	1
1993	517971	432101	69896	15974	83	14	3
1994	511592	431517	63237	16838	84	13	3
1995	500975	419903	63706	17366	84	13	3
1996	504483	423637	60769	20077	84	12	4
1997	498410	412593	55477	30340	83	11	6
1998	457129	347893	46047	63189	76	10	14
1999	434883	313178	40782	80923	72	9	19
2000	422174	306194	37175	78805	72	9	19
2001	405710	289767	36254	79689	71	9	20
2002	397961	264265	33258	100438	66	8	26
2003	506235	353927	35024	117284	70	7	23
2004	542585	363721	32842	146022	67	6	27

注：2003年以后数据为行政区划调整后大南宁口径的数据，其余年份为原南宁口径的数据。

3-13 主要年份全市在岗职工工资总额及平均工资

年份	在岗职工工资总额（万元）	国有经济单位	城镇集体单位	其他经济单位	在岗职工平均工资（元）	国有经济单位	城镇集体单位	其他经济单位
1950	157				338			
1965	7289				539			
1978	17231				654			
1980	24735				684			
1981	26943	22465	4478		746	780	611	
1982	30422	25370	5052		791	811	706	
1983	31673	26383	5290		818	841	722	
1984	37673	31578	6095		963	1010	776	
1985	42058	34452	7601	5	1051	1074	958	2083
1986	55807	45152	10628	27	1292	1359	1069	1421
1987	63803	51904	11727	172	1428	1499	1179	1610
1988	78020	63716	13992	312	1685	1755	1423	1859
1989	84956	68826	15620	510	1784	1850	1543	1749
1990	98238	85247	12200	791	2111	2173	1765	1942
1991	112323	96853	14324	1146	2331	2385	2029	2234
1992	135093	117682	15870	1541	2720	2820	2174	2453
1993	192696	164018	21759	6919	3786	3863	3170	4386
1994	250214	217510	24695	8009	4976	5136	3925	4864
1995	281024	241990	28661	10373	5668	5835	4514	5907
1996	300874	257886	30801	12187	6009	6159	4957	6144
1997	321010	270037	31518	19455	6508	6605	5718	6651
1998	334839	265276	25626	43937	7315	7580	5649	7040
1999	353051	261468	25622	65961	8077	8303	6225	8142
2000	374540	279095	24605	70840	8829	9114	6508	8834
2001	420695	312459	28238	79998	10289	10729	7710	9870
2002	482346	344601	26229	111516	12072	12894	7890	11256
2003	668976	499260	31082	138634	13172	14082	8870	11721
2004	829568	611737	31265	186566	15447	16969	9753	12914

注：2003年以后数据为行政区划调整后大南宁口径的数据，其余年份为原南宁口径的数据。

3-14 全市单位从业人员人数

(2004年)

单位：人

指标名称	单位数(个)	从业人员年末人数	#女性	在岗职工	#专业技术人员	其他从业人员	离开单位仍保留关系的职工	在岗职工年平均人数
总　计	**10829**	**570341**	**219443**	**542585**	**187373**	**27756**	**48379**	**537030**
#国有控股	3870	251129	89671	236649	68913	14480	32153	237124
按企业、事业、机关分组								
企业	4024	333718	120796	315892	68579	17826	42174	312531
事业	4938	185460	85131	176657	112231	8803	5338	174954
机关	1846	47456	13224	46336	5697	1120	507	45010
按经济类型分组								
国有经济单位	8268	383786	150262	363721	151803	20065	29030	360509
集体经济单位	975	33925	12547	32842	6669	1083	7344	32056
其他经济单位	1586	152630	56634	146022	28901	6608	12005	144465
按国民经济行业分组								
农、林、牧、渔业	648	35811	14931	33736	6081	2075	3136	33729
农业	134	25410	11150	23412	1606	1998	1192	23471
林业	49	3777	1569	3772	973	5	1505	3751
畜牧业	16	1161	447	1154	257	7	190	1161
渔业	6	57	18	57	11		10	56
农、林、牧、渔服务业	443	5406	1747	5341	3234	65	239	5290
采掘业	30	1284	303	1246	248	38	222	1221
制造业	861	110681	43727	107073	16867	3608	16993	105368
电力、煤气及水的生产和供应业	87	11301	3566	10714	3496	587	635	10562
建筑业	242	49489	7406	46481	12304	3008	5176	45497
交通运输、仓储及邮政业	373	44273	11643	41581	5853	2692	4235	41591
铁路运输业	14	18214	3175	17199	2824	1015	1514	17458
道路运输业	178	12509	4532	12359	1454	150	1497	12283
城市公共交通业	18	6101	1271	5800	339	301	168	5495
水上运输业	23	1088	263	1088	239		460	1117
航空运输业	8	1309	396	1309	389		9	1340
仓储业	68	1673	673	1651	359	22	188	1659
邮政业	64	3379	1333	2175	249	1204	399	2239

3-14 续表1

单位：人

指标名称	单位数（个）	从业人员年末人数	#女性	在岗职工	#专业技术人员	其他从业人员	离开单位仍保留关系的职工	在岗职工年平均人数
信息传输、计算机服务和软件业	96	7844	3247	6544	2538	1300	233	6561
电信和其他信息传输服务业	80	7092	3066	5816	2117	1276	230	5867
计算机服务业	6	363	94	346	152	17	3	351
软件业	10	389	87	382	269	7		343
批发和零售业	1165	38423	17293	35871	7618	2552	8805	36600
批发业	575	21010	8687	19884	4563	1126	3549	20268
零售业	590	17413	8606	15987	3055	1426	5256	16332
住宿和餐饮业	129	10461	6723	10076	1372	385	1175	9975
住宿业	98	8589	5565	8248	1108	341	839	8072
餐饮业	31	1872	1158	1828	264	44	336	1903
金融业	511	17080	8270	16302	9725	778	928	16328
银行业	452	12449	6120	12268	7940	181	828	12366
证券业	8	460	202	455	411	5	2	445
保险业	44	3433	1639	2841	1044	592	54	2803
其他金融活动	7	738	309	738	330		44	714
房地产业	298	10331	3702	9556	3213	775	591	9401
房地产开发经营	192	6200	2034	5704	2095	496	500	5670
物业管理	47	2972	1266	2716	754	256	86	2613
房地产中介服务	9	216	103	214	80	2	3	211
租赁和商务服务业	251	10670	3451	10262	2698	408	869	10176
租赁业	3	36	10	35	22	1		40
商务服务业	248	10634	3441	10227	2676	407	869	10136
科学研究、技术服务和地质勘查业	419	20054	7171	19252	12297	802	1045	18777
研究与试验发展	147	9170	3645	8920	5367	250	220	8714
专业技术服务业	214	8756	2831	8245	5665	511	315	8014
科技交流和推广服务业	40	924	346	896	594	28	22	870
地质勘查业	18	1204	349	1191	671	13	488	1179
水利、环境和公共设施管理业	232	10371	4788	9719	1444	652	366	9558
水利管理业	131	2456	569	2255	546	201	63	2231
环境管理业	50	5220	3013	5099	345	121	60	4964
公共设施管理业	51	2695	1206	2365	553	330	243	2363
居民服务和其他服务业	52	1449	637	1355	224	94	63	1317
居民服务业	34	1167	567	1073	184	94	20	1039
其他服务业	18	282	70	282	40		43	278
教育	2185	89731	41247	85405	69019	4326	947	84958
初等教育	1624	36163	16797	33729	29913	2434	537	34085
中等教育	421	35461	15740	34508	27501	953	351	34152
高等教育	31	14160	6205	13536	9713	624	46	13154

3-14 续表1-1 单位：人

指标名称	单位数（个）	从业人员年末人数	#女性	在岗职工	#专业技术人员	其他从业人员	离开单位仍保留关系的职工	在岗职工年平均人数
卫生、社会保障和社会福利业	383	30378	18256	29493	19077	885	328	29108
卫生	291	28909	17367	28177	18639	732	322	27754
社会保障业	72	447	213	415	222	32		412
社会福利业	20	1022	676	901	216	121	6	942
文化 、体育和娱乐业	289	11754	4917	10514	5222	1240	491	10501
新闻出版社	55	3494	1674	3031	1645	463	75	2995
广播、电视、电影和音像业	64	2602	978	2590	1318	12	182	2592
文化艺术业	145	3027	1343	2826	1667	201	48	2835
体育	13	2167	738	1621	449	546	87	1619
娱乐业	12	464	184	446	143	18	99	460
公共管理和社会组织业	2578	58956	18165	57405	8077	1551	2141	55802
中国共产党机关	135	2003	607	1972	193	31	25	1975
国家机构	2162	52485	14919	51240	7342	1245	2085	49686
人民政协和民主党派	24	849	370	804	232	45	1	797
群众社团、社会团体和宗教组织	257	3619	2269	3389	310	230	30	3344
国有单位合计	**8268**	**383786**	**150262**	**363721**	**151803**	**20065**	**29030**	**360509**
按隶属关系分组								
中央	514	45616	14273	43018	14503	2598	3142	42323
省、自治区、直辖市	1335	133922	55026	126557	47635	7365	10647	125035
地区	971	80735	30560	76476	26539	4259	8571	75616
县及县以下	5417	122612	50152	116780	62846	5832	6668	116651
其他	31	901	251	890	280	11	2	884
按企业、事业、机关分组								
企业	1715	155259	54735	144835	34850	10424	23270	144610
#地方	1255	114495	42549	106524	22592	7971	20636	106950
事业	4718	181476	82492	172955	111293	8521	5306	171311
#地方	4664	178238	81112	169742	109130	8496	4814	168136
机关	1835	47051	13035	45931	5660	1120	454	44588
#地方	1804	44536	12077	43547	5298	989	436	42216

3-14 续表2 单位：人

指标名称	单位数（个）	从业人员年末人数	#女性	在岗职工	#专业技术人员	其他从业人员	离开单位仍保留关系的职工	在岗职工年平均人数
按国民经济行业分组								
农、林、牧、渔业	619	32334	13509	30279	5530	2055	2440	30260
采掘业	12	529	125	511	41	18	103	506
制造业	230	29836	11159	28826	4823	1010	8323	28709
电力、煤气及水的生产和供应业	74	9752	2902	9396	2857	356	634	9255
建筑业	53	16862	2931	15953	4881	909	2614	15301
交通运输、仓储及邮政业	213	29546	7177	27447	4492	2099	2976	27796
信息传输、计算机服务和软件业	72	6558	2810	5286	1958	1272	216	5240
批发和零售业	515	18171	7641	16031	4074	2140	4654	16469
住宿和餐饮业	55	3472	2267	3353	592	119	722	3320
金融业	328	10861	5391	10412	6853	449	741	10471
房地产业	100	2832	1024	2481	1114	351	114	2513
租赁和商务服务业	171	7984	2516	7755	1818	229	221	7697
科学研究、技术服务和地质勘查业	388	19035	6912	18274	11782	761	981	17849
水利、环境和公共设施管理业	224	9924	4592	9294	1379	630	366	9122
居民服务和其他服务业	14	504	142	504	61		48	503
教育	2142	87834	40107	83599	67661	4235	936	83181
卫生、社会保障和社会福利业	373	29871	17948	29022	18882	849	326	28620
文化 、体育和娱乐业	280	11523	4797	10289	5164	1234	491	10257
广播、电影、电视和音像业	63	2586	974	2575	1310	11	182	2577
公共管理和社会组织业	2405	56358	16312	55009	7841	1349	2124	53440
城镇集体单位合计	**975**	**33925**	**12547**	**32842**	**6669**	**1083**	**7344**	**32056**
按企业、事业、机关分组								
企业	919	32721	11952	31670	6335	1051	7272	30873
事业	45	799	406	767	297	32	19	761
机关	11	405	189	405	37		53	422

3-14 续表3 单位：人

指标名称	单位数（个）	从业人员年末人数	#女性	在岗职工	#专业技术人员	其他从业人员	离开单位仍保留关系的职工	在岗职工年平均人数
按国民经济行业分组								
农、林、牧、渔业	16	111	46	110	27	1	3	94
采掘业	7	110	17	110	19		26	108
制造业	298	12887	5862	12553	1511	334	3151	12460
电力、煤气及水的生产和供应业	4	841	366	837	424	4	1	840
建筑业	68	8092	1246	7681	1548	411	1014	6496
地质勘查业、水利管理业								
交通运输、仓储及邮政业	20	1041	393	1031	209	10	352	1043
信息传输、计算机服务和软件业	1	28	6	25	9	3		24
批发和零售业	326	5186	2127	5034	859	152	2360	5540
住宿和餐饮业	27	779	536	761	62	18	196	754
金融业	103	1949	766	1949	1243		90	1961
房地产业	16	607	145	582	136	25	5	540
租赁和商务服务业	37	873	362	863	120	10	90	878
科学研究、技术服务和地质勘查业	7	176	56	159	55	17	34	155
水利、环境和公共设施管理业	2	116	79	116	3			115
居民服务和其他服务业	17	318	101	259	80	59	8	259
教育	16	606	348	574	304	32	9	570
卫生、社会保障和社会福利业	3	100	43	100	33		1	119
文化、体育和娱乐业	1	36	24	31		5		31
公共管理和社会组织业	6	69	24	67	27	2	4	69

单位：人

指 标 名 称	单位数（个）	从业人员年末人数	#女性	在岗职工	#专业技术人员	其他从业人员	离开单位仍保留关系的职工	在岗职工年平均人数
其他单位合计	**1586**	**152630**	**56634**	**146022**	**28901**	**6608**	**12005**	**144465**
按登记注册类型分组								
内资	1437	135239	49673	129204	26371	6035	11696	127643
股份合作	23	2330	912	2064	518	266	131	1773
联营	56	1570	559	1507	191	63	254	1526
#国有联营	49	1063	384	1009	112	54	167	1007
集体联营	6	369	142	360	52	9	5	373
有限责任公司	861	89454	31641	86034	17984	3420	8578	86943
#国有独资	82	20326	5596	19966	4858	360	3700	22423
股份有限公司	151	28628	10735	27314	5112	1314	2441	25873
其他	346	13257	5826	12285	2566	972	292	11528
港、澳、台商投资	60	9735	3818	9293	1178	442	287	9201
外商投资	89	7656	3143	7525	1352	131	22	7621
按企业、事业分组								
企业	1390	145738	54109	139387	27394	6351	11632	137048
事业	175	3185	2233	2935	641	250	13	2882

指标名称	单位数（个）	从业人员年末人数	#女性	在岗职工	#专业技术人员	其他从业人员	离开单位仍保留关系的职工	在岗职工年平均人数
按国民经济行业分组								
农、林、牧、渔业	13	3366	1376	3347	524	19	693	3375
采掘业	11	645	161	625	188	20	93	607
制造业	333	67958	26706	65694	10533	2264	5519	64199
电力、煤气及水的生产和供应业	9	708	298	481	215	227		467
建筑业	121	24535	3229	22847	5875	1688	1548	23700
交通运输、仓储及邮政业	140	13686	4073	13103	1152	583	907	12752
信息传输、计算机服务和软件业	23	1258	431	1233	571	25	17	1297
批发和零售业	324	15066	7525	14806	2685	260	1791	14591
住宿和餐饮业	47	6210	3920	5962	718	248	257	5901
金融业	80	4270	2113	3941	1629	329	97	3896
房地产业	182	6892	2533	6493	1963	399	472	6348
租赁和商务服务业	43	1813	573	1644	760	169	558	1601
科学研究、技术服务和地质勘查业	24	843	203	819	460	24	30	773
水利、环境和公共设施管理业	6	331	117	309	62	22		321
居民服务和其他服务业	21	627	394	592	83	35	7	555
教育	27	1291	792	1232	1054	59	2	1207
卫生、社会保障和社会福利业	7	407	265	371	162	36	1	369
文化 、体育和娱乐业	8	195	96	194	58	1		213
公共管理和社会组织业	167	2529	1829	2329	209	200	13	2293

3-15 全市单位从业人员劳动报酬

(2004年)

单位：万元

指 标 名 称	从业人员劳动报酬	在岗职工工资总额	其他人员劳动报酬	离开单位仍保留关系的职工生活费	在岗职工年平均工资（元）
总 计	**853418**	**829568**	**23851**	**17536**	**15447**
#国有控股	**383603**	**372026**	**11576**	**12603**	**15689**
按企业、事业、机关分组					
企业	449986	433423	16564	14368	13868
事业	309142	302785	6356	2613	17307
机关	86020	85097	924	362	18906
按经济类型分组					
国有经济单位	627280	611737	15544	11918	16969
集体经济单位	32051	31265	786	1057	9753
其他经济单位	194087	186566	7521	4562	12914
按国民经济行业分组					
农、林、牧、渔业	28106	26906	1200	538	7977
农业	16025	14883	1143	282	6341
林业	3643	3639	3	99	9702
畜牧业	1251	1243	8	51	10705
渔业	44	44			7875
农、林、牧、渔服务业	7143	7097	46	105	13416
采掘业	1356	1294	62	52	10597
制造业	116549	114010	2539	4438	10820
电力、煤气及水的生产和供应业	25412	24951	461	620	23623
建筑业	68281	64641	3640	2278	14208
交通运输、仓储及邮政业	76171	74389	1782	2224	17886
铁路运输业	40018	39211	807	1212	22460
道路运输业	15865	15727	138	594	12804
城市公共交通业	10711	10237	474	90	18629
水上运输业	1245	1245		110	11145
航空运输业	2211	2211		7	16499
仓储业	1700	1683	17	101	10145
邮政业	4423	4076	347	110	18202

单位：万元

指 标 名 称	从业人员劳动报酬	在岗职工工资总额	其他人员劳动报酬	离开单位仍保留关系的职工生活费	在岗职工年平均工资（元）
信息传输、计算机服务和软件业	24211	22852	1358	311	34831
电信和其他信息传输服务业	23223	21904	1319	307	37334
计算机服务业	432	419	13	3	11932
软件业	556	530	26		15443
批发和零售业	48903	46934	1968	2369	12824
批发业	29531	28774	757	1461	14197
零售业	19372	18161	1211	909	11120
住宿和餐饮业	10042	9749	293	275	9773
住宿业	8660	8393	267	260	10397
餐饮业	1382	1356	25	16	7127
金融业	41364	40221	1143	1084	24633
银行业	30539	30403	136	917	24586
证券业	1411	1407	5		31611
保险业	7492	6490	1002	140	23155
其他金融活动	1922	1922		26	26912
房地产业	14944	13829	1115	247	14711
房地产开发经营	9771	8867	904	175	15639
物业管理	3592	3408	184	72	13041
房地产中介服务	319	311	8		14754
租赁和商务服务业	17741	17267	474	353	16968
租赁业	60	59	1		14750
商务服务业	17681	17208	473	353	16977
科学研究、技术服务和地质勘查业	43713	42381	1331	679	22571
研究与试验发展	24344	23586	758	45	27067
专业技术服务业	15499	15012	487	234	18733
科技交流和推广服务业	1744	1729	16	16	19868
地质勘查业	2125	2054	71	385	17425
水利、环境和公共设施管理业	12034	11643	391	293	12182
水利管理业	2492	2421	71	12	10852
环境管理业	5467	5370	97	48	10818
公共设施管理业	4074	3852	222	233	16303
居民服务和其他服务业	1464	1416	49	10	10749
居民服务业	1234	1185	49	10	11405
其他服务业	231	231			8299
教育	139215	136464	2751	796	16062
初等教育	42314	41227	1086	378	12095
中等教育	57476	56849	628	414	16646
高等教育	33089	32295	794	1	24451

3-15 续表1-1 单位：万元

指 标 名 称	从业人员劳动报酬	在岗职工工资总额	其他人员劳动报酬	离开单位仍保留关系的职工生活费	在岗职工年平均工资（元）
卫生、社会保障和社会福利业	58539	57614	925	290	19793
卫生	56279	55435	844	285	19974
社会保障业	656	634	22		15391
社会福利业	1604	1545	59	5	16400
文化 、体育和娱乐业	22887	21726	1161	190	20689
新闻出版社	7097	6561	536	49	21908
广播、电视、电影和音像业	5302	5294	8	62	20425
文化艺术业	5300	5120	180	16	18059
体育	3753	3340	413	28	20630
娱乐业	1435	1410	25	35	30661
公共管理和社会组织业	102490	101281	1209	491	18150
中国共产党机关	4081	4052	30	16	20514
国家机构	92755	91838	917	446	18484
人民政协和民主党派	2067	1948	118	2	24445
群众社团、社会团体和宗教组织	3587	3443	144	27	10297
国有单位合计	**627280**	**611737**	**15544**	**11918**	**16969**
按隶属关系分组					
中央	112448	109681	2768	3065	25915
省、自治区、直辖市	234239	227121	7118	3718	18165
地区	139749	137107	2642	3612	18132
县及县以下	139336	136326	3010	1520	11687
其他	1508	1502	6	2	16989
按企业、事业、机关分组					
企业	235647	227190	8458	8961	15710
#地方	137087	131263	5824	6368	12273
事业	305831	299669	6162	2602	17493
#地方	298676	292547	6129	2138	17399
机关	85802	84878	924	355	19036
#地方	77562	76745	817	344	18179

3-15 续表2　　单位：万元

指标名称	从业人员劳动报酬	在岗职工工资总额	其他人员劳动报酬	离开单位仍保留关系的职工生活费	在岗职工年平均工资（元）
按国民经济行业分组					
农、林、牧、渔业	24480	23304	1177	313	7701
采掘业	565	544	21	22	10759
制造业	30893	30401	492	2107	10589
电力、煤气及水的生产和供应业	21803	21571	232	620	23307
建筑业	27590	26697	892	1338	17448
交通运输、仓储及邮政业	52866	51730	1136	1741	18611
信息传输、计算机服务和软件业	20725	19414	1312	267	37049
批发和零售业	25658	24023	1634	1420	14587
住宿和餐饮业	3401	3359	42	189	10118
金融业	28779	28108	671	891	26844
房地产业	4218	3996	222	58	15901
租赁和商务服务业	13679	13427	252	234	17444
科学研究、技术服务和地质勘查业	42052	40757	1295	666	22834
水利、环境和公共设施管理业	11432	11061	371	293	12126
居民服务和其他服务业	684	684		1	13606
教育	137070	134411	2659	796	16159
卫生、社会保障和社会福利业	57910	57021	888	290	19924
文化、体育和娱乐业	22682	21536	1146	190	20996
公共管理和社会组织业	100793	99692	1101	483	18655
城镇集体单位合计	**32051**	**31265**	**786**	**1057**	**9753**
按企业、事业、机关分组					
企业	30940	30203	736	1042	9783
事业	893	844	50	7	11085
机关	218	218		7	5171

单位：万元

指 标 名 称	从业人员劳动报酬	在岗职工工资总额	其他人员劳动报酬	离开单位仍保留关系的职工生活费	在岗职工年平均工资（元）
按国民经济行业分组					
农、林、牧、渔业	653	650	3	9	6915
采掘业	862	862		129	7981
制造业	99433	97496	1937	4102	7825
电力、煤气及水的生产和供应业	2602	2596	6		30899
建筑业	6940	6665	276	174	10259
交通运输、仓储及邮政业	1142	1127	15	77	10808
信息传输、计算机服务和软件业	45	44	1		18167
批发和零售业	4809	4708	101	245	8498
住宿和餐饮业	526	503	23	10	6675
金融业	2877	2877		85	14672
房地产业	612	545	67	2	10094
租赁和商务服务业	723	713	10	30	8122
科学研究、技术服务和地质勘查业	227	217	10	2	14019
水利、环境和公共设施管理业	103	103			8991
居民服务和其他服务业	235	210	25	4	8100
教育	784	741	43		12998
卫生、社会保障和社会福利业	221	221			18597
文化、体育和娱乐业	39	25	14		8065
公共管理和社会组织业	70	69	1	4	9957

3-15　续表3　　　　单位：万元

指　标　名　称	从业人员劳动报酬	在岗职工工资总额	其他人员劳动报酬	离开单位仍保留关系的职工生活费	在岗职工年平均工资（元）
其他单位合计	**194087**	**186566**	**7521**	**4562**	**12914**
按登记注册类型分组					
内资	174108	167967	6141	4382	13159
股份合作	2094	1994	101	38	11244
联营	1150	1120	30	19	7337
#国有联营	749	737	12		7315
集体联营	326	308	18	3	8263
有限责任公司	117626	113328	4298	3427	13035
#国有独资	34980	34275	705	1858	15286
股份有限公司	42679	42055	624	796	16254
其他	10559	9471	1088	102	8215
港、澳、台商投资	11197	10326	870	181	11223
外商投资	8783	8273	510		10856
按企业、事业分组					
企业	183400	176030	7370	4365	12844
事业	2417	2273	144	4	7886

单位：万元

指　标　名　称	从业人员劳动报酬	在岗职工工资总额	其他人员劳动报酬	离开单位仍保留关系的职工生活费	在岗职工年平均工资（元）
按国民经济行业分组					
农、林、牧、渔业	3560	3537	23	223	10481
采掘业	704	663	41	17	10928
制造业	75712	73859	1853	1921	11505
电力、煤气及水的生产和供应业	1008	785	223		16801
建筑业	33751	31279	2472	767	13198
交通运输、仓储及邮政业	22163	21532	631	406	16885
信息传输、计算机服务和软件业	3441	3395	46	44	26177
批发和零售业	18436	18203	233	705	12475
住宿和餐饮业	6114	5886	228	76	9975
金融业	9708	9236	472	108	23706
房地产业	10115	9288	826	187	14632
租赁和商务服务业	3338	3127	211	88	19530
科学研究、技术服务和地质勘查业	1434	1407	27	12	18203
水利、环境和公共设施管理业	498	479	20		14919
居民服务和其他服务业	545	522	23	4	9396
教育	1361	1312	49		10869
卫生、社会保障和社会福利业	408	371	37		10057
文化 、体育和娱乐业	166	165	1		7732
公共管理和社会组织业	1626	1520	106	4	6629

3-16 全市职工人数变动情况

(2004年)

单位：人

指标名称	本年增加人数							
	合计	从农村招收	从城镇招收	录用的复员转业军人	录用的大、中专、技校毕业生	调入	#由外省、自治区、直辖市调入	其他
总计	**58980**	**18354**	**13658**	**1273**	**11439**	**7938**	**407**	**6318**
按经济类型分组								
国有经济单位	32368	8135	5969	827	7520	6627	277	3290
城镇集体经济单位	3364	891	427	31	287	148	3	1580
其他经济类型单位	23248	9328	7262	415	3632	1163	127	1448
按国民经济行业分组								
农、林、牧、渔业	2078	975	187	167	131	154	1	464
采掘业	94	49	18	5	3	9	1	10
制造业	9767	4118	2201	188	1904	617	28	739
电力、煤气及水的生产和供应业	1094	321	354	19	67	251	16	82
建筑业	14158	9918	1542	17	717	364	25	1600
交通运输、仓储及邮政业	2398	182	1443	38	315	200	4	220
信息传输、计算机服务和软件业	1660	2	54		1272	247	4	85
批发和零售业	4453	336	2801	115	490	299	73	412
住宿和餐饮业	2372	860	1085	56	317	37		17
金融业	1093	30	450	6	219	307	30	81
房地产业	1524	251	545	151	223	196	7	158
租赁和商务服务业	565	5	173	17	108	199	6	63
科学研究、技术服务和地质勘查业	2291	149	551	37	662	418	23	474
水利、环境和公共设施管理业	902	188	380	44	60	109	2	121
居民服务和其他服务业	168		44	8	111	3		2
教育	6086	441	744	78	1845	2076	73	902
卫生、社会保障和社会福利业	2432	386	245	49	1085	434	7	233
文化 、体育和娱乐业	855	121	262	16	143	105	3	208
公共管理和社会组织业	4990	22	579	262	1767	1913	104	447

3-16 续表

单位：人

指标名称	本年减少人数								
	合计	离休退休退职	开除除名辞退	终止解除合同	保留劳动关系的职工	死亡	调出	#由外省、自治区、直辖市调入	其他
总计	**57794**	**10649**	**5344**	**24446**	**5040**	**695**	**7931**	**210**	**3689**
按经济类型分组									
国有经济单位	29306	6282	2194	9321	2356	496	6346	120	2311
城镇集体经济单位	4487	756	224	2260	855	44	108	6	240
其他经济类型单位	24001	3611	2926	12865	1829	155	1477	84	1138
按国民经济行业分组									
农、林、牧、渔业	2394	827	71	376	345	91	236	1	448
采掘业	90	46	2	2	4	1	14		21
制造业	12171	2198	1511	5024	1755	139	578	30	966
电力、煤气及水的生产和供应业	488	149	30	93	64	19	115	1	18
建筑业	14515	1756	305	9744	590	67	1406	5	647
交通运输、仓储及邮政业	2939	715	141	1305	497	41	177	9	63
信息传输、计算机服务和软件业	554	78	63	150	20	1	220		22
批发和零售业	6255	799	920	3030	770	43	432	32	261
住宿和餐饮业	2496	398	751	900	262	14	53		118
金融业	1190	92	36	706	17	8	289	45	42
房地产业	1373	155	366	587	17	7	181	2	60
租赁和商务服务业	596	132	29	274	49	7	93	2	12
科学研究、技术服务和地质勘查业	1379	436	113	331	110	30	290	14	69
水利、环境和公共设施管理业	815	158	233	202	50	8	59		105
居民服务和其他服务业	127	10	66	48		1	2	1	
教育	5882	1565	361	820	355	107	2179	29	495
卫生、社会保障和社会福利业	1301	398	243	257	86	20	230	7	67
文化 、体育和娱乐业	749	199	36	361	10	15	104	7	24
公共管理和社会组织业	2480	538	67	236	39	76	1273	25	251

3-17 全市离休、退休、退职人数及保险福利费用构成情况

(2004年)

指标名称	离休、退休、退职人员年末数（人）				保险福利费用构成（万元）					
	合计	离休人员	退休人员	领取定期生活费的退职人员	合计	离休金	退休金	退职生活费	医疗卫生费	其他
总计	**142291**	**1886**	**139376**	**1029**	**1279663**	**31034**	**1043517**	**4726**	**12709**	**187677**
企业	**99110**	**872**	**97579**	**659**	**647597**	**14428**	**601336**	**2504**	**8035**	**21294**
内资企业	98979	863	97457	659	646660	14279	600568	2504	8035	21274
国有企业	77553	742	76350	461	522888	12886	483208	1676	7414	17704
集体企业	18711	79	18435	197	96463	948	90860	824	330	3501
其他企业	2715	42	2672	1	27309	445	26500	4	291	69
港、澳、台商投资企业	131	9	122		937	149	768			20
事业	**33462**	**413**	**32720**	**329**	**462319**	**6801**	**337415**	**1951**	**3424**	**112728**
机关	**9719**	**601**	**9077**	**41**	**169747**	**9805**	**104766**	**271**	**1250**	**53655**

注：本表数据不包括中直、区直单位。

3-18 市区单位从业人员人数

(2004年)

单位：人

指标名称	单位数（个）	从业人员年末人数	#女性	在岗职工	#专业技术人员	其他从业人员	离开单位仍保留关系的职工	在岗职工年平均人数
总计	**4854**	**380889**	**146353**	**362335**	**116633**	**18554**	**32078**	**357502**
#国有控股	**1570**	**162668**	**55198**	**153645**	**42228**	**9023**	**21749**	**153852**
按企业、事业、机关分组								
企业	2712	243263	85872	230279	54242	12984	29087	227650
事业	1516	107483	52103	102413	57660	5070	2398	100602
机关	615	26499	8112	26006	3866	493	233	24779
按经济类型分组								
国有经济单位	2851	236787	93094	223921	88231	12866	18322	220597
集体经济单位	617	22074	8395	21474	4030	600	4445	20714
其他经济单位	1386	122028	44864	116940	24372	5088	9311	116191
按国民经济行业分组								
农、林、牧、渔业	129	11209	5061	9947	2594	1262	1923	9625
农业	62	7115	3326	5884	380	1231	655	5624
林业	12	1261	529	1256	655	5	1013	1221
畜牧业	6	817	318	816	186	1	164	823
渔业								
农、林、牧、渔服务业	49	2016	888	1991	1373	25	91	1957
采矿业	19	624	162	612	180	12	121	597
制造业	618	71632	28224	69765	12123	1867	11690	69474
电力、煤气及水的生产和供应业	25	5287	1897	5059	2005	228	163	4839
建筑业	211	44626	6716	42384	11422	2242	4321	41684
交通运输、仓储及邮政业	233	39437	9989	37032	5239	2405	3703	37006
铁路运输业	13	18200	3172	17185	2819	1015	1514	17443
道路运输业	135	10171	3824	10033	1145	138	1283	9944
城市公共交通业	17	6090	1265	5789	337	301	143	5484
水上运输业	21	858	165	858	213		295	883
航空运输业	8	1309	396	1309	389		9	1340
仓储业	17	704	327	682	171	22	182	690
邮政业	22	2105	840	1176	165	929	277	1222

3-18 续表1　　　　单位：人

指标名称	单位数（个）	从业人员年末人数	#女性	在岗职工	#专业技术人员	其他从业人员	离开单位仍保留关系的职工	在岗职工年平均人数
信息传输、计算机服务和软件业	63	7469	3172	6242	2392	1227	174	6256
电信和其他信息传输服务业	47	6717	2991	5514	1971	1203	171	5562
计算机服务业	6	363	94	346	152	17	3	351
软件业	10	389	87	382	269	7		343
批发和零售业	665	31011	14408	28873	6728	2138	4807	29049
批发业	451	18600	7839	17606	4255	994	2783	17960
零售业	214	12411	6569	11267	2473	1144	2024	11089
住宿和餐饮业	99	9130	5852	8781	1170	349	785	8671
住宿业	79	7863	5091	7556	1046	307	613	7383
餐饮业	20	1267	761	1225	124	42	172	1288
金融业	301	12254	6214	11812	6901	442	535	11807
银行业	267	8300	4463	8136	5225	164	440	8191
证券业	8	460	202	455	411	5	2	445
保险业	19	2756	1240	2483	935	273	49	2457
其他金融活动	7	738	309	738	330		44	714
房地产业	241	9158	3295	8419	2859	739	546	8269
房地产开发经营	172	5593	1849	5121	1924	472	460	5088
物业管理	40	2770	1169	2518	661	252	83	2418
房地产中介服务	6	202	95	200	77	2	3	197
租赁和商务服务业	214	9707	3087	9300	2513	407	863	9218
租赁业	3	36	10	35	22	1		40
商务服务业	211	9671	3077	9265	2491	406	863	9178
科学研究、技术服务和地质勘查业	298	18585	6700	17792	11576	793	1039	17330
研究与试验发展	127	8557	3405	8308	5095	249	220	8115
专业技术服务业	130	8263	2707	7760	5375	503	309	7528
科技交流和推广服务业	25	752	288	724	499	28	22	699
地质勘查业	16	1013	300	1000	607	13	488	988
水利、环境和公共设施管理业	70	6589	3448	6232	945	357	276	6145
水利管理业	19	432	109	416	234	16	9	421
环境管理业	20	3934	2346	3877	261	57	40	3777
公共设施管理业	31	2223	993	1939	450	284	227	1947
居民服务和其他服务业	41	1107	524	1017	180	90	63	979
居民服务业	28	931	482	841	150	90	20	807
其他服务业	13	176	42	176	30		43	172
教育	424	38377	19608	36879	26787	1498	215	36151
初等教育	179	6318	4086	6077	5071	241	26	6006
中等教育	139	15421	7651	15081	11068	340	131	14877
高等教育	29	13572	5897	12948	9317	624	45	12567

单位：人

指标名称	单位数（个）	从业人员年末人数	#女性	在岗职工	#专业技术人员	其他从业人员	离开单位仍保留关系的职工	在岗职工年平均人数
卫生、社会保障和社会福利业	102	19052	11446	18536	10793	516	253	18243
卫生	71	17982	10774	17613	10522	369	247	17280
社会保障业	15	189	91	163	103	26		162
社会福利业	16	881	581	760	168	121	6	801
文化 、体育和娱乐业	142	10526	4472	9308	4705	1218	390	9294
新闻出版社	53	3475	1668	3012	1635	463	75	2975
广播、电视、电影和音像业	18	2106	829	2105	1147	1	84	2104
文化艺术业	50	2379	1078	2189	1362	190	45	2201
体育	9	2102	713	1556	418	546	87	1554
娱乐业	12	464	184	446	143	18	99	460
公共管理和社会组织业	959	35109	12078	34345	5521	764	211	32865
中国共产党机关	58	1317	449	1289	176	28	11	1277
国家机构	681	29855	9173	29391	4844	464	186	27976
人民政协和民主党派	17	699	334	654	232	45		647
群众社团、社会团体和宗教组织	203	3238	2122	3011	269	227	14	2965
国有单位合计	**2851**	**236787**	**93094**	**223921**	**88231**	**12866**	**18322**	**220597**
按隶属关系分组								
中央	335	38956	11995	37113	12420	1843	2649	36241
省、自治区、直辖市	1090	107540	44462	101098	44263	6442	7478	99694
地区	900	75880	28933	71842	25621	4038	8007	70990
县及县以下	496	13830	7479	13298	5683	532	186	13106
其他	30	581	225	570	244	11	2	566
按企业、事业、机关分组								
企业	932	106966	35601	99382	27638	7584	15773	99054
#地方	633	72386	25475	66539	17268	5847	13628	67035
事业	1315	103727	49570	98938	56764	4789	2369	97186
#地方	1266	100711	48246	95946	54686	4765	1877	94232
机关	604	26094	7923	25601	3829	493	180	24357
#地方	587	24153	7153	23753	3613	400	166	22523

单位：人

指标名称	单位数（个）	从业人员年末人数	#女性	在岗职工	#专业技术人员	其他从业人员	离开单位仍保留关系的职工	在岗职工年平均人数
按国民经济行业分组								
农、林、牧、渔业	120	9920	4526	8674	2260	1246	1300	8306
采掘业	2	30	9	30	3		2	30
制造业	117	19656	6944	18942	3769	714	6320	19276
电力、煤气及水的生产和供应业	14	3837	1260	3836	1425	1	162	3622
建筑业	46	16066	2767	15576	4666	490	2193	14909
交通运输、仓储及邮政业	94	25209	5764	23397	3943	1812	2698	23717
信息传输、计算机服务和软件业	39	6183	2735	4984	1812	1199	157	4935
批发和零售业	227	13352	5774	11504	3481	1848	2083	11864
住宿和餐饮业	34	2632	1737	2548	475	84	342	2498
金融业	223	8086	4179	7915	5272	171	440	7946
房地产业	51	2041	761	1716	845	325	72	1747
租赁和商务服务业	136	7036	2159	6808	1639	228	215	6754
科学研究、技术服务和地质勘查业	270	17598	6451	16846	11078	752	975	16434
水利、环境和公共设施管理业	64	6266	3334	5931	881	335	276	5832
居民服务和其他服务业	6	277	79	277	48		48	276
教育	384	37140	18868	35733	26087	1407	204	35034
卫生、社会保障和社会福利业	92	18545	11138	18065	10598	480	251	17755
文化 、体育和娱乐业	133	10295	4352	9083	4647	1212	390	9050
公共管理和社会组织业	799	32618	10257	32056	5302	562	194	30612
城镇集体单位合计	**617**	**22074**	**8395**	**21474**	**4030**	**600**	**4445**	**20714**
按企业、事业、机关分组								
企业	580	21098	7906	20529	3738	569	4376	19758
事业	26	571	300	540	255	31	16	534
机关	11	405	189	405	37		53	422

3-18 续表3

单位：人

指标名称	单位数（个）	从业人员年末人数	#女性	在岗职工	#专业技术人员	其他从业人员	离开单位仍保留关系的职工	在岗职工年平均人数
按国民经济行业分组								
农、林、牧、渔业	1	10	2	10				10
采掘业	7	110	17	110	19		26	108
制造业	259	9850	4302	9580	1044	270	2362	9680
电力、煤气及水的生产和供应业	4	841	366	837	424	4	1	840
建筑业	50	4411	796	4347	976	64	581	3473
交通运输、仓储及邮政业	12	617	167	607	175	10	98	614
信息传输、计算机服务和软件业	1	28	6	25	9	3		24
批发和零售业	164	3068	1341	2982	646	86	1041	3003
住宿和餐饮业	22	529	373	512	29	17	188	513
金融业	4	84	33	84	16			84
房地产业	14	529	100	504	126	25	2	462
租赁和商务服务业	35	858	355	848	114	10	90	863
科学研究、技术服务和地质勘查业	6	167	53	150	53	17	34	146
水利、环境和公共设施管理业	1	2		2	2			2
居民服务和其他服务业	14	203	51	148	49	55	8	148
教育	16	606	348	574	304	32	9	570
卫生、社会保障和社会福利业	3	100	43	100	33		1	119
文化 、体育和娱乐业	1	36	24	31		5		31
公共管理和社会组织业	3	25	18	23	11	2	4	24

单位：人

指标名称	单位数（个）	从业人员年末人数	#女性	在岗职工	#专业技术人员	其他从业人员	离开单位仍保留关系的职工	在岗职工年平均人数
其他单位合计	**1386**	**122028**	**44864**	**116940**	**24372**	**5088**	**9311**	**116191**
按登记注册类型分组								
内资	1275	111950	40679	107178	22947	4772	9049	106510
股份合作	12	1802	678	1594	380	208	43	1308
联营	9	681	271	629	86	52	86	630
#国有联营	5	278	113	235	36	43		227
集体联营	3	265	125	256	23	9	4	257
有限责任公司	789	75723	26286	72509	16089	3214	7257	73996
#国有独资	65	17518	4478	17176	4636	342	3595	19718
股份有限公司	136	21556	7995	21230	3929	326	1371	20146
其他	329	12188	5449	11216	2463	972	292	10430
港、澳、台商投资	41	5020	2150	4815	552	205	242	4643
外商投资	70	5058	2035	4947	873	111	20	5038
按企业、事业分组								
企业	1200	115199	42365	110368	22866	4831	8938	108838
事业	175	3185	2233	2935	641	250	13	2882

单位：人

指标名称	单位数（个）	从业人员年末人数	# 女性	在岗职工	#专业技术人员	其他从业人员	离开单位仍保留关系的职工	在岗职工年平均人数
按国民经济行业分组								
农、林、牧、渔业	8	1279	533	1263	334	16	623	1309
采掘业	10	484	136	472	158	12	93	459
制造业	242	42126	16978	41243	7310	883	3008	40518
电力、煤气及水的生产和供应业	7	609	271	386	156	223		377
建筑业	115	24149	3153	22461	5780	1688	1547	23302
交通运输、仓储及邮政业	127	13611	4058	13028	1121	583	907	12675
信息传输、计算机服务和软件业	23	1258	431	1233	571	25	17	1297
批发和零售业	274	14591	7293	14387	2601	204	1683	14182
住宿和餐饮业	43	5969	3742	5721	666	248	255	5660
金融业	74	4084	2002	3813	1613	271	95	3777
房地产业	176	6588	2434	6199	1888	389	472	6060
租赁和商务服务业	43	1813	573	1644	760	169	558	1601
科学研究、技术服务和地质勘查业	22	820	196	796	445	24	30	750
水利、环境和公共设施管理业	5	321	114	299	62	22		311
居民服务和其他服务业	21	627	394	592	83	35	7	555
教育	24	631	392	572	396	59	2	547
卫生、社会保障和社会福利业	7	407	265	371	162	36	1	369
文化 、体育和娱乐业	8	195	96	194	58	1		213
公共管理和社会组织业	157	2466	1803	2266	208	200	13	2229

3-19 市区单位从业人员劳动报酬

（2004年）

单位：万元

指标名称	从业人员劳动报酬	在岗职工工资总额	其他人员劳动报酬	离开单位仍保留关系的职工生活费	在岗职工年平均工资（元）
总　计	**652496**	**634388**	**18108**	**13825**	**17745**
#国有控股	**282869**	**274674**	**8195**	**9804**	**17853**
按企业、事业、机关分组					
企　业	365755	352829	12926	11740	15499
事　业	220132	215526	4607	1808	21424
机　关	58371	57803	568	84	23327
按经济类型分组					
国有经济单位	465831	454569	11262	8880	20606
集体经济单位	21936	21416	520	845	10339
其他经济单位	164729	158403	6326	4100	13633
按国民经济行业分组					
农、林、牧、渔业	12081	11370	711	331	11813
农业	5752	5064	688	210	9004
林业	1905	1901	3	37	15572
畜牧业	902	899	3	48	10922
渔业					
农、林、牧、渔服务业	3522	3506	16	36	17916
采矿业	572	554	18	31	9273
制造业	80883	79541	1342	3336	11449
电力、煤气及水的生产和供应业	15218	14983	234	207	30964
建筑业	64496	61355	3142	2231	14719
交通运输、仓储及邮政业	71321	69793	1528	2037	18860
铁路运输业	40007	39200	807	1212	22473
道路运输业	13451	13317	133	520	13392
城市公共交通业	10701	10227	474	88	18650
水上运输业	1138	1138		93	12889
航空运输业	2211	2211		7	16499
仓储业	1178	1161	17	101	16826
邮政业	2635	2538	97	17	20771

3-19 续表1 单位：万元

指　标　名　称	从业人员劳动报酬			离开单位仍保留关系的职工生活费	在岗职工年平均工资（元）
		在岗职工工资总额	其他人员劳动报酬		
信息传输、计算机服务和软件业	23603	22310	1293	257	35662
电信和其他信息传输服务业	22616	21362	1254	254	38407
计算机服务业	432	419	13	3	11932
软件业	556	530	26		15443
批发和零售业	42447	40667	1780	2150	13999
批发业	26650	25986	664	1384	14469
零售业	15797	14681	1116	766	13239
住宿和餐饮业	9232	8951	281	264	10323
住宿业	8269	8011	257	255	10851
餐饮业	964	940	24	9	7296
金融业	32597	32041	556	624	27137
银行业	22846	22719	127	469	27736
证券业	1411	1407	5		31611
保险业	6418	5994	424	130	24396
其他金融活动	1922	1922		26	26912
房地产业	13624	12585	1039	245	15220
房地产开发经营	9045	8194	851	175	16105
物业管理	3343	3179	164	70	13148
房地产中介服务	300	292	8		14802
租赁和商务服务业	16629	16156	474	353	17526
租赁业	60	59	1		14750
商务服务业	16569	16097	473	353	17538
科学研究、技术服务和地质勘查业	41946	40618	1328	677	23438
研究与试验发展	23600	22842	758	45	28148
专业技术服务业	14901	14417	484	231	19152
科技交流和推广服务业	1546	1530	16	16	21893
地质勘查业	1899	1829	71	385	18507
水利、环境和公共设施管理业	8559	8299	260	270	13505
水利管理业	779	760	20	2	18040
环境管理业	4182	4126	56	37	10924
公共设施管理业	3598	3414	184	232	17533
居民服务和其他服务业	1147	1100	47	10	11234
居民服务业	1001	954	47	10	11822
其他服务业	146	146			8477
教育	81242	79753	1489	284	22061
初等教育	11096	10946	151	22	18224
中等教育	33274	32965	309	260	22158
高等教育	31680	30886	794		24577

单位：万元

指标名称	从业人员劳动报酬	在岗职工工资总额	其他人员劳动报酬	离开单位仍保留关系的职工生活费	在岗职工年平均工资（元）
卫生、社会保障和社会福利业	43473	42796	677	250	23459
卫生	41613	41012	601	245	23734
社会保障业	350	333	17		20543
社会福利业	1510	1451	59	5	18112
文化 、体育和娱乐业	21618	20467	1151	182	22022
新闻出版社	7067	6531	536	49	21954
广播、电视、电影和音像业	4818	4817	2	56	22892
文化艺术业	4628	4452	176	14	20229
体育	3670	3256	413	28	20955
娱乐业	1435	1410	25	35	30661
公共管理和社会组织业	71809	71050	759	87	21619
中国共产党机关	3167	3139	28	1	24578
国家机构	63631	63159	473	79	22576
人民政协和民主党派	1847	1728	118		26711
群众社团、社会团体和宗教组织	3164	3025	140	7	10201
国有单位合计	**465831**	**454569**	**11262**	**8880**	**20606**
按隶属关系分组					
中央	100266	98392	1874	2503	27149
省、自治区、直辖市	212467	205913	6554	3365	20654
地区	132360	129896	2464	2960	18298
县及县以下	19405	19041	364	50	14528
其他	1334	1328	6	2	23463
按企业、事业、机关分组					
企业	190645	184363	6282	7005	18612
#地方	103050	98527	4522	4965	14698
事业	217034	212621	4413	1798	21878
#地方	210153	205773	4380	1333	21837
机关	58153	57585	568	77	23642
#地方	51028	50549	479	77	22443

指　标　名　称	从业人员劳动报酬	在岗职工工资总额	其他人员劳动报酬	离开单位仍保留关系的职工生活费	在岗职工年平均工资（元）
按国民经济行业分组					
农、林、牧、渔业	10650	9960	690	141	11992
采掘业	32	32		1	10733
制造业	21983	21627	357	1479	11219
电力、煤气及水的生产和供应业	11758	11748	10	207	32434
建筑业	26989	26400	589	1295	17708
交通运输、仓储及邮政业	48355	47473	881	1606	20017
信息传输、计算机服务和软件业	20118	18872	1246	213	38240
批发和零售业	21025	19523	1502	1221	16456
住宿和餐饮业	2883	2852	31	179	11415
金融业	22961	22822	138	519	28722
房地产业	3328	3120	208	56	17858
租赁和商务服务业	12585	12333	252	234	18260
科学研究、技术服务和地质勘查业	40328	39036	1291	663	23753
水利、环境和公共设施管理业	8064	7824	240	270	13415
居民服务和其他服务业	442	442		1	16007
教育	79875	78477	1398	284	22400
卫生、社会保障和社会福利业	42844	42204	641	250	23770
文化 、体育和娱乐业	21414	20277	1136	182	22406
公共管理和社会组织业	70200	69548	652	79	22719
城镇集体单位合计	**21936**	**21416**	**520**	**845**	**10339**
按企业、事业、机关分组					
企业	21036	20566	471	831	10409
事业	681	632	49	6	11833
机关	218	218		7	5171

3-19 续表3 单位：万元

指 标 名 称	从业人员劳动报酬	在岗职工工资总额	其他人员劳动报酬	离开单位仍保留关系的职工生活费	在岗职工年平均工资（元）
按国民经济行业分组					
农、林、牧、渔业	3	3			3100
采掘业	86	86		13	7981
制造业	7597	7443	154	362	7689
电力、煤气及水的生产和供应业	2602	2596	6		30899
建筑业	3997	3917	80	171	11278
交通运输、仓储及邮政业	911	896	15	25	14594
信息传输、计算机服务和软件业	45	44	1		18167
批发和零售业	3460	3387	73	223	11277
住宿和餐饮业	405	383	22	9	7466
金融业	147	147			17488
房地产业	538	471	67	2	10190
租赁和商务服务业	706	696	10	30	8061
科学研究、技术服务和地质勘查业	219	210	10	2	14349
水利、环境和公共设施管理业	1	1			7000
居民服务和其他服务业	160	137	24	4	9223
教育	784	741	43		12998
卫生、社会保障和社会福利业	221	221			18597
文化 、体育和娱乐业	39	25	14		8065
公共管理和社会组织业	15	14	1	4	5708

3-19 续表4 单位：万元

指 标 名 称	从业人员劳动报酬	在岗职工工资总额	其他人员劳动报酬	离开单位仍保留关系的职工生活费	在岗职工年平均工资（元）
其他单位合计	**164729**	**158403**	**6326**	**4100**	**13633**
按登记注册类型分组					
内资	152678	147035	5643	3938	13805
股份合作	1675	1605	71	21	12268
联营	564	539	25	19	8560
#国有联营	237	230	7		10137
集体联营	252	234	18	3	9121
有限责任公司	106124	101967	4157	3226	13780
#国有独资	32082	31389	692	1806	15919
股份有限公司	34420	34117	303	571	16935
其他	9895	8807	1088	102	8444
港、澳、台商投资	6293	5973	320	162	12864
外商投资	5759	5396	363		10710
按企业、事业分组					
企业	154074	147900	6174	3903	13589
事业	2417	2273	144	4	7886

3-19 续表5

单位：万元

指标名称	从业人员劳动报酬	在岗职工工资总额	其他人员劳动报酬	离开单位仍保留关系的职工生活费	在岗职工年平均工资（元）
按国民经济行业分组					
农、林、牧、渔业	1428	1407	21	190	10749
采掘业	453	435	18	17	9481
制造业	51303	50471	832	1495	12456
电力、煤气及水的生产和供应业	858	640	218		16979
建筑业	33510	31038	2472	766	13320
交通运输、仓储及邮政业	22055	21424	631	406	16902
信息传输、计算机服务和软件业	3441	3395	46	44	26177
批发和零售业	17962	17757	205	705	12521
住宿和餐饮业	5944	5717	228	76	10100
金融业	9489	9072	418	105	24018
房地产业	9759	8995	764	187	14843
租赁和商务服务业	3338	3127	211	88	19530
科学研究、技术服务和地质勘查业	1400	1373	27	12	18301
水利、环境和公共设施管理业	493	474	20		15238
居民服务和其他服务业	545	522	23	4	9396
教育	584	535	49		9782
卫生、社会保障和社会福利业	408	371	37		10057
文化 、体育和娱乐业	166	165	1		7732
公共管理和社会组织业	1595	1488	106	4	6677

3-20 市区职工人数变动情况

(2004年)

单位：人

指标名称	本年增加人数							
	合计	从农村招收	从城镇招收	录用的复员转业军人	录用的大、中专、技校毕业生	调入	#由外省、自治区、直辖市调入	其他
总计	**48592**	**15183**	**12523**	**1017**	**9187**	**5485**	**381**	**5197**
按经济类型分组								
国有经济单位	26001	6941	5552	665	6095	4201	256	2547
城镇集体经济单位	2608	235	399	19	247	142	2	1566
其他经济类型单位	19983	8007	6572	333	2845	1142	123	1084
按国民经济行业分组								
农、林、牧、渔业	1704	956	180	149	107	70	1	242
采掘业	62	37	8		3	4		10
制造业	5684	2154	1386	105	1018	590	24	431
电力、煤气及水的生产和供应业	699	2	344	16	30	230	15	77
建筑业	13657	9435	1537	17	706	362	25	1600
交通运输、仓储及邮政业	2338	171	1429	34	309	177	4	218
信息传输、计算机服务和软件业	1648		49		1269	245	4	85
批发和零售业	4215	292	2732	104	476	276	73	335
住宿和餐饮业	2304	837	1065	46	309	35		12
金融业	1004	25	411	4	204	291	28	69
房地产业	1424	191	528	147	210	190	7	158
租赁和商务服务业	554	5	173	14	107	195	6	60
科学研究、技术服务和地质勘查业	2250	144	548	33	657	394	23	474
水利、环境和公共设施管理业	732	173	357	29	33	69	1	71
居民服务和其他服务业	167		44	8	111	2		2
教育	3958	288	718	45	1281	834	59	792
卫生、社会保障和社会福利业	1777	352	221	27	784	280	7	113
文化 、体育和娱乐业	796	114	262	13	131	79	3	197
公共管理和社会组织业	3619	7	531	226	1442	1162	101	251

3-20 续表

指标名称	本年减少人数								
	合计	离休退休退职	开除除名辞退	终止解除合同	保留劳动关系的职工	死亡	调出	#由外省、自治区、直辖市调入	其他
总计	**44993**	**7647**	**4187**	**21420**	**4136**	**377**	**4669**	**165**	**2557**
按经济类型分组									
国有经济单位	20572	3940	1804	8377	1610	248	3169	92	1424
城镇集体经济单位	3259	554	163	1433	769	26	97	5	217
其他经济类型单位	21162	3153	2220	11610	1757	103	1403	68	916
按国民经济行业分组									
农、林、牧、渔业	1382	309	16	367	305	19	103	1	263
采掘业	63	36	1	1	1		5		19
制造业	8611	1586	834	3479	1577	88	492	14	555
电力、煤气及水的生产和供应业	197	68	3	53	15	6	34	1	18
建筑业	14323	1692	253	9704	590	49	1390	5	645
交通运输、仓储及邮政业	2724	614	124	1279	459	37	148	4	63
信息传输、计算机服务和软件业	542	76	60	150	20	1	213		22
批发和零售业	4764	602	869	2102	547	28	387	18	229
住宿和餐饮业	2296	377	739	786	234	7	43		110
金融业	961	42	21	648	15	5	202	43	28
房地产业	1278	155	326	587	5	6	174	2	25
租赁和商务服务业	575	122	28	274	47	5	87	2	12
科学研究、技术服务和地质勘查业	1328	411	110	331	110	27	270	14	69
水利、环境和公共设施管理业	670	88	217	200	32	3	31		99
居民服务和其他服务业	122	8	65	47		1	1	1	
教育	2125	659	207	617	56	36	323	26	227
卫生、社会保障和社会福利业	925	264	217	235	77	10	86	7	36
文化 、体育和娱乐业	675	170	34	360	10	9	69	7	23
公共管理和社会组织业	1432	368	63	200	36	40	611	20	114

3-21 各县城镇单位年末从业人员

(2004年)

单位：人

指标名称	邕宁县	武鸣县	横县	宾阳县	上林县	马山县	隆安县
单位从业人员年末人数	**42545**	**35555**	**31520**	**38199**	**13872**	**12451**	**15310**
国有单位	25525	32599	22209	31024	12524	11030	12088
城镇集体单位	5491	1465	1171	2183	307	544	690
其他经济单位	11529	1491	8140	4992	1041	877	2532
按国民经济行业分组							
农、林、牧、渔业	3608	12887	3176	1420	1091	652	1768
采掘业	64	66	8	8	346	7	161
制造业	13462	4878	6276	9156	1283	974	3020
电力、煤气及水的生产和供应业	1192	1296	1430	471	747	357	521
建筑业	1470	743	124	1310	657	143	416
交通运输、仓储及邮政业	584	619	580	1796	465	294	498
信息传输、计算机服务和软件业	123	173				55	24
批发和零售业	2266	960	1247	1407	683	632	217
住宿和餐饮业	397	136	387	251	46	32	82
金融业	1131	784	1033	925	301	322	330
房地产业	238	143	59	611	16	14	92
租赁和商务服务业	171	14	118	327	136	128	69
科学研究、技术服务和地质勘查业	420	222	320	334	25	110	38
水利、环境和公共设施管理业	668	640	522	1086	176	221	469
居民服务和其他服务业	213	51	27	28	23		
教育	10610	6813	10173	9937	4464	5347	4010
卫生、社会保障和社会福利业	1895	1693	2336	2673	832	721	1176
文化 、体育和娱乐业	207	177	247	297	82	136	82
公共管理和社会组织业	3826	3260	3457	6162	2499	2306	2337

3-22 各县城镇单位在岗职工年末人数

(2004年)　　单位：人

指标名称	邕宁县	武鸣县	横县	宾阳县	上林县	马山县	隆安县
单位在岗职工年末人数	**42091**	**33036**	**31265**	**35680**	**12163**	**12358**	**13657**
国有单位	25246	30201	21980	29005	11338	10938	11092
城镇集体单位	5465	1363	1170	2000	137	543	690
其他经济单位	11380	1472	8115	4675	688	877	1875
按国民经济行业分组							
农、林、牧、渔业	3600	12390	3174	1126	1088	651	1760
采掘业	64	58	6	8	338	7	153
制造业	13327	4767	6267	8718	839	974	2416
电力、煤气及水的生产和供应业	1183	976	1430	471	747	357	491
建筑业	1470	703	124	1149	92	143	416
交通运输、仓储及邮政业	584	502	580	1796	377	294	416
信息传输、计算机服务和软件业	87	138				55	22
批发和零售业	2238	954	1246	1178	612	630	140
住宿和餐饮业	397	136	384	218	46	32	82
金融业	981	768	910	882	301	318	330
房地产业	228	124	59	606	16	14	90
租赁和商务服务业	171	14	118	327	135	128	69
科学研究、技术服务和地质勘查业	420	218	317	332	25	110	38
水利、环境和公共设施管理业	664	611	521	913	115	201	462
居民服务和其他服务业	209	51	27	28	23		
教育	10585	5705	10167	9171	4129	5326	3443
卫生、社会保障和社会福利业	1872	1589	2335	2651	779	721	1010
文化 、体育和娱乐业	207	177	247	279	82	136	78
公共管理和社会组织业	3804	3155	3353	5827	2419	2261	2241

3-23　各县城镇单位从业人员劳动报酬

（2004年）　　单位：万元

指 标 名 称	邕宁县	武鸣县	横 县	宾阳县	上林县	马山县	隆安县
单位从业人员劳动报酬	**55134**	**34510**	**32083**	**39063**	**13392**	**12206**	**14535**
国有单位	37409	31420	24578	33181	12272	11249	11341
城镇集体单位	4859	1681	805	1735	181	389	466
其他经济单位	12867	1409	6700	4148	939	568	2728
按国民经济行业分组							
农、林、牧、渔业	3104	6900	2867	1217	585	485	866
采掘业	25	46	5	4	448	6	251
制造业	14098	4719	4513	7837	1054	603	2842
电力、煤气及水的生产和供应业	2320	1740	2610	1290	1025	601	608
建筑业	1405	387	114	1089		76	264
交通运输、仓储及邮政业	631	651	725	1403	537		565
信息传输、计算机服务和软件业	271	224				88	26
批发和零售业	1901	1035	1167	1145	486	520	202
住宿和餐饮业	302	69	226	131	10	22	51
金融业	2319	1858	1841	1223	569	544	414
房地产业	376	179	75	565	15	15	96
租赁和商务服务业	217	21	175	342	156	121	80
科学研究、技术服务和地质勘查业	629	285	343	364	31	71	43
水利、环境和公共设施管理业	670	673	464	1020	170	116	363
居民服务和其他服务业	163	71	35	34	15		
教育	17058	8161	9318	10325	4280	5088	3742
卫生、社会保障和社会福利业	2874	2465	3307	3356	865	824	1375
文化 、体育和娱乐业	297	188	219	295	71	122	76
公共管理和社会组织业	6477	4839	4077	7421	2629	2566	2672

3-24　各县城镇单位在岗职工劳动报酬

(2004年)　　单位：万元

指标名称	邕宁县	武鸣县	横县	宾阳县	上林县	马山县	隆安县
单位在岗职工劳动报酬	**54112**	**33113**	**31837**	**37697**	**12471**	**12159**	**13792**
国有单位	36852	30191	24351	32217	11542	11202	10811
城镇集体单位	4846	1598	804	1643	104	388	466
其他经济单位	12414	1324	6682	3836	825	568	2514
按国民经济行业分组							
农、林、牧、渔业	3095	6678	2866	965	584	485	862
采掘业	25	41	4	4	432	6	228
制造业	13714	4578	4506	7488	905	603	2675
电力、煤气及水的生产和供应业	2312	1541	2610	1290	1025	601	588
建筑业	1405	343	114	1007		76	264
交通运输、仓储及邮政业	631	545	725	1403	448		506
信息传输、计算机服务和软件业	235	196				88	24
批发和零售业	1888	1033	1166	1043	453	519	167
住宿和餐饮业	302	69	223	122	10	22	51
金融业	1959	1849	1669	1180	569	541	414
房地产业	313	168	75	562	15	15	95
租赁和商务服务业	217	21	175	342	155	121	80
科学研究、技术服务和地质勘查业	629	284	342	364	31	71	43
水利、环境和公共设施管理业	667	640	464	976	130	107	361
居民服务和其他服务业	161	71	35	34	15		
教育	16957	7690	9315	10059	4145	5077	3469
卫生、社会保障和社会福利业	2853	2409	3306	3306	829	824	1290
文化 、体育和娱乐业	297	188	219	286	71	122	75
公共管理和社会组织业	6452	4768	4022	7265	2580	2544	2600

3-25 各县城镇单位在岗职工平均工资

（2004年）

单位：元

指 标 名 称	邕宁县	武鸣县	横 县	宾阳县	上林县	马山县	隆安县
单位在岗职工年平均工资	**12970**	**9887**	**10304**	**10660**	**10264**	**9893**	**10126**
国有单位	14520	9944	11065	11128	10202	10313	9797
城镇集体单位	9422	9996	6769	8025	7569	7219	6754
其他经济单位	11088	8652	8675	8795	11804	3380	13268
按国民经济行业分组							
农、林、牧、渔业	8422	5288	9039	8572	5361	7405	4900
采掘业	3953	7138	7000	5125	12964	7857	15412
制造业	10573	10231	7627	8972	10720	6111	11316
电力、煤气及水的生产和供应业	19057	15353	18040	27397	13849	16840	11967
建筑业	10678	5960	9169	8745		5500	6353
交通运输、仓储及邮政业	10650	10815	12253	7774	11815		11991
信息传输、计算机服务和软件业	26404	14181				15964	10304
批发和零售业	8308	7322	9490	8333	7371	8183	11921
住宿和餐饮业	7454	5488	5711	5534	2087	6353	6171
金融业	20031	23550	18359	13120	18890	16972	12558
房地产业	14181	13868	11766	9281	9500	10500	10600
租赁和商务服务业	12640	14786	14957	10523	11662	9484	11551
科学研究、技术服务和地质勘查业	15005	14064	10642	10952	12360	6482	11289
水利、环境和公共设施管理业	10458	11073	9219	10635	11287	5325	7824
居民服务和其他服务业	7699	13863	13037	12214	6478		
教育	15885	13016	9134	10956	9963	9686	10072
卫生、社会保障和社会福利业	15424	15096	14353	12495	11501	11239	12701
文化 、体育和娱乐业	14279	10828	8847	10218	8598	8993	9481
公共管理和社会组织业	17191	15181	12042	12598	10587	11299	11567

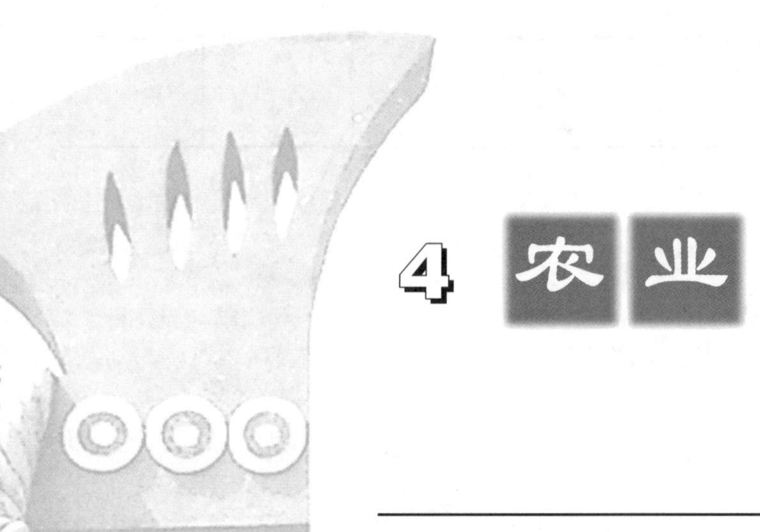

4 农业

CHAPTER 4 AGRICULTURE

4-1 全市主要年份农林牧渔业总产值

(按当年价格计算)

单位：万元

年 份	合 计	农 业	林 业	畜牧业	副 业	渔 业	服务业
1950	5596	3785	75	814	718	204	
1965	12602	8259	140	2317	1710	176	
1978	36029	25540	447	5228	4256	558	
1980	44588	31178	788	4326	7494	802	
1985	70586	43266	1618	18990	4840	1872	
1986	78390	49427	1794	19138	5601	2430	
1987	91989	59881	1805	22627	4750	2926	
1988	116437	73400	2027	32509	4576	3925	
1989	125320	75059	2330	38702	4618	4611	
1990	169865	111699	2681	42149	6551	6785	
1991	175633	109121	3150	47954	7958	7450	
1992	210826	133273	5048	54433	8203	9869	
1993	270146	169444	7684	72479	8118	12421	
1994	372063	246897	7906	95979		21281	
1995	465896	317943	6553	115373		26027	
1996	533484	352786	8056	141505		31137	
1997	620077	405089	10778	167764		36446	
1998	684870	447697	13885	183967		39321	
1999	720486	477719	14965	182088		45714	
2000	752536	494850	14000	200360		43326	
2001	777942	510120	15315	211975		40532	
2002	800529	532842	16246	211030		40409	
2003	1519259	936298	44241	431564		89587	17568
2004	1722877	993849	48190	554602		106746	19490

注：1994年后副业产值并入种植业；2003年以后数据为行政区划调整后大南宁口径的数据，其余年份为原南宁口径；从2003年起农业总产值含农林牧渔服务业产值。

4-2 全市主要年份农林牧渔业总产值发展速度

（按可比价计算，上年为100） 单位：%

年 份	合 计	农 业	林 业	畜牧业	副 业	渔 业
1951	107.79	107.18	111.76	117.07	101.13	102.54
1965	125.21	130.42	96.81	120.01	114.73	98.43
1978	107.36	106.81	132.13	97.65	116.38	162.93
1980	110.75	108.17	157.62	101.91	4256	114.09
1985	103.62	102.68	99.45	119.69	84.21	102.38
1986	106.95	107.21	117.96	98.98	119.96	112.07
1987	105.76	106.91	109.21	107.74	91.09	117.19
1988	99.4	99.08	92.94	103.97	91.12	107.67
1989	109.02	111.47	114.72	107.66	91.61	102.58
1990	115.45	117.01	98.71	111.7	109.1	135.04
1991	99.75	94.42	102.74	114.9	105.4	105.83
1992	120.53	124.73	126.51	110.6	102.06	130.06
1993	113.18	112.4	125.61	113.31	98.68	133.00
1994	108.94	112.25	99.62	112.18		127.38
1995	109.2	108.95	84.59	110.43		118.33
1996	104.86	101.42	110.28	112.14		115.35
1997	113.43	114.62	109.44	110.31		114.36
1998	112.1	112.48	115.17	110.15		114.64
1999	113.58	116.08	101.97	108.72		108.49
2000	100.68	97.36	104.97	109.5		104.46
2001	102.1	101.65	106.45	104.56		95.95
2002	111.81	116.51	101.17	101.9		104.44
2003	102.92	99.68	137.09	106.72		105.43
2004	106.47	105.29	102.58	109.31		108.00

4-3 全市主要年份农民人均纯收入及主要农产品产量

年份	农民人均纯收入（元）	粮食产量（吨）	甘蔗产量（吨）	水果产量（吨）	猪牛羊肉产量（吨）	水产品产量（吨）
1950	54	198004	71282	4748	5490	5350
1965	66	319410	298784	8908	15915	3241
1978	88	590420	562171	24576	25752	4366
1980	107	670813	798831	31114	4256	4895
1985	367	551860	1339141	53925	29885	6939
1986	404	552903	1569850	93984	32396	8551
1987	461	590276	1633498	115847	35854	9790
1988	521	526325	1979810	110614	36833	10438
1989	574	624509	1958128	105346	39659	10705
1990	624	725954	2358841	120262	45934	14663
1991	683	548210	2559124	140926	53082	15383
1992	778	697128	3075803	164661	55278	21304
1993	912	744101	3413703	213470	61211	26550
1994	1093	746956	3116366	272561	70388	33743
1995	1326	779251	2908195	316342	77774	39509
1996	1553	781201	2946903	281615	84889	46030
1997	1788	801830	3267654	377862	95439	53290
1998	1942	814459	3786929	395986	106962	60619
1999	2079	796159	3373039	485971	115648	65333
2000	2184	754639	3228422	425880	119870	68449
2001	2321	678456	4830000	428311	124384	65126
2002	2524	745067	5207476	472507	128518	68197
2003	2231	1753387	9279100	572372	283348	145468
2004	2467	1700479	8586119	670431	309122	158829

注：2003年以后数据为行政区划调整后大南宁口径的数据，其余年份为原南宁口径。

4-4 农村基本情况及从业人员构成

指标名称	单位	全市		市区	
		2004年	2003年	2004年	2003年
农村基层组织					
乡镇个数	个	129	130	12	12
#镇个数	个	93	94	10	10
村民委员会	个	1421	1425	134	137
村民小组	个	33667	33743	2012	2015
农村社会基础设施					
通汽车村数	个	1392	1388	134	135
通电话村数	个	1332	1327	127	128
自来水受益村数	个	1126	1092	127	132
乡(镇)村户数	**万户**	**119.96**	**119.16**	**11.36**	**12.34**
乡(镇)村人口数	**万人**	**495.75**	**495.49**	**40.71**	**42.4**
乡(镇)村劳动力	**万人**	**301.33**	**301.23**	**25.09**	**26.86**
乡(镇)村从业人员	**万人**	**282.07**	**281.28**	**23.67**	**24.99**
#女性	万人	133.97	134.32	11.47	11.77
农林牧渔业从业人员	万人	196.09	198.34	17.77	17.89
工业从业人员	万人	7.67	7.58	0.69	0.72
建筑业从业人员	万人	9.93	10.26	0.3	0.25
交通运输、邮电通讯及仓储业从业人员	万人	4.44	4.27	0.34	0.34
批发、零售贸易业、餐饮业从业人员	万人	8.23	6.93	1.07	0.93
其他从业人员	万人	55.38	53.9	3.49	4.86
#外出从业人员	万人	48.69	43.81	1.73	1.43

4-5 农村社会总产值

（2004年，按当年价计算）　　单位：万元

指标名称	全市	市区
农村社会总产值	**3647322**	**469467**
农林牧渔业总产值	**1722877**	**216377**
农村非农行业产值合计	**1924445**	**253090**
农村工业总产值	**797914**	**116249**
乡办工业产值	133138	10345
村及村以下工业产值	664776	105904
建筑业总产值	**245081**	**14751**
建筑安装工程产值	189831	14177
兴建房屋产值	120805	12613
农田水利工程产值	9473	1409
其他建筑安装工程产值	59553	155
其他基本建筑产值	55250	574
农村运输业总产值	**309821**	**19658**
乡办运输企业货运产值	16685	
村办运输企业货运产值	14573	
村以下办运输企业货运产值	278563	19658
农村批发零售贸易、饮食业总产值	**571629**	**102432**
批发零售贸易产值	437953	64343
#农村供销社批发零售贸易业产值	29769	735
饮食业产值	133676	38089
#农村供销社饮食业产值	45	
农林牧渔业商品产值	**1178471**	**123145**

4-6 全市农林牧渔业总产值

单位：万元

指标名称	2004年		2003年	
	1990年不变价	2004年现行价	1990年不变价	2003年现行价
农林牧渔业总产值	**1041728**	**1722877**	**978386**	**1519259**
农业产值	**632983**	**993849**	**601165**	**936298**
种植业	626682	978408	593755	918135
主产品产值	592592	928589	559830	869567
粮食作物合计	92849	252388	96269	214283
经济作物合计	163302	247501	168701	230686
蔬菜(食用菌类)园艺作物	92330	235026	-27562	86494
水果、饮料和香料	201292	145844	166847	156513
其他种植业	42819	47830	41521	39262
副产品产值	34090	49819	33928	48571
粮食作物副产品	7486	13879	7192	13560
经济作物副产品	26604	35940	26732	35009
其他农业	6301	15441	7406	18164
采集野生植物	6301	15441	7406	18164
林业产值	**37739**	**48190**	**36787**	**44241**
营　林	5087	9889	4621	9695
林产品	8695	15375	6737	11101
全社会竹木采伐	23957	22926	25431	23445
牧业产值	**286722**	**554602**	**262298**	**431564**
牲畜饲养	13425	22252	12491	15302
牛饲养	12603	18855	11718	12580
羊饲养	738	3284	718	2666
猪的饲养	142091	323890	130102	244898
家禽的饲养	90380	143838	80909	118363
活的畜禽产品	8405	17918	7689	14426
其他动物及产品	32421	46704	31106	38575
渔业产值	**65616**	**106746**	**60755**	**89587**
服务业产值	**18668**	**19490**	**17381**	**17568**

4-7 市区农林牧渔业总产值

单位：万元

指 标 名 称	2004年		2003年	
	1990年不变价	2004年现行价	1990年不变价	2003年现行价
农林牧渔业总产值	**151784**	**216377**	**142911**	**191546**
农业产值	**84540**	**110115**	**78678**	**102078**
种植业	84540	110115	78388	101365
主产品产值	81149	105325	74858	96510
粮食作物合计	4972	13545	5301	11669
经济作物合计	18120	27171	19693	25320
蔬菜（食用菌类）园艺作物	11928	32614	-939	12121
水果、饮料和香料	45499	31276	37151	28457
其他种植业	630	719	593	661
副产品产值	3391	4790	3533	4857
粮食作物副产品	421	751	426	771
经济作物副产品	2970	4039	3103	4084
其他农业			289	713
采集野生植物			289	713
林业产值	**8584**	**9106**	**8401**	**9048**
营 林	829	1810	623	1445
林产品	1248	1376	539	678
全社会竹木采伐	6507	5920	7238	6925
牧业产值	**36469**	**67610**	**34744**	**55147**
牲畜饲养	408	627	255	295
牛饲养	401	598	246	265
羊饲养	7	29	8	29
猪的饲养	12336	28122	11208	21097
家禽的饲养	19057	26757	19150	24402
活的畜禽产品	4593	11996	4067	9275
其他动物及产品	75	108	65	79
渔业产值	**10052**	**16873**	**9712**	**13776**
服务业产值	**12139**	**12673**	**11375**	**11496**

4-8 全市农林牧渔业中间消耗

（2004年，按当年价格计算）

单位：万元

指标名称	合计	农业	# 种植业	林业	牧业	渔业	服务业
农林牧渔业中间消耗	**647080**	**310988**	**310577**	**12952**	**278602**	**34026**	**10512**
物质消耗	603808	289108	288849	11524	270343	32833	
用种量	74468	55197	55197	3447	7678	8146	
饲料、饲草	276019	10494	10494		249281	16244	
肥料	177160	174455	174455	2705			
燃料	20500	16919	16909	908	2222	451	
农药	13074	12747	12747	327			
电	9586	8305	8227	228	740	313	
农用塑料薄膜	4717	4717	4717				
其他	28284	6274	6103	3909	10422	7679	
劳务支出	43272	21880	21728	1428	8259	1193	

4-9 市区农林牧渔业中间消耗

（2004年，按当年价格计算）　　单位：万元

指标名称	合计	农业	# 种植业	林业	牧业	渔业	服务业
农林牧渔业中间消耗	**82320**	**37406**	**37406**	**1944**	**30122**	**6030**	**6818**
物质消耗	69121	33668	33668	1781	28007	5665	
用种量	8927	5707	5707	92	1642	1486	
饲料、饲草	29229	634	634		25472	3123	
肥料	21980	21679	21679	301			
燃料	2769	2542	2542	46	57	124	
农药	858	848	848	10			
电	1242	1050	1050	8	118	66	
农用塑料薄膜	681	681	681				
其他	3435	527	527	1324	718	866	
劳务支出	13199	3738	3738	163	2115	365	

4-10　农业林牧渔业总产值及构成

（2004年，按当年价格计算）

指标名称	农林牧渔业总产值	农业	林业	牧业	渔业	服务业
总产值（万元）						
全　市	**1722877**	**993849**	**48190**	**554602**	**106746**	**19490**
市　区	216377	110115	9106	67610	16873	12673
邕宁县	383539	236035	11142	117038	17496	1828
武鸣县	348933	203949	10730	110900	20760	2594
横　县	277027	167106	6100	86411	17237	173
宾阳县	189383	106793	2311	62761	16245	1273
上林县	103457	49719	2171	44152	7107	308
马山县	86538	39271	3954	37759	5281	273
隆安县	117623	80861	2676	27971	5747	368
构成（%）						
全　市	**100**	**57.69**	**2.80**	**32.19**	**6.19**	**1.13**
市　区	100	50.89	4.21	31.25	7.80	5.85
邕宁县	100	61.54	2.91	30.52	4.56	0.47
武鸣县	100	58.45	3.08	31.78	5.95	0.74
横　县	100	60.32	2.20	31.19	6.22	0.07
宾阳县	100	56.39	1.22	33.14	8.58	0.67
上林县	100	48.06	2.10	42.68	6.87	0.30
马山县	100	45.38	4.57	43.63	6.10	0.32
隆安县	100	68.75	2.28	23.78	4.89	0.30

4-11 耕地增减变动情况

单位：公顷

指标名称	全市		市区	
	2004年	2003年	2004年	2003年
年初实有耕地积	**367092**	**371338**	**34487**	**34614**
水　田	197391	200787	13110	13269
旱　地	169701	170551	21377	21345
当年新增加的耕地面积	**1807**	**2030**	**865**	**144**
新 开 荒	471	989	34	
其　他	283	657	3	50
当年减少的耕地面积	**2677**	**6276**	**438**	**271**
# 国家基建占地	1085	772	337	221
退耕还林、还牧	828	3244		
改 渔 塘	22	71	3	11
改 果 园	149	105	53	6
乡(镇)村集体基建占地	66	239	27	8
农民个人建房占地	111	163	6	14
因灾废弃及撩荒	270	1590	6	3
年末实有耕地面积	**366222**	**367092**	**34914**	**34487**
水　田	196486	197391	13019	13110
旱　地	169736	169701	21895	21377

4-12 农作物播种面积和产量

指标名称	单位	全市		市区	
		2004年	2003年	2004年	2003年
农作物总播种面积	**公顷**	**837664**	**821000**	**73720**	**73209**
粮食播种面积	**公顷**	**414200**	**406366**	**20763**	**21722**
公顷产量	公斤/公顷	4105	4315	4435	4490
产　量	吨	1700479	1753387	92094	97539
夏收播种面积	公顷	202859	199844	9876	10096
公顷产量	公斤/公顷	4725	4883	5002	5160
产　量	吨	958509	975811	49402	52039
秋收播种面积	公顷	210305	205501	10887	11626
公顷产量	公斤/公顷	3517	3776	3921	3914
产　量	吨	739547	776066	42692	45500
稻谷播种面积	公顷	280098	280374	13607	14650
公顷产量	公斤/公顷	4764	5043	5080	5135
产　量	吨	1334271	1413867	69122	75222
早稻播种面积	公顷	134701	136479	6409	6872
公顷产量	公斤/公顷	5352	5592	5750	5915
产　量	吨	720957	763192	36854	40646
中稻播种面积	公顷	960	854		
公顷产量	公斤/公顷	5316	5856		
产　量	吨	5103	5001		
晚稻播种面积	公顷	144437	143041	7198	7778
公顷产量	公斤/公顷	4211	4514	4483	4445
产　量	吨	608211	645674	32268	34576
玉米播种面积	公顷	84784	75881	5243	5125
公顷产量	公斤/公顷	3434	3433	3644	3621
产　量	吨	291172	260485	19107	18560
高粱播种面积	公顷	450	615	11	
公顷产量	公斤/公顷	1884	2078	1545	
产　量	吨	848	1278	17	
豆类播种面积	公顷	28924	28911	1168	1181
公顷产量	公斤/公顷	1339	1367	1543	1468
产　量	吨	38741	39527	1802	1734
大豆播种面积	公顷	24805	25061	948	916
公顷产量	公斤/公顷	1377	1399	1620	1515
产　量	吨	34168	35061	1536	1388
绿豆播种面积	公顷	1581	1634	200	256
公顷产量	公斤/公顷	1201	1329	1185	1297
产　量	吨	1899	2171	237	332
红薯播种面积	公顷	19722	20159	734	766
公顷产量	公斤/公顷	1785	1872	2787	2641
产　量	吨	35197	37740	2046	2023
经济作物播种面积	**公顷**	**224130**	**221812**	**23885**	**23893**
油料作物播种面积	公顷	39442	37058	4539	3916
公顷产量	公斤/公顷	2135	2112	2446	2425

4-12 续表

指 标 名 称	单位	全市		市区	
		2004年	2003年	2004年	2003年
产　　量	吨	84207	78270	11103	9495
#花生播种面积	公顷	37736	35431	4519	3897
公顷产量	公斤/公顷	2206	2184	2451	2431
产　　量	吨	83236	77366	11078	9472
芝麻播种面积	公顷	96	106	20	18
公顷产量	公斤/公顷	865	745	1250	1278
产　　量	吨	83	79	25	23
麻类播种面积	公顷	161	108	68	86
公顷产量	公斤/公顷	2609	2528	3000	3000
产　　量	吨	420	273	204	258
#黄红麻播种面积	公顷	161	108	68	86
公顷产量	公斤/公顷	2609	2528	3000	3000
产　　量	吨	420	273	204	258
甘蔗播种面积	公顷	126956	134836	13540	15196
公顷产量	公斤/公顷	67631	68818	70562	73246
产　　量	吨	8586119	9279100	955406	1113042
糖蔗播种面积	公顷	122865	130531	13309	14996
公顷产量	公斤/公顷	66751	68012	70368	73057
产　　量	吨	8201396	8877723	936526	1095560
果蔗播种面积	公顷	4091	4305	231	200
公顷产量	公斤/公顷	94041	93235	81732	87410
产　　量	吨	384723	401377	18880	17482
药材(产值)	万元	17278	17251		60
木薯播种面积	公顷	49716	41935	5256	4155
公顷产量	公斤/公顷	9234	8453	11006	10766
产　　量	吨	459069	354496	57845	44731
其他农作物播种面积	**公顷**	**199334**	**192822**	**29072**	**27594**
蔬菜播种面积	公顷	137775	133291	23726	22871
产　　量	吨	2534179	2456652	372522	375186
果瓜类（西瓜、香瓜、草莓）	公顷	32148	30189	4678	4088
产　　量	吨	499989	578181	55535	74753
青饲料	公顷	20142	20048	457	517
绿　肥	公顷	3236	3671		
马　蹄	公顷	150	162	51	58
其　他	公顷	271	242	73	12

4-13 茶叶和水果生产情况

指标名称	单位	全市		市区	
		2004年	2003年	2004年	2003年
茶叶合计	**吨**	**1154**	**1099**		
绿毛茶	吨	806	799		
水果合计	**吨**	**670431**	**572372**	**186915**	**150721**
蕉类	吨	301350	275045	152423	125748
#香蕉	吨	276207	261383	149515	123629
柚子	吨	2467	1749	15	36
#沙田柚	吨	370	357		13
柑桔	吨	44956	40024	5662	4449
橙	吨	45293	33566	1942	1104
梨	吨	7666	5364	92	72
菠萝	吨	46442	46864	1010	1833
龙眼	吨	75606	60760	3471	2327
荔枝	吨	41553	23274	6670	4483
芒果	吨	25194	24252	3779	3100
枣子(按鲜枣计算)	吨	709	676	83	15
柿子(按鲜柿计算)	吨	7637	7316	249	186
葡萄	吨	2192	1508	992	755
其他水果	吨	66738	51260	10522	6551
茶园	**公顷**	**1943**	**1919**	**24**	**24**
#当年采摘面积	公顷	1665	1580		
果园	**公顷**	**73415**	**74484**	**12256**	**12137**
#香蕉园	公顷	13491	13205	7218	6864
柑桔橙园	公顷	4375	5519	786	751
梨园	公顷	740	737	12	20
荔枝园	公顷	16559	16734	940	1060
菠萝园	公顷	1931	1873	49	89
龙眼园	公顷	22719	24226	1412	1660
芒果园	公顷	4190	4405	820	850
葡萄园	公顷	306	196	59	84

4-14 林业生产情况

指标名称	单位	全市		市区	
		2004年	2003年	2004年	2003年
营林情况					
当年造林面积	公顷	20441	23890	921	368
人工造林(年末成活率85%以上)	公顷	20441	23890	921	368
按主要的林种用途分					
用材林	公顷	18753	11174	840	232
#速生丰产林	公顷	17738	9732	809	232
经济林	公顷	1267	952	54	129
防护林	公顷	421	11757	27	
当年迹地更新面积	公顷	7425	4953	2382	1843
#人工更新面积	公顷	6273	4170	2249	1802
封山育林面积	公顷	247236	376765	3225	3114
#本年新封面积	公顷	8195	16196		667
当年四旁零星植树(按实际成活株数)	万株	432	326	48	8
林木种籽采集量	吨	3	237		
育苗面积	公顷	336	194	78	25
#新育	公顷	224	87	69	17
当年苗木产量	万株	6596	4870	1083	1248
当年幼林抚育作业面积	公顷	74224	52828	18143	18445
成林抚育(实际)面积(包括间伐)	公顷	26496	19496	7076	3342
林产品产量(包括农户自用)					
油桐籽(籽:油=4:1)	吨	247	219		
油茶籽(籽:油=5:1))	吨	59	59		
松脂	吨	18126	16457	1084	320
竹笋干(鲜笋按1/3折干)	吨	4371	3163	76	157
板栗	吨	5653	3823	1641	1048
八角	吨	2139	1999	107	21
桂皮	吨	732	107	678	55
茴油	吨		3		
安叶油	吨	490	254		2
村及村以下竹木采伐量					
原木	立方米	226711	219078	32402	25354
篙竹	万根	425	447		
大杂竹	万根	841	725	24	3
小杂竹	吨	54139	47232		1500

4-15 主要牲畜年末存栏情况

指 标 名 称	单 位	全市		市区	
		2004年	2003年	2004年	2003年
大牲畜总头数	头	797520	813636	52465	53334
#从事农事劳役的	头	600562	610887	38551	41702
牛	头	782248	799172	52427	53262
#黄牛	头	207745	215227	2290	2693
水牛	头	566738	577508	43777	45108
良种及改良种乳牛	头	7765	6437	6360	5461
马	匹	15272	14464	38	72
猪	头	2741322	2692729	220538	205537
山羊	只	185372	156329	467	855
家禽	万只	2740	2582.54	321	307.93
鸡	万只	1776	1683.39	154	152.69
鸭	万只	924	858.26	166	154.8
鹅	万只	41	40.89		0.44
兔	万只	12	12		

4-16 主要牲畜全年出栏情况

指 标 名 称	单位	全市		市区	
		2004年	2003年	2004年	2003年
当年出栏的肉用牛	头	147239	139666	3702	2769
当年出栏的肉猪	头	3843146	3551488	342015	313807
当年出栏的肉用羊	只	156319	151982	1367	1653
当年出栏的家禽	万只	6834	6006.13	1158	1153.16
鸡	万只	4235	3665.36	451	441.51
鸭	万只	2509	2252.95	707	709.17
鹅	万只	91	87.82		2.48
当年出栏的兔	万只	20	17	1	

4-17 牧业主要产品产量

单位：吨

指标名称	全市		市区	
	2004年	2003年	2004年	2003年
肉类总产量	**419792**	**382334**	**48320**	**45942**
#牛肉产量	14209	13212	452	279
猪肉产量	292545	267858	25400	23075
羊肉产量	2368	2278	20	24
禽肉产量	109148	97652	22400	22531
鸡肉产量	59685	52426	7074	7175
鸭肉产量	46986	42833	15319	15276
鹅肉产量	2477	2393	7	80
兔肉产量	341	292	10	7
奶类产量	24010	15850	22488	15098
#牛奶产量	24010	15850	22488	15035
蜂蜜产量	303	247	8	6
禽蛋产量	14454	14140	6441	6428
蚕茧产量	30785	26846	30	32
#桑蚕茧	30785	26846	30	32

4-18 渔业生产情况

指标名称	单位	全市		市区	
		2004年	2003年	2004年	2003年
水产品总产量	**吨**	**158829**	**145468**	**25155**	**22728**
淡水产品产量	吨	158829	145468	25155	22728
淡水捕捞	吨	13868	12826	79	90
鱼类	吨	12533	11647	79	90
虾蟹类	吨	538	534		
贝类	吨	688	598		
其他类	吨	109	47		
淡水养殖	吨	144961	132642	25076	22638
鱼类	吨	143297	130878	24750	22197
虾蟹类	吨	966	1037	318	432
贝类	吨	544	583		3
其他类	吨	154	144	8	6
淡水养殖面积	**公顷**	**34820**	**34534**	**3879**	**4684**
池塘养殖	公顷	12323	13074	2634	3277
河沟养殖	公顷	2603	2522	29	35
山塘水库养殖	公顷	19382	18454	1195	1370
其他养殖	公顷	512	484	21	2

4-19 农业机械化情况

指标名称	单位	全市		市区	
		2004年	2003年	2004年	2003年
农业机械总动力合计	**千瓦**	**2774468**	**2667847**	**321470**	**304779**
柴油发动机动力	千瓦	2301922	2212878	283849	264478
汽油发动机动力	千瓦	17632	20505	5638	5183
电动机动力	千瓦	454608	433495	31983	35118
其他机械动力	千瓦	306	969		
主要农业机械与设备					
大中型拖拉机	台	20351	19001	1620	1046
	千瓦	377376	353925	33878	31117
小型拖拉机	台	64624	63615	14499	13028
	千瓦	565009	563902	107495	95990
大中型拖拉机配套农	部	3586	3102	596	512
小型拖拉机配套农具	部	83563	78205	15359	15453
农用排灌电动机	台	21977	21172	2484	2469
	千瓦	123201	121414	15354	15608
农用排灌柴油机	台	58219	53202	15744	13660
	千瓦	303660	280107	68269	63568
联合收割机	台	139	126	14	15
	千瓦	2887	2685	269	269
自走式机动割晒机	台	131	100	14	14
	千瓦	2827	2643	269	269
机动脱粒机	台	90720	78597	8092	8737
	千瓦	96495	77494	1303	939
农用载重汽车	辆	5037	5123	538	547
	千瓦	465832	470170	52050	52666
农用运输车	辆	4065	4008	179	228
	千瓦	105095	106656	3080	5839
渔用机动船	艘	1064	1056	53	53
	千瓦	7287	7442	410	507
农用水泵	台	82073	82362	15742	15060
节水灌溉机械	套	3039	3164	135	278
附:当年机耕地面积	公顷	203094	200169	15278	14875

4-20 农村水电、化肥用量及灌溉情况

指标名称	单位	全市		市区	
		2004年	2003年	2004年	2003年
水电建设					
乡(镇)办水电站个数	个	8	10		
装机容量	千瓦	3867	4538		
发电量	千瓦小时	3981750	4020550		
村和村民小组办水电	个	30	30		
装机容量	千瓦	7073	2470		
发电量	千瓦小时	1955760	2071681		
农村用电量	**万千瓦小时**	**47034.09**	**47817**	**9009.66**	**8013**
农用化肥施用量					
按实物量计算	吨	1153821	1104067	120222	117894
氮肥	吨	364955	352465	30758	29678
磷肥	吨	262501	260048	25294	26193
钾肥	吨	175999	169153	22950	24376
复合肥	吨	350366	322401	41220	37647
按折纯法计算	吨	344188	313766	36995	32814
氮肥	吨	90920	82406	7689	6723
磷肥	吨	41948	39814	3404	3667
钾肥	吨	83936	76778	10987	10307
复合肥	吨	127384	114768	14915	12117
农用塑料薄膜使用量	**吨**	**5338**	**5145**	**698**	**708**
#地膜使用量	吨	4123	3826	521	487
地膜覆盖面积	公顷	75396	69844	9775	8656
农用柴油使用量	**吨**	**49466**	**45214**	**7442**	**6754**
农药使用量(按实物量计算	**吨**	**8861**	**8536**	**876**	**746**
灌溉情况					
有效灌溉面积	公顷	235120	235150	25010	25010
#实灌面积	公顷	166830	169130	12000	12000
旱涝保收面积	公顷	193630	193660	20620	20620
机电排灌面积	公顷	66950	66610	13260	13260
机电井	眼	847	833	142	140

4-21 各县农村基本情况及从业人员构成

(2004年)

指 标 名 称	单位	邕宁县	武鸣县	横县	宾阳县	上林县	马山县	隆安县
农村基层组织								
乡镇个数	个	21	16	21	20	13	14	12
#镇个数	个	18	14	16	15	7	7	6
村民委员会	个	235	191	276	191	131	145	118
村民小组	个	6988	2590	7084	6018	2967	3567	2441
农村社会基础设施								
通汽车村数	个	235	191	275	172	122	145	118
通电话村数	个	235	191	259	168	120	137	95
自来水受益村数	个	230	191	154	113	118	101	92
乡(镇)村户数	**万户**	**19.9**	**17.72**	**24.69**	**19.11**	**9.08**	**9.7**	**8.4**
乡(镇)村人口数	**万人**	**83.54**	**60.63**	**100.55**	**87.48**	**41.18**	**46.04**	**35.62**
乡(镇)村劳动力	**万人**	**53.41**	**36.11**	**58.1**	**54.68**	**24.19**	**28.15**	**21.6**
乡(镇)村从业人员	**万人**	**49.64**	**32.8**	**56.03**	**51.1**	**22.69**	**26.47**	**19.67**
#女性	万人	23.7	14.39	27.18	24.63	10.89	12.9	8.81
农林牧渔业从业人员	万人	36.27	25.01	36.51	34.72	15.9	15.73	14.18
工业从业人员	万人	0.59	0.66	2.36	2.13	0.46	0.58	0.2
建筑业从业人员	万人	1.09	1	3.01	1.89	0.9	1.14	0.6
交通运输、邮电通讯及仓储业从业人员	万人	0.84	0.71	1.22	0.51	0.37	0.29	0.16
批发、零售贸易业、餐饮业从业人员	万人	1.36	0.64	1.94	1.55	0.57	0.57	0.53
其他从业人员	万人	9.48	4.71	10.86	10.25	4.47	8.14	3.98
#外出从业人员	万人	8.76	4.5	9.65	8.74	4.3	7.31	3.7

4-22 各县农村社会总产值

（2004年） 单位：万元

指 标 名 称	邕宁县	武鸣县	横县	宾阳县	上林县	马山县	隆安县
农村社会总产值	**907540**	**721849**	**536711**	**563479**	**158805**	**136171**	**153300**
农林牧渔业总产值	**383539**	**348933**	**277027**	**189383**	**103457**	**86538**	**117623**
农村非农行业产值合计	**524001**	**372916**	**259684**	**374096**	**55348**	**49633**	**35677**
农村工业总产值	**209914**	**195629**	**33714**	**199794**	**16500**	**10993**	**15121**
乡办工业产值	47759	58102	12137				4795
村及村以下工业产值		137527	21577				
建筑业总产值	**38721**	**19361**	**120397**	**19347**	**19100**	**6371**	**7033**
建筑安装工程产值	38721	19357	68225	19347	16600	6371	7033
兴建房屋产值	23116	16692	25901	16017	15800	4171	6495
农田水利工程产值	2124	2665	701	822		1250	502
其他建筑安装工程产值	13481		41623	2508	800	950	36
其他基本建筑产值		4	52172		2500		
农村运输业总产值	**142725**	**86340**	**23219**	**29310**		**6219**	**2350**
乡办运输企业货运产值		432	16253				
村办运输企业货运产值		9929	4644				
村以下办运输企业货运产值	142725	75979	2322	29310		6219	2350
农村批发零售贸易、饮食业总产值	**132641**	**71586**	**82354**	**125645**	**19748**	**26050**	**11173**
批发零售贸易产值	90525	38834	76289	113733	18898	25600	9731
#农村供销社批发零售贸易业产值	1719	6733	12596	5047		2939	
饮食业产值	42116	32752	6065	11912	850	450	1442
农林牧渔业商品产值	**271766**	**271867**	**197328**	**108341**	**58606**	**56945**	**90473**

4-23 各县农林牧渔业总产值

（2004年）

单位：万元

指 标 名 称	邕宁县		武鸣县		横 县	
	1990年不变价	2004年现行价	1990年不变价	2004年现行价	1990年不变价	2004年现行价
农林牧渔业总产值	**235394**	**383539**	**215420**	**348933**	**172249**	**277027**
农业产值	**152315**	**236035**	**139361**	**203949**	**109756**	**167106**
种植业	151604	234289	138789	202543	108991	165233
主产品产值	143565	222650	131506	191933	104724	158850
粮食作物合计	18783	50449	16472	45445	17493	47054
经济作物合计	45109	66274	34458	53068	20406	32970
蔬菜(食用菌类)园艺作物	22179	60155	16947	45539	21149	39538
水果、饮料和香料	52041	39385	62561	45774	16365	10815
其他种植业	5453	6387	1068	2107	29311	28473
副产品产值	8039	11639	7283	10610	4267	6383
粮食作物副产品	1352	2727	1465	2365	1166	2328
经济作物副产品	6687	8912	5818	8245	3101	4055
其他农业	711	1746	572	1406	765	1873
采集野生植物	711	1746	572	1406	765	1873
林业产值	**7505**	**11142**	**6681**	**10730**	**5806**	**6100**
营　林	988	2031	799	1552	615	1034
林产品	1294	3065	3405	7097	417	806
全社会竹木采伐	5223	6046	2477	2081	4774	4260
牧业产值	**62848**	**117038**	**54399**	**110900**	**45819**	**86411**
牲畜饲养	1981	3086	3737	6149	1772	2683
牛饲养	1940	2902	3491	5224	1759	2632
羊饲养	41	184	191	851	11	49
猪的饲养	22963	52341	34306	78198	20683	47146
家禽的饲养	33328	54917	14866	24159	10693	18258
活的畜禽产品	810	1240	802	1437	1014	1481
其他动物及产品	3766	5454	688	957	11657	16843
渔业产值	**10975**	**17496**	**12494**	**20760**	**10702**	**17237**
服务业产值	**1751**	**1828**	**2485**	**2594**	**166**	**173**

4-23续表

单位：万元

指标名称	宾阳县		上林县		马山县		隆安县	
	1990年不变价	2004年现行价	1990年不变价	2004年现行价	1990年不变价	2004年现行价	1990年不变价	2004年现行价
农林牧渔业总产值	**98845**	**189383**	**52719**	**103457**	**41608**	**86538**	**73709**	**117623**
农业产值	**51706**	**106793**	**23814**	**49719**	**16964**	**39271**	**54527**	**80861**
种植业	51242	105658	22315	46044	15653	36065	53548	78461
主产品产值	47376	99697	20428	43148	14451	34263	49393	72723
粮食作物合计	14973	40038	7369	19979	5841	16405	6946	19473
经济作物合计	17296	26540	7781	12467	2443	3977	17689	25034
蔬菜（食用菌类）园艺作物	7716	23812	2290	6127	4147	12002	5974	15239
水果、饮料和香料	3594	3388	723	868	1843	1588	18666	12750
其他种植业	3797	5919	2265	3707	177	291	118	227
副产品产值	3866	5961	1887	2896	1202	1802	4155	5738
粮食作物副产品	955	2121	603	1202	751	1186	773	1199
经济作物副产品	2911	3840	1284	1694	451	616	3382	4539
其他农业	464	1135	1499	3675	1311	3206	979	2400
采集野生植物	464	1135	1499	3675	1311	3206	979	2400
林业产值	**2220**	**2311**	**1590**	**2171**	**3152**	**3954**	**2201**	**2676**
营　林	426	749	439	948	714	1265	277	500
林产品	146	324	671	861	211	378	1303	1468
全社会竹木采伐	1648	1238	480	362	2227	2311	621	708
牧业产值	**33552**	**62761**	**22636**	**44152**	**17934**	**37759**	**13065**	**27971**
牲畜饲养	1790	2700	813	1426	2025	3948	899	1633
牛饲养	1783	2668	727	1088	1705	2550	797	1193
羊饲养	7	32	72	319	312	1387	97	433
猪的饲养	15969	36401	13193	30073	12534	28571	10107	23038
家禽的饲养	6126	9734	1824	2822	2858	4485	1628	2706
活的畜禽产品	433	638	250	388	232	339	271	399
其他动物及产品	9234	13288	6556	9443	285	416	160	195
渔业产值	**10148**	**16245**	**4384**	**7107**	**3297**	**5281**	**3564**	**5747**
服务业产值	**1219**	**1273**	**295**	**308**	**261**	**273**	**352**	**368**

4-24 各县农林牧渔业中间消耗

（2004年，按当年价格计算）

单位：万元

指标名称	合计	农业	# 种植业	林业	牧业	渔业	服务业
邕宁县							
农林牧渔业中间消耗	**144326**	**76145**	**76145**	**3011**	**61132**	**3047**	**991**
物质消耗	141494	75084	75084	2873	60576	2961	
用种量	18643	13794	13794	2372	1064	1413	
饲料、饲草	61117	1084	1084		58899	1134	
肥料	47971	47955	47955	16			
燃料	4303	3887	3887	211	29	176	
农药	2273	2217	2217	56			
电	4318	3707	3707	162	272	177	
农用塑料薄膜	2264	2264	2264				
其他	605	176	176	56	312	61	
劳务支出	2832	1061	1061	138	556	86	
武鸣县							
农林牧渔业中间消耗	**127242**	**57003**	**57003**	**3210**	**59002**	**6621**	**1406**
物质消耗	117958	51923	51923	3112	56552	6371	
用种量	12278	9743	9743	98	672	1765	
饲料、饲草	59608	2072	2072		54318	3218	
肥料	35025	33332	33332	1693			
燃料	2133	2124	2124			9	
农药	2433	2385	2385	48			
电	166	65	65	21	71	9	
农用塑料薄膜	393	393	393				
其他	5922	1809	1809	1252	1491	1370	
劳务支出	9284	5080	5080	98	2450	250	
横县							
农林牧渔业中间消耗	**108356**	**56569**	**56432**	**1304**	**45478**	**4912**	**93**
物质消耗	104178	53169	53032	1282	44900	4827	

4-24续表1 单位：万元

指标名称	合计	农业	# 种植业	林业	牧业	渔业	服务业
用种量	10496	7945	7945	107	1685	759	
饲料、饲草	44958	832	832		41327	2799	
肥料	35881	35655	35655	226			
燃料	6460	4709	4709	187	1433	131	
农药	2119	2082	2082	37			
电	241	241	198				
农用塑料薄膜	545	545	545				
其他	3478	1160	1066	725	455	1138	
劳务支出	4178	3400	3400	22	578	85	
宾阳县							
农林牧渔业中间消耗	**70062**	**31427**	**31368**	**687**	**31967**	**5291**	**690**
物质消耗	63235	26832	26773	652	30712	5039	
用种量	7226	4786	4786	83	1109	1248	
饲料、饲草	26893	749	749		23425	2719	
肥料	16828	16683	16683	145			
燃料	1391	863	863	17	511		
农药	2970	2910	2910	60			
电	122	40	38		82		
农用塑料薄膜	343	343	343				
其他	7462	458	401	347	5585	1072	
劳务支出	6827	4595	4595	35	1255	252	
上林县							
农林牧渔业中间消耗	**39277**	**16488**	**16488**	**977**	**16563**	**5083**	**166**
物质消耗	38402	16008	16008	973	16368	5053	
用种量	4745	2412	2412	433	1296	604	
饲料、饲草	18425	2982	2982		13278	2165	
肥料	9114	8790	8790	324			
燃料	586	586	586				

4-24续表2 单位：万元

指标名称	合计	农业	# 种植业	林业	牧业	渔业	服务业
农药	693	662	662	31			
电	61	14	14	35	8	4	
农用塑料薄膜	192	192	192				
其他	4586	370	370	150	1786	2280	
劳务支出	875	480	480	4	195	30	
马山县							
农林牧渔业中间消耗	**31328**	**10904**	**10689**	**1224**	**17479**	**1573**	**148**
物质消耗	28090	9454	9391	256	16932	1448	
用种量	3623	2780	2780	193	201	449	
饲料、饲草	17413	175	175		16377	861	
肥料	2985	2985	2985				
燃料	774	610	600	23	130	11	
农药	322	322	322				
电	1301	1055	1022		189	57	
农用塑料薄膜	113	113	113				
其他	1559	1414	1394	40	35	70	
劳务支出	3238	1450	1298	968	547	125	
隆安县							
农林牧渔业中间消耗	**44169**	**25046**	**25046**	**595**	**16859**	**1469**	**200**
物质消耗	41330	22970	22970	595	16296	1469	
用种量	8530	8030	8030	69	9	422	
饲料、饲草	18376	1966	1966		16185	225	
肥料	7376	7376	7376				
燃料	2084	1598	1598	424	62		
农药	1406	1321	1321	85			
电	2135	2133	2133	2			
农用塑料薄膜	186	186	186				
其他	1237	360	360	15	40	822	
劳务支出	2839	2076	2076		563		

4-25 各县耕地增减变动情况

（2004年） 单位：公顷

指 标 名 称	邕宁县	武鸣县	横 县	宾阳县	上林县	马山县	隆安县
年初实有耕地积	**75732**	**59690**	**62532**	**53952**	**25674**	**23084**	**31941**
水 田	48403	24422	39263	34896	17426	10333	9538
旱 地	27329	35268	23269	19056	8248	12751	22403
当年新增加的耕地面积	**23**	**445**	**203**	**10**	**15**		**246**
新 开 荒	13	230	15		15		164
其 他		90	188				2
当年减少的耕地面积	**74**	**541**	**513**	**98**	**158**	**351**	**504**
# 国家基建占地	68	282	263	12	24	27	72
退耕还林、还牧			14	34	126	318	336
改 渔 塘		17		1			1
改 果 园		21	16				59
乡(镇)村集体基建占地	1	3	16	7	1	1	10
农民个人建房占地	3	73	11	13	1	1	3
因灾废弃及撩荒	2	47	153	31	6	3	22
年末实有耕地面积	**75681**	**59594**	**62222**	**53864**	**25531**	**22733**	**31683**
水 田	48358	24254	38983	34829	17400	10179	9464
旱 地	27323	35340	23239	19035	8131	12554	22219

4-26 各县农作物播种面积和产量

(2004年)

指 标 名 称	单 位	邕宁县	武鸣县	横 县	宾阳县	上林县	马山县	隆安县
农作物总播种面积	**公顷**	**198623**	**145716**	**132669**	**111038**	**58055**	**51354**	**66489**
粮食播种面积	**公顷**	**81832**	**61248**	**71983**	**66436**	**38673**	**38769**	**34496**
公顷产量	公斤/公顷	4218	4976	4379	4060	3481	2853	3720
产 量	吨	345143	304786	315183	269703	134614	110620	128336
夏收播种面积	公顷	37241	32096	36039	33994	18182	18246	17185
公顷产量	公斤/公顷	5002	5890	4616	4311	4100	4054	4212
产 量	吨	186288	189038	166351	146541	74539	73969	72381
秋收播种面积	公顷	44591	29152	35429	32442	20394	20358	17052
公顷产量	公斤/公顷	3562	3970	4148	3796	2939	1793	3266
产 量	吨	158855	115748	146945	123162	59941	36510	55694
稻谷播种面积	公顷	63187	37025	56103	53154	26319	16199	14504
公顷产量	公斤/公顷	4599	5848	4814	4505	4125	3832	5369
产 量	吨	290567	216517	270087	239452	108573	62074	77879
早稻播种面积	公顷	29015	17680	27870	26886	12051	7770	7020
公顷产量	公斤/公顷	5334	6836	5002	4850	4942	5036	5695
产 量	吨	154769	120857	139419	130396	59557	39128	39977
中稻播种面积	公顷		576				212	172
公顷产量	公斤/公顷		5644				5533	3948
产 量	吨		3251				1173	679
晚稻播种面积	公顷	34172	18769	28233	26268	14268	8217	7312
公顷产量	公斤/公顷	3974	4923	4628	4152	3435	2650	5091
产 量	吨	135798	92409	130668	109056	49016	21773	37223
玉米播种面积	公顷	11678	16706	9753	5676	7352	15333	13043
公顷产量	公斤/公顷	3686	4619	3550	2888	2544	2725	3094
产 量	吨	43041	77168	34626	16394	18702	41780	40354
高粱播种面积	公顷	56		45	207	25		106
公顷产量	公斤/公顷	1839		1333	918	1320		4198
产 量	吨	103		60	190	33		445
豆类播种面积	公顷	1892	6137	3739	3182	2706	5090	5010
公顷产量	公斤/公顷	1477	1526	1678	1281	1069	926	1362
产 量	吨	2794	9367	6275	4076	2892	4712	6823
大豆播种面积	公顷	1072	6016	2618	2546	2601	4127	4877
公顷产量	公斤/公顷	1620	1541	1769	1296	1081	1017	1372
产 量	吨	1737	9268	4630	3300	2811	4197	6689
绿豆播种面积	公顷	428	118	477	289	12	28	29
公顷产量	公斤/公顷	1273	822	1438	990	667	500	897
产 量	吨	545	97	686	286	8	14	26
红薯播种面积	公顷	5019	1380	2343	4217	2174	2022	1833
公顷产量	公斤/公顷	1721	1257	1765	2274	1969	958	1547
产 量	吨	8638	1734	4135	9591	4280	1938	2835
经济作物播种面积	**公顷**	**53435**	**49352**	**30802**	**25320**	**12693**	**6191**	**22452**
油料作物播种面积	公顷	10237	9617	4371	4776	3707	1287	908
公顷产量	公斤/公顷	2227	2303	1997	2087	1474	1667	2045

指 标 名 称	单 位	邕宁县	武鸣县	横 县	宾阳县	上林县	马山县	隆安县
#花生播种面积	公顷	10192	9613	4354	4766	2122	1262	908
公顷产量	公斤/公顷	2232	2304	2003	2091	2169	1679	2045
产　量	吨	22750	22146	8719	9965	4602	2119	1857
芝麻播种面积	公顷	45	4	17	10			
公顷产量	公斤/公顷	1022	250	471	300			
产　量	吨	46	1	8	3			
麻类播种面积	公顷	32						61
公顷产量	公斤/公顷							3541
产　量	吨							216
#黄红麻播种面积	公顷	32						61
公顷产量	公斤/公顷							3541
产　量	吨							216
甘蔗播种面积	公顷	34525	19605	17324	15995	6869	2118	16980
公顷产量	公斤/公顷	67461	72637	73296	64017	64784	50479	60774
产　量	吨	2329076	1424058	1269772	1023951	445000	106915	1031941
糖蔗播种面积	公顷	33686	19472	15647	15383	6489	2043	16836
公顷产量	公斤/公顷	66936	72657	70637	62543	62105	49786	60776
产　量	吨	2254812	1414771	1105259	962093	403000	101713	1023222
果蔗播种面积	公顷	839	133	1677	612	380	75	144
公顷产量	公斤/公顷	88515	69827	98100	101075	110526	69360	60549
产　量	吨	74264	9287	164513	61858	42000	5202	8719
药材(产值)	万元	17015		190	50			23
木薯播种面积	公顷	7273	19916	3953	4228	2117	2786	4187
公顷产量	公斤/公顷	10740	10593	3620	5320	5351	3379	13039
产　量	吨	78111	210973	14311	22491	11329	9415	54594
其他农作物播种面积	**公顷**	**63356**	**35116**	**29884**	**19282**	**6689**	**6394**	**9541**
蔬菜播种面积	公顷	34767	26709	20795	14719	3502	5615	7942
产　量	吨	658017	536839	327838	245268	73613	133604	186478
果用瓜（西瓜、香瓜）	公顷	20409	2726	2517	1408	22	42	346
产　量	吨	296752	67462	51977	23952	531	825	2955
青饲料	公顷	3486	5576	5172	2670	1153	595	1033
绿　肥	公顷	325	1	414	268	2010		218
马　蹄	公顷	6		72	21			
其　他	公顷	51	6	1			140	

4-27 各县茶叶和水果生产情况

（2004年）

指标名称	单位	邕宁县	武鸣县	横县	宾阳县	上林县	马山县	隆安县
茶叶合计	**吨**		**244**	**533**	**37**	**280**	**57**	**3**
绿毛茶	吨		216	276	37	277		
水果合计	**吨**	**121462**	**228254**	**33202**	**8023**	**2402**	**6547**	**83626**
蕉类	吨	16518	70815	5132	1990	880	1029	52563
#香蕉	吨	14872	57327	2951	1302	240	66	49934
柚子	吨	489	946	71	76	420	231	219
#沙田柚	吨	92	124	15	4	120	6	9
柑桔	吨	6973	23664	706	321	254	412	6964
橙	吨	4282	27259	278	10	90	8	11424
梨	吨	2357	2565	1510	467	375	227	73
菠萝	吨	32340	10735	2				2355
龙眼	吨	18851	39287	5761	2142	250	1929	3915
荔枝	吨	16423	7488	7980	638	6	81	2267
芒果	吨	9014	10722	1172	66	2		439
枣子(按鲜枣计算)	吨	6	26	454	125	10	5	
柿子(按鲜柿计算)	吨	704	1126	4934	240		277	107
葡萄	吨	389	238	227	236	48	42	20
其他水果	吨	13116	31199	4884	1516	62	2167	3272
茶园	**公顷**		**175**	**1634**	**13**	**38**	**58**	**1**
#当年采摘面积	公顷		155	1401	13	38	58	
果园	**公顷**	**23551**	**17224**	**10154**	**1360**	**323**	**1992**	**6555**
#香蕉园	公顷	1318	1874	479	136	170	78	2218
柑桔橙园	公顷	1212	863	129	52	59	165	1109
梨园	公顷	252	143	217	56	7	28	25
荔枝园	公顷	8950	1042	4297	133	1	41	1155
菠萝园	公顷	1275	505	1	3			98
龙眼园	公顷	6510	7994	3385	505	71	1514	1328
芒果园	公顷	1771	1086	360	9			144
葡萄园	公顷	63	66	55	39	13	2	9

4-28 各县林业生产情况

(2004年)

指 标 名 称	单位	邕宁县	武鸣县	横 县	宾阳县	上林县	马山县	隆安县
营林情况								
当年造林面积	公顷	4315	2822	3786	2608	2149	1853	1987
人工造林(年末成活率85%以上)	公顷	4315	2822	3786	2608	2149	1853	1987
按主要的林种用途分								
用 材 林	公顷	4255	2784	3778	2495	1677	1793	1131
#速生丰产林	公顷	3960	2754	3711	2472	1627	1280	1125
经 济 林	公顷	60	38	8	113	138		856
防 护 林	公顷					334	60	
当年迹地更新面积	公顷	2659	1068	352	369	88	430	77
#人工更新面积	公顷	2550	910	352	47	88		77
封山育林面积	公顷	11599	53843	39065	10363	19127	9444	100570
#本年新封面积	公顷		1333		1375	2133	2021	1333
当年四旁零星植树(按实际成活株数)	万株	34	115	119	50	14	52	
林木种籽采集量	吨	1	2					
育苗面积	公顷	15	179	11	6	9	10	28
#新育	公顷	13	92	11	6	9	8	16
当年苗木产量	万株	1701	1419	510	316	400	354	813
当年幼林抚育作业面积	公顷	14230	9235	3169	2601	14927	8037	3882
成林抚育(实际)面积(包括间伐)	公顷	1736	3074	3137	1401		9907	165
林产品产量(包括农户自用)								
油桐籽(籽:油=4:1)	吨	83		83			70	11
油茶籽(籽:油=5:1))	吨				34		25	
松 脂	吨	8356	5701	1269	779	230	496	211
竹笋干(鲜笋按1/3折干)	吨	512	3301	282	77		102	21
板 栗	吨	4	153	61				3794
八 角	吨		600	43	16	1200	147	26
桂 皮	吨			54				
茴 油	吨							
安叶油	吨	35	445	10				
村及村以下竹木采伐量								
篙 竹	万根	179	10	217				19
大杂竹	万根	65	96	479	42	20	91	24
小杂竹	吨	34350	1277	680		84	17260	488

4-29 各县主要牲畜年末存栏情况

(2004年)

指标名称	单位	邕宁县	武鸣县	横县	宾阳县	上林县	马山县	隆安县
大牲畜总头数	头	154053	132276	115366	88296	88607	98408	68049
#从事农事劳役的	头	112180	99765	96340	69949	60805	74171	48801
牛	头	153522	128906	113448	87718	86738	93953	65536
#黄牛	头	41835	26886	18838	6893	30215	47451	33337
水牛	头	111390	101015	94570	80801	56484	46502	32199
良种及改良种乳牛	头	297	1005	40	24	39		
马	匹	531	3370	1918	578	1869	4455	2513
猪	头	379210	712951	422628	292082	240289	225494	248130
山羊	只	7145	30583	2090	1997	19103	93961	30026
家禽	万只	918	460	432	251	130	125	104
鸡	万只	598	321	344	154	64	70	71
鸭	万只	307	135	84	83	64	52	32
鹅	万只	13	3	4	14	2	4	
兔	万只	3	2		2	1	2	1

4-30 各县主要牲畜全年出栏情况

(2004年)

指标名称	单位	邕宁县	武鸣县	横县	宾阳县	上林县	马山县	隆安县
当年出栏的肉用牛	头	25120	39086	20941	20219	8944	20235	8992
当年出栏的肉猪	头	622050	1013464	538930	408974	319568	335145	263000
当年出栏的肉用羊	只	8775	40512	2320	1500	15190	66043	20612
当年出栏的家禽	万只	2615	1296	902	410	144	195	113
鸡	万只	1742	861	686	229	73	114	79
鸭	万只	828	427	209	161	67	75	33
鹅	万只	46	7	7	20	4	6	1
当年出栏的兔	万只	5	4	1	2	2	3	2

4-31 各县牧业主要产品产量

(2004年)

单位：吨

指 标 名 称	邕宁县	武鸣县	横 县	宾阳县	上林县	马山县	隆安县
肉类总产量	**90394**	**93567**	**57894**	**42606**	**30617**	**32266**	**24128**
#牛肉产量	2187	3936	1983	2010	820	1922	899
猪肉产量	47276	70631	42583	32878	27163	25806	20808
羊肉产量	114	664	35	22	232	991	290
禽肉产量	40570	18009	13098	7445	2195	3450	1981
鸡肉产量	24915	10868	9250	3562	1022	1704	1290
鸭肉产量	14485	6962	3672	3222	1073	1583	670
鹅肉产量	1170	179	176	661	100	163	21
兔肉产量	76	59	24	39	64	44	25
奶类产量	253	1135		25	98		11
#牛奶产量	253	1135		25	98		11
蜂蜜产量	67	60	50	31	17	22	48
禽蛋产量	1697	1552	2205	937	529	505	588
蚕茧产量	3512	333	11395	8945	6363	206	1
#桑蚕茧	3512	333	11395	8945	6363	206	1

4-32 各县渔业生产情况

(2004年)

指 标 名 称	单 位	邕宁县	武鸣县	横 县	宾阳县	上林县	马山县	隆安县
水产品总产量	**吨**	**26114**	**30014**	**25667**	**24322**	**10892**	**8040**	**8625**
淡水产品产量	吨	26114	30014	25667	24322	10892	8040	8625
淡水捕捞	吨	2392	1945	5748	2311	409	709	275
鱼 类	吨	2181	1833	5345	2043	399	389	264
虾蟹类	吨	110	43	210	83	4	77	11
贝 类	吨	101	27	173	153		234	
其他类	吨		42	20	32	6	9	
淡水养殖	吨	23722	28069	19919	22011	10483	7331	8350
鱼 类	吨	23442	27794	19856	21656	10152	7297	8350
虾蟹类	吨	227	161	30	195	16	19	
贝 类	吨	53	70		100	315	6	
其他类	吨		44	33	60		9	
淡水养殖面积	**公顷**	**7021**	**5122**	**6845**	**4915**	**3321**	**1749**	**1968**
池塘养殖	公顷	2672	2014	1218	1522	839	740	684
河沟养殖	公顷	321	40	1876	64	5	268	
山塘水库养殖	公顷	4028	3062	3503	3147	2477	731	1239
其他养殖	公顷		6	248	182		10	45

4-33 各县农业机械化情况

(2004年)

指 标 名 称	单 位	邕宁县	武鸣县	横 县	宾阳县	上林县	马山县	隆安县
农业机械总动力合计	**千瓦**	**612985**	**522851**	**399250**	**323466**	**283504**	**144275**	**166667**
柴油发动机动力	千瓦	547032	468459	289918	285831	214908	71120	140805
汽油发动机动力	千瓦	7026		945	1368	373		2282
电动机动力	千瓦	58927	54255	108367	36267	68105	73155	23549
其他机械动力	千瓦		137	20		118		31
主要农业机械与设备								
大中型拖拉机	台	3597	4104	3201	2572	2124	1730	1403
	千瓦	68247	73483	63840	52164	33978	25721	26065
小型拖拉机	台	13989	16255	7419	6594	1916	384	3568
	千瓦	119746	152974	72522	63923	18078	4051	26220
大中型拖拉机配套农	部	763	700	545	519	34		429
小型拖拉机配套农具	部	15081	12089	8709	15122	11182	524	5497
农用排灌电动机	台	2359	1096	4605	1395	6192	3338	508
	千瓦	20760	7700	44992	7173	9100	6176	11946
农用排灌柴油机	台	15842	9319	3973	4353	2647	644	5697
	千瓦	80899	48673	32870	20939	15752	3980	32278
联合收割机	台	7	24	23	40	26	4	1
	千瓦	72	603	551	1113	206	72	1
自走式机动割晒机	台	6	21	23	40	26		1
	千瓦	108	579	551	1113	206		1
机动脱粒机	台	9024	10208	2652	14644	28547	5529	12024
	千瓦	23764		16689	22981	15980	15778	
农用载重汽车	辆	1545	1151	341	572	543	143	204
	千瓦	138893	107722	31084	51400	51052	14369	19262
农用运输车	辆	980	588	149	1075	631	217	246
	千瓦	32008	18379	4309	20507	16869	5315	4628
渔用机动船	艘	463		506		24		18
	千瓦	3103		3279		352		143
农用水泵	台	18029	12876	11608	5780	6995	5343	5700
节水灌溉机械	套	555	1501	488	57	2	3	298
附:当年机耕地面积	公顷	40491	40776	40023	37633	9311	5942	13640

4-34 各县农村水电、化肥用量及灌溉情况

(2004年)

指标名称	单位	邕宁县	武鸣县	横县	宾阳县	上林县	马山县	隆安县
水电建设								
乡(镇)办水电站个数	个	1	3	1		2		1
装机容量	千瓦	320	775	12		1260		1500
发电量	千瓦小时	5650	1285000	650		2690000		450
村和村民小组办水电	个	8	11			6	5	
装机容量	千瓦	230	6047			660	136	
发电量	千瓦小时	5510	1451300			482000	16950	
农村用电量	**万千瓦小时**	**7825**	**7100**	**6573.43**	**6975**	**4918**	**2500**	**2133**
农用化肥施用量								
按实物量计算	吨	334128	199185	171755	143680	59803	31572	93476
氮肥	吨	105561	61256	56152	39717	25505	15403	30603
磷肥	吨	85085	31045	41687	37658	14708	4277	22747
钾肥	吨	48923	32036	19266	23207	8447	2519	18651
复合肥	吨	94559	74848	54650	43098	11143	9373	21475
按折纯法计算	吨	101921	67843	43510	40772	15911	8557	28679
氮肥	吨	31945	13476	10681	10327	5867	3543	7392
磷肥	吨	14379	4346	6668	6210	2206	599	4136
钾肥	吨	23970	15666	8672	10444	3827	1134	9236
复合肥	吨	31627	34355	17489	13791	4011	3281	7915
农用塑料薄膜使用量	**吨**	**2153**	**526**	**606**	**429**	**550**	**144**	**232**
#地膜使用量	吨	1975	420	348	326	261	58	214
地膜覆盖面积	公顷	44136	8256	3955	5419	1645	1547	663
农用柴油使用量	**吨**	**7021**	**10449**	**7559**	**10512**	**779**	**1669**	**4035**
农药使用量(按实物量计算)	**吨**	**1712**	**1106**	**1573**	**1980**	**473**	**230**	**911**
灌溉情况								
有效灌溉面积	公顷	43870	30270	49210	42730	17370	10670	15990
#实灌面积	公顷	36690	26700	29720	26000	15320	9600	10800
旱涝保收面积	公顷	38870	25170	42020	32070	15940	6620	12320
机电排灌面积	公顷	17970	3660	16300	6960	2040	1020	5740
机电井	眼	348	304	35		18		

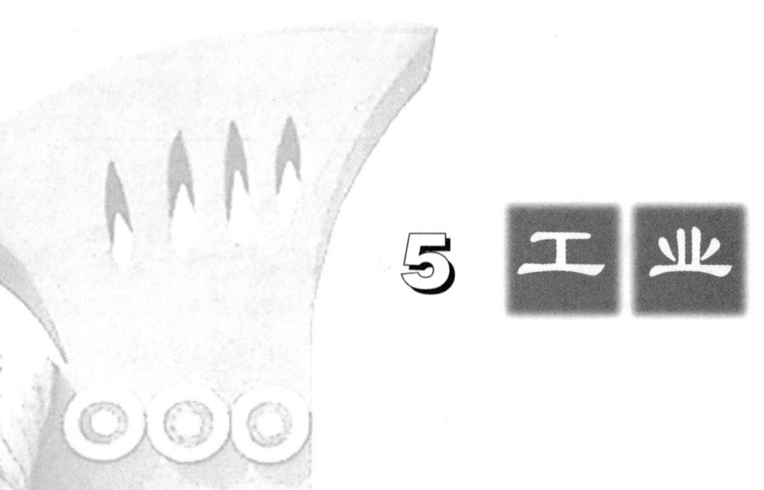

5 工业

CHAPTER 5　INDUSTRY

5-1 全市主要年份工业总产值

（按当年价格计算）

单位：万元

年 份	全部工业总产值			乡及乡以上工业总产值	#国有工业	#集体工业
		轻工业	重工业			
1950	767	704	63	238	37	201
1965	26370	17413	8957	23595	19842	3753
1978	111437	68785	42652	110979	91689	18287
1980	129920	94843	35077	128638	106710	21401
1985	216221	149483	66738	209855	178446	31211
1986	247582	169834	77748	236722	204570	31570
1987	310315	211666	98649	298512	257753	38720
1988	404796	279480	125316	387247	332131	51458
1989	504021	353985	150036	488566	417319	57031
1990	549256	382516	166740	528855	453624	59995
1991	625718	419582	206136	600539	507269	65208
1992	740112	487356	252756	700243	579918	82273
1993	1005613	628765	376848	909065	719657	122451
1994	1341785	812033	529752	1171195	888611	164083
1995(旧口径)	1759443	1028078	731365	1500470	1059315	270457
1995(新口径)	1529236	891430	637806	1303224	918567	231410
1996	1581367	933535	647832	1339026	848099	307245
1997	1696837	1008391	688446	1366220	762253	348946
1998	1824639	1090345	734294	1418302	739942	358305
1999	1870681	1096428	774253	1422855	492613	325646
2000	1989447	1152637	836810	1422855	394409	294910
2001	2077239	1186494	890745	1422855	336051	284501
2002	2205788	1196185	1009603	1422855	310101	216474
2003	3019078	1668459	1350619	2083763*	479617*	100997*
2004	3649670	1977026	1672644	2636466*	541581*	101881*

注：2003年以后数据为行政区划调整后大南宁口径的数据，其余年份为原南宁口径。打“*”的统计口径为规模以上工业。

5-2 全市主要年份工业总产值发展速度

单位：%

年份	全部工业总产值	轻工业	重工业	乡及乡以上工业总产值	#国有工业	#集体工业
1951	179.98	178.26	200.00	160.90	367.57	124.89
1965	142.07	138.43	149.77	142.77	146.59	125.44
1978	108.26	105.55	112.78	108.28	108.33	108.02
1980	113.67	122.91	97.57	113.88	113.15	117.65
1985	120.02	118.37	124.61	117.46	117.01	117.77
1986	107.97	108.66	106.16	107.06	108.51	99.20
1987	117.86	115.87	123.22	116.80	116.95	112.02
1988	116.17	116.74	114.71	115.83	114.27	122.15
1989	108.34	108.34	108.33	109.19	108.99	102.03
1990	106.97	106.52	108.14	108.58	107.88	105.43
1991	111.15	105.02	126.98	109.05	107.95	109.32
1992	117.18	117.92	115.58	117.62	114.77	117.77
1993	118.72	116.20	124.22	111.43	107.39	128.09
1994	117.75	111.27	130.97	120.71	107.19	132.19
1995	116.56	106.46	134.05	106.94	104.73	146.88
1996	101.09	102.40	99.29	101.22	91.45	132.14
1997	110.77	111.86	109.23	105.91	94.66	118.64
1998	109.72	110.14	109.12	106.12	101.28	99.17
1999	107.30	105.61	109.78	104.69	68.01	94.67
2000	106.79	104.44	110.12	106.44	78.96	90.58
2001	107.84	105.46	111.05	106.44	81.63	99.03
2002	111.52	107.14	117.13	106.44	93.62	79.45
2003	113.45	116.99	109.29	119.56*	144.89*	70.65*
2004	120.89	118.49	123.84	126.52*	112.92*	100.88*

注：1、2003年以后数据为行政区划调整后大南宁口径的数据，其余年份为原南宁口径。打“*”的统计口径为规模以上工业。

2、2004年工业总产值发展速度按当年价格计算，其余年份按可比价计算。

5-3 全部工业企业单位数、总产值与增加值

（2004年） 单位：万元

指标名称	单位数（个）	工业总产值（当年价格）	工业增加值（现价）
总　计	**23542**	**3649670**	**1257972**
#国有控股企业	**281**	**1156987**	**505256**
按统计口径分组			
国有及年销售收入500万元以上非国有工业	**561**	**2636466**	**901774**
#国有控股企业	166	1086308	474391
#农村工业	56	121485	30383
按轻重工业分			
轻工业	305	1486040	517297
重工业	256	1150426	384477
按企业规模分			
大型企业	2	244398	73755
中型企业	67	1096304	460514
小型企业	492	1295764	367505
按登记注册类型分组			
国有企业	137	541581	297060
集体企业	47	101881	29666
股份合作企业	4	18911	5919
股份制企业	258	1526244	438335
外商、港澳台商投资企业	59	354219	105329
其他企业	56	93630	25465
年销售收入500万元以下非国有工业	**22981**	**1013204**	**356198**

5-4 全市主要工业产品产量

（2004年）

产品名称	单位	生产量	产品名称	单位	生产量
原煤	吨	360574	中成药	吨	11874
发电量	万千瓦小时	223449.60	胶鞋	万双	19.92
火电	万千瓦小时	50365.30	塑料制品	吨	32010
水电	万千瓦小时	173084.30	水泥熟料	万吨	50.74
大米	吨	74473	水泥	万吨	607.31
小麦粉	万吨	11.37	水泥排水管	千米	3540
食用植物油	吨	11206	水泥电杆	根	85383
机制糖	吨	1177916	商品混凝土	立方米	1558365
配混合饲料	吨	1228293	水泥预制管桩	米	516263
方便主食品	吨	1157	砖(折标准砖)	万块	70205.59
乳制品	吨	25950	平板玻璃	重量箱	4866073
液体乳	吨	25846	日用玻璃制品	吨	42055
罐头	吨	32706	日用陶瓷	万件	1658.97
味精	吨	3990	耐火材料制品	吨	13790
酱油	吨	7016	粗钢	吨	45196
发酵酒精(折96度，商品量)	千升	81682	钢材	吨	212787
饮料酒	千升	76757	铁合金	吨	12119
白酒(折65度，商品量)	千升	1849	铝	吨	14027
啤酒	千升	74908	黄金	千克	697
软饮料	吨	64988	白银	千克	38619
精制茶	吨	4321	铝材	吨	33418
卷烟	万支	2545205	起重设备	吨	28275
纱	吨	18000	矿山设备	吨	5470
布	万米	1199.50	小型拖拉机	台	62691
苎麻布及亚麻布	米	1186996	发电设备	千瓦	131700
服装	万件	338.27	交流电动机	千瓦	23837
轻革	平方米	1006368	变压器	千伏安	189530
人造板	立方米	349399	电力电缆	公里	6099
家具	件	45167	通讯电缆	公里	3708
纸浆	吨	178882	钢芯铝绞线	吨	6885
机制纸	吨	136189	灯具	万只	450.23
纸制品	吨	9201	家用洗衣机	台	26547
硫酸(折100%)	吨	14774	家用电风扇	台	193369
盐酸(含量31%以上)	吨	119387	微型电子计算机	部	1596
氢氧化钠(烧碱)(折100%)	吨	147829	半导体集成电路	万块	180.08
合成氨	吨	89699	表	只	697800
农用氮、磷、钾化学肥料总计(折纯)	吨	65451	锰矿石成品矿	吨	10034
氮肥(折含N 100%)	吨	64937	鲜、冻畜肉	吨	35089
化学农药	吨	4112	淀粉	吨	305850
冰醋酸	吨	5714	松香	吨	56751
聚氯乙烯树脂	吨	55919	电子元件	万只	1083.17

5-5 全市规模以上工业企业主要财务状况

（2004年） 单位:万元

指标名称	单位数（个）	#亏损企业	工业总产值（当年价）	工业销售产值（当年价）	工业增加值（当年价）
总计	**561**	**164**	**2636466**	**2539125**	**901774**
#亏损企业	164	164	336250	316541	86929
#国有控股企业	166	73	1086308	1064432	474391
#农村工业	56	19	121485	106553	30383
按经济类型分组					
国有企业	137	65	541581	529338	297060
集体企业	47	11	101881	99829	29666
股份合作企业	4	1	18911	18870	5919
股份制企业	258	52	1526244	1474170	438335
外商及港、澳、台商投资企业	59	21	354219	330364	105329
其他工业企业	56	14	93630	86554	25465
按轻重工业分					
轻工业	305	91	1486040	1427665	517297
重工业	256	73	1150426	1111460	384477
按大中小型工业分					
大型企业	2		244398	251017	73755
中型企业	67	15	1096304	1047402	460514
小型企业	492	149	1295764	1240706	367505

单位:万元

指　标　名　称	单位数(个)	#亏损企业	工业总产值(当年价)	工业销售产值(当年价)	工业增加值(当年价)
按工业行业大类分					
煤炭的开采和洗选业	2	2	3966	3969	1345
有色金属矿采选业	4		11939	11508	6123
非金属矿采选业	7		11979	11319	3373
农副食品加工业	99	9	644062	671322	187752
食品制造业	23	9	72758	57489	19507
饮料制造业	12	5	59728	45587	17000
烟草制品业	3		235485	230222	148440
纺织业	11	3	54622	52047	9415
纺织服装、鞋、帽制造业	4		9695	9626	3175
皮革、毛皮、羽毛(绒)及其制品业	8	6	18156	16298	4086
木材加工及木、竹、藤、棕、草制品业	12	2	46450	40883	14056
家具制造业	1		506	506	73
造纸及纸制品业	24	13	141461	102421	32332
印刷业和记录媒介的复制	25	10	30828	29627	10761
石油加工、炼焦及核燃料加工业	3	1	9408	9466	2121
化学原料及化学制品制造业	47	13	200938	203286	56577
医药制造业	42	14	113857	101306	39442
化学纤维制造业	1				
橡胶制品业	2	2	424	400	69
塑料制品业	17	4	78051	75023	25289
非金属矿物制品业	60	26	273636	270443	88731
黑色金属冶炼及压延加工业	12	5	77325	76410	12782
有色金属冶炼及压延加工业	10	1	87707	85629	22476
金属制品业	15	5	35897	30185	10168
通用设备制造业	14	5	53098	38831	12720
专用设备制造业	24	6	63640	65844	13979
交通运输设备制造业	15	3	39074	36715	12048
电气机械及器材制造业	16	4	67819	74097	16253
通信设备、计算机及其他电子设备制造业	7	1	38707	37452	11986
仪器仪表及文化、办公用机械制造业	4		6707	6574	2726
工艺品及其他制造业	9	4	25559	22149	8354
电力、热力的生产和供应业	13	4	97167	96727	96467
燃气生产和供应业	1		2479	2479	-962
水的生产和供应业	14	7	23341	23287	13113

5-5续表1 单位:万元

指标名称	资产合计	流动资产年平均余额	固定资产净值年平均余额	负债合计	产品销售收入	#产品销售成本	#产品销售费用	#产品销售税金及附加
总计	**3767239**	**1196450**	**1702129**	**2563351**	**2437367**	**1934330**	**86428**	**99954**
#亏损企业	770466	211715	446584	609762	304488	273309	11601	3438
#国有控股企业	2355906	620307	1150349	1729275	1085206	783771	35384	90582
#农村工业	65740	27190	33251	45229	115280	102854	3503	1217
按经济类型分组								
国有企业	1327221	376031	663596	966096	571140	382236	21264	86221
集体企业	85574	41321	34682	64841	92717	80635	2764	616
股份合作企业	8943	4837	2823	4692	13979	10855	1440	48
股份制企业	1754232	584230	726288	1179402	1364675	1122098	44861	10127
外商及港、澳、台商投资企业	539347	168190	256992	318982	311331	262078	14450	2168
其他工业企业	51922	21841	17748	29338	83525	76428	1650	774
按轻重工业分								
轻工业	1930938	634529	749419	1253564	1359136	1036136	53454	92017
重工业	1836301	561921	952710	1309788	1078231	898194	32974	7938
按大中小型工业分								
大型企业	422646	79595	113629	262225	246669	185441	5400	2258
中型企业	2115844	641217	1077809	1530983	1065967	786278	36482	90404
小型企业	1228750	475638	510690	770144	1124731	962611	44546	7293

单位:万元

指标名称	资产合计	流动资产年平均余额	固定资产净值年平均余额	负债合计	产品销售收入	#产品销售成本	#产品销售费用	#产品销售税金及附加
按工业行业大类分								
煤炭的开采和洗选业	2186	929	1037	1371	2486	1643		121
有色金属矿采选业	11314	1932	6193	7443	11426	8254	350	107
非金属矿采选业	6003	2003	2693	2665	8206	5060	1777	58
农副食品加工业	713680	243032	194310	458925	653350	549020	13995	4200
食品制造业	73381	36716	29131	49727	54255	44882	4188	481
饮料制造业	116764	23053	78709	67255	46620	37708	3266	1679
烟草制品业	269084	120934	64427	153249	230256	102008	10855	83216
纺织业	36778	19104	10267	17330	55052	51400	394	186
纺织服装、鞋、帽制造业	8270	4213	3721	2550	9629	8459	183	13
皮革、毛皮、羽毛(绒)及其制品业	8500	4177	3561	11158	16128	16551	46	45
木材加工及木、竹、藤、棕、草制品业	62100	21128	25892	31049	38934	34176	1039	38
家具制造业	937	172	793	784	560	364	28	29
造纸及纸制品业	270325	48525	207215	255980	97673	85068	2307	553
印刷业和记录媒介的复制	41076	12389	22244	15479	24657	20130	558	192
石油加工、炼焦及核燃料加工业	3356	1967	778	2364	9538	8454	406	26
化学原料及化学制品制造业	211599	71507	72433	95970	188662	148310	9909	1383
医药制造业	171998	69188	46812	97729	83944	56498	12050	676
橡胶制品业	15405	7313	1602	15640	614	617	45	4
塑料制品业	51611	29743	13179	21492	56039	43519	2603	283
非金属矿物制品业	381967	128625	205640	253598	264130	217395	5895	2610
黑色金属冶炼及压延加工业	24381	13510	7741	19843	75292	72268	1183	405
有色金属冶炼及压延加工业	99079	34710	21272	64857	86437	78211	2621	210
金属制品业	24857	12627	10108	16837	23372	22395	228	231
通用设备制造业	72845	24883	25311	57594	32624	27626	1944	194
专用设备制造业	98452	44533	35426	66848	59587	51271	2361	217
交通运输设备制造业	75107	36856	23954	40755	29847	22594	929	137
电气机械及器材制造业	85200	48322	22325	58795	65554	52396	3110	426
通信设备、计算机及其他电子设备制造业	26495	11596	5016	13435	23477	17652	1162	70
仪器仪表及文化、办公用机械制造业	9811	3023	2848	3432	4666	3169	291	41
工艺品及其他制造业	24967	11220	13124	10128	17422	13466	1241	101
电力、热力的生产和供应业	612594	83355	482122	554669	141377	116473	6	1865
燃气生产和供应业	33097	10389	16066	25238	2292	2348	751	17
水的生产和供应业	124024	14779	46180	69166	23261	14946	708	143

5-5续表2

单位:万元

指标名称	管理费用	财务费用	利润总额	亏损企业亏损额	利税总额	本年应交增值税	全部从业人员年平均数(人)
总计	**161821**	**47950**	**121325**	**31433**	**358898**	**137619**	**125530**
#亏损企业	30602	20038	-31433	31433	-13032	14964	31258
#国有控股企业	96078	29313	63031	18821	240082	86469	57791
#农村工业	3880	1398	1691	746	5525	2618	8692
按经济类型分组							
国有企业	54445	8903	29904	6791	166827	50703	33206
集体企业	5377	987	1842	325	5139	2681	5988
股份合作企业	462	144	866	220	1346	433	374
股份制企业	81634	31191	74414	15553	151763	67222	67012
外商及港、澳、台商投资企业	18194	6082	12652	8159	29024	14203	13698
其他工业企业	1710	643	1646	386	4798	2378	5252
按轻重工业分							
轻工业	88332	33648	59993	24005	229932	77923	68506
重工业	73488	14302	61332	7428	128966	59696	57024
按大中小型工业分							
大型企业	23906	1581	27000		47991	18733	9146
中型企业	72790	34844	57064	15520	227361	79894	52227
小型企业	65124	11525	37260	15913	83545	38992	64157

 单位:万元

指标名称	管理费用	财务费用	利润总额	亏损企业亏损额	利税总额	本年应交增值税	全部从业人员年平均数(人)
按工业行业大类分							
煤炭的开采和洗选业	615		-33	33	250	162	21
有色金属矿采选业	1288	93	1391		2040	542	90
非金属矿采选业	559	147	337		639	244	39
农副食品加工业	33527	9813	44287	482	83300	34812	2478
食品制造业	3980	1196	-72	2986	2011	1602	534
饮料制造业	3374	1811	-998	1712	2965	2284	179
烟草制品业	13734	2016	18757		122879	20906	221
纺织业	1742	417	709	16	2458	1564	535
纺织服装、鞋、帽制造业	720	8	295		383	75	200
皮革、毛皮、羽毛(绒)及其制品业	462	303	-533	561	133	622	137
木材加工及木、竹、藤、棕、草制品业	1942	526	3727	243	6114	2349	167
家具制造业	102	31			63	34	6
造纸及纸制品业	6191	14343	-7816	11474	-1607	5656	474
印刷业和记录媒介的复制	2718	246	627	197	2156	1336	251
石油加工、炼焦及核燃料加工业	245	59	350	9	503	127	11
化学原料及化学制品制造业	15788	2355	15017	965	23809	7410	867
医药制造业	11852	1285	1407	4556	7366	5284	871
橡胶制品业	446	169	-678	678	-639	35	18
塑料制品业	2455	721	4333	74	5972	1356	240
非金属矿物制品业	17347	5248	15778	2974	37625	19238	1969
黑色金属冶炼及压延加工业	1735	196	-472	814	779	846	179
有色金属冶炼及压延加工业	2821	1444	2774	186	4871	1887	218
金属制品业	1023	324	-224	327	429	422	164
通用设备制造业	2579	186	288	406	1061	579	375
专用设备制造业	5554	1355	407	1016	2241	1617	515
交通运输设备制造业	3539	599	2712	157	4156	1307	193
电气机械及器材制造业	5315	901	1110	933	3255	1719	363
通信设备、计算机及其他电子设备制造业	1133	259	1477	7	1868	321	129
仪器仪表及文化、办公用机械制造业	837	19	762		1066	263	78
工艺品及其他制造业	1034	146	1004	67	1411	306	201
电力、热力的生产和供应业	10810	-84	13220	365	36382	21297	579
燃气生产和供应业	592	683	274		353	62	14
水的生产和供应业	5765	1135	1106	196	2605	1357	238

5-6　全市规模以上工业主要经济效益指标

(2004年)

指　　标	工业增加值率（%）	总资产贡献率（%）	资产负债率（%）	流动资产周转次数（次/年）	成本费用利润率（%）	全员劳动生产率（元/人）	产品销售率（%）	经济效益综合指数
总　　计	**34.51**	**11.54**	**68.04**	**2.04**	**5.44**	**72466**	**96.31**	**144.34**
按轻重工业分								
轻工业	34.99	14.92	64.92	2.14	4.95	76613	95.17	153.43
重工业	33.87	8.01	71.33	1.92	6.02	67484	97.81	134.09
按工业行业大类分								
煤炭的开采和洗选业	33.56	10.82	62.69	2.68	-1.48	62192	100.06	113.22
有色金属矿采选业	47.67	19.34	65.78	5.91	13.93	63027	96.39	224.89
非金属矿采选业	28.65	10.00	44.39	4.10	4.47	89499	94.49	166.16
农副食品加工业	29.49	15.21	64.30	2.69	7.30	83043	96.25	172.79
食品制造业	33.69	4.28	67.77	1.48	-0.13	43221	83.87	82.11
饮料制造业	25.37	4.21	57.60	2.02	-2.16	64694	99.54	97.63
烟草制品业	62.55	51.07	56.95	1.90	14.58	666222	97.77	615.34
纺织业	16.09	7.14	47.12	2.88	1.31	16584	95.29	94.52
纺织服装、鞋、帽制造业	33.32	4.90	30.83	2.29	3.15	15942	99.28	92.97
皮革、毛皮、羽毛(绒)及其制品业	22.66	1.54	131.26	3.86	-3.07	29593	91.00	50.27
木材加工及木、竹、藤、棕、草制品业	29.32	10.71	50.00	1.84	9.89	78421	91.83	160.40
家具制造业	20.49	9.05	83.67	3.26	0.00	16188	100.00	85.74
造纸及纸制品业	23.95	5.01	94.69	2.01	-7.24	53994	95.37	70.61
印刷业和记录媒介的复制	35.05	6.52	37.68	1.99	2.65	42316	96.10	113.21
石油加工、炼焦及核燃料加工业	16.16	18.45	70.44	4.85	3.81	147762	100.62	237.05
化学原料及化学制品制造业	28.06	13.27	45.35	2.64	8.51	66025	99.89	164.04
医药制造业	34.30	5.22	56.82	1.21	1.72	45612	88.02	96.02
橡胶制品业	24.98	-3.39	101.52	0.08	-53.05	5883	94.41	-189.79
塑料制品业	33.40	13.65	41.64	1.88	8.79	108199	96.52	184.00
非金属矿物制品业	31.86	11.84	66.39	2.05	6.42	44306	98.40	132.77
黑色金属冶炼及压延加工业	17.81	4.49	81.39	5.57	-0.63	75315	100.61	145.05
有色金属冶炼及压延加工业	26.26	7.64	65.46	2.49	3.26	109346	94.17	156.99
金属制品业	23.13	3.48	67.74	1.85	-0.93	45390	93.06	95.50
通用设备制造业	26.21	1.78	79.06	1.31	0.89	29269	92.69	73.73
专用设备制造业	22.12	3.61	67.90	1.34	0.67	29337	95.80	76.45
交通运输设备制造业	31.04	6.88	54.26	0.81	9.80	62739	93.49	135.72
电气机械及器材制造业	24.97	4.85	69.01	1.36	1.80	49690	101.80	95.05
通信设备、计算机及其他电子设备制造业	30.45	8.37	50.71	2.02	7.31	88262	99.85	152.28
仪器仪表及文化、办公用机械制造业	39.38	11.59	34.98	1.54	17.65	33522	98.02	164.66
工艺品及其他制造业	33.15	7.18	40.57	1.55	6.32	42172	86.45	128.90
电力、热力的生产和供应业	99.09	5.75	90.54	1.70	10.39	169072	99.55	198.53
燃气生产和供应业	-47.79	3.58	76.26	0.22	6.27	-86460	100.00	14.44
水的生产和供应业	59.50	3.20	55.77	1.57	4.90	58513	99.77	114.77

5-7 市区工业企业单位数、总产值与增加值

(2004年)

单位：万元

指 标 名 称	单位数（个）	工业总产值（当年价格）	工业增加值（现价）
总　　计	**3321**	**2161897**	**762870**
＃国有控股企业	**144**	**927675**	**389252**
按统计口径分组			
国有及年销售收入500万元以上非国有工业	**296**	**1775283**	**597353**
＃国有控股企业	92	871051	365493
＃农村工业	3	3965	1113
按轻重工业分			
轻工业	171	1030676	372110
重工业	125	744607	225243
按企业规模分			
大型企业	2	244398	73755
中型企业	35	716288	311480
小型企业	259	814597	212118
按登记注册类型分组			
国有企业	72	429355	240683
集体企业	28	70848	19516
股份合作企业	1	16751	5182
股份制企业	157	1067673	281705
外商、港澳台商投资企业	30	175428	46304
其他企业	8	15228	3963
年销售收入500万元以下非国有工业	**3025**	**386614**	**165517**

5-8 市区主要工业产品产量

(2004年)

产品名称	单位	生产量	产品名称	单位	生产量
锰矿石成品矿	吨	10034	轮胎外胎	条	1282
铜精矿含铜量	吨	1626	输送带	平方米	2352
大米	吨	71547	胶鞋	万双	20
小麦粉	万吨	9	塑料制品	吨	28125
食用植物油	吨	11206	水泥	万吨	47
鲜、冻畜肉	吨	35089	水泥排水管	千米	3493
机制糖	吨	593340	水泥压力管	千米	78
配混合饲料	吨	926106	水泥电杆	根	17808
乳制品	吨	23180	商品混凝土	立方米	1558365
液体乳	吨	23076	水泥预制管桩	米	516263
罐头	吨	10244	砖(折标准砖)	万块	67941
味精	吨	3990	平板玻璃	重量箱	4866073
酱油	吨	6800	日用玻璃制品	吨	42055
淀粉	吨	63904	粗钢	吨	9515
发酵酒精(折96度，商品量)	千升	38537	钢材	吨	52725
饮料酒	千升	76757	铁合金	吨	3704
啤酒	千升	74908	铝	吨	14027
软饮料	吨	64961	铝材	吨	33418
精制茶	吨	1886	日用精铝制品	吨	539
卷烟	万支	2545205	内燃机	万千瓦	23
纱	吨	18000	铸造机械	台	830
布	万米	1043	起重设备	吨	28275
苎麻布及亚麻布	米	1186996	工矿车辆	辆	240
针棉织品折用纱线量	吨	1353	减速机	台	1578
服装	万件	193	粉末冶金制品	吨	202
轻革	平方米	74739	矿山设备	吨	5470
人造板	立方米	161759	工矿配件	吨	1293
家具	件	45167	水泥设备	吨	3102
纸浆	吨	177324	小型拖拉机	台	62691
机制纸	吨	49306	农业运输机械	辆	681
机制纸板	吨	6469	发电设备	千瓦	131700
纸制品	吨	9201	交流电动机	千瓦	23837
盐酸(含量31%以上)	吨	119387	变压器	千伏安	189530
氢氧化钠(烧碱)(折100%)	吨	147829	电力电缆	公里	6099
合成氨	吨	1288	通讯电缆	公里	3708
农用氮、磷、钾化学肥料总计(折	吨	4064	钢芯铝绞线	吨	6885
化学农药	吨	4112	灯具	万只	450
冰醋酸	吨	5714	家用洗衣机	台	26547
建筑涂料	吨	611	家用电风扇	台	193369
塑料树脂及共聚物	吨	55919	微型电子计算机	部	1596
松香	吨	21732	半导体集成电路	万块	180
肥皂	吨	742	表	只	697800
合成洗涤剂	吨	423	发电量	万千瓦小时	31570
化学原料药	吨	3230	火电	万千瓦小时	24602
中成药	吨	10311	水电	万千瓦小时	6968

5-9　市区规模以上工业企业主要财务状况

（2004年）

单位:万元

指　标　名　称	单位数（个）	#亏损企业	工业总产值（当年价）	工业销售产值（当年价）	工业增加值（当年价）
总　计	**296**	**77**	**1775283**	**1737592**	**597353**
#亏损企业	77	77	199110	193360	50131
#国有控股企业	92	40	871051	859998	365493
#农村工业	3	1	3965	3892	1113
按经济类型分组					
国有企业	72	34	429355	422548	240683
集体企业	28	6	70848	68910	19516
股份合作企业	1		16751	16719	5182
股份制企业	157	29	1067673	1048724	281705
外商及港、澳、台商投资企业	30	8	175428	165888	46304
其他工业企业	8		15228	14803	3963
按轻重工业分组					
轻工业	171	49	1030676	1022109	372110
重工业	125	28	744607	715483	225243
按大中小型工业分					
大型企业	2		244398	251017	73755
中型企业	35	9	716288	701272	311480
小型企业	259	68	814597	785303	212118

单位:万元

指　标　名　称	单位数（个）	#亏损企业	工业总产值（当年价）	工业销售产值（当年价）	工业增加值（当年价）
按工业行业大类分					
煤炭的开采和洗选业	1		172	172	80
农副食品加工业	49	7	374733	425800	101583
食品制造业	14	6	42055	36871	10197
饮料制造业	5	3	45138	34267	12900
烟草制品业	2		230161	225296	144817
纺织业	2		34512	33141	5576
纺织服装、鞋、帽制造业	2		3153	3083	1201
皮革、毛皮、羽毛(绒)及其制品业	4	3	6935	5651	2012
木材加工及木、竹、藤、棕、草制品业	3	1	15695	14715	3506
家具制造业	1		506	506	73
造纸及纸制品业	10	5	90252	52661	15705
印刷业和记录媒介的复制	19	7	27692	26499	9843
石油加工、炼焦及核燃料加工业	2	1	8916	9084	1957
化学原料及化学制品制造业	20	6	154148	157993	42989
医药制造业	31	8	95961	88995	33144
化学纤维制造业	1				
橡胶制品业	2	2	424	400	69
塑料制品业	15	3	74748	72164	24252
非金属矿物制品业	18	5	122772	121910	34377
黑色金属冶炼及压延加工业	2		19593	17786	1450
有色金属冶炼及压延加工业	6	1	64019	59871	14107
金属制品业	8	4	26353	21585	7089
通用设备制造业	12	4	52006	37701	12384
专用设备制造业	18	3	56971	59679	11791
交通运输设备制造业	14	3	38487	36094	11863
电气机械及器材制造业	16	4	67819	74097	16253
通信设备、计算机及其他电子设备制造业	6		36039	36052	11125
仪器仪表及文化、办公用机械制造业	4		6707	6574	2726
工艺品及其他制造业	5		13505	13186	4696
电力、热力的生产和供应业	1		45000	45000	50072
燃气生产和供应业	1		2479	2479	-962
水的生产和供应业	2	1	18334	18281	10478

5-9续表1 单位:万元

指标名称	资产合计	流动资产年平均余额	固定资产净值年平均余额	负债合计	产品销售收入	#产品销售成本	#产品销售费用	#产品销售税金及附加
总计	**2656043**	**808567**	**1148325**	**1868670**	**1588406**	**1224298**	**63091**	**94561**
#亏损企业	531176	143942	316179	449124	187642	165134	7296	2664
#国有控股企业	1892697	476689	888742	1427557	838017	593726	27627	88468
#农村工业	4164	2621	1018	3475	3500	3027	138	14
按经济类型分组								
国有企业	1119252	304038	565083	858934	422673	263225	17097	85340
集体企业	46555	29103	11705	24103	61377	53981	2216	308
股份合作企业	6918	4305	681	2717	12086	9075	1414	35
股份制企业	1208683	385104	452873	817688	930114	762301	33095	6610
外商及港、澳、台商投资企业	268882	84601	117103	163442	151843	127229	8855	1999
其他工业企业	5754	1415	881	1787	10312	8487	415	269
按轻重工业分								
轻工业	1402785	412659	547861	934450	948631	692282	41261	89499
重工业	1253258	395907	600464	934220	639775	532016	21830	5062
按大中小型工业分								
大型企业	422646	79595	113629	262225	246669	185441	5400	2258
中型企业	1534653	414913	815489	1181971	679380	475488	27324	88120
小型企业	698745	314059	219206	424475	662357	563369	30368	4183

5-9续表1.1　　单位:万元

指标名称	资产合计	流动资产年平均余额	固定资产净值年平均余额	负债合计	产品销售收入	#产品销售成本	#产品销售费用	#产品销售税金及附加
按工业行业大类分								
煤炭的开采和洗选业	428	378	23	385	160	94	18	4
农副食品加工业	424067	105604	102420	278308	404408	343401	8238	2392
食品制造业	51952	22202	23296	38407	29509	24317	2706	314
饮料制造业	97270	16014	66752	50278	35627	28084	3063	1600
烟草制品业	254790	117175	55724	149825	225257	98566	10855	83159
纺织业	29575	14569	8389	11680	33279	31180	213	128
纺织服装、鞋、帽制造业	3709	1709	1988	1150	3087	2735	17	13
皮革、毛皮、羽毛(绒)及其制品业	5345	1833	2871	7384	5356	5374	33	23
木材加工及木、竹、藤、棕、草制品业	34522	10308	14777	24872	14733	14122	163	24
家具制造业	937	172	793	784	560	364	28	29
造纸及纸制品业	203336	29096	166103	219786	50809	45278	588	376
印刷业和记录媒介的复制	37232	11115	19964	13292	21525	17678	424	173
石油加工、炼焦及核燃料加工业	2664	1342	722	1753	7325	6376	338	24
化学原料及化学制品制造业	180891	52300	63205	78494	139870	104449	7854	1213
医药制造业	123032	56362	34122	62014	71804	46185	11132	591
橡胶制品业	15405	7313	1602	15640	614	617	45	4
塑料制品业	50365	29231	12550	20983	53390	41013	2575	279
非金属矿物制品业	127670	55784	53188	82093	114967	96802	1789	1431
黑色金属冶炼及压延加工业	6616	5449	944	5666	18784	18707	19	43
有色金属冶炼及压延加工业	78832	22003	19147	51793	58156	52326	1487	183
金属制品业	11620	7258	3470	10485	16975	16495	109	32
通用设备制造业	66542	21837	22438	52900	30756	26155	1716	194
专用设备制造业	89267	41321	30195	61811	53516	46064	2323	154
交通运输设备制造业	74867	36660	23911	40633	29232	22141	928	133
电气机械及器材制造业	85200	48322	22325	58795	65554	52396	3110	426
通信设备、计算机及其他电子设备制造业	23583	10155	4281	12994	22285	16622	1154	70
仪器仪表及文化、办公用机械制造业	9811	3023	2848	3432	4666	3169	291	41
工艺品及其他制造业	6248	2266	2182	4624	10035	7394	588	94
电力、热力的生产和供应业	426396	56618	335474	426396	45606	42198		1289
燃气生产和供应业	33097	10389	16066	25238	2292	2348	751	17
水的生产和供应业	100774	10760	36559	56777	18269	11652	538	110

5-9续表2 单位:万元

指标名称	管理费用	财务费用	利润总额	亏损企业亏损额	利税总额	本年应交增值税	全部从业人员年平均数(人)
总计	**106447**	**33462**	**73069**	**23131**	**261817**	**94187**	**68962**
#亏损企业	19898	17941	-23131	23131	-11055	9412	16411
#国有控股企业	69929	24603	42449	16632	197684	66767	39553
#农村工业	224	66	31	23	201	157	297
按经济类型分组							
国有企业	35565	7263	23213	4702	149043	40489	20866
集体企业	3371	482	773	128	2676	1595	3271
股份合作企业	383	66	956		1340	350	170
股份制企业	58070	22694	43385	14338	95323	45328	38975
外商及港、澳、台商投资企业	8761	2927	4335	3963	12434	6099	5386
其他工业企业	297	30	407		1002	326	294
按轻重工业分							
轻工业	64100	23996	36083	18834	184677	59095	38931
重工业	42348	9465	36986	4297	77140	35092	30031
按大中小型工业分							
大型企业	23906	1581	27000		47991	18733	9146
中型企业	46150	24912	24332	14455	165305	52853	28691
小型企业	36391	6968	21737	8676	48520	22601	31125

5-9续表2.1

单位:万元

指标名称	管理费用	财务费用	利润总额	亏损企业亏损额	利税总额	本年应交增值税	全部从业人员年平均数(人)
按工业行业大类分							
煤炭的开采和洗选业	35		8		33	21	6
农副食品加工业	22672	2885	23441	413	47492	21658	1144
食品制造业	2637	703	-978	2811	496	1160	312
饮料制造业	2877	1512	-1148	1684	2549	2097	117
烟草制品业	11750	1976	18067		121468	20242	148
纺织业	1385	275	203		1625	1294	324
纺织服装、鞋、帽制造业	234	4	133		206	60	65
皮革、毛皮、羽毛(绒)及其制品业	319	292	-379	400	-166	191	27
木材加工及木、竹、藤、棕、草制品业	975	438	521	242	1403	859	60
家具制造业	102	31			63	34	6
造纸及纸制品业	3072	13536	-10561	10620	-6784	3401	146
印刷业和记录媒介的复制	2560	204	512	152	1937	1252	217
石油加工、炼焦及核燃料加工业	191	50	348	9	484	113	8
化学原料及化学制品制造业	13328	2019	14237	825	22109	6659	548
医药制造业	8955	796	3838	985	9241	4813	738
橡胶制品业	446	169	-678	678	-639	35	18
塑料制品业	2355	712	4330	61	5907	1299	213
非金属矿物制品业	6016	1798	7677	1624	16365	7257	625
黑色金属冶炼及压延加工业	180	40	41		116	32	21
有色金属冶炼及压延加工业	2316	1124	2003	186	3679	1494	192
金属制品业	574	257	-207	242	45	220	80
通用设备制造业	2414	77	390	264	1151	568	360
专用设备制造业	5071	1285	279	820	1771	1339	442
交通运输设备制造业	3435	599	2642	157	4055	1280	189
电气机械及器材制造业	5315	901	1110	933	3255	1719	363
通信设备、计算机及其他电子设备制造业	958	256	1484		1873	319	55
仪器仪表及文化、办公用机械制造业	837	19	762		1066	263	78
工艺品及其他制造业	580	31	1071		1349	184	81
电力、热力的生产和供应业		-126	2687		17203	13227	160
燃气生产和供应业	592	683	274		353	62	14
水的生产和供应业	4268	921	965	25	2113	1038	142

5-10 各县工业企业单位数

（2004年）　　　　单位：个

指标名称	邕宁县	武鸣县	横县	宾阳县	上林县	马山县	隆安县
总　计	**4521**	**5389**	**2862**	**4603**	**847**	**1135**	**864**
#国有控股企业	**36**	**39**	**17**	**21**	**11**	**9**	**4**
按统计口径分组							
国有及年销售收入500万元以上非国有工业	**83**	**59**	**46**	**35**	**15**	**12**	**15**
#国有控股企业	18	16	5	16	11	5	3
#农村工业	4	23	20	4		1	1
按轻重工业分							
轻工业	39	39	22	16	6	4	8
重工业	44	20	24	19	9	8	7
按企业规模分							
中型企业	11	3	9	6	2		1
小型企业	72	56	37	29	13	12	14
按登记注册类型分组							
国有企业	15	15	3	15	10	4	3
集体企业	8	4	7				
股份合作企业	1		1				1
股份制企业	38	15	20	14	3	5	6
外商、港澳台商投资企业	12	8	3	6			
其他企业	9	17	12		2	3	5
年销售收入500万元以下非国有工业	**4438**	**5330**	**2816**	**4568**	**832**	**1123**	**849**

5-11 各县全部工业总产值

（2004年，按当年价计算）　　单位：万元

指标名称	邕宁县	武鸣县	横县	宾阳县	上林县	马山县	隆安县
总　计	**446597**	**279340**	**204051**	**373000**	**55408**	**53561**	**75815**
#国有控股企业	**51407**	**39718**	**29551**	**51591**	**33481**	**23994**	**5226**
按统计口径分组							
国有及年销售收入500万元以上非国有工业	**316344**	**112180**	**134513**	**167639.5**	**33921**	**38130**	**58455**
#国有控股企业	45753	33159	28811	50906	27827	23908	4896
#农村工业	5927	38971	33714	36830		843	1234
按轻重工业分							
轻工业	183289	71107	80156	62421	17074	6328	37613
重工业	133055	41073	54357	105219	16847	31803	20842
按企业规模分							
中型企业	145177	15291	81983	91521	15170		30873
小型企业	171167	96888	52530	76118	18751	38130	27583
按登记注册类型分组							
国有企业	9975	27835	11330	29448	26229	2513	4896
集体企业	13264	6532	11237				
股份合作企业	482		542				1136
股份制企业	177247	34216	91520	71780	5122	31143	47544
外商、港澳台商投资企业	92457	14959	4965	66411			
其他企业	22920	28638	14920		2570	4475	4879
年销售收入500万元以下非国有工业	**130253**	**167160**	**69538**	**205360**	**21487**	**15431**	**17360**

5-12 各县全部工业增加值

（2004年，现价计算）　　单位：万元

指 标 名 称	邕宁县	武鸣县	横 县	宾阳县	上林县	马山县	隆安县
总 计	**142992**	**95884**	**65658**	**115938**	**16969**	**30613**	**27049**
#国有控股企业	**22686**	**18501**	**18744**	**20311**	**8792**	**22804**	**4454**
按统计口径分组							
国有及年销售收入500万元以上非国有工业	**106925**	**40045**	**43282**	**54330**	**9557**	**26138**	**21841**
#国有控股企业	20191	15445	18275	20042	7307	22722	4172
#农村工业	1894	11368	8624	7197		363	227
按轻重工业分							
轻工业	58794	23796	21003	19747	5007	882	13463
重工业	48131	16249	22280	34583	4550	25256	8378
按企业规模分							
中型企业	53890	7964	35728	36371	3961		10907
小型企业	53035	32081	7554	17959	5596	26138	10934
按登记注册类型分组							
国有企业	5680	11654	11655	12155	6999	1810	4203
集体企业	4742	1783	3656				
股份合作企业	164		172				402
股份制企业	60695	13446	23273	17818	1669	23498	15778
外商、港澳台商投资企业	29242	4859	832	24357			
其他企业	6402	8304	3695		889	829	1459
年销售收入500万元以下非国有工业	**36067**	**55839**	**22375**	**61608**	**7413**	**4475**	**5208**

5-13 各县主要工业产品产量

(2004年)

产品名称	单位	邕宁县	武鸣县	横县	宾阳县	上林县	马山县	隆安县
原煤	吨					360574		
铜精矿含铜量	吨		2498					
钨精矿折含量(折三氧化钨65%)	吨		155					
大米	吨				2926			
小麦粉	万吨				2			
配混合饲料	吨	288485	10300	3402				
机制糖	吨	46927	36312	162221	146892	49602	14734	127888
糕点	吨				103			
方便主食品	吨				1026			
乳制品	吨	2770						
罐头	吨	5585	2342	14535				
淀粉	吨	38676	166076	3298		400		33496
酱油	吨		216					
发酵酒精(折96度，商品量)	千升	14697	17956	3151	3341	4000		
软饮料	吨		27					
精制茶	吨	1580		855				
布	万米		157					
丝	吨	51		460	189	116		
服装	万件	146						
轻革	平方米			433829	497800			
人造板	立方米	164498		23142				
纸浆	吨	1558						
机制纸	吨	71685	873	6397	3328		4600	
硫酸(折100%)	吨	14774						
合成氨	吨		42290		12986			33135
农用氮、磷、钾化学肥料总计(折纯)	吨	514	27782		8986			24105
氮肥(折含N 100%)	吨		27782		8986			24105
松香	吨	24064	2490	5037				3428
中成药	吨	997		566				
塑料制品	吨	1157	2728					
水泥熟料	万吨				51			
水泥	万吨	183	31	93	201	5	17	31
水泥排水管	千米	47						
水泥电杆	根	3770			63805			
砖(折标准砖)	万块	710	1555					
墙地砖	万平方米		79					
卫生陶瓷	万件				255			
日用陶瓷	万件				1659			
耐火材料制品	吨				13790			
粗钢	吨			35681				
钢材	吨	36727		42357	80978			
中小型型钢	吨	6148						
钢筋	吨			42357				
盘条(线材)	吨	2178						
焊接钢管	吨	28124						
其它钢材	吨				80978			
铁合金	吨					2257	6158	
黄金	千克			697				
白银	千克							38619
泵	台						94	
电子元件	万只	1083						
发电量	万千瓦小时	5867		78398	4443	11022	88327	3823
火电	万千瓦小时	5867		4574	4443	8191		2689
水电	万千瓦小时			73824		2831	88327	1134

5-14 各县规模以上工业企业主要财务状况

（2004年）

单位:万元

指标名称	邕宁县	武鸣县	横县	宾阳县	上林县	马山县	隆安县
单位数(个)	83	59	46	35	15	12	15
#亏损企业	21	12	27	13	7	6	1
工业总产值(当年价)	316344	112180	134513	167640	33921	38130	58455
工业销售产值(当年价)	302901	97206	121350	161270	30508	35944	52355
工业增加值(当年价)	106925	40045	43282	54330	9557	26138	21841
资产合计	368750	173582	146765	194266	42282	111911	73641
流动资产年平均余额	149269	46970	47016	87008	19432	7810	30377
固定资产净值年平均余额	167932	82642	65472	81543	19415	107309	29491
负债合计	203099	102397	99921	128064	23118	103694	34389
产品销售收入	318798	107164	127418	174640	29263	36272	55407
产品销售成本	275319	92612	112617	142108	22088	23863	41425
产品销售费用	10886	3298	1561	4497	1792	186	1118
产品销售税金及附加	1385	958	1069	958	280	324	420
管理费用	16166	10300	6806	11375	3609	2135	4982
财务费用	4264	2133	1425	3869	496	86	2216
利润总额	14608	-609	4117	12388	2029	9206	6517
亏损企业亏损额	687	4292	1705	888	418	248	63
利税总额	28514	5206	12297	23440	4038	13306	10279
本年应交增值税	12521	4858	7111	10095	1728	3776	3343
全部从业人员年平均数(人)	15776	9989	12611	10396	2380	1748	3668

6 运输邮电

CHAPTER 6 TRANSPORT,POSTAL AND TELECOMMUNICATIONS

6-1 全市主要年份交通邮电情况

年 份	邮电业务总量（万元）	年末电话用户（户）	客运量（万人）	货运量（万吨）
1950	53	174		8
1965	381	4859		215
1978	420	7691		347
1980	487	9195		313
1985	1211	17277	3907	1055
1986	1384	20423	4615	1268
1987	1709	24171	5795	1428
1988	1990	28145	6234	2703
1989	2311	33663	6338	1915
1990	5219	37131	3908	1863
1991	6854	47878	2625	2226
1992	9807	60333	2896	2589
1993	16745	87174	2545	2908
1994	29695	140004	3835	3457
1995	47626	228940	4545	3341
1996	65478	248387	4959	3413
1997	86853	361554	5457	3450
1998	112896	403001	5026	3470
1999	133877	645717	5130	3293
2000	190253	865319	5149	3291
2001	255793	913508	5266	3371
2002	291117	1543341	5343	3442
2003	191649	2678588	7017	5893
2004	248049	3527773	8451	6791

注：邮电业务总量1950年为1952年不变价，1965年为1957年不变价，1978和1980年为1970年不变价，1985－1989年为1980年不变价，1990年—2002年为1990年不变价,2003年以后为2000年不变价。2003年以后数据为行政区划调整后大南宁口径的数据，其余年份为原南宁口径。

6-2 全市民用车辆拥有量

（2004年）　　　　单位：辆

指标名称	总计	#私人
合计	**875822**	**811441**
汽车	**112120**	**54877**
#载客汽车	76711	46905
#大型	5012	289
中型	3415	930
小型	52030	33298
微型	16254	12388
轿车	36003	23727
载货汽车	32732	7780
#重型	4094	416
中型	10491	2368
轻型	13428	3403
微型	4719	1593
#普通载货	13482	4591
其他汽车	2677	192
摩托车	**658490**	**653485**
#普通	647872	642926
轻便	10618	10559
农用运输车	**7827**	**6689**
#三轮	434	434
四轮	7393	6255
拖拉机	**96015**	**96015**
#大型	20351	20351
小型	75664	75664
挂车	**1109**	**136**
其他类型车	**261**	**239**

6-3 全市民用运输船舶拥有量

(2004年)

指标名称	单位	总计	# 私人
机动船	艘	1398	447
载客量	客位	8279	7403
净载重量	吨位	263035	21105
总功率	千瓦	88913	12394
客船	艘	237	230
载客量	客位	8279	7403
货船	艘	1159	217
净载重量	吨位	263035	21105
拖船	艘	2	
功率	千瓦	397	
驳船	艘	4	
净载重量	吨位	1020	

6-4 全市全社会客货运输量

(2004年)

指标名称	客运量（万人）	旅客周转量（万人公里）	货运量（万吨）	货物周转量（万吨公里）
合　　计	**8451**		**6790**	
公路运输合计	**7757**	**739646**	**5616**	**529836**
水上运输合计	**136**	**1644**	**712**	**206268**
#个体及联户	102	1309	92	16139
铁路发送运输合计	**476**		**461**	
民航运输合计	**82**		**1**	

6-5 全市邮政、电信业务基本情况

指标名称	单位	2004年	指标名称	单位	2004年
电信业务总量	**万元**	**223396**	**邮政业务总量**	**万元**	**24653**
电信自办营业网点总数	个	158	邮政局(所)总数	处	215
长话业务电路总数	个	2082	邮路总长度(单程)	公里	26346
公众电报用电路	路	33	函件	万件	4039
电话线路光缆长度	皮长公里	4930	#国际函件	万件	21
电话交换机已装机总容量	门	1874703	包件	万件	46
长途电话次数	万次	5979	#国际函件	万件	0.7
#国际长途电话次数	万次	53	汇票	万张	75
港澳台长途电话次数	万次	25	邮政储蓄年末余额	万元	346291
公众电报	万份	3.8	特快专递	万件	167
传真	万份	1.7	#国际特快专递	万件	1.66
#国际及港澳台传真	万份	0.08	集邮业务	万枚	997
国际互联网络用户	户	456566	报纸累计份数	万份	6692
年末电话用户数	户	3527773	杂志累计份数	万份	544
#移动电话	户	1993745			
电话普及率	部/百人	54.37			

6-6 市区邮政、电信业务基本情况

指 标 名 称	单位	2004年	指 标 名 称	单位	2004年
电信业务总量	**万元**	**157538**	**邮政业务总量**	**万元**	**16661**
电信自办营业网点总数	个	27	邮政局(所)总数	处	69
长话业务电路总数	路	2082	邮路总长度(单程)	公里	24557
公众电报用电路	路	26	函件	万件	3579
电话线路光缆长度	皮长公里	937	＃国际函件	万件	20.5
电话交换机已装机总容量	门	1234027	包件	万件	37
长途电话次数	万次	4621	＃国际函件	万件	0.69
＃国际长途电话次数	万次	51	汇票	万张	59
港澳台长途电话次数	万次	21	邮政储蓄年末余额	万元	120449
公众电报	万份	1.5	特快专递	万件	142
传真	万份	1.3	＃国际特快专递	万件	1.55
＃国际及港澳台传真	万份	0.08	集邮业务	万枚	978
国际互联网络用户	户	368626	报纸累计份数	万份	4203
年末电话用户数	户	2148043	杂志累计份数	万份	430
＃移动电话	户	1172315			
电话普及率	部/百人	143.15			

7 固定资产投资

CHAPTER 7 INVESTMENT IN FIXED ASSETS

7-1 全市主要年份固定资产投资情况

单位：万元

年　份	全社会固定资产投资额	固定资产投资额	# 基本建设投资额	# 更新改造投资额	新增固定资产投资额
1950	312	312	312		
1965	5578	4577	4577		3476
1978	17731	16886	11094	5521	6772
1980	16704	16078	13912	1699	12713
1985	44590	38447	22939	13077	25868
1986	59292	47569	26545	18249	37857
1987	67975	59092	26526	30130	52193
1988	91450	82364	31563	44821	64369
1989	73920	66787	27831	34158	64217
1990	75907	60046	26469	25375	61328
1991	84364	70739	36109	27999	75259
1992	113593	96412	50458	33261	59784
1993	236508	219395	104494	52818	123995
1994	339036	310598	142976	78149	191587
1995	563515	432100	193808	103241	247895
1996	643874	525891	266140	108814	330844
1997	747843	613987	338771	122562	379500
1998	823561	689875	406818	112524	533250
1999	880793	759931	438954	122874	480493
2000	958538	800523	440562	138301	711196
2001	1017304	889536	487813	156900	603805
2002	1243897	1109460	641287	195454	635312
2003	1903567	1699199	969888	277835	1164327
2004	2609489	2382905	1252317	402472	1554498

注：2003年以后数据为行政区划调整后的数据;从2003年起基建投资含跨地市公路投资额。

7-2 全市全社会固定资产投资

（2004年）

单位：万元

指标名称	全社会投资合计	基本、更改、其他小计	房地产开发	农村集体	农村个人	城镇工矿区私人建房	50万元以下项目
合计	**2609489**	**1722526**	**660379**	**48478**	**15817**	**159675**	**2614**
按隶属关系分							
中央	140213	133812	6401				
地方	2469276	1588714	653978	48478	15817	159675	2614
#自治区	452848	403215	49633				
按三次产业分							
第一产业	38103	32104		5791			208
第二产业	457556	444167		13118			271
#工业	446890	433803		12816			271
第三产业	2113830	1246255	660379	29569	15817	159675	2135
交通运输、仓储和邮政业	213139	207500		5282			357
信息传输、计算机服务和软件业	82621	82488					133
批发和零售业	39185	35039		4031			115
住宿和餐饮业	114606	99482		15124			
金融业	11265	11233					32
房地产业	840346	4475	660379		15817	159675	
租赁和商务服务业	37797	37797					
科学研究和综合服务和地质勘查业	15333	15243		44			46
水利、环境和公共设施管理业	502168	499222		2772			174
居民服务和其他服务业	2315	2040		275			
教育	103485	102806		325			354
卫生、社会保障和社会福利业	52637	51407		1025			205
文化、体育和娱乐业	20813	20498		138			177
公共管理和社会组织	78120	77025		553			542

7-3 全市城镇固定资产投资

单位：万元

指标名称	2004年	2003年	指标名称	2004年	2003年
本年完成投资	**2468559**	**1751740**	#甘蔗糖业	42435	17028
投资额按登记注册类型分			电力、煤气及水的生产和供应业	76232	78594
内资	2168988	1513484	建筑业	10364	9487
国有	1309285	1029616	第三产业	1992288	1412950
集体	13315	8974	交通运输、仓储和邮政业	207500	233848
股份合作	18151	6705	信息传输、计算机服务和软件业	82488	76152
国有与集体联营	2057	5592	批发和零售业	35039	16820
其他联营	320	3665	住宿和餐饮业	99482	15410
国有独资公司	49266	62685	金融业	11233	1090
其他有限责任公司	374549	216546	房地产业	750508	449964
股份有限公司	137941	58672	租赁和商务服务业	37797	53554
私营	253665	114372	科学研究和综合服务和地质勘查业	15243	12367
其他	10439	6657	水利、环境和公共设施管理业	499222	326713
港澳台商投资	108748	103546	居民服务和其他服务业	2040	1320
合资经营	74616	72196	教育	102806	94279
合作经营	7936	20897	卫生、社会保障和社会福利业	51407	40668
独资	26196	10443	文化、体育和娱乐业	20498	23116
外商投资	98368	76232	公共管理和社会组织	77025	67649
合资经营	53968	52761	**投资额按隶属关系分**		
合作经营	31746	21374	中央	140213	155301
独资	11463	767	自治区	452848	375331
个体经营	92455	58478	市	889504	690985
个人经营	3136	1162	县	273133	163252
个人合伙	3665	4775	其他	712861	366871
按国民经济行业分			**投资额按建设性质分**		
农、林、牧、渔业	32104	22632	#新建	1607172	1021431
采掘业	7858	2687	扩建	475231	431177
制造业	349713	225390	改建	259648	185490

7-4　全市城镇固定资产投资完成情况

(2004年)

指标名称	单位	合计	基本建设	更新改造	其他投资	房地产	城镇工矿区私人建房(县城以上)
本年完成投资	**万元**	**2468559**	**1252317**	**402472**	**67737**	**660379**	**85654**
#住宅	万元	551283	83195	1435	2518	378481	85654
投资额按构成分							
建筑工程	万元	1576889	890507	93620	23123	483985	85654
安装工程	万元	97800	30548	51077	3088	13087	
设备工器具购置	万元	360795	69717	227426	30631	33021	
其他费用	万元	433075	261545	30349	10895	130286	
#土地购置费	万元	136855	76896	6755	1524	51680	
本年新增固定资产	万元	1640152	655032	286686	54292	558488	85654
本年施工房屋面积	平方米	18859020	4986089	634071	181823	10966443	2090594
#住宅	平方米	12075222	1757772	27636	42761	8156459	2090594
本年竣工房屋面积	平方米	8071505	1607314	266165	83107	4024325	2090594
#住宅	平方米	5986752	655782	13336	13962	3213078	2090594
本年竣工房屋价值	万元	724396	168730	18679	7743	443590	85654
#住宅	万元	467773	51649	974	1266	328230	85654
施工项目个数	个	1978	1053	795	130		
#本年新开工	个	1275	621	543	111		
本年投产项目个数	个	1207	482	631	94		
本年资金来源合计	万元	2961675	1372093	441377	69146	993405	85654
上年末结余资金	万元	283137	96324	29149	1133	156531	
本年资金来源小计	万元	2678538	1275769	412228	68013	836874	85654
国家预算内资金	万元	321553	314160	2811	4582		
国内贷款	万元	562255	267837	93871	5477	195070	
利用外资	万元	42781	24014	12194	3045	3528	
自筹资金	万元	1064272	565040	284011	39562	175659	
其他资金来源	万元	687677	104718	19341	15347	462617	85654
#集资	万元	63026	58094	1532	2922	478	
本年各项应付款合计	万元	205917	117292	21240	1447	65938	

7-5 全市农村非农户固定资产投资

(2004年)

指 标 名 称	单位	合计	基本建设	更新改造	其他投资
本年投资完成额	**万元**	**46448**	**30945**	**5922**	**9581**
投资额按建设性质分	万元				
#新 建	万元	30861	25770	680	4411
扩 建	万元	7030	3331	1063	2636
改 建	万元	6430	1518	3850	1062
投资额按构成分	万元				
建筑工程	万元	33628	28192	1864	3572
安装工程	万元	1459	694	573	192
设备工器具购置	万元	7145	937	3197	3011
其他费用	万元	4216	1122	288	2806
投资额按国民经济行业分	万元				
农、林、牧、渔业	万元	5493	2787		2706
采矿业	万元	1517			1517
煤炭开采和洗选业	万元				
有色金属矿采选业	万元	647			647
非金属矿采选业	万元	870			870
其他矿采选业	万元				
制造业	万元	9454	1282	5803	2369
农负食品加工业	万元	3624	100	3454	70
食品制造业	万元	368	115	253	
饮料制造业	万元	125		125	
纺织业	万元	130			130
皮革、毛皮、羽毛(绒)及其制品业	万元	70			70
木材加工及竹、藤、棕、草制品业	万元	510	50	99	361
家具制造业	万元				
造纸及纸制品业	万元	1077	50	259	768
印刷业和记录媒介的复制	万元				
化学原料及化学制品制造业	万元	320	50	130	140
塑料制品业	万元	180	30		150
非金属矿物制品业	万元	1091	333	638	120
黑色金属冶炼及压延加工业	万元	55			55
有色金属冶炼及压延加工业	万元	90			90
工艺品及其他制造业	万元	65	65		
废弃资源和废旧材料回收加工	万元				
电力、燃气及水生产和供应业	万元	1021	455	119	447
电力、热力生产和供应业	万元				
燃气生产和供应业	万元	100			100
水的生产和供应业	万元	921	455	119	347
建筑业	万元	292			292
交通运输仓储和邮政业	万元	5049	3869		1180
信息传输 计算机服务和软件业	万元				
批发和零售业	万元	3974	3974		
住宿和餐饮业	万元	15124	14599		525
租赁和商务服务业	万元				
科学研究 技术服务和地质勘查业	万元				
水利 环境和公共设施管理业	万元	2619	2117		502
居民服务和其他服务业	万元	250	250		
教育	万元	242	242		
卫生 社会保障和社会福利业	万元	1000	1000		
文化 体育和娱乐业	万元				
公共管理和社会组织	万元	413	370		43
本年新增固定资产	万元	39105	26965	6008	6132
本年施工房屋面积	万平方米	26.64	21.13	3.25	2.26
本年竣工房屋面积	万平方米	21.13	16.92	3.2	1.01

7-6 全市全年新增生产能力

(2004年)

指标名称	单位	总计	基本建设	更新改造	其它投资
胶合板	万立方米/年	2.50	2.50		
制糖	年生产糖:吨	297500		297500	
乳制品	日处理原料:吨	24250		24250	
机制纸浆	万吨/年	3.40		3.40	
中成药	吨/年	8100	3000	5100	
移动通信基站设备	个/年	14	14		
程控交换机	万线/年	11000		11000	
电话单机	万部/年	12900		12900	
新建公路	公里	13.00	13.00		
一级公路	公里	13.00	13.00		
改建公路	公里	452.66	356.16	33.50	63
城市永久性桥梁	座	1	1		
高等院校:学生席位	个	12420	12420		
建筑面积	平方米	18863	18863		
中等学校:学生席位	个	15538	15538		
建筑面积	平方米	66506	66506		
小学校:学生席位	个	9254	9254		
建筑面积	平方米	48291	48291		
城市公共交通车辆购置	辆	257		257	
城市道路扩建长度	公里	43.48	41.98		1.50
城市道路扩建面积	万平方米	87.90	87.00		0.90
城市排水管道铺设长度	公里	31.20	29.70		1.50

7-7 全市城镇和工矿区私人建房情况

(2004年)

指标名称	城镇、工矿区个数(个)	本年竣工房屋建筑面积(平方米)	#住宅	本年竣工房屋价值(万元)	#住宅	建房户数(个)
总计	**94**	**4539887**	**4466974**	**159675**	**157120**	**24603**
#农业户建房		2779433	2719489	82132	81886	18650
市	1	263403	263403	9897	8154	1013
县城	7	724176	724176	24556	24556	3270
#农业户建房		266129	266129	8068	8068	1459
乡镇	81	2449293	2376380	74021	73209	17546
#农业户建房		2215341	2155397	64581	64335	16134
工矿区	5	1103015	1103015	51201	51201	2774

7-8 全市新增固定资产按国民经济行业分

（2004年） 单位：万元

指标名称	总计	基本建设	更新改造	其它投资
农、林、牧、渔业	20901	12229	140	8532
采矿业	7183	520	1258	5405
制造业	214910	21550	179861	13499
电力、燃气及水生产和供应业	34612	20634	13624	354
建筑业	3324	512	2605	207
交通运输仓储和邮政业	233117	215870	10726	6521
信息传输 计算机服务和软件业	86693	10809	72049	3835
批发和零售业	24304	15995	5795	2514
住宿和餐饮业	30972	28069	435	2468
租赁和商务服务业	18535	18535		
金融业	670	670		
房地产业	1625	1625		
科学研究 技术服务和地质勘查业	4203	3563	193	447
水利 环境和公共设施管理业	141762	140123		1639
居民服务和其他服务业				
教育	65372	62324		3048
卫生 社会保障和社会福利业	46058	41263		4795
文化 体育和娱乐业	8861	8416		445
公共管理和社会组织	52908	52325		583

7-9 房地产开发投资

单位:万元

指标名称	全市		市区	
	2004年	2003年	2004年	2003年
本年完成投资	**660379**	**394830**	**564195**	**353820**
投资额按登记注册类型分				
内资企业	538614	311989	449837	276214
国有企业	110534	62161	94967	54360
集体企业	3613	850	3613	850
股份合作企业	1410	3768		288
有限责任公司	186572	129026	160108	118977
股份有限公司	15017	12541	12263	12541
私营企业	221468	88616	178886	75957
港澳台合资	51416	39515	50916	38945
合资经营	24907	26352	24407	25782
合作经营	4572	4344	4572	4344
独资	21937	8819	21937	8819
外商投资	70349	43326	63442	38661
合资经营	38382	22387	33782	21487
合作经营	30776	19609	28469	15844
股份有限公司	1191	1330	1191	1330
投资额按隶属关系分				
中央	6401	1279	6401	1279
自治区	49633	23245	46573	19765
市	175091	141361	165438	137136
县	30604	12222	19473	2911
其他	398650	216723	326310	192729

7-10　房地产开发投资完成情况

指 标 名 称	单位	全市		市区	
		2004年	2003年	2004年	2003年
企业个数	个	251	192	202	164
本年完成投资	**万元**	**660379**	**394830**	**564195**	**353820**
# 商品房建设投资额	万元	618554	375622	561909	351125
土地开发投资额	万元	17359	8195	285	2435
投资额按构成分:					
建筑工程	万元	483985	263678	430974	238536
安装工程	万元	13087	4174	12079	4155
设备工器具购置	万元	33021	12932	31955	12389
其他费用	万元	130286	114046	89187	98740
#土地购置费	万元	51680	48720	21267	36444
投资额按工程用途分:					
住宅	万元	378481	229928	335502	210433
#经济适应房	万元	8264	19713	8264	19713
办公楼	万元	15117	8335	14877	8335
商业营业用房	万元	145483	32151	140590	30836
其他	万元	121298	124416	73226	104216
本年新增固定资产	万元	558488	224580	523950	220726
本年购置土地面积	平方米	2446774	1035986	374896	484703
本年资金来源合计	万元	993405	581274	869931	525691
上年末结余资金	万元	156531	88891	149697	85105
本年资金来源小计	万元	836874	492383	720234	440586
国内贷款	万元	195070	159391	172515	148671
利用外资	万元	3528	1131	3528	1131
自筹资金	万元	175659	97440	122890	79963
其他资金来源	万元	462617	234421	421301	210821
本年各项应付款合计	万元	65938	28233	57924	26159
竣工房屋住宅套数合计	套	28432	15799	26627	15141
# 经济适应房套数	套	1131	2221	1131	2221
施工房屋面积	平方米	10966443	7265382	9694983	6768038
# 住宅	平方米	8156459	5772594	7067683	5304558
#经济适应房	平方米	273206	432547	273206	432547
本年新开工房屋面积	平方米	4456804	3831390	3702473	3433722
# 住宅	平方米	3329965	3040184	2718017	2662752
#经济适应房	平方米	12712	220748	12712	220748
竣工房屋面积	平方米	4024325	2150297	3693705	2088072
# 住宅	平方米	3213078	1792180	2916310	1740321
#经济适应房	平方米	95315	196321	95315	196321
竣工房屋价值	万元	443590	187641	411186	183934
# 住宅	万元	328230	148020	299098	144984
#经济适应房	万元	6024	13593	6024	13593
商品房实际销售面积	平方米	3415689	1921969	3085836	1860959
# 个人	平方米	3355495	1801851	3026675	1740841
住宅	平方米	3144926	1692777	2829166	1636481
# 经济适应房	平方米	96263	180696	2813632	180696
商品房空置面积	平方米	631546	388971	586810	379049
住宅	平方米	222669	147594	189612	143970
# 经济适应房	平方米	1482	2549	1482	2549
办公楼	平方米	36903	45664	36903	45664
商业营业用房	平方米	151530	80368	145150	77248
其他	平方米	220444	115345	215145	112167
商品房实际销售额	万元	945287	432749	891222	423036
# 个人	万元	923672	415893	869607	406180
住宅	万元	781263	367110	729903	358734
# 经济适应房	万元	14690	27915	14690	27915

7-11 全市建筑业企业生产情况

(2004年)

指标名称	企业个数(个)	建筑业总产值（万元）				
		合计	建筑工程	#装修装饰	安装工程	其他
总　计	**371**	**1372147**	**1157855**	**51577**	**154944**	**59348**
# 二级以上企业	102	1150198	972908	36310	129656	47634
国有及国有控股	85	962226	829698	29247	89320	43208
按登记注册类型分组						
内资企业	362	1370008	1156297	50603	154846	58865
国有企业	57	703747	621143	8741	49470	33134
集体企业	50	77424	71964	1297	2123	3337
其他企业	255	588837	463190	40565	103253	22394
按国民经济行业分组						
房屋和土木工程建筑业	153	1036935	972726	19347	19120	45089
房　屋	118	619522	575867	17403	14298	29357
土木工程建筑	35	417413	396859	1944	4822	15732
建筑安装业	68	223705	101220	1120	112698	9787
装修装饰业	115	41213	33648	30728	6005	1560
其他建筑业	35	70294	50261	382	17121	2912

7-11 续表1

指标名称	竣工产值(万元)	施工工程个数(个)	# 本年新开工(个)	#投标承包(个)	竣工工程个数(个)
总　计	**932192**	**9093**	**5983**	**4513**	**5224**
# 二级以上企业	795530	5479	3638	3095	2942
国有及国有控股	682811	5016	3156	3061	2495
按登记注册类型分组					
内资企业	930773	9022	5925	4492	5180
国有企业	522719	3651	2295	1872	1905
集体企业	51883	1126	885	272	861
其他企业	356171	4245	2745	2348	2414
按国民经济行业分组					
房屋和土木工程建筑业	672865	4652	2993	2780	2715
房　屋	396423	3580	2203	2175	2021
土木工程建筑	276442	1072	790	605	694
建筑安装业	189874	3024	1852	1313	1450
装修装饰业	29015	743	601	186	640
其他建筑业	40438	674	537	234	419

7-11 续表2

指标名称	房屋施工面积(万平方米)	# 本年新开工	#投标承包	平均人数(万人)
总　计	**1449.88**	**600.57**	**1159.91**	**12.74**
# 二级以上企业	1248.97	467.49	955.61	9.84
国有及国有控股	890.53	310.75	760.15	8.10
按登记注册类型分组				
内资企业	1516.62	628.07	1167.69	12.70
国有企业	565.64	162.09	439.65	5.72
集体企业	114.83	65.35	91.57	1.00
其他企业	836.15	400.63	636.47	5.98
按国民经济行业分组				
房屋和土木工程建筑业	1387.86	579.60	1102.11	10.11
房　屋	1355.83	549.00	1071.71	6.80
土木工程建筑	32.03	30.60	30.40	3.31
建筑安装业	55.11	14.92	53.75	1.67
装修装饰业				0.51
其他建筑业	6.91	6.05	4.05	0.45

7-12 市区全社会固定资产投资

（2004年）

单位：万元

指标名称	全社会投资合计	基本、更改、其他小计	房地产开发	农村集体	农村个人	城镇工矿区私人建房	50万元以下项目
合计	**1815035**	**1211997**	**564195**	**22488**	**1411**	**14670**	**274**
按隶属关系分							
中央	106825	100424	6401				
地方	1708210	1111573	557794	22488	1411	14670	274
#自治区	337665	291092	46573				
按三次产业分							
第一产业	10030	9302		718			10
第二产业	229506	227628		1806			72
#工业	219142	217264		1806			72
第三产业	1575499	975067	564195	19964	1411	14670	192
交通运输、仓储和邮政业	81336	81266					70
信息传输、计算机服务和软件业	62745	62745					
批发和零售业	34125	30267		3858			
住宿和餐饮业	108532	94033		14499			
金融业	9477	9477					
房地产业	584751	4475	564195		1411	14670	
租赁和商务服务业	36262	36262					
科学研究和综合服务和地质勘查业	13621	13575					46
水利、环境和公共设施管理业	430563	430296		267			
居民服务和其他服务业	2312	2037		275			
教育	83926	83880					46
卫生、社会保障和社会福利业	47390	46680		710			
文化、体育和娱乐业	19712	19596		116			
公共管理和社会组织	60747	60478		239			30

7-13 市区城镇固定资产投资

指 标 名 称	2004年	2003年	指 标 名 称	2004年	2003年
本年完成投资	**1786089**	**1284673**	#甘蔗糖业	2078	2568
投资额按登记注册类型分			电力、煤气及水的生产和供应业	47130	46951
内资	1615601	1150449	建筑业	10364	7643
国有	1031036	771755	第三产业	1549159	1107324
集体	9292	7904	交通运输、仓储和邮政业	81266	118895
股份合作	11581	288	信息传输、计算机服务和软件业	62745	58815
国有与集体联营	2057	5592	批发和零售业	30267	13483
其他联营			住宿和餐饮业	94033	15254
国有独资公司	46624	62415	金融业	9477	690
其他有限责任公司	268938	165138	房地产业	578567	365081
股份有限公司	58262	45546	租赁和商务服务业	36262	53334
私营	187578	91011	科学研究和综合服务和地质勘查业	13575	12025
其他	233	800	水利、环境和公共设施管理业	430296	286685
港澳台商投资	91101	85732	居民服务和其他服务业	2037	1305
合资经营	59957	70032	教育	83880	75586
合作经营	7436	6039	卫生、社会保障和社会福利业	46680	35509
独资	23708	9661	文化、体育和娱乐业	19596	22283
外商投资	69490	38936	公共管理和社会组织	60478	48379
合资经营	34744	21487	**投资额按隶属关系分**		
合作经营	28469	16119	中央	106825	124597
独资	6277		自治区	337665	251937
个体经营	9897	9556	市	818287	631774
个人经营		260	县	89545	35991
个人合伙			其他	433767	240374
按国民经济行业分			**投资额按建设性质分**		
农、林、牧、渔业	9302	4650	#新建	1240599	775258
采掘业			扩建	289273	299929
制造业	170134	118105	改建	150116	115965

7-14 市区城镇固定资产投资完成情况

(2004年)

指标名称	单位	合计	基本建设	更新改造	其他投资	房地产	城镇工矿区私人建房(县城以上)
本年完成投资	**万元**	**1786089**	**931004**	**253740**	**27253**	**564195**	**9897**
#住宅	万元	397659	52386	620	997	335502	8154
投资额按构成分							
建筑工程	万元	1174731	668188	57713	7959	430974	9897
安装工程	万元	64247	22318	28320	1530	12079	
设备工器具购置	万元	227798	32271	149596	13976	31955	
其他费用	万元	319313	208227	18111	3788	89187	
#土地购置费	万元	80436	53178	4834	1157	21267	
本年新增固定资产	万元	1147521	411031	181458	21185	523950	9897
本年施工房屋面积	平方米	14071161	3795829	238155	78791	9694983	263403
#住宅	平方米	2147808	1148090	6800	22732	706783	263403
本年竣工房屋面积	平方米	5101060	1067889	44108	31955	3693705	263403
#住宅	平方米	3587246	399661	800	7072	2916310	263403
本年竣工房屋价值	万元	558819	130762	3837	3137	411186	9897
#住宅	万元	344644	36569	100	723	299098	8154
施工项目个数	个	1245	603	599	43		
#本年新开工	个	749	308	408	33		
本年投产项目个数	个	751	219	505	27		
本年资金来源合计	万元	2222439	1025117	288858	28636	869931	9897
上年末结余资金	万元	264295	86901	27081	616	149697	
本年资金来源小计	万元	1958144	938216	261777	28020	720234	9897
国家预算内资金	万元	301487	297198	1691	2598		
国内贷款	万元	455892	223492	58880	1005	172515	
利用外资	万元	18318	7191	4679	2920	3528	
自筹资金	万元	676300	349881	185067	18462	122890	
其他资金来源	万元	506147	60454	11460	3035	421301	9897
#集资	万元	47704	44393	1362	1511	438	
本年各项应付款合计	万元	168165	93923	15978	340	57924	

7-15 市区新增固定资产按国民经济行业分

（2004年）　　单位：万元

指标名称	总计	基本建设	更新改造	其它投资
农、林、牧、渔业	3370	2730	140	500
采矿业				
制造业	100437	9033	85229	6175
电力、燃气及水生产和供应业	29906	16776	12905	225
建筑业	3324	512	2605	207
交通运输仓储和邮政业	82624	70148	9639	2837
信息传输 计算机服务和软件业	67100	2240	64860	
批发和零售业	20778	12969	5645	2164
住宿和餐饮业	28943	27870	435	638
金融业				
房地产业	1625	1625		
租赁和商务服务业	17930	17930		
科学研究 技术服务和地质勘查业	3860	3413		447
水利 环境和公共设施管理业	112472	111981		491
居民服务和其他服务业				
教育	48519	45651		2868
卫生 社会保障和社会福利业	43801	39582		4219
文化 体育和娱乐业	8226	8226		
公共管理和社会组织	40759	40345		414

7-16　各县全社会固定资产投资完成情况

（2004年）

指标名称	单位	邕宁县	武鸣县	横　县	宾阳县	上林县	隆安县	马山县
全社会固定资产投资	**万元**	**297129**	**133838**	**112673**	**96118**	**39845**	**63243**	**51608**
#城镇固定资产投资	万元	281209	115680	81845	78841	29782	55101	40012
按管理渠道分								
基本建设	万元	92609	62394	57511	43131	14664	32301	31556
更新改造	万元	57091	38168	22935	17857	4049	13125	900
房地产	万元	74025	5668	3231	10578	1940	742	
其　他	万元	73404	27608	28996	24552	19192	17075	19152
按构成分								
建筑工程	万元	134244	65806	42571	37894	15575	24940	27508
安装工程	万元	13798	5315	5325	7458	350	965	1211
设备工器具购置	万元	34435	30057	23442	25690	8362	9690	8756
其他费用	万元	53367	15396	15434	8778	4217	12502	1957
#土地购置费	万元	9718	6999	10949	1864	1018	1232	30
本年新增固定资产	万元	159156	92496	90077	89590	31470	24745	112997
本年施工房屋面积	平方米	3181654	809243	1344616	801397	465745	647566	438907
#住宅	平方米	2642089	637677	996019	657689	419906	573869	424976
本年竣工房屋面积	平方米	1983064	601974	1094866	724278	458724	549401	438907
#住宅	平方米	1753322	560737	863378	613297	419906	546601	424976
本年竣工房屋价值	万元	117216	24882	37433	29379	15030	16469	13168
#住宅	万元	95019	21641	27747	19851	12496	16169	12729
施工项目个数	个	129	120	194	114	47	77	52
#本年新开工	个	61	101	164	89	39	21	51
本年投产项目个数	个	41	67	125	90	39	42	52
本年资金来源合计	万元	346685	141844	106876	95850	39429	64777	56062
上年末结余资金	万元	13882	2395	12	515		625	1653
本年资金来源小计	万元	332803	139449	106864	95335	39429	64152	54409
国家预算内资金	万元	6824	110	4824	2047	3296	6111	364
国内贷款	万元	54830	21136	3195	11103	860	3182	13752
利用外资	万元	6024	5448	7739	219		217	4819
自筹资金	万元	152842	85505	43883	57647	14304	37349	11039
其他资金来源	万元	112283	27250	47223	24319	20969	17293	24435
#集资	万元	6049	2966	3058	3870	864	524	970
本年应付款合计	万元	19416	2716	12244	2470	416	840	145

注：施工、投产项目个数不含房地产。

7-17 各县城镇固定资产投资

(2004年)　　单位:万元

指标名称	邕宁县	武鸣县	横县	宾阳县	上林县	马山县	隆安县
本年完成投资	**281209**	**115680**	**81845**	**78841**	**29782**	**40012**	**55101**
投资额按登记注册类型分							
内资	214377	98697	71078	66692	23646	34459	44438
国有	89262	49061	35933	46591	16211	25338	15853
集体	410	880	1332	240	160	801	200
股份合作	1410		650	600		3400	510
国有与集体联营							
其他联营		320					
国有独资公司		1725	917				
其他有限责任公司	39652	23691	25104	9204	1650		6310
股份有限公司	40247	16728	910	60	3855		17879
私营	35897	6065	5372	9997	620	4600	3536
其他	7499	227	860		1150	320	150
港澳台商投资	7932	750	1315	7650			
合资经营	6884	600	25	7150			
合作经营				500			
独资		150	1290				
外商投资	7338	12974	5256			1650	1660
合资经营	4600	12974				1650	
合作经营	2307						970
独资	431		5256				690
个体经营	51562	3259	4196	4499	6136	3903	9003
个人经营							
个人合伙	100		965			2450	150
按国民经济行业分							
农、林、牧、渔业	9779	3773	3192	2543	2800	211	504
采掘业			650		1774	5270	164
制造业	53298	51105	33296	21963	4947	2100	12870
#甘蔗糖业	14230	12635	2758	7723	1200		1811
电力、煤气及水的生产和供应业	3824	2079	3275	801	1334	1044	16745
建筑业							
第三产业	125487	8927	6112	15077	5290	1453	9595

7-17 续表 单位:万元

指 标 名 称	邕宁县	武鸣县	横 县	宾阳县	上林县	马山县	隆安县
交通运输、仓储和邮政业	18376	33487	10318	24544	6000	23652	9857
信息传输、计算机服务和软件业	3533	2745	2625	3290	2500	5050	
批发和零售业	1829	380	245	1227	360	260	471
住宿和餐饮业	735	2250	1320	1144			
金融业	210	800	535		70		141
房地产业	125487	8927	6112	15077	5290	1453	9595
租赁和商务服务业	1000			230	305		
科学研究和综合服务和地质勘查业	718			855			95
水利、环境和公共设施管理业	40660	6787	17069	2760	1027	269	354
居民服务和其他服务业	3						
教育	10100	2261	1316	1505	1003	383	2358
卫生、社会保障和社会福利业	2667	144	429	760	387		340
文化、体育和娱乐业	2	120	196	230		120	234
公共管理和社会组织	8988	822	1267	1912	1985	200	1373
投资额按隶属关系分							
中央	4659		1227	23961		3400	141
自治区	28692	32227	6211	5215	620	17813	24405
市	35308	21566	5708	7976			659
县	49307	15886	50705	26093	21846	6559	13192
其他	163243	46001	17994	15596	7316	12240	16704
投资额按建设性质分							
#新建	180831	44814	50978	15923	6687	24357	42983
扩建	75541	31639	14878	28240	16447	13304	5909
改建	17293	37352	14069	32996	1579	617	5626

7-18　各县房地产开发投资完成情况

(2004年)

指 标 名 称	单位	邕宁县	武鸣县	横 县	宾阳县	上林县	马山县	隆安县
企业个数	个	31	6	3	5	2		2
本年完成投资	**万元**	**74025**	**5668**	**3231**	**10578**	**1940**		**742**
#商品房建设投资额	万元	42877	4403	2899	5524	900		42
土地开发投资额	万元	11399	289	332	5054			
投资额按构成分:								
建筑工程	万元	41687	3054	1456	5385	1320		109
安装工程	万元	575	4		429			
设备工器具购置	万元	332	67	80	587			
其他费用	万元	31431	2543	1695	4177	620		633
#土地购置费	万元	24635	1582	1466	1864	620		246
投资额按工程用途分:								
住宅	万元	36003	3563	2154	1217			42
#经济适应房	万元							
办公楼	万元	190			50			
商业营业用房	万元	2532	60	271	2030			
其他	万元	35300	2045	806	7281	1940		700
本年新增固定资产	万元	28524	4006	665	1343			
本年购置土地面积	平方米	1848584	54155	41953	100318	21300		5568
本年资金来源合计	万元	99803	5097	3723	11504	1940		1407
上年末结余资金	万元	6657	170	2	5			
本年资金来源小计	万元	93146	4927	3721	11499	1940		1407
国内贷款	万元	20555	1000		1000			
利用外资	万元							
自筹资金	万元	38906	1727	2253	7898	620		1365
其他资金来源	万元	33685	2200	1468	2601	1320		42
本年各项应付款合计	万元	6299	1235	20	440			20
竣工房屋住宅套数合计	套	1434	215	84	72			
# 经济适应房套数	套							
施工房屋面积	平方米	1072690	71313	76988	49419			1050
#住宅	平方米	918968	67118	71240	30400			1050
#经济适应房	平方米							
本年新开工房屋面积	平方米	601950	45624	70488	36269			
#住宅	平方米	485879	41429	64740	19900			
#经济适应房	平方米							
竣工房屋面积	平方米	279982	26818	9700	14120			
#住宅	平方米	253637	26818	9413	6900			
#经济适应房	平方米							
竣工房屋价值	万元	28148	2248	665	1343			
#住宅	万元	25888	2248	651	345			
#经济适应房	万元							
商品房实际销售面积	平方米	275568	3365	9560	14970			
#个人	平方米	274535	3365	9560	14970			
住宅	平方米	269052	3131	9273	9170			
#经济适应房	平方米							
商品房空置面积	平方米	43299	1297	140				
住宅	平方米	31620	1297	140				
#经济适应房	平方米							
办公楼	平方米							
商业营业用房	平方米	6380						
其他	平方米	5299						
商品房实际销售额	万元	47982	3365	865	1853			
#个人	万元	47982	3365	865	1853			
住宅	万元	46713	3131	839	677			
#经济适应房	万元							

8 城市公用事业 环境保护

CHAPTER 8 URBAN PUBLIC UTILITIES,ENVIRONMENTAL PROTECTION

8-1 市政建设情况

指 标 名 称	单 位	2004年	2003年	2002年	2001年	2000年	1999年	1998年
年末实有道路长度	公里	865	817	789	756	730	700	697
年末实有道路面积	万平方米	1604	1358	1203	1045	1007	690	684
排水管道长度	公里	697	688	671	551	532	508	492
防洪堤长度	公里	46	50	43	42	40	40	38
年末实有桥梁	座	92	75	75	68	69	67	67
年末路灯盏数	盏	31253	29562	27893	24906	23844	20091	19326
城市污水量	万吨	22030	32596	21471	19714	20157	20362	21940
人均道路面积	平方米	10.69	9.32	8.57	7.58	7.43	5.25	5.23

8-2 城市园林绿化情况

指 标 名 称	单 位	2004年	2003年	2002年	2001年	2000年	1999年	1998年
园林绿地面积	公顷	5317	5120	4993	4874	4611	3125	3059
建成区绿化覆盖面积	公项	4948	4875	4643	4427	4129	3435	3345
人均公共绿地面积	平方米	10.73	7.08	6.74	6.26	6.08	5.47	5.22
建成区绿化覆盖率	%	39.58	39.09	38.78	38.26	37.47	36.41	36.71
公园个数	个	14	14	13	13	13	13	13
公园面积	公顷	800	854	829	805	774	686	660
年游人量	万人次	593	630	769	725	754	575	682
园林年末从业人数	人	1821	2919	2813	2883	1763	1796	1723

8-3 城市供气供水情况

指标名称	单位	2004年	2003年	2002年	2001年	2000年	1999年	1998年
液化石油气								
液化石油气供气总量	吨	53842	48756	46937	41445	40335	37910	34900
#家庭用量	吨	50352	46461	46937	41445	40335	37910	34900
家庭用液化石油气人口	万人	107	100	97	95	93	91	90
自来水								
自来水厂数	个	5	5	5	5	5	5	5
水厂综合生产能力	万吨/日	101.34	109.9	99.9	89.90	88.97	89.20	91.01
年末供水管道长度	公里	1301	847	796	758	734	686	601
全年供水总量	万立方米	27538	26351	25362	24642	25196	25453	27425
#工业用水	万立方米	5092	5041	4879	4495	4749	6063	8304
生活用水	万立方米	18294	17477	16593	17628	17382	17001	16900
人均日生活用水量	升	379.8	396.7	389	411	410	408	411
生活用水人口	万人	131.96	120.7	117	118	116	114	113
用水普及率	%	87.90	82.8	83.2	85	85	86	86

8-4 城市公共交通情况

指标名称	单位	2004年	2003年	2002年	2001年	2000年	1999年	1998年
年末营运车辆数	辆	1788	1444	964	905	628	508	727
客运总量	万人次	48733	28626	22896	17011	14917	15290	15073
年末实有出租车数量	辆	3450	4167	3803	3743	3741	3741	3732
年末公交企业从业人数	人	5178	4431	3532	3160	2907	2837	2376

8-5 城市清洁卫生情况

指 标 名 称	单 位	2004年	2003年	2002年	2001年	2000年	1999年	1998年
街道清扫保洁面积	万平方米	1598	1230	796	760	755	759	683
生活垃圾清运量	万吨	38	38	33	32	27	24	32
粪便清运量	万吨	3.1	3	3	4	4	5	6
公共厕所	座	163	174	179	190	252	254	254
市容环卫专用车辆总数	辆	235	175	175	167	154	157	177
年末环卫从业人数	人	4391	4014	3617	3545	3031	3022	2715

8-6 城市环境保护情况

指 标 名 称	单 位	2004年	2003年	2002年	2001年	2000年	1999年	1998年
工业废水排放量	万吨	14484	15315	9372	7813	8250	8970	8452
工业废水排放达标量	万吨	13052	12919	8754	6667	5645	5284	4165
工业废水排放达标率	%	90.11	84	93	85	68	59	49
工业废气排放总量	万标立方米	11251439	8940775	3860372	825148	2978830	2673722	2238915
二氧化硫排放量	吨	61376	43840	22618	13502	24443	33517	34894
烟尘排放量	吨	49352	48791	12857	6711	13847	14422	16570
工业粉尘排放量	吨	32606	32444	7182	2586	11942	17417	22621
工业固体废物产生量	万吨	289	273	127	80	88	80	87
工业固体废物处置量	万吨	46	45	12	9	6	4	3
环境噪声达标区面积	平方公里	104	81	81	81	78	56	56

9 能源购进消费与库存

CHAPTER 9 PURCHASE, CONSUMPTIONAND STOCK OF ENERGY

9-1 工业企业主要能源购进、消费与库存

(2004年)

指标名称	单位	购进量合计	消费量合计	工业生产消费	非工业生产消费	年末库存
全　市						
原煤	吨	2821488	2723168	2714014	9155	280709
洗精煤	吨	2158	2053	2053		239
其他洗煤	吨	37697	37592	37592		1002
型煤	吨	1202	1202	1202		20
焦炭	吨	47638	45876	45876		5084
汽油	吨	6754	6780	1395	5385	157
煤油	吨	3456	3474	3469	5	255
柴油	吨	29605	28117	19167	8949	703
燃料油	吨	72850	78258	78258		11115
液化石油气	吨	8890	3237	3133	104	16
其他石油制品	吨	248	305	305		24
电力	万千瓦时	301163	369867	323435	46432	
其他燃料	吨标准煤	7669	409863	409846	17	438
市　区						
原煤	吨	648593	612873	612417	456	75118
其他洗煤	吨	418	473	473		62
型煤	吨	2	2	2		
焦炭	吨	6526	4873	4873		1893
汽油	吨	1982	1962	415	1547	108
煤油	吨	11	12	7	5	
柴油	吨	8833	8353	6249	2104	163
燃料油	吨	8708	9214	9214		449
液化石油气	吨	6059	155	155		1
其他石油制品	吨	131	129	129		14
电力	万千瓦时	109454	135517	131004	4513	
其他燃料	吨标准煤	4794	182000	182000		

9-2 全市工业企业主要能源按行业消费量

（2004年）

指标名称	本年消费								
	原煤（吨）	洗精煤（吨）	焦炭（吨）	汽油（吨）	柴油（吨）	燃料油（吨）	其它石油制品（吨）	电力（万千瓦时）	其他燃料（吨标准煤）
总　　计	**2723168**	**2053**	**45876**	**6780**	**28117**	**78258**	**305**	**369867**	**409863**
按行业大类									
采矿业	88			135	1241			1219	
煤炭开采和洗选业				61	965			166	
有色金属矿采选业	88			67	132			559	
非金属矿采选业				7	144			494	
制造业	2640453	2053	45876	5780	26156	78258	226	319645	409863
农副食品加工业	552870		7279	1249	3046	753		60874	406374
食品制造业	19554			1449	420	3745		3264	
饮料制造业	22630			190	666			3557	
烟草制品业	23170			157	28	3215		3033	
纺织业	8771			17	323			7446	
纺织服装、鞋、帽制造业	573			28	79			251	
皮革、毛皮、羽毛(绒)及其制品业	2032			8	49			201	
木材加工及木、竹、藤、棕、草制品业	27420			70	125			9435	796
家具制造业				13				66	
造纸及纸制品业	180764			207	2242	5572		17865	
印刷业和记录媒介的复制				248	87			1062	
石油加工、炼焦及核燃料加工业	195			8	50			345	
化学原料及化学制品制造业	378313		3960	196	2278		124	75780	
医药制造业	36877			298	349			4623	
化学纤维制造业				1				38	
塑料制品业				112	10		97	4325	
非金属矿物制品业	1363169	1321		657	10466	64269		74242	2693
黑色金属冶炼及压延加工业	17873		32818	56	202			13802	
有色金属冶炼及压延加工业	1085		764	97	4536	29	5	28154	
金属制品业	1800	732	31	67	159			1718	
通用设备制造业	925		574	108	94			2245	
专用设备制造业	1151		451	166	356	572		1004	
交通运输设备制造业				160	151			1050	
电气机械及器材制造业	1167			106	256			3663	
通信设备、计算机及其他电子设备制造业				26	22			159	
仪器仪表及文化、办公用机械制造业	100			31	92			309	
工艺品及其他制造业	16			55	72	103		1134	
电力、燃气及水的生产和供应业	82628			865	719		78	49004	
电力、热力的生产和供应业	82628			673	628		78	38935	
燃气生产和供应业								12	
水的生产和供应业				192	91			10057	

注：本表统计范围为规模以上工业。

9-3 市区工业企业主要能源按行业消费量

（2004年）

指标名称	本年消费								
	原煤（吨）	洗精煤（吨）	焦炭（吨）	汽油（吨）	柴油（吨）	燃料油（吨）	其它石油制品（吨）	电力（万千瓦时）	其他燃料（吨标准煤）
总　　计	**938721**		**12923**	**4611**	**17797**	**76396**	**226**	**201241**	**182017**
按行业大类									
采矿业	88			7	136			42	
有色金属矿采选业	88				44			10	
非金属矿采选业				7	92			32	
制造业	938633		12923	4182	17599	76396	226	192815	182017
农副食品加工业	440241		4788	876	2245			37469	181221
食品制造业	7722			1388	365	3745		2795	
饮料制造业	6900			158	594			3031	
烟草制品业	18082			148	24	3215		2438	
纺织业				11	248			6823	
纺织服装、鞋、帽制造业	445			3	44			141	
皮革、毛皮、羽毛(绒)及其制品业	656			3	4			87	
木材加工及木、竹、藤、棕、草制品业	42			28	9			5072	796
家具制造业				13				66	
造纸及纸制品业	81920			85	466	5572		11310	
印刷业和记录媒介的复制				246	87			1049	
石油加工、炼焦及核燃料加工业				3	36			341	
化学原料及化学制品制造业	139215		3960	118	1260		124	59833	
医药制造业	28651			191	276			3734	
化学纤维制造业				1				38	
塑料制品业				74	7		97	3831	
非金属矿物制品业	211495			210	7398	63864		17976	
黑色金属冶炼及压延加工业			3306	4	79			677	
有色金属冶炼及压延加工业	20		34	73	3509		5	27478	
金属制品业	19		31	29	45			547	
通用设备制造业	877		533	88	86			2098	
专用设备制造业	1082		272	115	312			847	
交通运输设备制造业				160	151			1050	
电气机械及器材制造业	1167			106	256			3663	
通信设备、计算机及其他电子设备制造业				13	4			60	
仪器仪表及文化、办公用机械制造业	100			31	92			309	
工艺品及其他制造业				11	3			51	
电力、燃气及水的生产和供应业				423	61			8384	
电力、热力的生产和供应业				275				196	
燃气生产和供应业								12	
水的生产和供应业				148	61			8176	

注：本表统计范围为规模以上工业。

9-4 各县工业企业主要能源购进、消费与库存

(2004年)

指标名称	单位	购进量合计	消费量合计	工业生产消费	非工业生产消费	年末库存
邕宁县						
原煤	吨	550027	520452	520244	209	82630
洗精煤	吨	837	732	732		239
其他洗煤	吨	37279	37119	37119		940
焦炭	吨	5054	4861	4861		215
汽油	吨	965	961	65	896	5
煤油	吨	47	47	47		1
柴油	吨	4017	3931	2425	1506	189
燃料油	吨	1341	1350	1350		49
其他石油制品	吨	84	97	97		10
电力	万千瓦时	30286	36140	35502	638	
其他燃料	吨标准煤	2693	2693	2693		
武鸣县						
原煤	吨	264362	253816	253816		23807
汽油	吨	301	310	109	201	5
煤油	吨	27	27	27		
柴油	吨	534	532	436	96	29
燃料油	吨	530	511	511		24
液化石油气	吨	137	156	156		1
电力	万千瓦时	52271	53205	21086	32118	
其他燃料	吨标准煤		13090	13090		
横　县						
原煤	吨	205845	185535	185535		35764
焦炭	吨	3431	2812	2812		637
汽油	吨	374	376	86	290	3
柴油	吨	1493	1494	605	889	34
电力	万千瓦时	20333	25243	24885	358	
其他燃料	吨标准煤	164	101061	101061		438
宾阳县						
原煤	吨	625081	632748	632735	13	32784
洗精煤	吨	1321	1321	1321		
焦炭	吨	22781	23336	23336		1214
汽油	吨	292	309	184	126	7
煤油	吨	94	94	94		1
柴油	吨	2440	2447	2345	102	35
液化石油气	吨	2567	2567	2567		
电力	万千瓦时	31188	35464	31194	4269	
其他燃料	吨标准煤		38166	38166		
上林县						
原煤	吨	111746	110822	110822		2075
焦炭	吨	2016	1628	1628		567
汽油	吨	81	79	18	61	7
柴油	吨	1341	1350	1348	2	5
电力	万千瓦时	2644	4168	4168		
其他燃料	吨标准煤		22552	22552		
马山县						
原煤	吨	37119	39140	39140		1165
焦炭	吨	4400	4275	4275		125
汽油	吨	98	98		98	
柴油	吨	159	159	159		
其他石油制品	吨	33	78	78		
电力	万千瓦时	5055	6860	6854	6	
其他燃料	吨标准煤		3931	3931		
隆安县						
原煤	吨	160892	158665	150608	8057	10802
汽油	吨	200	200	111	89	
柴油	吨	802	802	695	107	2
电力	万千瓦时	10773	15635	15394	241	
其他燃料	吨标准煤		46354	46354		

注：本表统计范围为规模以上工业。

10 商业外贸 旅游物价

CHAPTER 10 BUSINESS,FOREIGN TRADE, TRAVEL,PRICE

10-1 全市主要年份商品销售总额和社会消费品零售总额

单位：万元

年　份	全社会商品销售总额	社会消费品零售总额	# 批发零售业	# 餐饮业
1950	3760	3331	2698	326
1965	41791	17034	14651	1008
1978	50735	34737	28682	1916
1980	67827	49381	37008	2595
1985	180035	117249	89369	5129
1986	192905	124956	90024	5966
1987	278652	151615	106832	6823
1988	403478	205927	142668	8656
1989	506027	237944	173722	10727
1990	688049	251606	173490	13231
1991	1183943	306330	209751	17191
1992	1330612	367574	236449	22925
1993	1858423	520934	320946	28447
1994	2778661	667903	423470	39138
1995	2393263	839856	545805	62980
1996	2121924	1006556	654329	109594
1997	2555047	1153593	595818	170827
1998	2553541	1286387	738214	164742
1999	2629390	1371382	845114	181460
2000	3040774	1495906	932707	200839
2001	3264290	1634398	969754	235259
2002	3771456	1831100	1085999	270857
2003	4770729	2079753	1747970	325468
2004	5068795	2394129	2029548	361194

注：1、2003年以后数据为行政区划调整后大南宁口径的数据，其余年份为原南宁口径。

2、2003年、2004年社会消费品零售总额统计口径调整，新统计口径剔除了制造业零售和农业生产者零售。

10-2 全市社会消费品零售总额

单位：万元

指 标 名 称	2004年	2003年
社会消费品零售总额	**2394129**	**2079753**
按销售地区分		
市的零售额	1832118	1581721
县的零售额	239033	216152
县以下的零售额	322978	281880
按经济类型分		
国有经济	217204	218749
集体经济	137132	129703
私营经济	361443	264862
个体经济	991493	885314
联营经济	24198	26962
股份制经济	623669	516008
外商投资经济	28302	27041
港澳台投资经济	7967	8440
其他经济	2721	2674
按行业分		
批发零售贸易业	2029548	1747970
限额以上	1001602	844886
限额以下	1027946	903084
餐饮业	361194	325468
限额以上	65745	52802
限额以下	295449	272666
#个体餐饮业	261853	212459
其他行业	3387	6315

注：本表数据按新的统计口径，社会消费品零售总额不包括制造业零售和农业生产者零售。

10-3 全市批发零售贸易业商品销售总额

（2004年）

单位：万元

指　标　名　称	销售总额合计	批　发	零　售
总　　计	**5068795**	**3039247**	**2029548**
按行业及规模分组			
批发业	2808982	2457537	351445
零售业	2259813	581710	1678103
按规模分组			
限额以上企业	2802081	1800479	1001602
限额以下企业及个体户	2266714	1238768	1027946
#个体户	1161588	432996	728592

10-4 全市限额以上批发零售贸易业商品销售类值

（2004年） 单位：万元

指标名称	合计	批发	零售
合　　计	**2802081**	**1800479**	**1001602**
食品、饮料、烟酒类	400550	313698	86852
# 肉禽蛋类	22351	10971	11380
饮料类	19141	11168	7973
烟酒类	134310	126009	8301
服装鞋帽、针、纺织品类	106556	21268	85288
化妆品类	22272	532	21740
金银珠宝类	10648	2	10646
日用品类	44275	10170	34105
五金、电料类	7300	3939	3361
体育、娱乐用品类	4702	87	4615
书报杂志类	116598	97252	19346
电子出版物及音像制品类	3208	1621	1587
家用电器和音响器材类	238259	154576	83683
中西药品类	123724	55373	68351
文化办公用品类	66156	33921	32235
家俱类	440	43	397
通讯器材类	115369	77644	37725
煤炭及制品类	79373	78694	679
木材及制品类	2300	1012	1288
石油及制品类	332651	215754	116897
化工材料及制品类	76352	75811	541
金属材料类	334119	319887	14232
建筑及装潢材料类	53794	39923	13871
机电产品及设备类	548376	207928	340448
# 汽车类	458577	144321	314256
种子饲料类	93	93	
棉麻土畜类	1429	1411	18
其他类	113537	89840	23697

10-5 全市限额以上批发零售贸易业商品销售数量

（2004年）

指标名称	计量单位	合计	批发	零售
粮　　食	吨	46176	32004	14172
食用植物油	吨	8416	2733	5683
食　　糖	吨	529043	528098	945
卷　　烟	万支	762043	758943	3100
酒	吨	3527	807	2720
#啤酒	吨	1531	294	1237
棉　　花	吨			
布	百米	8816	8068	748
各种服装	百件	68638	23338	45300
#童装	百件	4984		4984
鞋	百双	31239	18323	12916
照 相 机	台	14915	2540	12375
#数码相机	台	4943	98	4845
彩色电视机	台	374989	270326	104663
组合音响	台	13130	455	12675
摄 像 机	台	2451	79	2372
影 碟 机	台	82286	25677	56609
家用电冰箱	台	205876	157659	48217
家用洗衣机	台	166867	125959	40908
房间空调器	台	228892	153894	74998
微 波 炉	台	83963	52313	31650
微型计算机	台	60996	35963	25033
普通电话机	部	112026	46919	65107
移动电话机	部	944281	604334	339947
化学肥料	吨	454705	454705	
化学农药	吨	4206	4206	
农用薄膜	吨			
煤　　炭	吨	3247148	3245828	1320
木　　材	立方米	1066	1066	
汽　　油	吨	284018	156329	127689
煤　　油	吨	38298	38288	10
柴　　油	吨	452593	327156	125437
钢　　材	吨	713866	704638	9228
铝	吨	59387	59387	
水　　泥	吨	803198	803198	
汽　　车	辆	35896	5473	30423
#轿车	辆	16719	136	16583
摩 托 车	辆	15042	2696	12346
拖 拉 机	台	16648	16648	

10-6 市区社会消费品零售总额

单位:万元

指标名称	2004年	2003年
社会消费品零售总额	**1832118**	**1581721**
按销售地区分		
市的零售额	1832118	1581721
县的零售额		
县以下的零售额		
按经济类型分		
国有经济	167101	155155
集体经济	90541	81449
私营经济	348354	257258
个体经济	575078	522514
联营经济	23423	26962
股份制经济	591027	502518
外商投资经济	27933	27041
港澳台投资经济	7926	8440
其他经济	735	384
按行业分		
批发零售贸易业	1526918	1302554
限额以上	956988	801902
限额以下	569930	500652
餐饮业	304283	276046
限额以上	62601	49807
限额以下	241682	226239
#个体餐饮业	214887	174297
其他行业	917	3121

10-7 市区批发零售贸易业商品销售总额

（2004年）

单位：万元

指　标　名　称	销售总额合计	批　发	零　售
总　　计	**4284226**	**2757308**	**1526918**
按行业分组			
批发业	2561953	2269078	292875
零售业	1722273	488230	1234043
按规模分组			
限额以上企业	2630811	1673823	956988
限额以下企业及个体户	1653415	1083485	569930
#个体户	710936	351563	359373

10-8 市区限额以上批发零售贸易业商品销售类值

（2004年）　　　　单位：万元

指标名称	合计	批发	零售
合　　计	**2630811**	**1673823**	**956988**
食品、饮料、烟酒类	340547	254759	85788
# 肉禽蛋类	22023	10648	11375
饮料类	19003	11141	7862
烟酒类	77871	69867	8004
服装鞋帽、针、纺织品类	105603	21268	84335
化妆品类	22143	532	21611
金银珠宝类	10523	2	10521
日用品类	43255	10170	33085
五金、电料类	7117	3939	3178
体育、娱乐用品类	4589	87	4502
书报杂志类	112358	95152	17206
电子出版物及音像制品类	3199	1621	1578
家用电器和音响器材类	236485	154576	81909
中西药品类	121642	55186	66456
文化办公用品类	65927	33921	32006
家俱类	440	43	397
通讯器材类	115348	77644	37704
煤炭及制品类	79373	78694	679
木材及制品类	2300	1012	1288
石油及制品类	245023	162960	82063
化工材料及制品类	63902	63362	540
金属材料类	334119	319887	14232
建筑及装潢材料类	53788	39923	13865
机电产品及设备类	548376	207928	340448
# 汽车类	458577	144321	314256
种子饲料类	93	93	
棉麻土畜类	1429	1411	18
其他类	113232	89653	23579

10-9　市区限额以上批发零售贸易业商品销售数量

（2004年）

指标名称	计量单位	合计	批发	零售
粮　　食	吨	46176	32004	14172
食用植物油	吨	6138	528	5610
食　　糖	吨	528809	527976	833
卷　　烟	万支	316284	313295	2989
酒	吨	2795	377	2418
#啤酒	吨	1220	102	1118
布	百米	8127	8068	59
各种服装	百件	67487	23338	44149
#童装	百件	4736		4736
鞋	百双	30779	18323	12456
照相机	台	14765	2540	12225
#数码照相机	台	4943	98	4845
彩色电视机	台	373614	270326	103288
组合音响	台	13042	455	12587
摄像机	台	2451	79	2372
影碟机	台	81099	25677	55422
家用电冰箱	台	205333	157659	47674
家用洗衣机	台	166114	125959	40155
房间空调器	台	227940	153894	74046
微波炉	台	83384	52313	31071
微型计算机	台	60910	35963	24947
普通电话机	部	111884	46919	64965
移动电话机	部	944144	604334	339810
化学肥料	吨	357523	357523	
化学农药	吨	4206	4206	
煤　　炭	吨	3247148	3245828	1320
木　　材	立方米	1066	1066	
汽　　油	吨	217687	121848	95839
柴　　油	吨	342882	267637	75245
钢　　材	吨	713866	704638	9228
铝	吨	59387	59387	
水　　泥	吨	803198	803198	
汽　　车	辆	35896	5473	30423
#轿车	辆	16719	136	16583
摩托车	辆	15042	2696	12346
拖拉机	台	16648	16648	

10-10 各县社会消费品零售总额

(2004年)

单位：万元

指 标 名 称	邕宁县	武鸣县	横县	宾阳县	上林县	马山县	隆安县
社会消费品零售总额	**111743**	**104913**	**139312**	**128077**	**26908**	**25567**	**25491**
按销售地区分							
市的零售额							
县的零售额	44641	46676	56958	54446	8863	14395	13054
县以下的零售额	67102	58237	82354	73631	18045	11172	12437
按经济类型分							
国有经济	7872	11144	17217	2611	2893	3868	4498
集体经济	9405	13055	13082	4532	3045	2939	533
私营经济	6512	72	4380	2035		90	
个体经济	80552	64830	104176	110860	20970	17525	17502
联营经济	775						
股份制经济	5839	14204	457	8039		1145	2958
外商投资经济	369						
港澳台投资经济	41						
其他经济	378	1608					
按行业分							
批发零售贸易业	99743	89858	128823	115332	23944	23106	21824
限额以上	3949	15592	9394	8477	1668	2576	2958
限额以下	95794	74266	119429	106855	22276	20530	18866
餐饮业	11489	13447	10422	12668	2964	2254	3667
限额以上	2208	451		485			
限额以下	9281	12996	10422	12183	2964	2254	3667
#个体餐饮业	7170	10540	9293	11730	2964	2026	3243
其他行业	511	1608	67	77		207	

10-11 各县批发零售贸易业商品销售总额

(2004年)　　单位：万元

指标名称	销售总额合计	批发	零售
邕宁县			
总计	**179201**	**79458**	**99743**
按行业分组			
批发业	72650	58982	13668
零售业	106551	20476	86075
按规模分组			
限额以上企业	45323	41374	3949
限额以下企业及个体户	133878	38084	95794
#个体户	89175	15793	73382
武鸣县			
总计	**125730**	**35872**	**89858**
按行业分组			
批发业	27695	17130	10565
零售业	98035	18742	79293
按规模分组			
限额以上企业	30130	14538	15592
限额以下企业及个体户	95600	21334	74266
# 个体户	65439	11149	54290
横县			
总计	**173962**	**45139**	**128823**
按行业分组			
批发业	45487	34338	11149
零售业	128475	10801	117674
按规模分组			
限额以上企业	30989	21595	9394
限额以下企业及个体户	142973	23544	119429
#个体户	109438	14555	94883
宾阳县			
总计	**189102**	**73770**	**115332**
按行业分组			
批发业	56945	44518	12427
零售业	132157	29252	102905
按规模分组			
限额以上企业	32322	23845	8477
限额以下企业及个体户	156780	49925	106855
#个体户	128210	29080	99130

单位：万元

指　标　名　称	销售总额合计	批　发	零　售
上 林 县			
总　　计	**38357**	**14413**	**23944**
按行业分组			
批发业	16917	11922	4995
零售业	21440	2491	18949
按规模分组			
限额以上企业	10083	8415	1668
限额以下企业及个体户	28274	5998	22276
#个体户	21142	3136	18006
马 山 县			
总　　计	**47139**	**24033**	**23106**
按行业分组			
批发业	15221	12413	2808
零售业	31918	11620	20298
按规模分组			
限额以上企业	12463	9887	2576
限额以下企业及个体户	34676	14146	20530
#个体户	21949	6652	15297
隆 安 县			
总　　计	**31078**	**9254**	**21824**
按行业分组			
批发业	12114	9156	2958
零售业	18964	98	18866
按规模分组			
限额以上企业	9960	7002	2958
限额以下企业及个体户	21118	2252	18866
#个体户	15299	1068	14231

10-12　各县限额以上批发零售贸易业商品销售类值

（2004年）　　　　　　　　　　　　　　　　　　　　　　单位：万元

指 标 名 称	邕宁县	武鸣县	横 县	宾阳县	上林县	马山县	隆安县
合　　计	**45323**	**30130**	**30989**	**32322**	**10083**	**12463**	**9960**
食品、饮料、烟酒类	16311	9751	10057	10347	4677	4973	3887
#肉禽蛋类	328						
饮料类		32	106				
烟酒类	13800	9369	9386	10347	4677	4973	3887
服装鞋帽、针、纺织品类	87	275	591				
化妆品类	12	19	98				
金银珠宝类		9	116				
日用品类	173	353	494				
#洗涤用品类	7	19	158				
儿童玩具类	6	13	24				
五金、电料类	19	51	113				
体育、娱乐用品类	11	29	73				
书报杂志类	1924		2316				
电子出版物及音像制品类	9						
家用电器和音响器材类	141	291	1342				
中西药品类		414	524	1144			
文化办公用品类	16	74	139				
通讯器材类		21					
石油及制品类	20161	14986	15050	18462	5406	7490	6073
化工材料及制品类	6448	3633		2369			
#化肥类	6446	3632		2369			
金属材料类							
建筑及装潢材料类		6					
其他类	11	218	76				

10-13 各县限额以上批发零售贸易业商品销售数量

（2004年）

指标名称	单位	合计	指标名称	单位	合计
邕宁县			**横县**		
食用植物油	吨	2248	食用植物油	吨	30
食糖	吨		食糖	吨	32
卷烟	万支	106329	卷烟	万支	82560
布	百米	21	酒	吨	124
各种服装	百件	20	# 啤酒	吨	52
#童装	百件	7	布	百米	443
鞋	百双	37	各种服装	百件	321
彩色电视机	台	175	#童装	百件	36
组合音响	台	20	鞋	百双	164
影碟机	台	564	彩色电视机	台	965
家用电冰箱	台	73	组合音响	台	68
家用洗衣机	台	55	影碟机	台	493
房间空调器	台	130	家用电冰箱	台	470
微型计算机	台	86	家用洗衣机	台	698
普通电话机	部	42	房间空调器	台	822
化学肥料	吨	44737	微波炉	台	579
汽油	吨	5845	汽油	吨	14688
柴油	吨	9470	柴油	吨	21880
武鸣县			**宾阳县**		
食糖	吨	202	卷烟	万支	72068
卷烟	万支	70690	化学肥料	吨	23852
酒	吨	608	汽油	吨	14710
# 啤酒	吨	259	柴油	吨	29440
布	百米	225	**上林县**		
各种服装	百件	810	卷烟	万支	38962
#童装	百件	205	汽油	吨	5065
鞋	百双	259	柴油	吨	7936
照相机	台	150	**马山县**		
彩色电视机	台	235	卷烟	万支	43368
影碟机	台	130	汽油	吨	6738
普通电话机	部	100	柴油	吨	10917
移动电话机	部	137	**隆安县**		
化学肥料	吨	28593	卷烟	万支	31782
汽油	吨	14338	汽油	吨	4947
柴油	吨	20658	柴油	吨	9410

10-14 外国和港澳台地区在华直接投资

(2004年)

指 标 名 称	新签协议		客商实际投资(万美元)			期末实有企业(个)	#建成投产开业	#本期新增企业
	合同个数(个)	客商投资(万美元)	合 计	现 金	其 他			
合 计	**69**	**28047**	**7768**	**7768**		**605**	**385**	**69**
按投资方式分								
中外合资经营企业	24	6554	1417	1417		306	156	24
中外合作经营企业	9	3036				111	50	9
外资企业	36	18457	6351	6351		188	179	36
按国民经济行业分								
农、林、牧、渔业	7	2523	861	861		42		7
采掘业	1	242	26	26		5		1
制造业	25	12571	4073	4073		280		25
电力、煤气及水的生产和供应业	1	382				5		1
建筑业		-59				21		
交通运输、仓储及邮政业	2	202	500	500		14		2
信息传输、计算机服务软件	1	300				1		1
批发零售贸易业								
住宿和餐饮业	8	147	6	6		22		8
金融业	1	399				1		1
房地产业	21	11172	1754	1754		160		21
租赁和商务服务业		14				1		
科学研究、技术服务和地质勘察业		100	30	30		9		
水利、环境和公共设施管理业	1	36				41		1
居民服务和其他服务业						1		
卫生、社会保障和社会福利业						1		
文化、体育和娱乐业	1	18	437	437		1		1
其他			81	81				
按投资国别、地区分								
亚洲	46	17582	4024	4024				
#香港	29	9483	2431	2431				
澳门	1	7						
台湾	9	268	382	382				
日本		1504						
新加坡	1	906	742	742				
韩国								
泰国			29	29				
欧洲	5	731	968	968				
#丹麦								
英国	3	125	65	65				
德国	1	6						
法国	1	600	900	900				
意大利								
拉丁美洲	3	5151	2221	2221				
北美洲	10	3620	100	100				
#加拿大	4	170	10	10				
美国	6	3450	90	90				
大洋洲	5	963	385	385				
#澳大利亚	4	818	238	238				
新西兰								
其他地区			70	70				

10-15　国际旅游收入

(2004年)　　单位：万元

指标名称	合计	饭店、宾馆	指标名称	合计	饭店、宾馆
合　计	**14233**	**2930**	长途交通费	4896	
商品性收入	3545	893	民航	3032	
商品销售收入	2776	338	铁道	1409	
饮食销售收入	769	555	公路	455	
劳务性收入	10688	2037	市内交通费	342	
旅行社旅游业务费收入	19		邮政电讯费	612	
			文化娱乐费	612	310
宿费	1124	1124	其他	3083	603

10-16　接待过夜旅游人数

(2004年)　　单位：人次

指标名称	人数	人天数	指标名称	人数	人天数
国际旅游人数合计	**65592**	**107307**	马来西亚	2855	4411
港澳同胞	6751	12764	美国	5463	11956
台湾同胞	7685	11333	加拿大	1041	2098
华　侨	180	327	英国	1497	2641
外国人	50976	82883	法国	903	1806
#日本	2004	4445	德国	804	1735
韩国	796	1147	意大利	226	370
新加坡	1989	3255	荷兰	693	1377
泰国	1420	2873	澳大利亚	1212	2407
越南	23372	28988	新西兰	186	281
印度尼西亚	438	853			

10-17　主要宾馆酒店接待能力和接待人数

指标名称	单位	2004年	2003年
宾馆酒店数量	个	68	54
#星级宾馆酒店	个	61	46
五星级	个	1	1
四星级	个	7	6
三星级	个	19	9
二星级	个	31	26
一星级	个	3	4
客房总数	间	11540	8663
床位总数	张	20324	16217
全年接待人员数	人	2340735	2131813
#外国人	人	50976	24276
华侨	人	180	32
港澳台同胞	人	14436	10632
国内旅客	人	2275143	2096873
外汇收入	万美元	312	278

10-18　旅行社基本情况

指标名称	单位	2004年	2003年
企业数	家	70	70
年末职工人数	人	922	1240
接待旅游人数	万人次	27.16	12.05
#国际旅游人数	万人次	1.12	1.04
国内旅游者	万人次	26.04	11.01

10-19 居民消费价格总指数

（2004年、以上年为100）　　单位 %

指标名称	指数	指标名称	指数
居民消费价格总指数	**104.2**	衣着加工服务	100.0
食品	**110.1**	**家庭设备用品及维修服务**	**100.2**
粮食	128.2	耐用消费品	98.8
淀粉及薯类	118.6	家具	96.2
干豆类及豆制品	121.7	家庭设备	100.6
油脂类	111.3	室内装饰品	111.9
肉禽及其制品	116.7	床上用品	99.9
蛋类	118.7	家庭日用杂品	96.0
水产品类	111.0	家庭服装及加工维修服务	106.3
菜类	102.2	**医疗保健和个人用品**	**101.4**
鲜菜	102.0	医疗保健	102.6
干菜及其制品	103.5	医疗器具及用品	105.2
调味品	103.1	中药材及中成药	99.1
糖类	98.6	西药	96.5
食糖	93.9	保健器具及用品	99.8
糖果	100.7	医疗保健服务	115.6
茶及饮料	98.7	个人用品及服务	98.7
茶叶	98.9	**交通和通讯**	**97.8**
饮料	98.6	交通	99.2
干鲜瓜果类	102.1	交通工具	94.7
鲜果	100.5	车用燃料及零配件	107.0
干（坚）果及瓜果制品	109.2	车辆使用及维修	99.7
糕点饼干面包	101.0	市区公共交通	100.0
奶及奶制品	102.6	城市间交通	100.3
在外用膳食品	101.1	通信	96.2
主食	104.4	通信工具	89.1
炒菜	100.2	通信服务	98.3
地方小吃	100.0	**娱乐教育文化用品及服务**	**97.8**
其它食品及食品加工服务	99.1	娱乐用耐用消费品及服务	89.5
烟酒及用品	**100.6**	教育	99.8
烟草	99.2	教材及参考书	99.9
酒	103.2	学杂托幼费	99.7
吸烟饮酒用品	98.0	**文化娱乐用品**	**102.5**
衣着类	**98.1**	文化娱乐	100.7
服装	95.7	书报杂志	102.5
男式服装	96.5	文娱费	104.2
女式服装	94.2	旅游及外出	97.3
儿童服装	99.8	**居住**	**107.0**
衣着材料	100.0	建房及装修材料	105.8
鞋袜帽	103.7	租房	114.9
鞋类	104.1	自有住房	100.6
袜子	100.0	水、电、燃料	108.1
帽子	100.0		

10-20 个体工商业基本情况

(2004年)

指标名称	户数（户）	#城镇	从业人员（人）	#城镇	注册资金（万元）	#城镇	总产值（万元）	#城镇	销售总额或营业收入（万元）	#城镇
全　市	**139101**	**51054**	**214024**	**79078**	**157247**	**60415**	**56535**	**12713**	**236239**	**87688**
农、林、牧、渔业	95	28	249	73	1366	330	2057	443	3527	844
采矿业	435	83	1111	180	4632	486	10883	614		
制造业	9096	3396	15863	6857	19058	8034	35762	10219		
电力、燃气及水的生产和供应业	13	1	48	2	525	10	212			
建筑业	185	62	289	109	269	73		1437		
交通运输、仓储和邮政业	13579	5025	15432	5875	22180	8665			46247	18463
信息运输、计算机服务和软件业	534	118	1012	329	1901	730			1278	472
批发零售业	91178	30736	128799	42052	72597	22606			121891	44367
住宿和餐饮业	9232	4765	25412	12438	15607	8704			24727	12517
房地产业	5	5	6	6	51	51			250	250
租赁和商务服务业	1576	824	2919	1237	4312	2714			3557	2528
居民服务和其他服务业	11180	5305	19583	8305	10824	5976			25975	6675
卫生、社会保障和社会福利业	514	238	1200	528	1511	906			6374	331
文化、体育和娱乐业	648	360	1288	871	1371	854			2136	1072
其他行业	831	108	813	216	1043	276			277	169

注：本表数据根据工商局统计报表整理。

10-21 私营企业基本情况

(2004年)

指 标 名 称	合 计					
	户 数（户）	投资者人数（人）	雇工人数（人）	注册资本金（万元）	总产值（万元）	销售总额或营业收入（万元）
全 市	**14837**	**37758**	**133756**	**1245167**	**101595**	**132683**
农、林、牧、渔业	407	1158	4110	31621	3208	3077
采矿业	103	252	1296	9624	6827	
制造业	2144	4691	2453	220362	76137	
电力、燃气及水的生产和供应业	163	676	1304	37767	5181	
建筑业	426	1325	4246	128395	10242	
交通运输、仓储和邮政业	285	1047	2840	51314		28761
信息运输、计算机服务和软件业	610	1220	3851	48665		2255
批发零售业	3335	10332	31698	326968		73217
住宿和餐饮业	873	2045	6831	37691		5427
房地产业	1545	3745	11445	166165		13501
租赁和商务服务业	716	2002	5618	21870		1986
居民服务和其他服务业	1707	4971	14727	105838		3838
卫生、社会保障和社会福利业	581	1028	3130	4314		72
文化、体育和娱乐业	1127	2143	6805	6437		423
其他行业	815	1123	3402	48136		126

注：本表数据根据工商局统计报表整理。

10-21 续表

指标名称	城镇					
	户数（户）	投资者人数（人）	雇工人数（人）	注册资本金（万元）	总产值（万元）	销售总额或营业收入（万元）
全　市	**11935**	**30814**	**100987**	**999680**	**47842**	**67768**
农、林、牧、渔业	349	982	3258	26828	798	1630
采矿业	72	148	492	7941	822	
制造业	1396	2896	16375	158909	37969	
电力、燃气及水的生产和供应业	127	421	1035	32064	3200	
建筑业	379	1137	3742	106030	5053	
交通运输、仓储和邮政业	259	920	2606	49818		26317
信息运输、计算机服务和软件业	228	612	1849	37304		914
批发零售业	2424	8263	24918	254204		18330
住宿和餐饮业	777	1846	5812	33534		4289
房地产业	1507	3633	11019	136254		13441
租赁和商务服务业	551	1542	4319	14311		779
居民服务和其他服务业	1420	4230	12855	84753		1503
卫生、社会保障和社会福利业	571	1014	3087	4169		70
文化、体育和娱乐业	1086	2101	6425	5914		395
其他行业	789	1069	3195	47647		100

注：本表数据根据工商局统计报表整理。

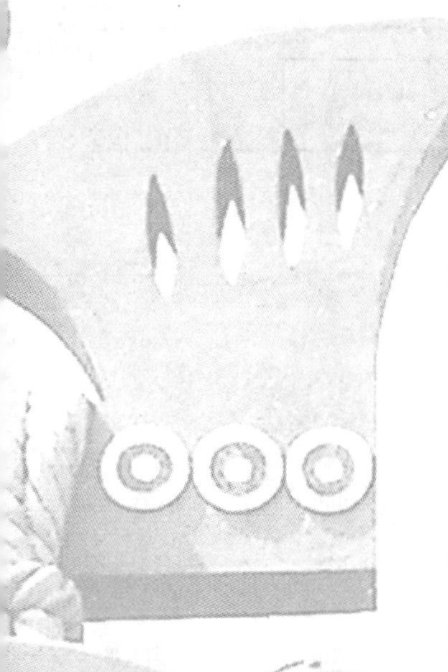

11 财政金融保险

CHAPTER 11 GOVERNMENT FINANCES, BANKING,INSURANCE

11-1 全市主要年份财政、金融

单位：万元

年 份	财政收入	# 地方财政收入	地方财政支出	金融机构存款余额	# 城乡居民存款余额	金融机构贷款余额
1950	394	394	190	1364	21	34
1965	4479	4479	2116	39443	1426	18356
1978	20102	20102	7074	110660	5735	59521
1980	23682	23682	7410	110309	10358	71873
1985	35447	35447	17967	212380	43646	167691
1986	38873	38873	26745	226697	61348	222735
1987	44078	44078	28971	262623	82535	270298
1988	51071	51071	40532	260827	100160	297861
1989	57352	57352	39426	328250	138715	287226
1990	63930	63930	47677	464879	197821	346755
1991	70051	70051	48397	552636	258819	383694
1992	73459	73459	48401	685440	341946	444498
1993	106465	106465	66850	1077025	515981	657827
1994	150232	73492	85826	1537665	802162	880566
1995	171074	91236	94609	2063550	1123696	1107552
1996	190465	103583	105844	2724968	1439865	1385499
1997	215806	116778	119471	3014072	1618159	1731336
1998	245249	131583	139884	4461444	2001576	3460657
1999	270113	149700	172851	5268177	2190918	4262816
2000	303030	173434	215931	6194003	2410407	4435015
2001	385294	243005	257430	6726608	2748910	4909429
2002	449779	261766	343581	7777301	3273428	7338731
2003	610594	362435	524981	9434021	4514961	9597681
2004	746328	432526	621191	10909576	5157925	12087669

注：2003年以后数据为行政区划调整后大南宁口径的数据，其余年份为原南宁口径。

11-2 全市财政收入

（2004年）　　单位：万元

指 标 名 称	收 入	指 标 名 称	收 入
财政收入	**746328**	农业税	9063
中央“两税”收入	241613	农业特产税	4152
上划所得税收入	72189	耕地占用税	2677
地方财政收入	432526	契税	19841
增值税	45883	国有资产经营收益	11848
营业税	173704	国有企业计划亏损补贴	-1431
企业所得税	18012	行政性收费收入	12993
个人所得税	30114	罚没收入	19309
资源税	2157	专项收入	14753
城市维护建设税	29120	其他收入	4852
房产税	17385	**附加资料**	
印花税	3571	上级补助收入	256808
城镇土地使用税	5627	国债转贷收入	1377
土地增值税	7455	国债转贷资金上年结余	1500
车船使用和牌照税	1441	上年结余收入	70509
		调入资金	484

11-3 全市财政支出

（2004年）　　单位：万元

指 标 名 称	支 出	指 标 名 称	支 出
本年支出合计	**621191**	国防支出	264
基本建设支出	63491	行政管理费	57231
企业挖潜改造资金	26706	外交外事支出	1723
科技三项费用	7349	武装警察部队支出	35
流动资金	15	公检法司支出	42274
农业支出	28589	城市维护费	79741
林业支出	2797	政策性补贴支出	1615
水利和气象支出	8333	支援不发达地区支出	2148
工业交通等部门事业费	1617	车辆税费支出	27
流通部门事业费	176	专项支出	13136
文体广播事业费	22457	其他支出	27086
教育支出	91600	**附加资料**	
科学支出	1544	上解自治区支出	65746
医疗卫生支出	26396	拨付国债转贷资金数	1397
其他部门的事业费	26225	国债转贷资金结余	1480
抚恤和社会福利救济	17686	调出资金	3000
行政事业单位离退休支出	53990	年终结余	70390
社会保障补助支出	16940	净结余	40323

11-4 市区财政收入

（2004年）　　单位：万元

指标名称	收入	指标名称	收入
财政收入	**563280**	农业税	762
中央“两税”收入	189345	农业特产税	978
上划所得税收入	59356	耕地占用税	570
地方财政收入	314579	契税	14305
增值税	29845	国有资产经营收益	49
营业税	146243	国有企业计划亏损补贴	-1319
企业所得税	14267	行政性收费收入	4659
个人所得税	25304	罚没收入	12002
资源税	105	专项收入	10714
城市维护建设税	25159	其他收入	827
房产税	15005	**附加资料**	
印花税	3339	上级补助收入	130560
城镇土地使用税	4296	国债转贷收入	1377
土地增值税	6418	国债转贷资金上年结余	1500
车船使用和牌照税	1051	上年结余收入	59439
		调入资金	

11-5 市区财政支出

（2004年）　　单位：万元

指标名称	支出	指标名称	支出
本年支出合计	**390273**	国防支出	216
基本建设支出	59549	行政管理费	27657
企业挖潜改造资金	20261	外交外事支出	1698
科技三项费用	5859	武装警察部队支出	25
流动资金		公检法司支出	29605
农业支出	19249	城市维护费	69415
林业支出	798	政策性补贴支出	1015
水利和气象支出	3643	支援不发达地区支出	724
工业交通等部门事业费	672	车辆税费支出	27
流通部门事业费		专项支出	9564
文体广播事业费	13262	其他支出	17085
教育支出	34943	**附加资料**	
科学支出	1367	上解自治区支出	51597
医疗卫生支出	17131	拨付国债转贷资金数	1397
其他部门的事业费	13104	国债转贷资金结余	1480
抚恤和社会福利救济	9976	调出资金	3000
行政事业单位离退休支出	21105	年终结余	59708
社会保障补助支出	12323	净结余	38130

11-6 各县财政收入

（2004年）

单位：万元

指标名称	邕宁县	武鸣县	横县	宾阳县	上林县	马山县	隆安县
财政收入	**61030**	**30100**	**30708**	**30013**	**10088**	**8050**	**13059**
中央“两税”收入	17400	7133	9329	9653	2454	2560	3739
上划所得税收入	5746	2022	1604	1936	516	261	748
地方财政收入	37884	20945	19775	18424	7118	5229	8572
增值税	5173	2352	2707	2916	814	852	1224
营业税	10065	5666	3937	3796	1015	1533	1449
企业所得税	2337	306	332	432	121	18	199
个人所得税	1494	1041	737	859	223	156	300
资源税	453	148	375	565	251	164	96
城市维护建设税	1472	497	668	571	206	275	272
房产税	786	214	459	570	80	155	116
印花税	107	26	39	29	10	3	18
城镇土地使用税	566	188	242	150	47	61	77
土地增值税	978	3	9	38			9
车船使用和牌照税	56	106	108	46	26	26	22
农业税	1694	1429	1753	1757	749	411	508
农业特产税	2628	307	35	125		79	
耕地占用税	463	150	851	241	54	44	304
契税	4055	556	199	400	58	83	185
国有资产经营收益		4560	2160	1331	1282	188	2278
国有企业计划亏损补贴		-60		-20	-15	-17	
行政性收费收入	2855	579	2346	746	696	455	657
罚没收入	1509	865	1534	1703	648	543	505
专项收入	1146	803	915	493	157	192	333
其他收入	47	1209	369	1676	696	8	20
附加资料							
上级补助收入	37884	20945	19775	18424	7118	5229	8572
国债转贷收入							
国债转贷资金上年结余							
上年结余收入	3177	777	-2431	7294	1054	76	1123
调入资金			200	284			

11-7 各县财政支出

(2004年)　　　　单位：万元

指标名称	邕宁县	武鸣县	横县	宾阳县	上林县	马山县	隆安县
本年支出合计	**55122**	**38119**	**38303**	**40099**	**19199**	**19876**	**20200**
基本建设支出	300	842		1934	142		724
企业挖潜改造资金	145	927	2759	1047	617		950
科技三项费用	535	440	292	130	82	6	5
流动资金				15			
农业支出	2244	1935	1419	1749	395	946	652
林业支出	577	186	264	414	74	197	287
水利和气象支出	1363	385	839	868	189	538	507
工业交通等部门事业费	47	119	476	194	75	29	5
流通部门事业费		87	16	31	29		13
文体广播事业费	2026	1285	2279	1429	839	691	646
教育支出	14472	8501	9833	8609	4792	5862	4588
科学支出	42	28	34	28	12	14	19
医疗卫生支出	2064	1453	1577	2240	528	383	1020
其他部门的事业费	3079	2660	1914	2574	1067	1142	685
抚恤和社会福利救济	1081	1576	1218	1717	602	787	729
行政事业单位离退休支出	7984	4404	5610	5358	3461	3154	2914
社会保障补助支出	1271	728	500	1199	236	481	202
国防支出	20	1		5	14		8
行政管理费	5812	4813	4246	4971	3482	3262	2988
外交外事支出		25					
武装警察部队支出		3			7		
公检法司支出	3053	1831	2163	2347	1212	1165	898
城市维护费	3204	3843	829	1046	220	573	611
政策性补贴支出	298				161	141	
支援不发达地区支出	314	53	101	874	21	23	38
专项支出	865	509	940	570	214	190	284
其他支出	4326	1485	994	750	728	292	1427
附加资料							
上解自治区支出	4978	3484	2542	1514	493	486	652
拨付国债转贷资金数							
国债转贷资金结余							
调出资金							
年终结余	1847	1381	-1971	4673	2735	700	1317
净结余	1051	296	-3354	2688	1753	-540	299

11-8 全市银行现金收入

(2004年)

单位：万元

指标名称	收入	指标名称	收入
合　计	**24733072**	其他金融机构收入	105617
商品销售收入	2075086	居民归还贷款收入	49737
服务业收入	981876	汇兑收入	158955
税款收入	98679	有价证券收入	18126
城乡个体经营收入	272868	其他收入	3658221
储蓄存款收入	17313907	#兑换外币收入	2421

11-9 全市银行现金支出

(2004年)

单位：万元

指标名称	支出	指标名称	支出
合　计	**23853443**	城乡个体经营支出	408184
工资性支出	1136634	储蓄存款支出	17872931
国家工资及奖金支出	562730	其他金融机构支出	108281
国家对个人其他支出	230429	居民提取贷款支出	12933
部队存款支出	40917	汇兑支出	165067
其他单位工资性支出	302558	有价证券支出	16107
农副产品采购支出	662278	其他支出	2279161
工矿及其他产品采购支出	363353	#兑换外币支出	13668
行政企事业管理费支出	828514	**投放（+）回笼（-）**	**(-)879629**

11-10 市区银行现金收入

(2004年)　　单位：万元

指 标 名 称	收 入	指 标 名 称	收 入
合　　计	**20928632**	其他金融机构收入	99303
商品销售收入	1843711	居民归还贷款收入	39693
服务业收入	774967	汇兑收入	130966
税款收入	69282	有价证券收入	17106
城乡个体经营收入	216516	其他收入	3438414
储蓄存款收入	14298674	#兑换外币收入	2421

11-11 市区银行现金支出

(2004年)　　单位：万元

指 标 名 称	支 出	指 标 名 称	支 出
合　　计	**20203986**	城乡个体经营支出	367516
工资性支出	946705	储蓄存款支出	14953584
国家工资及奖金支出	485010	其他金融机构支出	103652
国家对个人其他支出	178274	居民提取贷款支出	9147
部队存款支出	39062	汇兑支出	125039
其他单位工资性支出	244359	有价证券支出	15457
农副产品采购支出	549348	其他支出	2074591
工矿及其他产品采购支出	318171	#兑换外币支出	13668
行政企事业管理费支出	740776	**投放（+）回笼（-）**	**(-)724646**

11-12 各县银行现金收入

（2004年）　　　　单位：万元

指标名称	邕宁县	武鸣县	横 县	宾阳县	上林县	马山县	隆安县
合　计	**722415**	**614090**	**773231**	**1097196**	**191852**	**197600**	**208056**
商品销售收入	51832	38011	34906	63774	10279	8185	24388
服务业收入	48630	25615	36066	70378	7471	15085	3664
税款收入	5745	5737	4870	5510	1179	3280	3077
城乡个体经营收入	103	16905	1512	29553	6503		1776
储蓄存款收入	579336	502366	651585	866366	123698	155603	136279
其他金融机构收入	596	5247	2	469			
居民归还贷款收入	4856	99	2707	1638	575		169
汇兑收入	3306	197	9265	11330	914	1700	1277
有价证券收入	7	1013					
其他收入	28004	18900	32318	48178	41233	13747	37426
#兑换外币收入							

11-13 各县银行现金支出

（2004年）

单位：万元

指标名称	邕宁县	武鸣县	横县	宾阳县	上林县	马山县	隆安县
合计	**717249**	**606862**	**742394**	**1018894**	**183499**	**187644**	**192916**
工资性支出	53942	33672	32003	37019	11453	16731	5109
国家工资及奖金支出	14502	17456	14161	19022	7067	3107	2405
国家对个人其他支出	14003	6055	10332	15446	2647	3067	605
部队存款支出	356	805	158	392	144		
其他单位工资性支出	25081	9356	7353	2158	1595	10557	2099
农副产品采购支出	24621	18203	27659	33605	1796		7046
工矿及其他产品采购支出	9647	8354	9460	7506	8460		1755
行政企事业管理费支出	27198	22277	12889	14313	4938	3529	2594
城乡个体经营支出	1373	10320	2269	20328	6377		
储蓄存款支出	565299	491295	619533	842123	116228	144950	139920
其他金融机构支出	286	4338	1	4			
居民提取贷款支出	11	6	3081	688			
汇兑支出	5506	19	7089	13011	1424	11157	1822
有价证券支出	99	23		528			
其他支出	29267	18355	28410	49769	32823	11277	34670
#兑换外币支出							
投放（+）回笼（-）	**(-)5166**	**(-)7228**	**(-)30838**	**(-)78302**	**(-)8353**	**(-)9956**	**(-)15140**

11-14　全社会金融机构存款余额

(2004年)　　单位：万元

指标名称	存款	指标名称	存款
合　计	**10909576**	储蓄存款	5157925
企业存款	4191075	活期储蓄	2778739
活期存款	3534665	定期储蓄	2379186
定期存款	656410	农业存款	146925
财政存款	19759	委托存款	-9937
机关团体存款	1083167	其他存款	320662

11-15　全社会金融机构贷款余额

(2004年)　　单位：万元

指标名称	贷款	指标名称	贷款
合　计	**12087669**	私营企业及个体贷款	20243
短期贷款	2717619	其他短期贷款	999173
工业贷款	840935	中期流动资金贷款	356349
商业贷款	375893	中长期贷款	8660686
#农副产品贷款	85972	基本建设贷款	5750304
建筑业贷款	74736	技术改造贷款	68595
农业贷款	272477	其他中长期贷款	2841787
乡镇企业贷款	112676	票据融资	344462
三资企业贷款	21486	各项垫款	8553

11-16 市区金融机构存款余额

(2004年)

单位：万元

指 标 名 称	存 款	指 标 名 称	存 款
合 计	**9230110**	储蓄存款	3829609
企业存款	3974721	活期储蓄	2014719
活期存款	3353215	定期储蓄	1814890
定期存款	621506	农业存款	91334
财政存款	9798	委托存款	-11878
机关团体存款	1024695	其他存款	311831

11-17 市区金融机构贷款余额

(2004年)

单位：万元

指 标 名 称	存 款	指 标 名 称	存 款
合 计	**11417516**	私营企业及个体贷款	14904
短期贷款	2274214	其他短期贷款	930814
工业贷款	802723	中期流动资金贷款	344273
商业贷款	301972	中长期贷款	8449368
#农副产品贷款	26929	基本建设贷款	5737040
建筑业贷款	74406	技术改造贷款	67346
农业贷款	74609	其他中长期贷款	2644982
乡镇企业贷款	56073	票据融资	341108
三资企业贷款	18713	各项垫款	8553

11-18 各县金融机构存款余额

（2004年）　　单位：万元

指标名称	邕宁县	武鸣县	横县	宾阳县	上林县	马山县	隆安县
合计	**410661**	**284115**	**370073**	**302532**	**98890**	**87059**	**126136**
企业存款	81728	25735	36651	30285	8832	17445	15676
活期存款	65593	23305	28714	27795	6792	15710	13539
定期存款	16135	2430	7937	2490	2040	1735	2137
财政存款	1955	1720	1426	809	152	1606	2294
机关团体存款	17044	9708	10475	14631	2827	568	3220
储蓄存款	278480	234308	314352	251214	85413	64841	99708
活期储蓄	163210	141674	162762	142715	51977	41391	60291
定期储蓄	115270	92634	151590	108499	33436	23450	39417
农业存款	24492	11416	5711	5163	1455	2360	4994
委托存款	1793	14	5	50	66	4	8
其他存款	5169	1214	1453	380	145	235	236

11-19 各县金融机构贷款余额

（2004年）

单位：万元

指 标 名 称	邕宁县	武鸣县	横 县	宾阳县	上林县	马山县	隆安县
合 计	**172740**	**127537**	**147259**	**114843**	**29076**	**31048**	**47651**
短期贷款	94859	96832	104279	68570	21681	25341	31843
工业贷款	7191	4208	14612	11985			215
商业贷款	19703	12094	13315	19489	23	4543	4755
#农副产品贷款	15825	8075	11047	15236		4543	4317
建筑业贷款				330			
农业贷款	31234	60958	36663	15045	17215	17357	19396
乡镇企业贷款	10894	9991	24171	5431	2565	105	3446
三资企业贷款			2773				
私营企业及个体贷款	1412	105	2046	1098	174	460	44
其他短期贷款	24425	9476	10699	15192	1704	2876	3987
中期流动资金贷款	4662	1405	1535	1624		350	2500
中长期贷款	71743	28148	41299	44469	7395	5357	12908
基本建设贷款	3908	6134	2861	271			90
技术改造贷款		1000	135	112			2
其他中长期贷款	67835	21014	38303	44086	7395	5357	12816
票据融资	1476	1152	146	180			400
各项垫款							

11-20 保险业务情况

(2004年) 单位：万元

指标名称	全市	市区
财产保险业务		
保费收入	**52991**	**44034**
#机动车辆险	36520	29659
责任险	2205	1955
工程险	1012	1002
货运险	1865	1354
财产险	10029	8759
其他险种	1360	1305
各项赔款及给付	**21188**	**17151**
赔付给付件数（件）	**72732**	**59645**
人身保险业务		
保费收入	**118508**	**96524**
#寿险	95590	78006
意外险	8470	6367
健康险	14448	12151
各项赔款及给付	**13722**	**9920**
#寿险	8570	6541
意外险	1726	1120
健康险	3426	2259
各项赔款及给付件数（件）	**102083**	**55925**
各项赔款及给付人数（人次）	**102050**	**55894**

11-21 各县保险业务情况

（2004年）

单位：万元

指 标 名 称	邕宁县	武鸣县	横 县	宾阳县	上林县	马山县	隆安县
财产保险业务							
保费收入	**2984**	**1563**	**1625**	**1461**	**591**	**373**	**360**
#机动车辆险	2285	1298	1026	1114	496	304	338
责任险	59	58	25	75	26		7
工程险	10						
货运险	122	28	319	34	5	1	2
财产险	508	175	229	239	40	68	11
其他险种		4	26	-1	24		2
各项赔款	**1406**	**563**	**595**	**810**	**306**	**144**	**213**
赔付给付件数（件）	**4402**	**2131**	**1872**	**1956**	**827**	**936**	**963**
人身保险业务							
保费收入	**5464**	**3384**	**4165**	**4899**	**1631**	**1113**	**1328**
#寿险	4482	2615	3237	4023	1365	808	1054
意外险	489	291	408	421	110	183	201
健康险	493	478	520	455	156	122	73
各项赔款及给付	**848**	**748**	**863**	**591**	**203**	**272**	**277**
#寿险	452	465	478	265	70	137	162
意外险	136	82	117	117	43	66	45
健康险	260	201	268	209	90	69	70
赔付及给付人数（人次）	**9891**	**9465**	**9617**	**8083**	**2100**	**2500**	**4500**
件数(件)	**9891**	**9466**	**9617**	**8084**	**2100**	**2500**	**4500**

12 文化教育 卫生体育

CHAPTER 12 CUITURE,EDUCATION,HYGIENE,SPORTS

12-1 文化事业基本情况

（2004年）

指 标 名 称	单 位	全市	市区
电影制作单位	个	1	1
电影放映单位	个	62	23
#影剧院	个	25	8
电影放映场次	场	44859	27213
电影观众人数	万人次	818	104
艺术表演团体	个	18	11
演出场次	场	1971	1576
观众人数	万人次	317	246
艺术表演场所	个	3	2
文化馆	个	12	5
群众艺术馆	个	2	2
公共图书馆	个	11	4
图书总藏量	千册、件	3251	2520
#古籍	千册	128	128
图书	千册	2570	2008
出版社	个	8	8
报社	个	18	18
图书出版印数	万册	19000	19000
杂志出版印数	万册	5410	5410
报纸出版印数	万份	29000	29000
其他文化事业机构	个	173	43

12-2 各县文化事业基本情况

（2004年）

指标名称	单位	邕宁县	武鸣县	横县	宾阳县	上林县	马山县	隆安县
电影放映单位	个	2	1	4	30	1	1	
#影剧院	个	2	1	1	11	1	1	
电影放映场次	场	3421	1541	7000	4991	373	320	
电影观众人数	万人次	51	37	75	524	11	16	
艺术表演团体	个	1	1	1	1	1	1	1
演出场次	场	132		53	80	49	56	25
观众人数	万人次	17		10	8	9	13	15
文化馆	个	1	1	1	1	1	1	1
公共图书馆	个	1	1	1	1	1	1	1
图书总藏量	千册、件	133	125	105	124	72	108	64
#古籍	千册				0.02			0.1
图书	千册	102	125	80	72	51	89	43
其他文化事业机构	个	24	18	22	21	15	16	14

12-3 教育事业基本情况

(2004年)

指 标 名 称	单 位	全 市	市 区
学校数			
普通高校	所	28	26
中等专业学校	所	33	30
普通中学	所	420	120
农、职业中学	所	35	27
技工学校	所	20	20
小学	所	1682	245
在校学生数			
普通高校	人	132423	121601
中等专业学校	人	87402	80454
普通中学	人	419739	104689
农、职业中学	人	19566	14813
技工学校	人	24668	24668
小学	人	590573	139070
专任教师数			
普通高校	人	8183	7720
中等专业学校	人	2456	2181
普通中学	人	21164	5977
农、职业中学	人	1403	1065
技工学校	人	1510	1510
小学	人	25513	6800
成人高等教育在校学生数	**人**	**98697**	**98697**
#广播电视大学在校生	人	8712	8712

12-4 各县教育事业基本情况

（2004年）

指标名称	单位	邕宁县	武鸣县	横县	宾阳县	上林县	马山县	隆安县
学校数								
普通高校	所	2						
中等专业学校	所	1	1		1			
普通中学	所	69	40	57	56	29	27	21
农、职业中学	所	1	2	1	1	1	1	1
小学	所	256	211	302	245	130	160	133
在校学生数								
普通高校	人	10822						
中等专业学校	人	1466	1231		4251			
普通中学	人	63558	40896	66537	68837	28020	25485	21717
农、职业中学	人	241	571	1990	514	111	366	960
小学	人	81601	45425	100480	105123	42810	51267	24797
专任教师数								
普通高校	人	463						
中等专业学校	人	83	111		81			
普通中学	人	2885	2136	3157	3165	1476	1367	1006
农、职业中学	人	15	42	119	34	37	40	51
小学	人	3520	2012	4219	3719	2021	1844	1378

12-5 普通高等学校一览表

（2004年）

单位：人

指 标 名 称	毕业生数	招生数	在校学生数	专任教师数
总 计	**24822**	**50959**	**132423**	**8183**
广西大学	5964	6451	2810	1627
广西医科大学	1525	1785	6940	508
广西中医学院	1278	2464	7447	580
广西师范学院	1839	3245	9230	577
广西财经学院	2964	4600	13301	651
广西体育高等专科学校	764	777	1548	94
广西艺术学院	625	817	3051	345
广西民族学院	2064	3534	11541	605
广西机电职业技术学院	1470	3623	7907	470
南宁职业技术学院	1129	3666	8081	170
邕江大学	650	1075	3152	146
广西职业技术学院	1662	2973	7670	317
广西建设职业技术学院	179	1640	3408	105
广西交通职业技术学院	381	1522	3537	182
广西国际商务职业技术学院	165	1450	2936	151
广西农业职业技术学院	183	1946	3968	170
广西水利电力职业技术学院	661	2485	4955	233
广西工业职业技术学院	165	1450	2936	151
广西警察高等专科学校	1163	1405	4041	169
广西大学行健文理学院		1189	1189	118
广西民族学院相思湖学院				66
广西师范学院师园学院				115
广西中医学院赛恩斯新医药学院			106	145
广西经贸职业技术学院		716	716	87
广西工贸职业技术学院		566	566	115
广西演艺职业学院		72	72	20
广西东方外语职业学院		234	234	35
广西电力职业技术学院		603	603	139

12-6 中等专业学校一览表

（2004年）

单位：人

指 标 名 称	毕业生数	招生人数	在校学生数	专任教师数
总 计	**24188**	**27278**	**87402**	**2456**
广西壮文学校	552	326	1231	111
广西银行学校	1026	866	2286	78
广西药科学校	3717	2460	7637	118
广西机电工程学校	768	1182	3812	130
南宁市师范学校	313	320	1152	73
广西体育运动学校	151	214	595	81
广西机电工业学校	623	1078	2565	120
广西第一工业学校	491	1215	2535	70
广西水产畜牧学校	226	529	1501	78
广西医科大学附设护士学校	1252	737	2195	45
广西中医学院附设中医学校	552	856	2860	110
广西艺术学校	491	349	1537	91
广西幼儿师范学校	289	574	1466	73
广西警官学校	273	447	1120	49
广西质量技术工程学校	179	218	729	37

单位：人

指　标　名　称	毕业生数	招生人数	在校学生数	专任教师数
广西物资学校	512	733	2545	81
广西工商行政管理学校		353	1051	67
广西图书发行学校	24			6
南宁民族中等专业学校	127	374	901	58
广西广播电视学校	212	248	528	29
南宁市卫生学校	695	990	2802	102
广西佩珠民族艺术学校	57	39	154	38
广西航运学校	593	1566	3165	119
广西纺织工业学校	391	750	2034	77
广西华侨学校	302	1519	2414	73
南宁地区第一民族师范学校	494	222	1466	83
南宁机电工程学校	261	1124	2620	41
广西南宁地区卫生学校	1055	1368	4251	81
广西司法学校	434	77	542	124
广西艺术学院附属中等艺术学校	187	213	880	64
广西气象学校			100	11
广西妇幼保健院附设卫生学校	208	261	1148	65
广西建筑材料工业学校	238	1334	3496	73

12-7 技工学校一览表

（2004年）

单位：人

指 标 名 称	毕业生数	招生数	在校学生数	专任教师数
总 计	**6152**	**9872**	**24668**	**1510**
广西出版技工学校	125	237	579	25
广西交通高级技工学校	576	717	2007	118
广西自来水技校	45			39
南宁技工学校	447	893	2279	106
南宁市一轻技工学校	115	606	1726	44
南宁市二轻技工学校	155	143	526	38
南宁市化工医药技工学校	337	515	1555	55
南宁机械工业技校	192	260	646	20
广西机电技工学校		50	50	212
广西动力技工学校	104	268	658	59
广西石化高级技工学校	935	1720	4432	191
广西轻工高级技工学校	572	1435	2426	94
广西公路技工学校	164	370	652	55
广西电子技工学校	231	430	906	56
广西二轻工业技工学校	449	784	1748	93
广西建材技工学校	117	79	287	34
南宁地区技工学校	294	425	809	72
广西经济贸易技工学校	325		899	88
广西南宁商贸技工学校	691	940	2417	58
广西水力电力技工学校	278		66	53

12-8 大中型工业企业技术开发成果

	单位	2004年		2003年	
		全市	#市区	全市	#市区
专利申请数	件	79	63	56	19
专利批准数	件	31	29	17	5
科技项目数	项	234	192	268	210
#应用研究	项	35	23	4	4
试验发展	项	55	46	43	37

12-9 大中型工业企业技术开发机构、人员情况

	单位	2004年		2003年	
		全市	#市区	全市	#市区
大中型工业企业数	个	67	37	67	37
企业技术开发机构数	个	43	34	21	17
工程技术人员	人	12994	8835	6711	4592
从事科技活动的人员合计	人	3052	1754	2077	1194
#有高中级职称或大学本科以上学历人员	人	1545	1066	1273	879
科技活动机构中的人员	人	920	811	871	768
#有高中级职称或大学本科以上学历人员	人	783	707	742	670

注：2004年工程技术人员含取得工程技术职称和无工程技术职务但担任工程技术工作的人员；2003年只是有工程技术职称的人员。

12-10 大中型工业企业技术开发经费总额

	单位	2004年		2003年	
		全市	#市区	全市	#市区
科技活动经费筹集总额	万元	30980	27826	23698	20629
#企业自筹	万元	12622	10537	7661	5874
银行贷款	万元	12354	11904	12144	11952
政府拨款	万元	5973	5488	1699	709
其　他	万元	31	31	2194	2094

12-11 市属国有企事业单位各类专业技术人员

	单位	2004年		2003年	
		全市	#市区	全市	#市区
各类专业技术人员总计	人	107877	45447	77676	25070
#中级技术职称以上人员	人	32494	16112	29256	12760
#工程技术人员	人	16534	12610	10041	6549
农业技术人员	人	2430	557	2026	279
科学研究人员	人	108	64	109	41
卫生技术人员	人	14516	6779	11230	4467
教学人员	人	58688	14203	43990	6854

12-12 卫生机构、床位、人员情况

（2004年）

指 标 名 称	机构数（个）	床位数（张）	卫生工作人员（人）	#技术人员					
					执业医师	执业助理医师	注册护士	药剂人员	其他
全 市	**1645**	**18184**	**30192**	**23934**	**8468**	**1581**	**8317**	**1550**	**4018**
医 院	206	16870	22085	17382	5657	943	6740	1291	2751
县及县以上医院	71	14345	18118	14100	4752	299	5796	1027	2226
乡卫生院	135	2525	3967	3282	905	644	944	264	525
疗养院、所	1	150	40	23	7		9	3	4
门诊部、所	14	82	281	237	107	6	59	17	48
专科疾病防治所、站	7	92	189	138	51	23	42	11	11
疾病预防控制中心	10		1142	829	412	57	59	14	287
卫生监督所	3		215	164	89	2			73
卫生监督检验所、站	1		9	5	3			1	1
医学科研机构	7		857	253	103	3	26	35	86
采供血机构	5		181	123	23	6	60	2	32
妇幼保健院	9	939	1675	1330	508	23	538	97	164
其他卫生机构	13	51	187	119	56	6	28	3	26
个体开业人员	995		2165	2165	880	416	453	35	381
市 区	**868**	**11725**	**19739**	**15457**	**5850**	**356**	**5595**	**912**	**2744**
医 院	54	11079	14159	11086	3827	165	4501	741	1852
县及县以上医院	39	10915	13777	10752	3703	139	4388	715	1807
乡卫生院	15	164	382	334	124	26	113	26	45
疗养院、所	1	150	40	23	7		9	3	4
门诊部、所	6	15	153	133	71	6	27	8	21
专科疾病防治所、站	1		31	23	4	5	9		5
疾病预防控制中心	3		659	445	204	9	29	6	197
卫生监督所	3		215	164	89	2			73
卫生监督检验所、站	1		9	5	3			1	1
医学科研机构	7		857	253	103	3	26	35	86
采供血机构	1		94	67	13		33		21
妇幼保健院	2	481	964	743	275	4	300	55	109
其他卫生机构	8		107	62	31		13	1	17
个体开业人员	460		1484	1484	740	106	400	23	215

12-13　各县卫生机构、床位、人员情况

（2004年）

指　标　名　称	邕宁县	武鸣县	横县	宾阳县	上林县	马山县	隆安县
各类卫生机构数（个）	**119**	**155**	**170**	**158**	**91**	**22**	**62**
#医　院	31	21	25	30	14	17	14
县及县以上医院	10	5	4	7	1	3	2
乡卫生院	21	16	21	23	13	14	12
各类卫生机构床位数（张）	**1414**	**928**	**1138**	**1643**	**399**	**413**	**524**
#医　院	1287	837	1058	1395	354	381	479
县及县以上医院	729	549	661	808	185	253	245
乡卫生院	558	288	397	587	169	128	234
卫生工作人员（人）	**1959**	**1578**	**1805**	**2543**	**944**	**655**	**969**
#卫生技术人员	1561	1282	1505	2078	775	512	764
执业医师	504	394	474	574	214	202	256
执业助理医师	149	118	312	334	132	56	124
注册护士	528	443	424	703	218	168	238
药剂人员	123	79	108	179	46	43	60
检验人员	78	63	66	99	42	22	42
其他	179	185	121	189	123	21	44

12-14 体育事业基本情况

(2004年)

指 标 名 称	单 位	全市	市区
公共体育场	**个**	**17**	**14**
体育馆	个	7	2
练习馆(房)	个	37	36
足球场	个	31	14
运动场（大、小）	个	156	61
有固定看台灯光球场	个	195	26
蓝球场	个	4722	1042
排球场	个	429	166
游泳场	个	45	31
体育运动竞赛场次	次	41	40
当年发展等级运动员	人	233	233
#二级运动员	人	233	233
当年发展等级裁判员	人	555	320
#一级裁判员	人	63	60
二级裁判员	人	168	154
三级裁判员	人	324	166

注：“体育运动竞赛”、“等级运动员、裁判员”等三个指标不含区体委部份。

12-15　各县体育事业基本情况

(2004年)

指标名称	单位	邕宁县	武鸣县	横县	宾阳县	上林县	马山县	隆安县
公共体育场	**个**		**1**	**1**	**1**			
体育馆	个			1	4			
练习馆(房)	个			1				
足球场	个	11	5		1			
运动场（大、小）	个	21	17	22	21	6	2	6
有固定看台灯光球场	个	22	36	10	64	26	2	9
蓝球场	个	792	628	922	726	223	147	243
排球场	个	95	60	39	37	3	15	14
游泳场	个	3	1	2	6		2	
体育运动竞赛场次	次		1					
当年发展等级运动员	人							
#二级运动员	人							
当年发展等级裁判员	人	29	31	27	50	7	25	6
#一级裁判员	人	1			2			
二级裁判员	人		13			1		
三级裁判员	人	28	18	27	48	6	25	6

注：“体育运动竞赛”、“等级运动员、裁判员”等三个指标不含区体委部份。

13 人民生活

CHAPTER 13　　PEOPLE'S LIFE

13-1 历年城市居民收支及价格指数情况

年　份	城市居民人均可支配收入（元）	城市居民人均消费性支出（元）	居民消费价格总指数（%）
1985	716	724	118.30
1986	851	825	105.20
1987	949	944	111.10
1988	1166	1229	121.60
1989	1274	1293	119.40
1990	1454	1360	98.00
1991	1659	1667	104.10
1992	2106	1853	106.70
1993	3081	2624	121.90
1994	4543	4288	124.80
1995	5544	5055	118.60
1996	5973	5425	103.30
1997	5931	5456	100.20
1998	6570	5800	96.70
1999	6847	6321	95.90
2000	7448	6705	100.00
2001	7906	7107	102.80
2002	8796	6970	99.40
2003	9162	7217	120.48
2004	9531	7329	104.20

注：本表数据抽样调查的范围为城市居民。

13-2 历年城市居民家庭主要食品消费量

（平均每人每年） 单位：公斤

年份	粮食	食用植物油	鲜菜	猪肉	牛羊肉	家禽	鲜蛋	鱼
1985	140.08	3.62	96.50	21.85	2.11	6.80	3.28	7.10
1986	141.56	4.69	112.11	23.50	2.07	8.40	4.76	8.31
1987	137.16	4.92	109.44	24.72	2.52	8.28	4.44	9.00
1988	150.24	6.84	123.84	24.96	2.76	10.44	6.00	8.52
1989	144.25	6.90	116.38	23.37	2.44	8.32	5.88	9.31
1990	121.65	6.38	114.98	24.88	2.83	9.71	6.28	10.14
1991	110.75	5.71	113.29	24.54	3.23	12.64	6.43	10.40
1992	106.32	7.16	109.05	20.65	3.03	14.43	6.57	10.30
1993	87.57	7.38	113.80	20.67	3.35	15.07	6.58	10.04
1994	98.66	8.97	121.84	23.66	3.64	18.56	8.62	12.00
1995	92.23	8.92	120.31	21.51	3.00	18.28	7.45	12.01
1996	92.94	8.56	123.65	22.65	3.27	18.79	7.59	12.95
1997	76.58	7.53	107.90	17.92	3.26	17.51	8.26	12.15
1998	72.28	8.77	119.11	18.71	3.47	10.64	7.33	12.53
1999	73.10	7.61	118.77	18.34	3.26	18.34	8.82	13.01
2000	72.90	8.63	119.05	17.91	3.26	21.49	8.39	13.10
2001	70.31	8.40	122.67	18.60	3.42	20.41	7.91	13.72
2002	71.16	8.40	120.48	30.12	3.84	21.84	7.44	12.60
2003	70.93	9.36	110.64	28.07	3.94	17.27	7.98	11.70
2004	72.01	8.80	112.63	28.08	4.75	19.42	7.02	12.42

注：本表数据抽样调查的范围为城市居民。

单位：公斤

年 份	食 糖	卷烟（盒）	白 酒	啤 酒	鲜瓜果	糖 果	糕 点	鲜 奶
1985	2.89	20.44	1.87		43.70	0.98	2.23	2.57
1986	3.41	28.51	2.89	1.47	41.89	0.95	2.46	3.53
1987	3.00	30.12	2.28	1.68	39.67	0.84	2.89	4.68
1988	3.72	30.96	3.36	1.80	39.26	0.84		5.28
1989	2.59	26.82	2.82	1.67	35.51	0.65	2.06	5.10
1990	2.44	23.72	2.98	1.25	37.18	0.61	2.48	6.26
1991	2.20	16.71	2.52	2.03	43.81	0.74	2.73	6.28
1992	2.19	18.07	2.57	2.76	46.41	0.64	3.54	6.63
1993	2.39	18.19	2.19	2.83	43.75	0.72	3.70	5.69
1994	2.28	16.02	3.02	2.37	42.44	0.71	3.29	7.29
1995	1.82	13.80	3.09	2.03	43.90	0.76	2.88	6.15
1996	2.30	12.30	2.90	1.87	46.57	0.81	2.34	7.25
1997	1.68	13.36	2.75	1.85	48.14	0.73	2.38	7.96
1998	2.12	14.67	3.07	2.10	50.98	0.71	2.21	9.13
1999	2.25	12.61	2.34	1.88	55.55	0.65	2.34	11.21
2000	2.14	12.50	2.15	3.04	61.24	0.79	2.69	14.98
2001	1.85	14.74	2.31	2.89	54.21	0.80	2.34	12.18
2002			2.28	2.76	64.44		2.76	15.24
2003			2.30	2.28	54.96		2.80	20.04
2004			1.84	1.95	52.93		3.08	18.62

13-3 城乡居民家庭生活基本情况

(2004年)

指 标 名 称	单位	城镇居民	农村居民
调查户数	户	1000	970
常住人口	人	3141	4523
平均每户人口数	人/户	3.24	4.71
平均每户就业人口	人/户	1.50	3.40
平均每户的就业面	%	46.30	72.19
平均每人年实际收入	元/人	8735	3686
可支配收入	元/人	8060	2413
农民人均纯收入	元		2467
平均每人年实际支出	元/人	7958	3194

13-4 城乡居民家庭生活消费支出情况

(2004年，平均每人全年)　　单位：元

指 标 名 称	城镇居民	农村居民
消费性支出	**6211**	**1904**
食品	**2558**	**1102**
主食	273	337
副食	2286	765
衣着	**389**	**43**
服装	284	30
衣着材料	7	
鞋袜帽及其他	96	13
衣着加工费	2	
设备用品及服务	**391**	**69**
耐用消费品	182	18
床上用品	22	5
家庭日用品	137	41
医疗保健	**356**	**71**
保健品	22	1
药品费	149	22
医疗费	159	47
医疗保健器具	7	
交通和通讯	**791**	**144**
交通	367	103
通讯	425	41
文化教育、娱乐服务	**975**	**209**
文化教育、娱乐用品	247	24
文化教育、娱乐服务	240	185
居住	**612**	**234**
住房	170	208
水电燃料	406	26
其他商品和服务	**139**	**33**
其他商品	85	18
其他服务	55	16

13-5 城乡居民家庭主要食品消费量

（2004年，平均每人全年） 单位：公斤

指标名称	城镇居民	农村居民
粮食	81.08	240.75
鲜菜	105.99	104.00
食用油	9.49	3.00
猪肉	31.27	12.35
牛肉	3.13	0.17
羊肉	1.12	0.04
家禽	16.66	10.15
肉禽制品	4.90	3.00
蛋类及蛋制品	6.25	0.82
奶和奶制品	16.30	0.23
鱼类	11.98	5.74
白酒	2.80	3.59
啤酒	3.39	1.40
饮料	5.68	
糕点	2.43	

13-6 城镇居民家庭生活基本情况

（2004年）

指标名称	单位	总平均	最低收入组	更低收入组	低收入组
调查户数	户	1000	94	46	91
调查户构成	%	100.00	9.39	4.60	9.11
平均每户人口数	人	3.24	3.99	4.04	3.71
平均每户就业人口数	人	1.50	1.06	1.02	1.41
#国有单位职工	人	0.79	0.19	0.15	0.32
集体单位职工	人	0.08	0.08	0.10	0.12
平均每户就业面	%	46.30	26.57	25.25	38.01
每一就业者负担人数	人	2.16	3.76	3.98	2.63
平均每户离退休人口数	人	0.48	0.31	0.25	0.38
平均每人年实际收入	元	8735	2061	1590	3555
平均每人年可支配收入	**元**	**8060**	**1951**	**1479**	**3293**
平均每人年实际支出	元	7958	2177	1792	3680
平均每人年实际消费性支出	元	6211	1998	1678	3271

13-6续表

指 标 名 称	单 位	中 等 偏下组	中 等 收入组	中 等 偏上组	高 收 入 组	最 高 收入组
调查户数	户	202	209	208	101	95
调查户构成	%	20.14	20.84	20.83	10.07	9.54
平均每户人口数	人	3.65	3.26	2.90	2.88	2.67
平均每户就业人口数	人	1.60	1.55	1.55	1.59	1.49
#国有单位职工	人	0.66	0.83	1.00	1.01	1.09
集体单位职工	人	0.08	0.05	0.10	0.10	0.04
平均每户就业面	%	43.84	47.55	53.45	55.21	55.81
每一就业者负担人数	人	2.29	2.11	1.87	1.82	1.79
平均每户离退休人口数	人	0.46	0.58	0.48	0.48	0.51
平均每人年实际收入	元	4920	7215	9980	13681	22472
平均每人年可支配收入	**元**	**4588**	**6664**	**9201**	**12459**	**20738**
平均每人年实际支出	元	4507	6839	9313	11825	19550
平均每人年实际消费性支出	元	3829	5541	7397	8936	13793

13-7 城镇居民家庭现金收支情况

（2004年，平均每人全年）　　单位：元

指标名称	总平均	最低收入组	更低收入组	低收入组	中等偏下组	中等收入组	中等偏上组	高收入组	最高收入组
期初手存现金	**5448.33**	**1438.45**	**1119.17**	**2061.63**	**2712.88**	**4450.08**	**7777.44**	**7412.43**	**13396.52**
家庭总收入	**8734.67**	**2060.82**	**1589.88**	**3554.96**	**4920.21**	**7215.08**	**9980.10**	**13680.74**	**22471.80**
#可支配收入	8059.69	1951.06	1479.44	3293.37	4587.68	6664.11	9201.67	12458.89	20738.40
工薪收入	5842.14	1082.43	922.05	1980.45	3182.65	4628.68	7407.22	9919.05	14407.59
工资及补贴收入	5181.46	645.31	615.00	1539.06	2778.96	4025.11	6788.20	8981.33	12970.57
其他劳动收入	660.68	437.12	307.05	441.39	403.69	603.57	619.02	937.72	1437.01
经营净收入	705.02	253.07	129.36	504.78	529.57	455.93	501.88	499.87	2494.77
财产性收入	139.00	8.54	0.41	86.87	40.02	106.69	76.83	215.56	559.66
利息收入	26.34			0.30	5.56	1.95	12.05	29.28	170.29
股息与红利收入	52.20			14.61	9.12	15.88	41.86	94.72	249.41
保险收益	1.48	0.78		0.02		0.21	0.31		11.29
其它投资收入	1.47			2.77	0.76	2.30	1.57		2.60
出租房屋收入	47.19	4.91	0.41	68.98	15.17	81.08	18.41	71.39	87.07
其他财产性收入	10.32	2.85		0.19	9.41	5.27	2.63	20.17	39.00
转移性收入	2048.50	716.78	538.06	982.86	1167.96	2023.79	1994.17	3046.26	5009.78
养老金或离退休金收入	1567.66	420.13	243.97	679.66	923.51	1653.24	1572.48	2339.41	3700.78
社会救济收入	9.05	49.20	69.17	10.42	7.92	4.01	3.04	0.02	0.94
辞退金	2.36				5.02	6.64			
赔偿收入	23.36	7.61			1.88	0.57			190.73
保险收入	31.94	73.25	82.71	42.18	18.01	31.44	26.99	26.22	26.06
赡养收入	55.82	31.49	22.05	76.01	49.91	52.89	38.08	120.43	45.07
捐赠收入	156.67	51.51	44.78	81.72	71.48	123.68	181.65	260.90	397.46
亲友搭伙费	15.08	2.72	3.65	1.65	1.71	12.25	7.87	23.49	70.41
提取住房公积金	48.39			7.09	2.62	37.37	38.04		286.23
记帐补贴	66.11	46.03	50.63	54.95	55.83	59.01	69.97	78.70	107.35
其他转移性收入	72.06	34.84	21.11	29.18	30.08	42.68	56.04	197.09	184.74
出售财物收入	9.54	3.74	6.79	39.54	2.15	6.14	9.10	7.36	9.38
借贷收入	4524.21	596.23	559.73	1238.70	1869.83	3233.84	4765.24	7161.39	15213.97
提取储蓄存款	3992.79	423.90	387.48	1004.85	1567.95	2881.84	4234.43	6745.95	13285.46
借入款	302.38	157.62	144.94	181.87	253.26	216.90	317.66	120.12	902.90
收回借出款	70.42			10.99	0.76	14.38	34.43	104.59	430.37
收回储蓄保险本金	4.68					1.81	5.10	27.56	5.89
兑售有价证券	12.35						70.99		
收回投资本金	9.82				4.80		28.65	38.22	
住房贷款	26.51					104.52		54.80	4.53
其他贷款	54.24			0.82		1.63	9.02	20.33	433.68
其他借贷收入	51.02	14.70	27.31	40.17	43.06	12.76	64.96	49.83	151.15

13-7 续表 单位：元

指标名称	总平均	最低收入组	#更低收入组	低收入组	中等偏下组	中等收入组	中等偏上组	高收入组	最高收入组
家庭总支出	**7958.14**	**2176.79**	**1791.72**	**3680.39**	**4507.45**	**6838.77**	**9312.69**	**11825.21**	**19549.58**
消费性支出	6211.20	1998.33	1678.16	3270.99	3829.13	5541.48	7397.03	8935.56	13792.68
购房与建房支出	454.68	39.55		57.87	142.85	267.71	495.78	499.45	1950.10
转移性支出	728.65	75.31	53.40	149.08	266.62	570.37	784.38	1433.75	2224.85
个人所得税	96.51	0.34	0.06	4.49	13.55	35.40	76.19	190.59	465.30
捐赠支出	249.29	37.68	18.18	51.22	118.98	180.02	253.88	581.16	669.36
购买彩票	6.56	0.60	0.27	0.46	4.45	5.83	8.18	12.36	14.73
赡养支出	218.17	29.84	27.78	71.88	80.76	239.41	274.67	328.21	544.95
非储蓄性保险	49.67	1.35	1.00	1.66	3.35	45.03	35.22	147.84	163.32
其它转移性支出	108.45	5.50	6.11	19.38	45.53	64.69	136.24	173.58	367.19
财产性支出	51.51	0.21	0.40	0.30	5.70	2.65	3.24	3.89	421.21
社会保障支出	512.10	63.39	59.75	202.16	263.15	456.56	632.27	952.56	1160.74
借贷支出	5510.50	419.20	347.08	1122.86	2282.01	3522.99	5814.11	8834.59	19723.82
存入储蓄款	4844.06	374.61	304.03	978.22	2002.16	3154.94	5275.68	7915.33	16873.69
借出款	149.74	7.54	4.80	50.66	25.03	123.00	94.23	292.76	592.64
归还借款	162.99	23.64	28.96	53.43	124.58	131.27	190.67	185.98	442.70
储蓄性保险支出	104.25	0.09	0.18	3.03	6.25	27.12	125.71	223.28	458.34
购买有价证券	64.84	0.48				3.06	14.97	39.52	497.60
其它投资支出	92.65				56.69	14.85	2.56	9.82	659.13
归还购买住房贷款	57.52				3.56	52.34	60.18	155.03	177.24
归还其他贷款	4.78				8.18	0.68	8.61	0.50	11.84
其它借贷支出	29.67	12.84	9.12	37.51	55.57	15.72	41.50	12.36	10.63
期末手存现金	**5248.11**	**1503.25**	**1136.78**	**2091.59**	**2715.61**	**4543.39**	**7405.08**	**7602.13**	**11818.27**

13-8 城镇居民家庭消费支出情况

（2004年，平均每人全年） 单位：元

指标名称	总平均	最低收入组	#更低收入组	低收入组	中等偏下组	中等收入组	中等编上组	高收入组	最高收入组
消费性支出	**6211.20**	**1998.33**	**1678.16**	**3270.99**	**3829.13**	**5541.48**	**7397.03**	**8935.56**	**13792.68**
食品	**2558.26**	**1147.89**	**1002.72**	**1674.83**	**2011.98**	**2479.39**	**3064.68**	**3129.45**	**4431.80**
粮食	238.68	180.26	173.19	242.21	214.12	247.56	260.81	247.40	274.34
淀粉及薯类	6.80	2.42	1.66	3.41	4.25	5.32	9.73	9.84	13.69
干豆类及制品	27.16	22.47	25.71	21.71	23.98	26.86	31.88	23.98	38.04
油脂类	111.46	64.45	59.94	94.86	105.45	113.46	135.45	110.03	139.34
肉类	556.54	332.60	281.57	432.12	518.50	578.15	622.70	601.34	754.26
禽类	276.12	127.91	106.16	196.61	234.46	304.45	330.93	326.16	376.56
蛋类	41.55	22.82	21.08	32.28	32.50	44.28	51.37	47.92	57.53
水产品类	161.97	72.40	69.01	113.51	126.21	154.60	196.97	201.82	272.73
蔬菜类	225.45	132.10	120.88	179.46	204.34	220.24	265.03	246.80	315.94
调味品	31.92	16.26	14.44	21.92	25.50	33.83	38.00	35.31	50.69
糖类	22.55	7.33	7.01	14.62	15.38	22.00	31.07	34.50	33.56
烟草类	52.51	27.24	15.61	26.67	39.26	44.84	70.00	48.86	111.37
酒	44.09	15.64	12.58	19.94	36.68	41.10	56.23	43.07	91.28
饮料	29.62	4.06	2.52	8.16	12.39	27.54	38.24	44.83	79.57
干鲜瓜果类	146.10	34.74	29.96	69.57	96.54	134.33	209.64	212.29	267.66
糕点类	32.74	7.35	5.69	12.60	18.43	33.13	45.07	53.89	61.11
奶及奶制品	93.68	10.31	7.38	34.38	48.42	90.72	129.00	160.23	195.16
其他食品	35.35	3.78	3.13	9.34	13.98	25.98	44.77	62.57	102.87
在外饮食	421.94	61.91	42.12	141.31	241.38	329.72	495.23	611.45	1193.04
食品加工费服务费	2.01	1.85	3.07	0.15	0.19	1.30	2.57	7.16	3.04
衣着	**389.12**	**43.88**	**34.43**	**119.73**	**152.50**	**319.09**	**476.11**	**679.72**	**1094.25**
服装	283.55	26.56	23.10	89.56	112.31	231.92	349.60	486.12	802.68
衣着材料	7.05	2.15	0.60	3.82	3.73	8.77	8.86	7.73	13.94
鞋类	74.37	11.49	7.71	20.88	27.97	58.27	89.13	130.03	217.72
其他衣着用品	21.74	3.27	2.95	5.15	7.64	19.19	25.23	53.13	50.11
衣着加工服务费	2.42	0.40	0.08	0.34	0.85	0.94	3.30	2.72	9.81

13-8 续表 单位：元

指标名称	总平均	最低收入组	#更低收入组	低收入组	中等偏下组	中等收入组	中等编上组	高收入组	最高收入组
家庭设备用品及服务	**390.51**	**63.90**	**43.53**	**131.43**	**179.40**	**382.05**	**474.92**	**569.47**	**1019.92**
耐用消费品	182.24	13.56	4.41	51.37	72.06	189.23	231.60	174.82	565.05
室内装饰品	18.35	0.53	0.85	3.38	6.35	6.39	19.22	55.72	55.56
床上用品	21.50	1.57	1.14	8.29	11.92	16.21	26.08	36.68	56.87
家庭日用杂品	136.53	45.36	33.59	62.15	80.79	112.18	173.78	233.37	284.46
家具材料	3.04	1.88	3.16	0.64	2.61	4.13	1.91	9.11	1.61
家庭服务	28.84	0.99	0.39	5.60	5.67	53.90	22.34	59.77	56.38
医疗保健	**356.12**	**123.10**	**109.27**	**183.43**	**199.32**	**298.84**	**477.91**	**584.04**	**713.28**
医疗器具	2.54	0.01	0.03	0.77	1.42	2.07	2.87	11.02	1.29
保健器具	3.98	0.25	0.12	0.46	2.46	2.00	3.93	8.59	12.54
药品费	149.06	51.54	55.92	87.46	113.80	150.20	161.90	216.07	272.89
滋补保健品	21.85	1.60	1.59	6.67	8.98	15.52	35.32	38.23	52.62
医疗费	159.23	67.17	47.02	83.41	64.39	120.95	251.15	260.68	318.00
其他	19.46	2.53	4.59	4.67	8.28	8.10	22.74	49.46	55.94
交通和通讯	**791.45**	**136.12**	**93.91**	**283.17**	**369.32**	**636.58**	**978.23**	**1278.31**	**2138.47**
交通	366.52	46.68	31.41	133.58	144.03	287.42	377.90	624.57	1148.52
通讯	424.93	89.44	62.51	149.59	225.29	349.16	600.33	653.74	989.94
教育文化娱乐服务	**974.53**	**177.53**	**153.76**	**397.14**	**466.77**	**732.34**	**1105.85**	**1732.83**	**2657.53**
文化娱乐用品	246.56	24.90	11.19	34.78	58.48	150.23	310.62	492.20	823.74
教育	488.25	127.52	131.13	326.11	325.34	394.71	573.85	893.98	918.49
文化娱乐服务	239.72	25.10	11.44	36.25	82.95	187.40	221.38	346.65	915.30
居住	**611.93**	**272.38**	**218.25**	**447.12**	**396.23**	**598.81**	**660.58**	**752.14**	**1271.23**
住房	169.56	45.46	17.09	142.00	48.76	150.75	138.81	187.57	582.96
水电燃料及其他	410.65	213.66	183.64	287.15	337.93	418.56	489.74	503.93	609.65
居住服务费	31.72	13.25	17.52	17.97	9.53	29.49	32.02	60.63	78.62
杂项商品和服务	**139.28**	**33.53**	**22.29**	**34.14**	**53.61**	**94.37**	**158.75**	**209.60**	**466.21**
杂项商品	84.75	25.26	21.31	20.86	42.31	57.11	101.91	122.93	258.39
服务	54.52	8.27	0.98	13.27	11.31	37.27	56.85	86.66	207.82

13-9 城镇居民家庭生活费支出构成情况

(2004年，平均每人全年)　　单位：%

指标名称	总平均	最低收入组	#更低收入组	低收入组	中等偏下组	中等收入组	中等偏上组	高收入组	最高收入组
消费性支出	100.00	100.00	100.00	100.00	100.00	100.00	100.00	100.00	100.00
食品	41.19	57.44	59.75	51.20	52.54	44.74	41.43	35.02	32.13
衣着	6.26	2.20	2.05	3.66	3.98	5.76	6.44	7.61	7.93
家庭设备用品及服务	6.29	3.20	2.59	4.02	4.69	6.89	6.42	6.37	7.39
医疗保健	5.73	6.16	6.51	5.61	5.21	5.39	6.46	6.54	5.17
交通和通讯	12.74	6.81	5.60	8.66	9.65	11.49	13.22	14.31	15.50
教育文化娱乐	15.69	8.88	9.16	12.14	12.19	13.22	14.95	19.39	19.27
居住	9.85	13.63	13.01	13.67	10.35	10.81	8.93	8.42	9.22
杂项商品和服务	2.24	1.68	1.33	1.04	1.40	1.70	2.15	2.35	3.38

13-10　城镇居民家庭年末主要消费品拥有情况

（2004年，平均每百户）

指标名称	单位	总平均	最低收入组	#更低收入组	低收入组	中等偏下组	中等收入组	中等偏上组	高收入组	最高收入组
成套家俱	套	97.88	56.51	50.30	91.01	95.31	91.39	111.57	91.30	117.26
摩托车	辆	67.20	50.26	52.71	42.49	60.98	66.80	77.43	69.15	80.69
自行车	辆	131.23	134.41	123.09	129.58	142.94	132.22	130.48	122.00	122.60
助力车	辆	4.57	3.16		8.22	0.99	4.46	6.57	4.65	4.87
家用汽车	辆	3.78			0.79	0.86	1.65	2.83	7.54	12.31
洗衣机	台	89.32	60.29	55.49	72.87	81.39	91.69	94.87	94.57	105.86
电风扇	台	255.85	218.83	193.60	220.02	263.56	266.86	269.62	248.92	251.91
电冰箱	台	88.39	49.40	46.41	64.53	75.62	94.06	93.77	97.38	112.34
冰柜	台	6.33	2.30	1.51	5.28	6.26	4.98	10.05	5.78	5.66
彩色电视机	台	131.89	98.23	96.66	97.79	129.14	134.58	128.72	141.63	162.55
影碟机	台	76.36	42.69	53.10	60.36	73.41	77.01	82.05	82.68	89.56
录音机	台	33.16	19.19	30.35	21.50	20.82	28.39	44.43	34.40	51.02
录放像机	台	12.18	4.21		2.38	7.61	6.81	14.29	17.88	27.18
家用电脑	台	46.96	8.38	5.43	12.71	31.97	37.85	59.01	80.28	71.57
组合音响	套	30.75	6.51	4.82	16.26	26.38	32.03	28.15	40.67	49.31
摄像机	台	3.13				0.60	0.96	1.86	5.86	12.33
照相机	架	37.74	5.98	3.70	10.83	21.45	25.23	49.79	50.45	77.96
钢琴	架	2.18				1.19	0.20	2.47	2.46	7.82
其它中高档乐器	件	7.18	2.47			3.34	2.23	6.61	16.53	18.80
微波炉	台	47.23	6.84	6.59	13.70	32.80	42.00	60.44	77.60	66.62
空调器	台	69.93	5.25	4.39	16.82	28.76	54.52	74.07	121.15	156.87
取暖器	台	16.65	2.30	1.51	1.48	11.04	15.51	22.69	14.33	33.30
电炊具	个	76.67	41.38	33.63	36.78	50.31	62.25	95.01	113.20	113.65
淋浴热水器	台	91.86	58.91	49.16	77.45	89.59	93.40	101.20	95.16	98.70
抽排油烟机	台	66.16	29.46	26.85	56.26	50.34	65.29	78.11	82.21	79.20
消毒碗柜	台	61.88	27.02	25.26	40.24	53.52	59.54	71.74	76.31	77.59
洗碗机	台	1.78	3.15		0.40	2.31	0.42	2.79	4.04	
饮水机	台	43.21	19.05	24.40	32.23	37.50	42.25	54.58	54.22	43.31
吸尘器	台	10.39				4.21	6.36	7.73	22.85	28.62
健身器材	件	3.10				1.12	1.95	1.27	9.08	8.39
普通电话	部	93.84	71.72	75.72	90.20	91.98	92.66	99.08	101.72	95.64
移动电话	部	125.75	35.79	11.84	62.86	100.75	116.81	150.80	161.31	180.71
传真机	部	2.27			1.35	0.83	0.96	2.41	1.61	7.82

13-11 城镇居民家庭居住情况

(2004年)

指标名称	计量单位	合计	指标名称	计量单位	合计
家庭居住人口数	**人/户**	**3.26**	**卫生设备**		
现住房总建筑面积	**平方米/人**	**31.89**	无卫生设备	%	4.41
现住房总使用面积	**平方米/人**	**24.94**	有浴室厕所	%	85.69
房屋产权			有厕所无浴室	%	7.47
租赁公房	%	12.56	公用	%	2.43
租赁私房	%	1.38	**取暖设备**		
原有私房	%	15.73	无取暖设备	%	48.49
房改私房	%	54.92	空调设备	%	14.24
商品房	%	9.47	暖气	%	3.01
其他	%	5.94	其它	%	34.26
住宅建筑式样			**炊用燃料使用情况**		
单栋住宅	%	12.61	管道煤汽	%	4.62
四居室	%	6.11	液化石油汽	%	89.16
三居室	%	25.23	煤	%	1.57
二居室	%	40.47	其它	%	4.65
-居室	%	3.70	**通讯设备使用情况**		
普通楼房	%	7.84	无电话	%	2.65
.平房及其它	%	4.03	有电话	%	97.35
装修状况			固定电话	部/百户	93.84
有装修	%	56.55	移动电话	部/百户	125.75
未装修	%	43.45	使用互联网	条/百户	1.30
用水情况					
独用自来水	%	92.61			
公用自来水	%	7.35			

13-12 各县区城镇居民家庭生活基本情况

（2004年）

指标名称	单位	兴宁区	新城区	城北区	江南区	永新区
调查户数	户	100	100	100	100	80
平均每户人口数	人	3.07	3.18	3.09	3.00	3.09
平均每户就业人口数	人	1.30	1.55	1.45	1.28	1.45
#国有单位职工	人	0.66	0.91	0.69	0.67	0.75
集体单位职工	人	0.07	0.09	0.10	0.11	0.08
平均每户就业面	%	42.35	48.74	46.93	42.67	46.93
每一就业者负担人数	人	2.37	2.05	2.14	2.34	2.13
平均每户离退休人口数	人	0.53	0.57	0.52	0.54	0.52
平均每人年实际收入	元	9421	13613	7822	8912	8253
平均每人年可支配收入	**元**	**8609**	**12499**	**7096**	**8263**	**7518**
平均每人年实际支出	元	8276	12250	7527	8163	7837
平均每人年实际消费性支出	元	6412	9149	6064	6407	6003

13-12续表

指标名称	单位	邕宁县	武鸣县	隆安县	马山县	上林县	宾阳县	横县
调查户数	户	80	80	60	60	60	100	80
平均每户人口数	人	3.23	3.45	3.25	3.91	3.25	3.39	3.58
平均每户就业人口数	人	1.39	1.56	1.73	1.62	1.62	1.88	1.86
#国有单位职工	人	0.86	0.85	0.94	0.72	1.13	0.79	0.74
集体单位职工	人	0.05	0.07	0.07	0.05	0.04	0.08	0.07
平均每户就业面	%	43.03	45.22	53.23	41.43	49.85	55.46	51.96
每一就业者负担人数	人	2.32	2.21	1.89	2.41	2.00	1.80	1.93
平均每户离退休人口数	人	0.34	0.36	0.27	0.53	0.26	0.21	0.37
平均每人年实际收入	元	8195	6790	6197	5257	6422	6463	6297
平均每人年可支配收入	**元**	**7570**	**6311**	**5825**	**5018**	**6095**	**6247**	**5980**
平均每人年实际支出	元	6535	6019	5872	5126	6642	4874	5517
平均每人年实际消费性支出	元	5362	4891	4694	4072	4995	4171	4530

13-13 各县区城镇居民家庭现金收支情况

（2004年，平均每人全年）

单位：元

指 标 名 称	兴宁区	新城区	城北区	江南区	永新区
期初手存现金	**6875.98**	**7027.36**	**4809.12**	**11996.42**	**5313.12**
家庭总收入	**9421.40**	**13613.44**	**7821.50**	**8912.32**	**8252.72**
其中：可支配收入	8609.43	12499.37	7095.62	8262.76	7518.37
工薪收入	6543.60	9072.83	5331.40	5984.94	6094.81
工资及补贴收入	5339.79	8354.35	4601.16	5209.92	5352.04
其他劳动收入	1203.80	718.47	730.23	775.02	742.76
经营净收入	409.54	1253.43	275.56	459.51	259.68
财产性收入	115.99	131.98	96.72	215.91	83.98
利息收入	13.11	59.49	20.89	30.46	0.40
股息与红利收入	35.97	29.45	63.13	169.87	21.18
保险收益	1.59	6.30	0.01		
其它投资收入	5.64		2.43		3.64
出租房屋收入	59.61	35.82	8.89	14.80	14.71
其他财产性收入	0.06	0.92	1.36	0.78	44.05
转移性收入	2352.28	3155.21	2117.83	2251.97	1814.26
养老金或离退休金收入	1753.83	2785.88	1387.34	1725.19	1383.98
社会救济收入	18.01	1.67	4.71	29.55	31.81
辞退金					31.86
赔偿收入				33.68	6.06
保险收入	35.86	22.00	44.16	28.13	40.53
赡养收入	158.91	58.53	55.73	53.24	66.17
捐赠收入	165.17	100.61	347.92	95.93	123.84
亲友搭伙费	17.75	36.66	0.29	16.19	2.43
提取住房公积金	39.12	22.98	96.99	128.74	
记帐补贴	44.47	113.36	65.59	38.54	57.46
其他转移性收入	119.16	13.53	115.09	102.77	70.11
出售财物收入		6.57	22.48	21.07	
借贷收入	4138.44	8574.82	3266.24	3328.79	6689.39
提取储蓄存款	3712.25	7854.70	2934.82	2752.32	6077.62
借入款	403.46	358.79	241.85	340.98	370.65
收回借出款	1.63	66.54	48.97	56.70	241.13
收回储蓄保险本金	5.86	2.52		34.47	
兑售有价证券	8.46			133.40	
收回投资本金		3.15			
住房贷款		6.52		5.93	
其他贷款	4.63	248.90	8.09	5.00	
其他借贷收入	2.15	33.70	32.51		

13-13续表1 单位：元

指 标 名 称	邕宁县	武鸣县	隆安县	马山县	上林县	宾阳县	横 县
期初手存现金	**3270.26**	**8977.73**	**899.00**	**1701.02**	**5019.49**	**1917.13**	**1935.48**
家庭总收入	**8195.47**	**6790.39**	**6196.59**	**5257.30**	**6421.96**	**6463.25**	**6296.98**
其中：可支配收入	7570.49	6310.62	5824.92	5018.45	6094.99	6247.48	5980.46
工薪收入	5362.93	4571.44	4471.15	2990.34	4541.46	3717.69	3774.48
工资及补贴收入	4978.32	3556.35	4335.27	2612.95	3839.40	3232.03	3271.20
其他劳动收入	384.61	1015.09	135.88	377.38	702.06	485.66	503.28
经营净收入	1066.53	660.22	419.66	630.05	594.87	1941.83	948.37
财产性收入	359.58	124.73	23.68	108.13	87.75	123.48	168.39
利息收入	13.37	10.67	9.20	35.00	8.00	2.02	4.57
股息与红利收入	89.09	38.18	1.79	23.04	34.49	56.51	31.95
保险收益	0.46					1.48	
其它投资收入		7.84					
出租房屋收入	187.92	66.16	12.65	47.52	45.07	60.82	117.90
其他财产性收入	68.74	1.88	0.04	2.56	0.19	2.66	13.97
转移性收入	1406.43	1434.01	1282.10	1528.78	1197.89	680.24	1405.74
养老金或离退休金收入	1147.22	818.39	817.93	1147.35	845.13	407.11	902.67
社会救济收入		15.61	0.61	8.68		5.46	1.19
辞退金			4.61				
赔偿收入		346.34		7.57			
保险收入	23.02	64.61	88.96	1.95	5.23	7.65	14.33
赡养收入	17.32	40.77	56.75	17.30	85.01	87.29	39.97
捐赠收入	92.58	23.12	66.71	218.19	62.65	83.53	112.30
亲友搭伙费	8.72	4.22	19.12	16.23	18.21	5.61	6.46
提取住房公积金	25.18	2.50	148.53				22.00
记帐补贴	67.36	34.39	39.95	57.60	47.15	52.05	51.27
其他转移性收入	25.05	84.08	38.93	53.90	134.51	31.54	255.55
出售财物收入	14.20	3.21	0.96	3.57	3.74	3.28	2.85
借贷收入	4235.61	2153.55	3741.32	2154.56	2697.66	1603.41	3043.64
提取储蓄存款	3932.93	1840.38	3319.30	1287.06	1872.51	1119.05	2858.55
借入款	171.97	296.99	56.85	389.63	454.18	454.85	115.25
收回借出款	19.37	8.04		191.33	24.06	29.51	69.85
收回储蓄保险本金	7.75	1.09					
兑售有价证券					0.77		
收回投资本金	99.97	6.52					
住房贷款			260.18		346.15		
其他贷款	3.63						
其他借贷收入		0.54	104.99	286.53			

13-13 续表2

单位：元

指　标　名　称	兴宁区	新城区	城北区	江南区	永新区
家庭总支出	**8276.25**	**12249.65**	**7526.87**	**8162.95**	**7837.14**
消费性支出	6412.32	9148.63	6063.72	6406.82	6003.12
购房与建房支出	560.29	983.53	168.91	485.19	444.66
转移性支出	614.63	1137.77	705.12	719.48	786.85
个人所得税	79.93	251.72	77.15	59.68	74.70
捐赠支出	148.28	424.82	185.30	273.51	89.87
购买彩票	13.97	9.06	2.89	7.39	3.39
赡养支出	179.08	307.24	187.16	256.62	224.39
非储蓄性保险	22.23	66.87	95.65	69.43	55.03
其它转移性支出	171.13	78.06	156.96	52.84	339.47
财产性支出	1.45	230.72	5.99	0.11	0.32
社会保障支出	687.56	749.00	583.14	551.35	602.19
借贷支出	4430.77	10735.61	3909.83	4083.11	7411.43
存入储蓄款	4289.51	9551.88	3341.44	3636.20	6336.94
借出款	41.1	164.14	115.96	147.19	518.65
归还借款	75.12	187.38	75.82	156.27	227.71
储蓄性保险支出	13.55	276.18	98.52	44.49	4.81
购买有价证券		82.79	161.72	4.37	80.83
其它投资支出	0.03	262.25	76.28	38.72	242.49
归还购买住房贷款		198.27	37.68	41.52	
归还其他贷款		5.15	0.93	14.34	
其它借贷支出	11.46	7.58	1.47		
期末手存现金	**7728.79**	**6236.93**	**4482.65**	**12012.55**	**5006.66**

13-13 续表3

单位：元

指标名称	邕宁县	武鸣县	隆安县	马山县	上林县	宾阳县	横县
家庭总支出	**6535.26**	**6019.42**	**5871.55**	**5125.72**	**6641.62**	**4874.11**	**5516.76**
消费性支出	5362.46	4890.7	4694.37	4072.12	4994.73	4170.73	4530.28
购房与建房支出	156.49	124.16	529.95	343.28	533.21	110.66	194.97
转移性支出	547.71	596.79	343.41	528.32	837.74	438.06	553.89
个人所得税	94.74	42.51	27.90	7.24	19.40	9.64	30.18
捐赠支出	241.99	90.67	246.22	259.74	167.31	101.93	384.97
购买彩票	2.63	19.71	1.38	0.49	9.96	9.75	15.87
赡养支出	143.48	297.13	52.42	219.13	301.47	166.10	102.72
非储蓄性保险	10.29	37.82	4.45	21.60	37.91	4.42	3.46
其它转移性支出	54.58	108.95	11.04	20.12	301.69	146.22	16.69
财产性支出	5.73	4.89		9.88	15.52	0.59	2.55
社会保障支出	462.89	402.87	303.82	172.12	260.42	154.07	235.08
借贷支出	6353.21	2386.21	4082.84	2308.54	2334.20	3108.41	3945.14
存入储蓄款	5920.71	2145.42	3857.92	1455.43	1549.73	2797.64	3615.93
借出款	270.07	44.83	15.16	128.69	72.24	54.12	
归还借款	85.15	111.08	83.46	307.40	660.12	74.77	164.75
储蓄性保险支出	59.63	16.15	44.49	85.29	15.52	34.85	143.26
购买有价证券			5.12	81.48		118.04	
其它投资支出		29.88	22.07	12.80			10.48
归还购买住房贷款	17.24	0.96	49.49		19.49	27.40	1.75
归还其他贷款		32.25			17.10	1.22	
其它借贷支出	0.41	5.64	5.12	237.45		0.38	8.97
期末手存现金	**2827.07**	**9519.25**	**883.48**	**1682.19**	**5167.04**	**2004.54**	**1817.05**

13-14 各县区城镇居民家庭消费支出情况

（2004年，平均每人全年）

单位：元

指 标 名 称	兴宁区	新城区	城北区	江南区	永新区
消费性支出	**6412.32**	**9148.63**	**6063.72**	**6406.82**	**6003.12**
食品	**2770.20**	**3377.12**	**2418.36**	**2554.64**	**2653.34**
粮食	265.10	252.53	259.53	259.45	260.83
淀粉及薯类	6.04	12.20	4.65	9.02	4.71
干豆类及制品	30.46	34.89	29.43	29.98	25.94
油脂类	110.66	120.44	123.11	122.62	117.51
肉类	576.98	645.15	527.27	510.68	565.04
禽类	291.71	308.85	241.89	282.60	284.41
蛋类	49.76	49.98	46.08	44.17	46.41
水产品类	182.17	219.62	175.49	186.71	172.43
蔬菜类	225.22	273.95	249.76	233.94	232.07
调味品	42.45	37.78	32.80	32.05	28.56
糖类	26.77	28.35	21.84	25.16	26.07
烟草类	67.03	55.09	36.31	53.88	44.29
酒	36.12	40.60	31.36	45.15	43.23
饮料	31.98	51.47	26.24	28.12	31.07
干鲜瓜果类	144.63	197.02	137.46	160.50	168.79
糕点类	38.34	45.76	22.15	39.15	41.26
奶及奶制品	146.33	151.05	88.73	96.62	141.86
其他食品	21.70	76.10	27.44	44.61	21.78
在外饮食	474.99	776.22	336.52	333.01	396.96
食品加工费服务费	1.77	0.05	0.29	17.22	0.12
衣着	**388.12**	**652.41**	**430.95**	**366.92**	**331.66**
服装	274.65	472.38	332.32	250.07	246.82
衣着材料	4.95	7.86	10.96	9.64	9.39
鞋类	85.06	132.10	61.25	83.52	56.25
其他衣着用品	22.10	35.99	23.21	18.43	17.19
衣着加工服务费	1.36	4.07	3.21	5.26	2.00

13-14续表1 单位：元

指标名称	邕宁县	武鸣县	隆安县	马山县	上林县	宾阳县	横县
消费性支出	**5362.46**	**4890.70**	**4694.37**	**4072.12**	**4994.73**	**4170.73**	**4530.28**
食品	**2419.27**	**2017.99**	**2186.87**	**1990.99**	**2030.79**	**2055.87**	**2161.67**
粮食	253.68	199.10	161.87	206.60	175.71	222.92	213.43
淀粉及薯类	5.46	0.78	6.03	5.44	2.14	5.66	9.01
干豆类及制品	20.91	17.47	20.79	21.61	22.88	27.21	19.80
油脂类	120.22	84.88	77.02	81.29	110.21	133.92	119.76
肉类	566.33	467.44	476.94	594.24	477.35	486.11	470.71
禽类	263.07	289.90	295.25	266.41	266.90	274.47	209.95
蛋类	38.41	30.86	28.33	29.07	33.51	31.45	34.94
水产品类	153.83	113.75	114.68	81.04	103.99	100.71	140.34
蔬菜类	213.81	170.96	175.95	173.11	181.65	171.71	201.66
调味品	33.37	28.22	20.55	27.09	24.35	27.30	23.54
糖类	20.80	22.55	20.32	12.27	18.80	20.98	14.14
烟草类	62.16	37.48	89.01	48.18	53.54	65.80	51.97
酒	47.07	49.73	62.36	64.24	40.20	43.74	36.62
饮料	25.97	22.10	19.45	13.19	16.98	22.48	16.67
干鲜瓜果类	148.98	118.18	105.36	95.23	140.21	98.62	106.56
糕点类	33.93	23.04	23.37	22.70	35.67	27.12	30.04
奶及奶制品	70.34	52.51	38.29	32.42	54.31	46.08	50.84
其他食品	28.19	32.21	20.74	6.13	30.20	9.93	18.54
在外饮食	311.39	254.48	430.53	210.27	242.15	239.63	393.10
食品加工费服务费	1.35	2.34	0.02	0.47	0.04	0.03	0.05
衣着	**307.33**	**277.68**	**272.09**	**148.15**	**327.39**	**232.14**	**224.85**
服装	218.19	173.26	208.04	106.79	244.84	176.84	172.58
衣着材料	8.12	4.17	0.08	4.09	2.27	3.68	1.93
鞋类	60.59	59.25	52.40	32.15	65.13	43.91	42.40
其他衣着用品	19.45	39.66	10.65	4.83	13.92	7.39	7.57
衣着加工服务费	0.98	1.35	0.91	0.29	1.24	0.31	0.36

单位：元

指 标 名 称	兴宁区	新城区	城北区	江南区	永新区
家庭设备用品及服务	**399.78**	**563.00**	**371.95**	**381.93**	**552.62**
耐用消费品	182.50	282.26	139.64	207.17	208.70
室内装饰品	10.77	27.44	31.04	13.71	11.46
床上用品	19.83	36.12	8.91	24.60	18.63
家庭日用杂品	177.42	170.50	159.11	120.79	170.42
家具材料	1.45	1.05	3.17	10.98	3.12
家庭服务	7.81	45.63	30.09	4.68	140.29
医疗保健	**430.20**	**469.34**	**370.89**	**441.69**	**462.03**
医疗器具	1.78	2.75	7.31	1.88	0.48
保健器具	5.27	10.86	2.47	1.78	6.27
药品费	214.34	200.28	147.14	199.42	159.64
滋补保健品	30.41	27.99	35.47	24.27	19.80
医疗费	164.46	171.56	161.61	200.77	272.01
其他	13.94	55.90	16.89	13.57	3.83
交通和通讯	**766.47**	**1361.48**	**687.85**	**871.31**	**625.24**
交通	325.00	691.54	312.40	365.61	268.98
通讯	441.47	669.94	375.45	505.70	356.26
教育文化娱乐服务	**836.28**	**1759.95**	**904.25**	**963.58**	**754.14**
文化娱乐用品	253.32	424.83	271.99	282.24	237.06
教育	431.04	771.90	404.19	538.98	387.66
文化娱乐服务	151.92	563.22	228.08	142.36	129.42
居住	**723.22**	**700.60**	**754.06**	**695.91**	**510.23**
住房	227.76	152.14	298.48	187.75	68.32
水电燃料及其他	479.27	484.61	417.11	469.64	418.84
居住服务费	16.19	63.85	38.47	38.52	23.07
杂项商品和服务	**98.04**	**264.73**	**125.41**	**130.83**	**113.87**
杂项商品	59.50	139.80	77.31	78.15	79.58
服务	38.54	124.93	48.10	52.69	34.29

单位：元

指 标 名 称	邕宁县	武鸣县	隆安县	马山县	上林县	宾阳县	横 县
家庭设备用品及服务	**247.43**	**478.43**	**312.58**	**195.90**	**377.68**	**185.65**	**244.76**
耐用消费品	98.53	301.46	154.03	87.88	184.89	61.56	134.27
室内装饰品	7.94	25.75	16.09	6.10	13.23	2.85	2.87
床上用品	13.04	19.77	36.96	18.06	28.25	8.78	12.32
家庭日用杂品	107.74	125.88	98.07	74.61	145.49	98.37	73.55
家具材料	9.15	0.70		0.69	0.02	0.84	1.02
家庭服务	11.03	4.88	7.44	8.56	5.80	13.25	20.74
医疗保健	**247.80**	**189.85**	**250.89**	**213.50**	**384.37**	**214.11**	**273.69**
医疗器具	0.14	0.03		1.64	0.05	0.02	3.51
保健器具	2.24	1.76		0.09	0.79	0.04	1.48
药品费	98.38	88.84	113.45	103.07	97.29	94.22	81.80
滋补保健品	11.62	7.97	17.78	5.53	15.37	10.04	12.19
医疗费	125.30	85.84	118.87	96.83	262.82	103.14	171.70
其他	10.12	5.40	0.79	6.35	8.05	6.65	3.01
交通和通讯	**839.88**	**594.17**	**478.24**	**405.66**	**493.80**	**456.08**	**418.51**
交通	357.91	273.25	202.45	185.03	225.66	184.27	192.99
通讯	481.96	320.92	275.79	220.62	268.13	271.81	225.52
教育文化娱乐服务	**672.42**	**674.54**	**743.56**	**635.05**	**602.27**	**583.81**	**514.29**
文化娱乐用品	183.74	138.82	163.26	85.82	120.89	132.35	82.88
教育	322.72	405.64	394.30	478.98	330.50	343.66	331.48
文化娱乐服务	165.97	130.08	186.00	70.24	150.88	107.79	99.93
居住	**550.00**	**595.75**	**328.50**	**395.00**	**653.39**	**374.61**	**561.35**
住房	86.84	252.03	44.67	64.00	309.04	74.81	208.69
水电燃料及其他	448.05	327.48	275.95	311.30	330.73	296.75	350.15
居住服务费	15.12	16.24	7.87	19.70	13.61	3.05	2.51
杂项商品和服务	**78.32**	**62.30**	**121.64**	**87.87**	**125.04**	**68.46**	**131.16**
杂项商品	41.54	45.91	92.29	75.81	96.21	61.38	54.94
服务	36.78	16.39	29.34	12.06	28.83	7.08	76.21

13-15 各县区城镇居民家庭年末主要消费品拥有情况

（2004年，平均每百户）

指标名称	单位	兴宁区	新城区	城北区	江南区	永新区
成套家俱	套	122.00	103.00	99.00	96.00	87.50
摩托车	辆	68.00	68.00	61.00	72.00	70.00
自行车	辆	112.00	140.00	127.00	129.00	136.25
助力车	辆	6.00	9.00	2.00	4.00	1.25
家用汽车	辆	2.00	8.00	2.00	6.00	2.50
洗衣机	台	95.00	98.00	88.00	85.00	90.00
电风扇	台	271.00	245.00	230.00	248.00	252.50
电冰箱	台	104.00	104.00	89.00	84.00	93.75
冰柜	台	6.00	4.00	6.00	2.00	8.75
彩色电视机	台	143.00	153.00	117.00	127.00	135.00
影碟机	台	91.00	87.00	68.00	73.00	68.75
录音机	台	45.00	46.00	35.00	35.00	26.25
录放像机	台	10.00	22.00	12.00	7.00	13.75
家用电脑	台	67.00	64.00	39.00	40.00	72.50
组合音响	套	38.00	33.00	24.00	35.00	26.25
摄像机	台	3.00	7.00	2.00	2.00	6.25
照相机	架	56.00	62.00	31.00	37.00	48.75
钢琴	架	2.00	8.00		1.00	
其它中高档乐器	件	11.00	12.00	7.00	6.00	6.25
微波炉	台	69.00	61.00	45.00	53.00	50.00
空调器	台	99.00	126.00	56.00	83.00	105.00
取暖器	台	16.00	25.00	10.00	19.00	15.00
电炊具	个	111.00	100.00	56.00	81.00	96.25
淋浴热水器	台	92.00	95.00	87.00	88.00	90.00
抽排油烟机	台	68.00	80.00	67.00	69.00	68.75
消毒碗柜	台	70.00	70.00	53.00	46.00	71.25
洗碗机	台	1.00	1.00	5.00		2.50
饮水机	台	41.00	39.00	34.00	38.00	28.75
吸尘器	台	10.00	24.00	6.00	10.00	18.75
健身器材	件	7.00	4.00	1.00	3.00	7.50
普通电话	部	95.00	97.00	92.00	97.00	88.75
移动电话	部	122.00	163.00	109.00	114.00	155.00
传真机	部	1.00	5.00	3.00	1.00	2.50

13-15 续表

指标名称	单位	邕宁县	武鸣县	隆安县	马山县	上林县	宾阳县	横 县
成套家俱	套	101.25	85.00	58.33	93.33	131.67	98.00	106.25
摩托车	辆	48.75	91.25	35.00	95.00	75.00	54.00	72.50
自行车	辆	95.00	141.25	150.00	138.33	145.00	116.00	168.75
助力车	辆	3.75	5.00	3.33	3.33		3.00	10.00
家用汽车	辆	2.50	2.50	1.67	3.33			2.50
洗衣机	台	75.00	91.25	78.33	91.67	93.33	84.00	90.00
电风扇	台	251.25	271.25	233.33	298.33	268.33	265.00	403.75
电冰箱	台	85.00	80.00	68.33	80.00	45.00	60.00	90.00
冰柜	台	7.50	11.25	6.67	11.67	1.67	9.00	7.50
彩色电视机	台	118.75	117.50	105.00	148.33	116.67	123.00	152.50
影碟机	台	73.75	80.00	66.67	66.67	83.33	79.00	96.25
录音机	台	23.75	31.25	23.33	15.00	16.67	24.00	42.50
录放像机	台	15.00	5.00	3.33	8.33	3.33	3.00	8.75
家用电脑	台	41.25	37.50	35.00	31.67	35.00	18.00	30.00
组合音响	套	32.50	40.00	23.33	28.33	31.67	32.00	40.00
摄像机	台	5.00						
照相机	架	30.00	26.25	20.00	11.67	21.67	25.00	26.25
钢琴	架	2.50					2.00	
其它中高档乐器	件	5.00	3.75	5.00	3.33	8.33		3.75
微波炉	台	41.25	31.25	31.67	36.67	20.00	25.00	38.75
空调器	台	37.50	33.75	21.67	30.00	5.00	14.00	47.50
取暖器	台	18.75	10.00	8.33	10.00	23.33	10.00	42.50
电炊具	个	90.00	48.75	65.00	30.00	58.33	47.00	131.25
淋浴热水器	台	93.75	85.00	78.33	111.67	81.67	84.00	106.25
抽排油烟机	台	66.25	57.50	50.00	56.67	33.33	44.00	63.75
消毒碗柜	台	58.75	61.25	61.67	63.33	66.67	64.00	76.25
洗碗机	台	2.50	1.25				2.00	1.25
饮水机	台	53.75	52.50	40.00	56.67	46.67	73.00	87.50
吸尘器	台	7.50	1.25	1.67	3.33		1.00	3.75
健身器材	件	5.00		5.00				2.50
普通电话	部	95.00	91.25	88.33	96.67	83.33	91.00	97.50
移动电话	部	107.50	113.75	105.00	110.00	100.00	106.00	153.75
传真机	部	2.50				1.67		1.25

13-16 全市农村居民家庭平均每人全年收支情况

(2004年)　　　　单位：元

指标名称	总平均	低收入户	中等偏下收入户	中等收入户	中等偏上收入户	高收入户
全年纯收入	**2466.87**	**775.61**	**1291.61**	**1980.97**	**2914.83**	**4601.51**
第一产业	1578.93	519.35	839.94	1285.38	1969.86	2671.38
第二产业	38.86	7.12	22.23	29.85	75.17	42.64
第三产业	117.17	33.19	25.42	39.68	106.33	344.04
全年可支配收入	**2412.67**	**742.39**	**1275.71**	**1956.24**	**2842.12**	**4415.28**
全年总收入	**3686.15**	**1850.31**	**2251.82**	**2960.15**	**4345.73**	**6510.02**
工资总收入	630.33	192.09	379.91	590.70	653.23	1312.15
#在本地企业劳动得到收入	125.36	43.88	86.56	121.80	132.91	172.78
外出从业得到收入	427.39	138.58	275.30	434.22	428.46	869.06
家庭经营收入	2947.54	1623.05	1843.12	2325.98	3572.16	4955.66
#农林渔牧业收入	2726.35	1570.63	1751.48	2216.34	3307.12	4463.55
转移性收入	53.26	30.33	26.27	29.94	67.18	133.94
财产性收入	55.01	4.84	2.53	13.53	53.16	108.26
全年总支出	**3193.65**	**2185.55**	**2213.22**	**2571.23**	**3788.22**	**5241.40**
家庭经营费用支出	1112.45	953.39	876.84	879.15	1322.85	1769.30
购置生产性固定资产支出	88.83	35.10	24.86	47.65	92.00	200.91
税费支出	26.76	26.77	18.71	24.94	28.92	35.37
生活消费支出	1904.49	1125.72	1271.69	1586.65	2260.75	3038.51
食品消费支出	1101.58	766.33	844.03	1017.34	1217.17	1474.02
# 副食支出	614.70	444.95	466.23	557.15	665.35	836.14
衣着消费支出	43.18	23.90	26.18	35.15	56.30	65.43
居住消费支出	233.65	55.44	131.37	130.97	308.49	659.76
#住房支出	175.32	22.81	93.16	92.24	250.85	492.94
家庭设备、用品及服务支出	68.96	40.66	42.81	54.08	92.50	101.23
医疗保健支出	71.17	58.36	36.18	70.04	86.53	77.99
交通和通讯消费支出	143.73	59.54	59.24	104.74	179.07	251.68
文教娱乐用品及服务消费支出	208.77	99.05	118.17	147.44	283.65	341.30
其他商品及服务消费支出	33.46	22.45	13.72	26.90	37.04	67.10
财产性支出	2.96	0.02	1.11	3.48	0.47	7.98
转移性支出	57.93	44.52	19.46	29.36	82.33	189.16
全年货币总收入	**2957.42**	**1313.85**	**1650.73**	**2266.17**	**3544.62**	**5597.22**
#出售农副产品收入	1977.02	1033.16	1145.81	1509.70	2446.57	3527.12
全年非收入货币所得	323.98	139.95	91.59	185.78	367.53	871.36
全年货币总支出	**2544.46**	**1680.07**	**1667.15**	**1936.84**	**3088.25**	**4457.16**
#家庭经营费用货币支出	1009.99	878.34	794.14	777.38	1207.35	1622.95
生活消费货币支出	1362.53	698.73	811.96	1058.44	1683.44	2406.18
全年非消费性货币支出	274.80	54.75	62.53	169.16	276.62	645.40
年末金融资产余额	1325.55	4435.83	1678.98	949.33	966.14	442.96

13-17 全市农村居民家庭基本情况

(2004年)

指 标 名 称	单 位	总平均	低收入户	中等偏下收入户	中等收入户	中等偏上收入户	高收入户
调查户数	**户**	**970**	**60**	**144**	**375**	**205**	**186**
各组比重	%	100.00	6.19	14.85	38.66	21.13	19.18
本组最低人均年纯收入	元	261.11	261.11	1019.09	1501.74	2500.09	3514.73
本组最高人均年纯收入	元	13579.35	1000.00	1499.62	2499.32	3496.90	13579.35
调查户常住人口	**人**	**4523**	**312**	**717**	**1809**	**927**	**758**
平均每户常住人口	**人**	**4.71**	**5.18**	**5.06**	**4.86**	**4.52**	**4.10**
#整半劳动力	人	3.40	3.41	3.58	3.51	3.22	3.20
平均每一劳动力负担人口数	人	1.38	1.47	1.39	1.37	1.40	1.34
平均每户生产性固定资产原值	元	4443.22	6638.26	4449.34	4824.04	4652.86	5667.25
平均每人经营耕地面积	亩	1.85	1.43	1.43	1.60	2.06	3.16
平均每户居住面积	平方米	144.61	128.48	128.41	135.61	161.37	168.61
平均每人居住面积	平方米	30.81	25.00	25.53	28.02	35.97	41.79
平均每人全年农产品产量							
粮食	千克	511.87	321.86	386.21	469.47	601.18	696.85
油料	千克	22.49	22.20	13.35	20.30	27.45	26.39
糖料	千克	2425.55	961.38	921.85	1586.53	2886.34	5181.32
蔬菜	千克	201.83	99.20	173.36	181.36	237.68	280.74
水果	千克	35.96	25.71	15.06	27.75	45.34	48.16
平均每人全年农产品出售量							
粮食	千克	160.16	62.48	87.97	134.13	211.94	258.95
油料	千克	2.23	3.79	1.66	1.86	3.67	1.55
糖料	千克	2424.05	961.38	920.71	1584.43	2884.82	5180.90
蔬菜	千克	115.36	31.66	100.90	96.65	146.37	177.79
水果	千克	33.13	23.61	13.58	24.59	42.44	45.54
猪肉	千克	47.82	23.37	37.96	37.84	61.27	77.77
家禽	只	4.14	1.81	1.92	2.49	2.68	8.09
禽蛋	千克	0.25	0.10	0.02	0.79	0.02	0.05
水产品	千克	8.50	38.99	1.78	4.36	3.15	21.27
平均每人全年消费							
粮食	千克	237.17	192.57	211.64	232.27	248.22	274.24
蔬菜及其制品	千克	103.92	77.41	80.96	96.00	105.80	140.55
油脂类	千克	3.09	1.96	2.72	2.90	3.41	4.11
肉禽及其制品	千克	25.70	16.53	20.98	23.13	28.29	34.65
蛋类及其制品	千克	0.82	0.60	0.61	0.88	0.75	0.95
水产品	千克	5.91	3.75	4.29	5.02	5.36	9.36
食糖	千克	0.71	0.76	0.51	0.67	0.81	0.80
酒和饮料	千克	6.19	4.79	5.17	6.01	5.16	10.05
水果及其制品	千克	8.98	9.11	5.64	8.02	10.57	10.76
平均每百户年末拥有							
洗衣机	台	9.43	17.12	14.06	8.49	4.99	8.68
电冰箱	台	5.16	4.63	1.72	3.79	4.81	7.16
空调机	台	1.30	1.88		1.68	0.98	1.35
热水器	台	10.81	8.69	8.11	9.29	12.42	10.25
摩托车	辆	54.29	52.02	48.16	50.40	56.27	64.61
生活用汽车	辆	0.87			0.55	0.39	2.75
电话机	部	39.19	33.64	32.85	39.62	38.43	50.48
移动电话	部	35.13	11.25	27.57	33.53	35.54	47.26
彩色电视机	台	67.44	57.89	61.80	63.31	71.23	80.83
黑白电视机	台	52.50	57.13	56.71	56.89	49.84	46.54
摄像机	台	1.06		0.31	0.82	1.38	1.05
照像机	台	0.83			0.45	1.42	0.68

13-18 市区农村居民家庭平均每人全年收支情况

（2004年）　　单位：元

指　标　名　称	总平均	低收入户	中等偏下收入户	中等收入户	中等偏上收入户	高收入户
全年纯收入	**3177.86**	**884.86**	**1247.70**	**2043.22**	**2920.57**	**5014.65**
第一产业	1833.91	473.30	911.32	1437.21	2127.36	2363.44
第二产业						
第三产业	114.77	172.50	162.25	-9.55	24.70	263.33
全年可支配收入	**3086.68**	**881.24**	**1207.53**	**2035.23**	**2869.31**	**4805.00**
全年总收入	**4968.65**	**5423.47**	**3446.99**	**3273.83**	**4475.90**	**7101.30**
工资总收入	667.93	205.00	161.75	539.14	396.44	1101.60
#在本地企业劳动得到收入	159.45	50.63	40.50	191.63	164.84	164.71
外出从业得到收入	283.20	146.88	121.25	336.80	182.00	343.09
家庭经营收入	3765.87	5182.53	3272.87	2652.14	3706.62	4793.83
#农林牧业收入	3535.93	5010.03	3028.37	2617.43	3565.82	4333.24
转移性收入	24.80	2.50		16.23	18.54	43.99
财产性收入	510.04	33.44	12.38	66.33	354.30	1161.88
全年总支出	**4484.06**	**5846.29**	**4079.36**	**2915.33**	**3984.12**	**6164.26**
家庭经营费用支出	1640.80	4426.88	2083.83	1095.98	1392.73	1918.52
购置生产性固定资产支出	46.29		15.76	12.13	75.30	71.86
税费支出	38.13	22.98	11.26	20.54	37.87	61.86
生活消费支出	2694.07	1390.93	1928.34	1772.56	2426.19	3982.78
食品消费支出	1298.51	916.90	1263.06	1117.30	1250.30	1534.32
# 副食支出	903.86	621.58	889.68	737.66	816.36	1134.64
衣着消费支出	69.05	19.31	59.39	38.59	66.53	105.00
居住消费支出	433.27	209.21	173.96	105.12	132.30	985.72
#住房支出	328.04	33.47	86.85	74.62	86.02	780.94
家庭设备、用品及服务支出	96.89	47.54	44.88	50.97	125.82	138.45
医疗保健支出	107.41	18.81	71.08	76.34	109.44	151.04
交通和通讯消费支出	256.16	101.69	119.55	125.62	345.82	368.67
文教娱乐用品及服务消费支出	378.73	54.39	178.82	209.14	337.45	632.72
其他商品及服务消费支出	54.04	23.08	17.61	49.48	58.53	66.88
财产性支出	3.36				3.00	7.71
转移性支出	61.40	5.50	40.17	14.12	49.04	121.53
全年货币总收入	**4523.62**	**5021.63**	**3114.13**	**2785.29**	**3982.77**	**6693.63**
#出售农副产品收入	3079.29	4608.19	2697.75	2117.41	3079.98	3898.63
全年非收入货币所得	589.27	58.52	23.00	225.82	343.17	1241.39
全年货币总支出	**4002.27**	**5330.26**	**3639.91**	**2394.87**	**3490.25**	**5717.94**
#家庭经营费用货币支出	1594.98	4376.18	2075.22	1056.26	1342.26	1861.69
生活消费货币支出	2268.07	939.83	1502.65	1303.92	1992.89	3601.94
全年非消费性货币支出	617.65	10.00	2.38	131.04	289.15	1447.60
年末金融资产余额	761.52					2139.31

13-19 市区农村居民家庭基本情况

（2004年）

指标名称	单位	总平均	低收入户	中等偏下收入户	中等收入户	中等偏上收入户	高收入户
调查户数	**户**	**120**	**4**	**11**	**38**	**23**	**44**
各组比重	%	12.37	0.41	1.13	3.92	2.37	4.54
本组最低人均年纯收入	元	763.34	763.34	1045.81	1521.84	2545.55	3525.92
本组最高人均年纯收入	元	9170.11	934.88	1470.94	2498.52	3452.50	9170.11
调查户常住人口	**人**	**486**	**16**	**40**	**157**	**100**	**173**
平均每户常住人口	**人**	**4.05**	**4.00**	**3.64**	**4.13**	**4.35**	**3.93**
#整半劳动力	人	2.68	3.00	2.45	2.84	2.70	2.57
平均每一劳动力负担人口数	人	1.51	1.33	1.48	1.45	1.61	1.53
平均每户生产性固定资产原值	元	8399.88	5212.50	5683.64	6690.79	8084.17	11009.77
平均每人经营耕地面积	亩	1.69	0.85	1.66	1.46	2.29	1.63
平均每户居住面积	平方米	116.43	100.00	90.27	99.37	107.87	143.66
平均每人居住面积	平方米	28.75	25.00	24.83	24.05	24.81	36.54
平均每人全年农产品产量							
粮食	千克	244.37	188.91	186.81	286.61	271.53	208.79
油料	千克	10.22	7.50	6.25	11.75	10.89	9.62
糖料	千克	3527.28	750.00	1583.15	3383.68	4449.41	3830.95
蔬菜	千克	664.37	393.44	948.79	534.15	678.76	733.53
水果	千克	248.74	234.38	27.50	199.08	336.70	295.45
平均每人全年农产品出售量							
粮食	千克	52.23	7.81	50.26	76.24	53.18	34.46
油料	千克	0.56			0.54	1.37	0.29
糖料	千克	3520.20	750.00	1568.15	3376.42	4435.41	3829.21
蔬菜	千克	575.64	316.56	870.95	441.94	574.93	653.08
水果	千克	243.34	228.38	24.08	190.47	330.98	292.74
猪肉	千克	46.62	25.65	133.67	24.43	32.23	56.89
家禽	只	10.16		8.40	1.13	3.17	23.76
禽蛋	千克						
水产品	千克	63.12	518.44	11.50	25.51	0.89	103.06

13-19续表

指　标　名　称	单　位	总平均	低收入户	中等偏下收入户	中等收入户	中等偏上收入户	高收入户
平均每人全年消费							
粮食	千克	201.84	200.81	229.31	204.89	201.11	193.25
蔬菜及其制品	千克	116.09	92.01	114.75	110.07	119.91	121.88
油脂类	千克	3.80	2.64	6.35	2.44	2.65	5.22
肉禽及其制品	千克	39.51	27.50	38.46	31.98	35.68	49.92
蛋类及其制品	千克	1.65	0.84	1.37	1.79	1.03	2.02
水产品	千克	9.65	9.06	10.83	8.12	8.31	11.59
食糖	千克	0.76	0.80	0.87	0.70	0.65	0.85
酒和饮料	千克	8.11	11.40	15.87	6.17	6.84	8.50
水果及其制品	千克	17.35	8.87	14.84	10.92	20.51	22.71
平均每百户年末拥有							
洗衣机	台	16.00	25.00		7.89	13.04	27.27
电冰箱	台	23.00	25.00		13.16	17.39	38.64
空调机	台	7.00	25.00			13.04	9.09
热水器	台	26.00	25.00	9.09	23.68	17.39	36.36
摩托车	辆	61.00	50.00	18.18	52.63	60.87	79.55
生活用汽车	辆	2.00					4.55
电话机	部	41.00	50.00	36.36	23.68	26.09	63.64
移动电话	部	48.00		54.55	34.21	26.09	75.00
彩色电视机	台	90.00	50.00	72.73	81.58	104.35	97.73
黑白电视机	台	23.00		27.27	31.58	13.04	22.73
摄像机	台						
照像机	台	5.00				8.70	9.09

13-20 各县农村居民家庭平均每人全年收支情况

(2004年)　　　　单位：元

指标名称	邕宁县	武鸣县	横县	宾阳县	上林县	马山县	隆安县
全年纯收入	**2843.67**	**3020.20**	**2318.77**	**2286.84**	**2076.57**	**1852.46**	**2008.15**
第一产业	2157.11	1709.81	1782.73	1422.12	1093.36	659.03	1295.38
第二产业	19.28	22.54	1.51	111.90	129.45	15.62	4.27
第三产业	74.92	388.96	42.44	134.18	93.88	64.75	19.94
全年可支配收入	**2793.00**	**2984.43**	**2268.57**	**2266.61**	**1913.88**	**1789.20**	**1995.15**
全年总收入	**3761.87**	**4544.78**	**3541.58**	**3457.57**	**3226.44**	**2866.57**	**3274.72**
工资总收入	522.70	748.64	478.09	563.11	663.77	1067.74	633.11
#在本地企业劳动得到收入	120.91	226.47	62.59	72.44	181.96	161.76	122.95
外出从业得到收入	307.94	442.42	401.19	435.04	372.07	800.26	469.00
家庭经营收入	3168.00	3643.32	3046.55	2828.59	2414.91	1740.55	2584.47
#农林牧业收入	3057.70	3044.89	2976.34	2495.37	2124.27	1619.96	2553.56
转移性收入	58.88	69.24	10.03	61.39	137.76	47.39	54.45
财产性收入	12.29	83.59	6.92	4.48	9.99	10.88	2.69
全年总支出	**3198.67**	**3749.51**	**2910.23**	**3059.58**	**3092.24**	**2729.58**	**2741.34**
家庭经营费用支出	849.59	1362.37	1157.01	1023.12	1010.39	948.65	1177.92
购置生产性固定资产支出	60.72	217.14	88.17	58.49	115.57	45.76	81.65
税费支出	24.92	31.50	22.00	34.53	28.41	12.92	21.52
生活消费支出	2211.26	2100.16	1589.68	1912.87	1722.39	1645.05	1445.56
食品消费支出	1392.21	1072.58	846.69	1216.60	940.90	1044.77	960.91
#副食支出	750.79	714.66	469.00	650.54	483.25	459.34	500.93
衣着消费支出	43.95	50.73	32.86	29.36	44.94	43.83	61.81
居住消费支出	237.87	291.14	280.43	136.81	225.30	200.32	77.04
#住房支出	157.14	233.43	221.51	112.05	176.27	138.20	32.19
家庭设备、用品及服务支出	64.19	80.52	75.77	72.92	56.24	54.40	36.00
医疗保健支出	57.03	60.01	67.92	73.49	69.49	97.09	57.54
交通和通讯消费支出	129.53	275.61	119.58	100.00	125.73	92.16	98.77
文教娱乐用品及服务消费支出	252.11	216.69	138.87	266.85	198.08	88.84	139.08
其他商品及服务消费支出	34.38	52.88	27.57	16.82	61.70	23.63	14.41
财产性支出	0.09	4.27	8.95	1.88			0.04
转移性支出	52.09	34.07	44.20	28.70	214.34	76.22	14.65
全年货币总收入	**2713.40**	**3854.86**	**2952.86**	**2670.97**	**2573.62**	**2274.31**	**2417.89**
#出售农副产品收入	2000.72	2320.93	2332.82	1708.43	1460.19	1027.23	1671.16
全年非收入货币所得	294.95	566.31	174.45	228.61	525.50	276.96	188.00
全年货币总支出	**2243.67**	**3233.95**	**2434.28**	**2321.93**	**2518.34**	**2149.19**	**1960.25**
#家庭经营费用货币支出	798.48	1290.45	1104.77	988.30	821.70	723.65	794.33
生活消费货币支出	1307.36	1656.80	1172.08	1222.92	1339.58	1291.85	1048.48
全年非消费性货币支出	277.78	401.99	149.07	237.42	253.93	323.17	103.37
年末金融资产余额	1569.15	1163.85	1732.35	1460.10	867.62	1290.48	711.41

13-21 各县农村居民家庭基本情况

(2004年)

指标名称	单位	邕宁县	武鸣县	横县	宾阳县	上林县	马山县	隆安县
调查户数	**户**	**140**	**120**	**120**	**120**	**120**	**130**	**100**
本组最低人均年纯收入	元	612.90	442.12	273.56	574.15	261.11	427.73	321.04
本组最高人均年纯收入	元	13579.35	13429.71	9252.62	8630.46	7444.95	5203.21	4897.06
调查户常住人口	**人**	**670**	**520**	**575**	**594**	**576**	**611**	**491**
平均每户常住人口	**人**	**4.79**	**4.33**	**4.79**	**4.95**	**4.80**	**4.70**	**4.91**
#整半劳动力	%	3.16	3.33	3.67	3.40	3.49	3.62	3.72
平均每一劳动力负担人口数	人	1.51	1.30	1.30	1.46	1.37	1.30	1.32
平均每户生产性固定资产原值	元	3028	8329	2936	7629	4278	2790	4819
平均每人经营耕地面积	亩	2.73	2.26	1.84	1.55	0.92	1.26	1.81
平均每户居住面积	平方米	119.34	165.52	152.03	150.57	164.38	164.10	114.00
平均每人居住面积	平方米	24.94	38.20	31.73	30.42	34.25	34.91	23.22
平均每人全年农产品产量								
粮食	千克	652.70	519.43	484.66	656.93	433.23	342.83	476.63
油料	千克	67.80	20.84	6.56	25.86	17.59	1.65	1.14
糖料	千克	4495.02	1135.23	3086.53	2146.95	553.74	284.87	2372.81
蔬菜	千克	194.63	124.16	111.63	275.98	86.94	92.08	217.57
水果	千克	29.01	50.75	6.86	2.54	0.33	3.57	53.29
平均每人全年农产品出售量								
粮食	千克	192.23	191.89	174.26	258.36	96.28	52.07	75.68
油料	千克	3.98	0.28	1.02	6.26	0.82	0.38	0.67
糖料	千克	4492.65	1135.23	3086.53	2146.95	553.74	278.81	2372.80
蔬菜	千克	99.02	38.42	64.30	171.40	18.39	4.60	68.21
水果	千克	23.19	46.90	5.24	0.95	0.31	2.46	49.96
猪肉	千克	39.67	55.09	37.37	38.17	67.56	70.05	57.46
家禽	只	4.04	9.89	2.15	1.28	5.41	2.33	1.80
禽蛋	千克	0.02	1.56	0.16	0.09			0.05
水产品	千克	0.16	14.49	2.82	1.43	6.26	1.31	6.38

13-21续表

指标名称	单位	邕宁县	武鸣县	横县	宾阳县	上林县	马山县	隆安县
平均每人全年消费								
粮食	千克	354.52	147.60	227.97	324.44	168.37	145.32	160.96
蔬菜及其制品	千克	133.07	95.59	60.12	125.50	74.94	88.90	160.60
油脂类	千克	1.91	3.35	3.49	1.59	5.28	5.25	1.94
肉禽及其制品	千克	26.92	33.05	20.25	26.91	20.20	20.76	21.13
蛋类及其制品	千克	0.40	0.67	1.23	0.97	0.86	0.16	0.52
水产品	千克	5.83	10.52	3.81	6.48	5.52	2.08	4.28
食糖	千克	0.72	0.78	0.85	0.46	0.90	0.81	0.32
酒和饮料	千克	6.22	5.66	7.28	4.19	5.47	7.56	5.91
水果及其制品	千克	11.59	8.97	8.54	8.42	4.97	4.86	6.81
平均每百户年末拥有								
洗衣机	台	1	5	4	35	2	1	2
电冰箱	台	1	11	3	3	2	4	3
空调机	台		3	2				
热水器	台	1	16	20	7	1	3	14
摩托车	辆	36	89	68	48	48	49	22
生活用汽车	辆		3		1	2		
电话机	部	40	44	40	38	32	44	30
移动电话	部	25	44	47	48	13	8	26
彩色电视机	台	56	81	67	78	56	53	55
黑白电视机	台	53	69	47	56	53	62	48
摄像机	台		2	1	3			1
照像机	台	1		1		1		

14 乡镇经济

CHAPTER 14　VILLAGES AND TOWNS ECONOMY

14-1　市区各乡镇主要统计指标

(2004年)

指标名称	单位	三塘镇	津头乡	那龙镇	双定镇	金陵镇	心圩镇
乡（镇）村户数	户	2872	5669	10490	7345	8119	7069
乡（镇）村总人口	人	11496	15289	35918	27541	25177	25194
乡（镇）村从业人员	人	5752	9660	14832	18350	13139	11295
年末耕地面积	公顷	1205	129	2257	4218	1592	592
农民人均纯收入	元	2975	4750	2293	2734	2713	2822
农村用电量	万千瓦时	95	1563	195	93	636	53
农作物总播种面积	公顷	2129	272	4772	8280	3170	2397
粮食总产量	吨	2463	245	10438	6045	3940	797
肉类总产量	吨	2171	661	1511	1080	2384	1746
水产品总产量	吨	2385	832	803	345	896	695
农村集贸市场数	个	1	14	2	3	2	1
地方财政收入	万元	662	3150	950	786	967	683
地方财政支出	万元	603	1052	880	784	967	891
村委会数	个	8	10	8	6	5	8
通电话的村	个	8	10	8	6	5	8
通电的村	个	8	10	8	6	5	8

14-1续表

指标名称	单位	沙井镇	那洪镇	坛洛镇	富庶乡	江西镇	石埠镇
乡（镇）村户数	户	9401	4672	13812	4573	14713	6004
乡（镇）村总人口	人	31862	16938	56592	17714	58395	21144
乡（镇）村从业人员	人	20453	9650	31461	10884	34918	9776
年末耕地面积	公顷	1316	954	6068	3750	6463	1034
农民人均纯收入	元	2203	2588	2613	2586	2548	2614
农村用电量	万千瓦时	860	330	468	337	787	446
农作物总播种面积	公顷	4314	1824	11780	6481	17073	2907
粮食总产量	吨	3737	2790	19347	8122	26491	2342
肉类总产量	吨	4158	3395	4577	1683	3700	3218
水产品总产量	吨	1914	1012	1864	705	2290	1393
农村集贸市场数	个	2		3	1	2	2
地方财政收入	万元	710	2149	1185	417	240	429
地方财政支出	万元	900	907	1218	530	1537	642
村委会数	个	11	12	15	4	12	9
通电话的村	个	11	6	15	4	12	9
通电的村	个	11	12	15	4	12	9

14-2 邕宁县各乡镇主要统计指标

(2004年)

指标名称	单位	蒲庙镇	良庆镇	那马镇	新江镇	百济乡	那楼镇	昆仑镇
乡（镇）村户数	户	36465	12976	7158	7041	10674	14817	7133
乡（镇）村总人口	人	129893	54326	25417	30269	42682	66674	26898
乡（镇）村从业人员	人	47211	27152	13200	16870	27304	33051	14259
年末耕地面积	公顷	6168	2546	2222	2489	3201	4249	1385
农民人均纯收入	元	2611	2639	2601	2545	2586	2630	2479
农村用电量	万千瓦时	515	201	324	169	140	405	360
农作物总播种面积	公顷	12095	8290	6425	6735	11622	11136	4284
粮食总产量	吨	28027	9630	8335	6899	28312	32017	8000
肉类总产量	吨	7884	5503	4065	1966	3203	6559	1075
水产品总产量	吨	3930	605	1810	217	802	1560	71
农村集贸市场数	个	3	1	2	1	2	3	1
地方财政收入	万元	2100	3110	427	350	430	479	150
地方财政支出	万元	1695	3030	460	307	595	528	285
村委会数	个	17	9	6	8	13	15	8
通电话的村	个	17	9	6	5	13	15	8
通电的村	个	17	9	6	8	13	15	8

14-2　续表1

指　标　名　称	单　位	吴圩镇	苏圩镇	延安镇	那陈镇	大塘镇	南晓镇	南阳镇
乡(镇）村户数	户	16218	14980	6244	8966	12423	11694	7338
乡(镇）村总人口	人	76882	61804	25357	32306	45398	42023	30699
乡(镇）村从业人员	人	27328	33818	13090	17193	23289	22829	17825
年末耕地面积	公顷	4940	6882	3500	4248	5100	3886	2387
农民人均纯收入	元	2838	2887	2833	2678	2611	2625	2603
农村用电量	万千瓦时	464	192	113	136	214	231	379
农作物总播种面积	公顷	15100	17759	10007	9460	10353	8187	5754
粮食总产量	吨	7664	19927	7902	11001	21474	18471	16254
肉类总产量	吨	4685	3474	1241	1612	5840	12033	5272
水产品总产量	吨	1102	3400	863	1210	1850	622	358
农村集贸市场数	个	7	3	2	1	5	4	3
地方财政收入	万元	1530	1080	551	513	1358	360	309
地方财政支出	万元	1262	1005	254	365	756	318	786
村委会数	个	10	15	5	15	13	13	6
通电话的村	个	10	15	5	15	13	13	6
通电的村	个	10	15	5	15	13	13	6

14-2 续表2

指 标 名 称	单 位	中和乡	伶俐镇	长塘镇	镇龙乡	刘圩镇	五塘镇	四塘镇
乡村户数	户	7835	8894	10070	4743	11967	14088	7501
乡村总人口	人	32507	32629	38814	22369	53317	61854	26183
乡村从业人员	人	19386	20500	18841	12904	30092	33746	16158
年末耕地面积	公顷	2372	2473	3206	1520	4418	4777	2577
农民人均纯收入	元	2229	2398	2399	2321	2580	2708	2618
农村用电量	万千瓦时	104	209	448	68	350	325	183
农作物总播种面积	公顷	6511	5584	9038	6208	10956	11036	6160
粮食总产量	吨	15830	15500	16964	10927	25109	24172	11736
肉类总产量	吨	4602	3086	3402	2173	7102	5549	1715
水产品总产量	吨	507	900	802	450	905	960	801
农村集贸市场数	个	2	2	1	1	2	4	3
地方财政收入	万元	353	731	802	346	568	1666	640
地方财政支出	万元	355	328	779	332	637	1750	645
村委会数	个	7	6	9	5	13	13	5
通电话的村	个	6	6	7	5	13	13	5
通电的村	个	7	6	9	5	13	13	5

14-3 武鸣县各乡镇主要统计指标

(2004年)

指 标 名 称	单位	城东镇	太平镇	上江乡	双桥镇
乡（镇）村户数	户	16446	9340	1930	14390
乡（镇）村总人口	人	56040	30153	6874	56076
乡（镇）村从业人员	人	30137	18527	3810	30885
年末耕地面积	公顷	4439	4580	389	4605
农民人均纯收入	元	2829	3078	2586	3086
农村用电量	万千瓦时	328	335	45	407
农作物总播种面积	公顷	10427	9692	834	9756
粮食总产量	吨	26060	19807	2442	31081
肉类总产量	吨	7186	5588	611	8194
水产品总产量	吨	1860	986	130	2750
农村集贸市场数	个	5	2	1	4
地方财政收入	万元	158	75	20	175
地方财政支出	万元	167	58	95	172
村委会个数	个	17	8	4	15
通电话的村委数	个	17	8	2	15
通电的村委数	个	17	8	4	15

14-3 续表1

指　标　名　称	单位	灵马镇	仙湖镇	府城镇	陆斡镇
乡（镇）村户数	户	9470	10540	15338	17721
乡（镇）村总人口	人	42096	39135	55118	60597
乡（镇）村从业人员	人	25862	17999	34804	34895
年末耕地面积	公顷	2017	4537	5186	5709
农民人均纯收入	元	2673	2735	3049	2782
农村用电量	万千瓦时	203	262	262	438
农作物总播种面积	公顷	6859	9720	13673	16033
粮食总产量	吨	14446	20915	27889	37166
肉类总产量	吨	4734	5645	9533	10286
水产品总产量	吨	1001	2891	2861	2793
农村集贸市场数	个	1	1	3	1
地方财政收入	万元	80	73	161	177
地方财政支出	万元	71	52	100	83
村委会个数	个	13	10	24	23
通电话的村委数	个	12	10	24	23
通电的村委数	个	13	10	24	23

14-3 续表2

指 标 名 称	单位	甘圩镇	宁武镇	锣圩镇	玉泉乡
乡（镇）村户数	户	5959	10848	13839	3683
乡（镇）村总人口	人	22853	37041	48001	15815
乡（镇）村从业人员	人	15058	23387	26826	10204
年末耕地面积	公顷	2130	5216	5460	1576
农民人均纯收入	元	2939	2980	3187	2460
农村用电量	万千瓦时	180	207	395	110
农作物总播种面积	公顷	5039	14808	15851	3554
粮食总产量	吨	9475	20202	27380	5951
肉类总产量	吨	3271	4719	6319	2275
水产品总产量	吨	830	262	2773	320
农村集贸市场数	个	1	4	3	1
地方财政收入	万元	53	111	109	37
地方财政支出	万元	43	103	108	44
村委会个数	个	4	13	18	7
通电话的村委数	个	4	12	17	6
通电的村委数	个	4	13	18	7

14-3 续表3

指 标 名 称	单位	两江镇	罗波镇	马头镇	城厢镇
乡（镇）村户数	户	12369	10524	6031	17148
乡（镇）村总人口	人	41664	35232	23033	51749
乡（镇）村从业人员	人	25266	19299	13396	36417
年末耕地面积	公顷	3141	2487	1750	649
农民人均纯收入	元	2802	2743	2623	3416
农村用电量	万千瓦时	230	126	120	468
农作物总播种面积	公顷	7822	5931	4920	2328
粮食总产量	吨	20136	15340	11409	5188
肉类总产量	吨	4590	4810	4990	5833
水产品总产量	吨	1257	1100	1050	3007
农村集贸市场数	个	2	2	2	7
地方财政收入	万元	103	89	48	154
地方财政支出	万元	92	56	40	73
村委会个数	个	14	13	12	4
通电话的村委数	个	14	13	12	4
通电的村委数	个	14	13	12	4

14-4 横县各乡镇主要统计指标

(2004年)

指 标 名 称	单 位	横州镇	峦城镇	南乡镇	六景镇	百合镇	马山乡	那阳镇
乡（镇）村户数	户	22146	13082	8790	8048	22815	13926	13412
乡（镇）村总人口	人	96696	50710	38022	32197	94352	55154	55876
乡（镇）村从业人员	人	46481	28634	20506	17066	51231	32810	32136
年末耕地面积	公顷	5618	2358	1519	2004	4258	1739	2368
农民人均纯收入	元	2574	1951	1888	1799	2263	1900	2130
农村用电量	万千瓦时	830	406	206	173	495	257	361
农作物总播种面积	公顷	10481	5681	4728	4274	9090	5121	5151
粮食总产量	吨	25657	16516	12202	9174	26657	13067	17944
肉类总产量	吨	4044	2776	1942	1568	5772	1097	3076
水产品总产量	吨	3914	2340	3068	456	1437	457	815
农村集贸市场数	个	7	2	1	1	3	1	2
地方财政收入	万元	7364	455	350	440	729	298	589
地方财政支出	万元	2098	554	381	383	781	493	624
村委会数	个	21	15	10	14	27	16	15
通电话的村	个	21	15	8	14	27	16	15
通电的村	个	21	15	10	14	27	16	15

14-4 续表1

指 标 名 称	单 位	板路乡	飞龙乡	新福镇	莲塘镇	平马镇	平郎乡	良圻镇
乡(镇)村户数	户	12424	4892	8368	8900	8099	6491	13134
乡(镇)村总人口	人	48054	20854	25008	36600	33213	26109	51745
乡(镇)村从业人员	人	26320	11207	12840	18900	17843	14192	29571
年末耕地面积	公顷	1729	1199	1809	1691	2303	1528	3495
农民人均纯收入	元	1851	1015	1168	2010	1689	1619	2083
农村用电量	万千瓦时	174	65	119	178	175	86	305
农作物总播种面积	公顷	4460	2652	4229	4138	4742	3715	6845
粮食总产量	吨	11054	4680	10300	8165	9766	9378	15898
肉类总产量	吨	1578	1302	1690	1271	1985	1591	2331
水产品总产量	吨	280	779	229	1448	850	350	3846
农村集贸市场数	个	2	1	3	3	3	1	1
地方财政收入	万元	134	87	159	155	101	142	531
地方财政支出	万元	368	271	280	406	387	280	547
村委会数	个	8	9	7	11	8	13	13
通电话的村	个	8	9	5	11	8	13	13
通电的村	个	8	9	7	11	8	13	13

14-4 续表2

指标名称	单位	石塘镇	灵竹镇	陶圩镇	校椅镇	云表镇	镇龙乡	马岭镇
乡(镇)村户数	户	8543	7516	18482	20890	16600	3990	6356
乡(镇)村总人口	人	34110	30040	76015	87656	70600	16977	25506
乡(镇)村从业人员	人	20115	16906	47655	50015	41800	9888	14150
年末耕地面积	公顷	3053	2216	5166	6240	6332	746	2592
农民人均纯收入	元	2225	2133	2153	2217	2506	1464	2105
农村用电量	万千瓦时	379	162	548	756	606	76	216
农作物总播种面积	公顷	4849	4981	11546	14616	11381	2046	5520
粮食总产量	吨	10159	11891	36213	35094	19105	3080	8970
肉类总产量	吨	2353	1837	7172	4228	3694	570	1073
水产品总产量	吨	352	485	1111	1297	985	38	400
农村集贸市场数	个	2	3	8	4	3	1	1
地方财政收入	万元	431	199	407	554	734	59	251
地方财政支出	万元	500	397	662	956	820	230	328
村委会数	个	9	6	18	21	13	10	12
通电话的村	个	9	6	18	21	13	5	12
通电的村	个	9	6	18	21	13	10	12

14-5 宾阳县各乡镇主要统计指标

(2004年)

指标名称	单位	陈平乡	高田乡	思陇镇	太守乡	新桥镇	芦圩镇	河田乡
乡（镇）村户数	户	2809	2596	7868	4997	17096	42669	3396
乡（镇）村总人口	人	14274	11961	35925	25910	80912	187971	16701
乡（镇）村从业人员	人	8237	6978	23414	17325	45308	107684	9519
年末耕地面积	公顷	500	457	1069	469	2811	7163	422
农民人均纯收入	元	2032	2056	1970	2154	2308	2313	2010
农村用电量	万千瓦时	51	59	139	231	1577	1240	60
农作物总播种面积	公顷	1070	1007	2509	940	4951	13568	759
粮食总产量	吨	3338	3302	6242	3278	19337	42111	2630
肉类总产量	吨	527	401	1276	644	1396	5408	251
水产品总产量	吨	126	117	184	183	1432	3848	123
农村集贸市场数	个	1	1	1	1	3	15	1
地方财政收入	万元	266	484	630	470	1384	9715	275
地方财政支出	万元	262	249	647	408	1044	2860	275
村委会数	个	5	3	8	7	15	28	3
通电话的村	个	1	3	7	5	15	24	2
通电的村	个	5	3	8	7	15	28	3

14-5 续表1

指标名称	单位	邹圩镇	大桥镇	武陵镇	中华镇	露圩镇	古辣镇	王灵镇
乡(镇)村户数	户	9199	14532	12512	7272	9230	11391	3910
乡(镇)村总人口	人	46626	71094	60844	33626	34211	50284	17355
乡(镇)村从业人员	人	25955	50020	36998	16478	18678	30707	9587
年末耕地面积	公顷	4729	5831	2739	1982	2123	3271	2002
农民人均纯收入	元	2301	2204	2221	2192	2233	2189	2230
农村用电量	万千瓦时	1279	354	289	170	201	250	75
农作物总播种面积	公顷	9426	10719	6507	3635	3895	6298	4848
粮食总产量	吨	18922	23714	24796	12532	14523	15810	6426
肉类总产量	吨	3207	2938	3048	1226	2904	1561	920
水产品总产量	吨	2095	1780	1007	952	728	1268	992
农村集贸市场数	个	1	6	2	1	6	4	1
地方财政收入	万元	417	1128	1592	620	688	797	80
地方财政支出	万元	637	1154	1257	464	528	801	283
村委会数	个	14	16	13	6	5	9	4
通电话的村	个	14	16	13	6	5	9	4
通电的村	个	14	16	13	6	5	9	4

14-5　续表2

指　标　名　称	单　位	新圩镇	和吉镇	洋桥镇	黎塘镇	甘棠镇	双桥乡
乡(镇）村户数	户	6894	7733	6054	33744	12316	2633
乡(镇）村总人口	人	28341	39158	28859	175000	50159	11450
乡(镇）村从业人员	人	18322	21074	16865	96260	31561	7799
年末耕地面积	公顷	2282	3975	3987	5637	3281	535
农民人均纯收入	元	2236	2121	2100	2342	2223	2141
农村用电量	万千瓦时	110	95	82	327	380	6
农作物总播种面积	公顷	4480	7628	6654	12383	6439	1189
粮食总产量	吨	13535	11337	6597	18401	19478	3347
肉类总产量	吨	3035	3019	2039	4063	2632	528
水产品总产量	吨	1086	1218	1140	2089	784	220
农村集贸市场数	个	1	1	4	7	3	1
地方财政收入	万元	532	602	593	1984	422	202
地方财政支出	万元	459	586	663	1858	856	186
村委会数	个	6	8	8	16	14	3
通电话的村	个	6	8	8	16	12	2
通电的村	个	6	8	8	16	14	3

14-6　上林县各乡镇主要统计指标

（2004年）

指标名称	单位	大丰镇	明亮镇	巷贤乡	白圩镇	覃排乡	澄泰乡	三里镇
乡（镇）村户数	户	8402	7025	9953	11452	4020	7631	11921
乡（镇）村总人口	人	36785	28765	43036	56240	18360	37673	53603
乡（镇）村从业人员	人	18953	15745	23450	33380	9560	20157	28010
年末耕地面积	公顷	1618	2267	1981	4288	1312	2351	2971
农民人均纯收入	元	2340	2300	2358	2230	1810	2123	2205
农村用电量	万千瓦时	487	443	405	330	256	232	340
农作物总播种面积	公顷	3808	4726	8700	9356	2286	4628	7237
粮食总产量	吨	9255	11175	22900	24102	3590	13010	16418
肉类总产量	吨	2918	2805	5126	3240	1787	1853	2801
水产品总产量	吨	1259	785	790	1680	428	960	1280
农村集贸市场数	个	2	1	2	3	1	1	2
地方财政收入	万元	550	91	217	290	83	185	308
地方财政支出	万元	523	386	270	292	160	479	470
村委会数	个	9	9	13	12	6	12	15
通电话的村	个	9	6	9	12	6	9	15
通电的村	个	9	9	13	12	6	9	15

14-6 续表

指标名称	单位	乔贤镇	木山乡	塘红乡	中可乡	镇圩乡	西燕镇
乡(镇)村户数	户	7951	5251	6865	2476	5440	10118
乡(镇)村总人口	人	32708	19078	29215	9950	23690	41638
乡(镇)村从业人员	人	17150	12000	17560	4887	11875	25790
年末耕地面积	公顷	1549	1401	1234	529	1137	2207
农民人均纯收入	元	1980	1850	1562	1885	1980	2230
农村用电量	万千瓦时	302	210	272	248	365	320
农作物总播种面积	公顷	4140	3076	2551	721	1954	3663
粮食总产量	吨	7826	3059	7110	1205	5977	8763
肉类总产量	吨	1106	167	1559	640	712	1751
水产品总产量	吨	260	125	88	10	18	1700
农村集贸市场数	个	1	1	1	1	1	1
地方财政收入	万元	268	40	47	125	352	705
地方财政支出	万元	290	75	364	136	360	504
村委会数	个	8	8	7	5	11	12
通电话的村	个	7	7	6	1	9	12
通电的村	个	8	7	7	5	11	12

14-7 马山县各乡镇主要统计指标

（2004年）

指标名称	单位	白山镇	百龙滩镇	林圩镇	古零镇	周鹿镇	永州镇	金钗镇
乡（镇）村户数	户	18101	4898	10941	11821	12291	6345	6814
乡（镇）村总人口	人	75880	20680	58685	51200	62183	29181	29376
乡（镇）村从业人员	人	34768	12992	32353	30927	31095	16228	18353
年末耕地面积	公顷	2356	1114	2315	2618	2719	1350	1558
农民人均纯收入	元	2001	1841	1889	1904	1991	1881	1766
农村用电量	万千瓦时	221	47	392	275	335	103	201
农作物总播种面积	公顷	5364	2586	4744	5256	7047	2842	3603
粮食总产量	吨	12192	3789	11981	12968	14878	8420	6769
肉类总产量	吨	3024	1440	2450	3317	3424	2883	2481
水产品总产量	吨	951	290	901	1121	793	1387	181
农村集贸市场数	个	2	1	2	2	2	1	1
地方财政收入	万元	1824	340	675	726	970	67	481
地方财政支出	万元	1824	340	725	744	872	473	486
村委会数	个	15	6	14	14	11	9	8
通电话的村	个	12	6	12	14	11	9	8
通电的村	个	15	6	14	14	11	9	8

14-7 续表

指标名称	单位	乔利乡	加芳乡	古寨乡	里当乡	片联乡	州圩乡	双联乡
乡(镇)村户数	户	8049	6339	4490	4855	4760	4598	5436
乡(镇)村总人口	人	35191	29808	21024	20725	25329	21188	23035
乡(镇)村从业人员	人	18606	14444	12574	10786	12757	14257	15630
年末耕地面积	公顷	2149	1491	1070	874	930	1046	1086
农民人均纯收入	元	2071	1759	1467	1196	1832	1853	1809
农村用电量	万千瓦时	221	166	109	64	221	127	13
农作物总播种面积	公顷	4797	3499	2248	2058	2440	1927	2842
粮食总产量	吨	9213	5449	3803	3116	5083	6171	6603
肉类总产量	吨	2009	1971	1633	1451	1422	1875	2807
水产品总产量	吨	811	24	23		162	950	442
农村集贸市场数	个	2	2	1	1	2	1	1
地方财政收入	万元	576	85	16	335	362	44	46
地方财政支出	万元	576	547	397	335	362	374	371
村委会数	个	10	17	9	10	5	9	8
通电话的村	个	10	17	8	8	5	9	8
通电的村	个	10	17	9	10	5	9	8

14-8 隆安县各乡镇主要统计指标

(2004年)

指标名称	单位	城厢镇	南圩镇	雁江镇	那桐镇	乔建镇	丁当镇
乡（镇）村户数	户	7109	9200	7178	9900	8508	7629
乡（镇）村总人口	人	32117	37741	26852	45077	38278	32894
乡（镇）村从业人员	人	16544	19753	13700	29120	23040	11508
年末耕地面积	公顷	2694	2828	1748	6937	5045	4299
农民人均纯收入	元	2054	2184	1648	2501	2021	2420
农村用电量	万千瓦时	240	118	364	290	276	240
农作物总播种面积	公顷	5915	4861	4068	14096	8055	11212
粮食总产量	吨	12451	10498	13452	25279	14831	11294
肉类总产量	吨	2696	1665	2032	3314	2549	1360
水产品总产量	吨	933	946	680	2085	775	1067
农村集贸市场数	个	2	3	1	1	2	2
地方财政收入	万元	1080	616	589	720	607	673
地方财政支出	万元	1057	648	569	665	607	540
村委会数	个	9	11	9	11	14	10
通电话的村	个	9	10	9	11	10	10
通电的村	个	9	11	9	11	14	10

14-8 续表1

指标名称	单位	敏阳镇	古潭乡	杨湾乡	都结乡	屏山乡	布泉乡
乡(镇)村户数	户	3356	5400	5417	8704	3497	5003
乡(镇)村总人口	人	14165	24000	23522	37457	16331	22501
乡(镇)村从业人员	人	9860	19900	11939	19015	8576	11230
年末耕地面积	公顷	975	2162	1231	2088	944	1283
农民人均纯收入	元	1982	2228	1650	1512	1458	1426
农村用电量	万千瓦时	80	130	105	70	170	50
农作物总播种面积	公顷	1792	3464	2508	4496	2095	3318
粮食总产量	吨	6014	5800	8504	10190	4790	5053
肉类总产量	吨	767	1410	1728	3049	1055	1865
水产品总产量	吨	165	760	553	330	210	108
农村集贸市场数	个	1	1	1	1	1	1
地方财政收入	万元	281	378	649	542	582	702
地方财政支出	万元	217	432	335	569	309	351
村委会数	个	5	6	7	19	9	8
通电话的村	个	2	6	7	10	6	6
通电的村	个	5	6	7	19	8	8

15 企业排序情况一览表

CHAPTER 15 LIST OF ENTERPRISES BY MAIN INDICATORS

15-1 大中型工业企业一览表

（2004年） 单位：万元

企业名称	工业总产值（当年价）	产品销售收入
大型企业(2家)		
南宁糖业股份有限公司	162258	163244
南宁化工股份有限公司	82140	83425
中型企业(65家)		
广西南宁卷烟厂	226611	222672
广西华润红水河水泥有限公司	46693	45758
广西壮族自治区南宁供电局	45000	45606
广西南宁凤凰纸业有限公司	43219	40074
南南铝业有限公司	36136	34985
南宁浮法玻璃有限责任公司	35805	36786
南宁正大畜牧有限公司	33098	28087
南宁锦虹棉纺织有限责任公司	33067	32041
广西隆华糖业有限责任公司	30873	26765
广西农垦糖业(集团)金光制糖化工有限公司	23722	22632
南宁手扶拖拉机厂	22374	21373
广西银雪兄弟面粉有限责任公司	21504	19853
广西宾阳县永凯糖业有限公司	21457	20085
南宁胜利科技股份有限公司	19943	9720
广西丰林林业开发有限公司	19791	15757
广西建工集团建筑机械有限责任公司	19650	14305
横县冠桂糖业有限责任公司	19116	17813
南宁市自来水公司	18152	18098
广西华宏水泥股份有限公司	17462	17131
南宁青岛啤酒有限公司	17266	16163
南宁重型机器厂	15222	14335
广西宁俊纸业有限公司	15087	15282
广西横县兴辉食品有限公司	14979	11577
广西明阳生化科技股份有限公司	14507	14439
南宁可口可乐饮料有限公司	14211	16610
广西桂西制药有限公司	13315	9346
上林县南华糖业有限责任公司	13059	10232
南宁银杉电线电缆有限责任公司	12256	11978
广西农垦糖业集团良圻制糖有限公司	11734	10319
广西廖平农场糖厂	11571	11872
佛山塑料集团股份有限公司南宁经纬分公司	11517	9213
广西皇氏生物工程乳业有限公司	10847	6521

15-1续表

企　业　名　称	工业总产值（当年价）	产品销售收入
邕宁县冠桂糖业有限公司	10580	12952
龙昌日用品工业(南宁)有限公司	10313	5514
南宁化工集团有限公司	10060	7802
南宁发电设备总厂	8775	10111
广西横县新凯糖业有限责任公司	8603	7353
南宁正大建材有限公司	8598	9328
广西西津水力发电厂	8507	8695
南宁华侨投资区糖厂	8474	8045
南宁市维威制药有限公司	7915	7126
广西南宁黑五类食品股份有限公司	7055	6997
广西南宁百会药业集团有限公司	6811	5466
南宁鸿基水泥制品有限责任公司	6662	5069
南宁金龙水泥实业有限公司	6645	5005
横县泰富金矿	6503	6503
广西民族印刷厂	5893	5710
广西海棠建材有限责任公司	5747	4728
南宁新丰塑料有限公司	5450	6012
广西电力线路器材厂	5155	5700
南宁金钢水泥有限公司	4858	4987
广西南宁玻璃厂	4672	5896
南宁市汽车配件一厂	4624	4835
广西壮族自治区武鸣县电业公司	4411	12869
广西宾阳县黎塘工业瓷厂	4198	3843
广西壮族自治区南宁专用汽车厂	4025	3945
广西云燕特种水泥建材有限责任公司	4012	4115
邕宁县电业公司	3829	17161
广西恒顺电器有限公司	3689	3361
广西横县供电公司	2792	14737
广西宾阳县供电公司	2446	12253
广西南宁乔恒酒精有限公司	2407	2407
上林县火力发电厂	2112	1981
广西壮族自治区南宁肉类联合加工厂	1231	6715
广西化工实验厂	21	19

15-2 工业总产值、产品销售收入超亿元的企业

（2004年）

企 业 名 称	按工业总产值从大到小排序	企 业 名 称	按产品销售收入从大到小排列
广西南宁卷烟厂	1	广西南宁卷烟厂	1
南宁糖业股份有限公司	2	南宁糖业股份有限公司	2
南宁化工股份有限公司	3	南宁化工股份有限公司	3
广西华润红水河水泥有限公司	4	广西华润红水河水泥有限公司	4
广西壮族自治区南宁供电局	5	广西壮族自治区南宁供电局	5
广西南宁凤凰纸业有限公司	6	广西南宁凤凰纸业有限公司	6
南南铝业有限公司	7	南宁浮法玻璃有限责任公司	7
南宁浮法玻璃有限责任公司	8	南南铝业有限公司	8
南宁正大畜牧有限公司	9	南宁锦虹棉纺织有限责任公司	9
南宁锦虹棉纺织有限责任公司	10	宾阳县新宇轧钢有限公司	10
广西隆华糖业有限责任公司	11	南宁正大畜牧有限公司	11
宾阳县新宇轧钢有限公司	12	广西隆华糖业有限责任公司	12
广西农垦糖业(集团)金光制糖化工有限公司	13	广西农垦糖业(集团)金光制糖化工有限公司	13
南宁手扶拖拉机厂	14	广西桂冠电力股份有限公司百龙滩电厂	14
广西银雪兄弟面粉有限责任公司	15	南宁手扶拖拉机厂	15
广西宾阳县永凯糖业有限公司	16	广西宾阳县永凯糖业有限公司	16
广西桂冠电力股份有限公司百龙滩电厂	17	广西银雪兄弟面粉有限责任公司	17
广西南南铝箔有限责任公司	18	南宁漓源粮油饲料有限公司	18
广西南宁桂盐科技有限责任公司	19	南宁鸿牌饲料有限公司	19
南宁国雄科技有限公司	20	南宁市自来水公司	20
南宁胜利科技股份有限公司	21	横县冠桂糖业有限责任公司	21
广西丰林林业开发有限公司	22	南宁市西南镀锌钢管有限公司	22
广西建工集团建筑机械有限责任公司	23	邕宁县电业公司	23
横县冠桂糖业有限责任公司	24	广西华宏水泥股份有限公司	24
南宁漓源粮油饲料有限公司	25	南宁可口可乐饮料有限公司	25
南宁鸿牌饲料有限公司	26	南宁青岛啤酒有限公司	26
南宁市自来水公司	27	广西日星金属化工有限公司	27
广西华宏水泥股份有限公司	28	广西南南铝箔有限责任公司	28
南宁青岛啤酒有限公司	29	广西丰林林业开发有限公司	29
广西田园生化股份有限公司	30	南宁市大大饲料有限公司	30
南宁市西南镀锌钢管有限公司	31	广西宁俊纸业有限公司	31
广西辽大饲料有限责任公司	32	广西横县供电公司	32
南宁重型机器厂	33	广西明阳生化科技股份有限公司	33
南宁金美农饲料有限责任公司	34	南宁重型机器厂	34
广西宁俊纸业有限公司	35	广西建工集团建筑机械有限责任公司	35
广西横县兴辉食品有限公司	36	南宁国雄科技有限公司	36
南宁市大大饲料有限公司	37	广西辽大饲料有限责任公司	37
广西明阳生化科技股份有限公司	38	南宁金美农饲料有限责任公司	38
南宁可口可乐饮料有限公司	39	广西南宁桂盐科技有限责任公司	39
广西易多收生物科技有限公司	40	邕宁县冠桂糖业有限公司	40
广西高峰人造板有限公司	41	广西壮族自治区武鸣县电业公司	41
广西桂西制药有限公司	42	广西富丰集团有限公司	42
广西南宁嘉泰水泥制品有限公司	43	广西高峰人造板有限公司	43
上林县南华糖业有限责任公司	44	广西宾阳县供电公司	44
广西富丰集团有限公司	45	广西田园生化股份有限公司	45
南宁银杉电线电缆有限责任公司	46	南宁银杉电线电缆有限责任公司	46
广西农垦糖业集团良圻制糖有限公司	47	广西廖平农场糖厂	47
广西南宁康佳龙饲料有限公司	48	广西南蒲纸业有限公司	48
广西南蒲纸业有限公司	49	广西横县兴辉食品有限公司	49
广西廖平农场糖厂	50	广西华锑化工有限公司	50
佛山塑料集团股份有限公司南宁经纬分公司	51	广西南宁康佳龙饲料有限公司	51
广西日星金属化工有限公司	52	广西南宁嘉泰水泥制品有限公司	52
广西华锑化工有限公司	53	南宁市华港饲料有限责任公司	53
广西皇氏生物工程乳业有限公司	54	广西农垦糖业集团良圻制糖有限公司	54
南宁市电力线缆有限公司	55	上林县南华糖业有限责任公司	55
邕宁县冠桂糖业有限公司	56	南宁发电设备总厂	56
广西大都混凝土有限公司	57		
南宁市华港饲料有限责任公司	58		
龙昌日用品工业(南宁)有限公司	59		
南宁化工集团有限公司	60		

15-3 工业利税总额、利润总额前30名的企业

(2004年)

企业名称	按利税总额从大到小排列	企业名称	按利润总额从大到小排列
广西南宁卷烟厂	1	广西南宁卷烟厂	1
南宁糖业股份有限公司	2	南宁糖业股份有限公司	2
广西壮族自治区南宁供电局	3	南宁化工股份有限公司	3
南宁化工股份有限公司	4	广西桂冠电力股份有限公司百龙滩电厂	4
广西桂冠电力股份有限公司百龙滩电厂	5	广西华润红水河水泥有限公司	5
广西华润红水河水泥有限公司	6	南宁浮法玻璃有限责任公司	6
南宁浮法玻璃有限责任公司	7	广西隆华糖业有限责任公司	7
广西隆华糖业有限责任公司	8	广西宁俊纸业有限公司	8
广西农垦糖业(集团)金光制糖化工有限公司	9	广西丰林林业开发有限公司	9
广西宁俊纸业有限公司	10	广西农垦糖业(集团)金光制糖化工有限公司	10
广西宾阳县永凯糖业有限公司	11	广西壮族自治区南宁供电局	11
广西丰林林业开发有限公司	12	广西廖平农场糖厂	12
广西廖平农场糖厂	13	广西宾阳县永凯糖业有限公司	13
南南铝业有限公司	14	南南铝业有限公司	14
横县冠桂糖业有限责任公司	15	上林县南华糖业有限责任公司	15
广西华宏水泥股份有限公司	16	横县冠桂糖业有限责任公司	16
上林县南华糖业有限责任公司	17	广西南宁嘉泰水泥制品有限公司	17
广西南宁嘉泰水泥制品有限公司	18	广西南宁桂盐科技有限责任公司	18
广西南宁桂盐科技有限责任公司	19	南宁化工集团有限公司	19
广西横县新凯糖业有限责任公司	20	南宁正大畜牧有限公司	20
南宁市自来水公司	21	广西大都混凝土有限公司	21
广西大都混凝土有限公司	22	广西彼得汉预混饲料公司	22
南宁化工集团有限公司	23	广西皇氏生物工程乳业有限公司	23
广西明阳生化科技股份有限公司	24	广西横县新凯糖业有限责任公司	24
广西农垦糖业集团良圻制糖有限公司	25	佛山塑料集团股份有限公司南宁经纬分公司	25
广西皇氏生物工程乳业有限公司	26	广西桂西制药有限公司	26
南宁青岛啤酒有限公司	27	南宁市自来水公司	27
广西桂西制药有限公司	28	南宁桂格精工科技有限公司	28
南宁锦虹棉纺织有限责任公司	29	广西田园生化股份有限公司	29
广西彼得汉预混饲料公司	30	广西华宏水泥股份有限公司	30

16 广西及省会城市主要统计指标

CHAPTER 16　MAIN INDICATORS OF GUANGXI AND PROVINCIAL CAPITAL CITIES

16-1 广西主要年份国民经济主要统计指标

指 标 名 称	单 位	1995年	1998年	1999年	2000年	2001年	2002年	2003年	2004年
国内生产总值	亿元	1497.56	1903.04	1953.27	2050.15	2231.19	2455.40	2735.13	3320.1
第一产业	亿元	449.64	574.25	554.48	538.70	562.52	595.70	652.28	811.4
第二产业	亿元	535.86	678.19	695.83	748.00	791.85	864.00	1007.96	1288.3
#工业	亿元	461.25	569.90	579.26	619.84	648.19	699.00	813.81	1044.8
第三产业	亿元	512.06	650.60	702.96	763.45	876.82	995.70	1074.89	1220.5
国内生产总值指数	%	111.40	109.10	107.70	107.30	108.20	110.50	110.20	111.8
第一产业	%	115.60	105.80	107.00	100.20	103.40	107.30	104.00	105.4
第二产业	%	118.26	113.90	106.80	109.00	108.10	111.30	114.60	117.1
#工业	%	108.20	113.20	106.10	109.00	108.00	110.90	114.60	117.0
第三产业	%	111.40	118.90	109.50	111.50	111.80	111.90	109.90	110.6
农林牧渔业总产值	亿元	698.24	865.90	844.78	829.97	872.90	916.50	1030.90	1294.5
#农业总产值	亿元	384.17	476.24	454.85	418.83	439.93	465.50	500.80	623.1
农林牧渔业总产值指数	%	114.87	105.19	107.90	100.20	104.93	105.00	104.30	106.3
#农业总产值	%	114.03	106.51	111.38	94.65	104.86	105.30	100.02	106.0
工业总产值	亿元	1463.17	1727.68	1667.33	1800.24	1903.14	2036.56	2354.25	2992.3
#国有工业（纯国有）	亿元	582.59	498.02	436.88	410.56	357.41	126.20	385.47	497.2
集体工业	亿元	256.95	360.19	334.22	276.96	233.16	20.90	145.17	120.1
工业总产值指数	%	115.08	106.51	106.46	107.40	108.03	111.00	115.40	115.8
#国有工业	%	105.17	97.68	97.75	88.80	98.51	101.20	100.40	117.6
集体工业	%	113.49	106.17	85.35	82.98	85.55	82.70	75.30	75.4
社会消费品零售总额	亿元	532.48	734.02	791.27	859.16	935.88	1025.54	857.71	973.4
全社会固定资产投资	亿元	423.37	571.70	620.20	660.01	731.25	834.99	987.31	1254.9
增长速度	%	10.66	19.15	8.48	6.42	10.80	14.20	18.20	27.1
地方财政收入	亿元	79.44	119.67	133.56	147.05	178.67	186.66	203.66	237.7
增长速度	%	-26.84	20.69	11.60	10.10	21.50	21.50	12.20	16.7
居民人均可支配收入	元	4792.00	5412.00	5620.00	5834.00	6666.00	7315.00	7785.00	8690
指 数	%	134.61	105.91	103.83	103.81	114.30	109.70	106.40	111.6
农民人均纯收入	元	1446.00	1972.00	2048.00	1864.00	1944.33	2013.00	2095.00	2305
指 数	%	130.62	105.17	103.85	91.02	104.30	103.50	104.10	110.1
居民消费价格指数（城市）	%	118.00	97.10	97.20	100.00	100.60	99.10	101.10	104.4

注：国内生产总值、农林牧渔业总产值、工业总产值绝对值按当年价计算，指数按可比价计算（以上年为100）

16-2 各省会城市行政区划和土地面积

(2004年)

城　市	行政区划		土地面积（平方公里）	
	辖区数（个）	辖县数（个）	全 市	市 区
南　宁	**5**	**7**	**22112**	**1799**
昆　明	6	8	21111	4033
成　都	9	10	12390	2176
贵　阳	6	4	8034	2403
西　安	9	4	9983	3502
兰　州	5	3	13086	1632
乌鲁木齐	7	1	12000	10800
呼和浩特	4	5	17224	2054
银　川	3	4	7127	1295
西　宁	4	3	7665	350
拉　萨	1	7	29052	525
广　州	10	2	7434	3719
福　州	6	8	11968	1043
杭　州	8	5	16596	3068
南　京	11	2	6597	2599
海　口	4		2305	2305
沈　阳	9	4	12980	3495
哈尔滨	7	12	53068	1660
长　春	6	4	20571	3603
石家庄	6	17	15848	456
太　原	6	4	6988	1470
合　肥	4	3	7498	596
南　昌	5	4	7402	563
济　南	6	4	8177	3257
郑　州	6	6	7446	1010
武　汉	13		8495	8495
长　沙	5	4	11820	556

16-3 各省会城市建城区面积和人口密度

(2004年)

城　　市	建城区土地面积（平方公里）	全市人口密度（人/平方公里）
南　宁	**125**	**293**
昆　明	141	239
成　都	386	855
贵　阳	128	433
西　安	230	726
兰　州	180	235
乌鲁木齐	169	155
呼和浩特	120	125
银　川	78	191
西　宁	61	270
拉　萨	55	19
广　州	608	992
福　州	160	502
杭　州	275	393
南　京	447	885
海　口	77	619
沈　阳	261	535
哈尔滨	225	183
长　春	171	352
石家庄	141	579
太　原	177	475
合　肥	148	593
南　昌	85	623
济　南	200	722
郑　州	212	951
武　汉	216	925
长　沙	136	516

16-4 各省会城市年末总人口

单位：万人

城市	2000年	位次	2001年	位次	2002年	位次	2003年	位次	2004年	位次	2004年比2003年增长（%）
南　宁	**291.41**	**20**	**294.56**	**21**	**297.71**	**21**	**641.67**	**11**	**648.85**	**11**	**1.12**
昆　明	480.94	15	487.52	15	494.81	15	500.79	16	504.00	16	0.64
成　都	1013.35	1	1019.90	1	1028.48	1	1044.31	1	1059.70	1	1.47
贵　阳	331.57	18	335.81	18	340.44	18	344.86	19	347.81	19	0.86
西　安	688.01	7	694.80	7	702.59	7	716.58	7	725.00	6	1.18
兰　州	290.68	21	296.50	20	300.95	20	304.36	21	308.11	21	1.23
乌鲁木齐	164.38	24	169.03	24	175.72	24	181.53	24	185.96	24	2.44
呼和浩特	209.20	22	211.80	22	213.45	22	213.90	22	214.75	22	0.40
银　川	100.94	25	103.91	25	132.96	26	133.01	26	136.06	26	2.29
西　宁	197.72	23	200.20	23	202.46	23	204.97	23	206.96	23	0.97
拉　萨	40.38	27	50.34	27	50.75	27	52.15	27	54.05	27	3.64
广　州	700.69	5	712.60	5	720.62	5	725.19	5	737.67	5	1.72
福　州	589.23	11	594.14	11	597.53	11	604.86	12	601.23	13	-0.60
杭　州	621.58	10	629.14	10	636.81	10	642.78	10	651.68	10	1.38
南　京	544.89	14	553.04	14	563.28	14	572.23	15	583.60	15	1.99
海　口	57.34	26	60.20	26	134.19	25	139.19	25	142.67	25	2.50
沈　阳	685.10	8	689.30	8	688.92	8	689.10	9	693.90	9	0.70
哈尔滨	941.30	2	941.10	2	948.27	2	954.31	2	970.23	2	1.67
长　春	699.60	6	705.70	6	712.50	6	718.23	6	724.00	7	0.80
石家庄	889.80	3	895.94	3	903.99	3	910.51	3	917.50	3	0.77
太　原	308.75	19	315.31	19	338.29	19	327.40	20	331.94	20	1.39
合　肥	438.18	16	442.16	16	448.08	17	456.60	17	444.68	18	-2.61
南　昌	432.96	17	440.16	17	448.85	16	450.77	18	460.79	17	2.22
济　南	562.65	13	569.00	13	575.00	13	582.56	14	590.08	14	1.29
郑　州	640.00	9	676.97	9	687.70	9	697.73	8	708.20	8	1.50
武　汉	749.19	4	758.23	4	768.10	4	781.19	4	785.90	4	0.60
长　沙	583.19	12	587.10	12	595.46	12	601.76	13	610.38	12	1.43

16-5 各省会城市人口自然增长率

单位：‰

城　市	1995年	2000年	2001年	2002年	2003年	2004年
南　宁	**5.37**	**5.62**	**4.63**	**4.99**	**4.84**	**5.25**
昆　明	6.91	7.73	6.80	6.85	7.31	6.50
成　都	4.48	3.05	1.60	0.23	0.51	6.20
贵　阳	4.90	8.00	6.30	5.79	3.50	6.15
西　安	6.97	4.67	4.70	4.41	6.01	4.50
兰　州	9.78		7.50	5.18	4.52	4.00
乌鲁木齐	8.08	5.58	6.20	5.79	4.45	2.57
呼和浩特	7.30	4.10	7.50	6.09	4.95	5.80
银　川	8.05	9.00	8.30	7.31	8.26	7.54
西　宁	7.98	8.80	10.70	7.34	8.56	7.75
拉　萨	11.40	14.61	6.20	6.23	4.92	5.79
广　州	6.25	4.51	4.20	3.10	2.24	3.82
福　州		14.14	4.80	4.65	5.19	5.90
杭　州	4.43	3.60	2.90	2.70	2.31	3.99
南　京	2.62	2.48	1.60	0.69	0.08	2.29
海　口	10.60	8.20	8.20	7.94	-1.31	7.14
沈　阳	1.83	1.60	0.90	0.84	-0.81	0.03
哈尔滨	4.70	4.70	3.70	4.19	3.38	6.53
长　春	7.61	4.83	2.60	2.73	2.12	4.17
石家庄	6.47	10.80	-5.70	6.00	5.53	5.04
太　原	8.50	9.68	5.90	5.63	4.78	4.53
合　肥	8.56	8.44	5.40	5.34	6.15	6.17
南　昌	7.02			11.74	7.67	8.09
济　南	3.71	4.03	3.80	3.69	2.08	3.80
郑　州	6.84		5.60	4.03	5.09	4.20
武　汉	3.08	2.88	2.50	2.14	2.23	-1.89
长　沙		3.52	3.80	2.91	1.61	3.10

16-6　各省会城市地区生产总值

单位：亿元

城　市	2000年	位次	2001年	位次	2002年	位次	2003年	位次	2004年	位次	2004年比2003年增长（%）
南　宁	**294.30**	**20**	**324.79**	**20**	**356.07**	**20**	**502.53**	**18**	**588.86**	**19**	**13.2**
昆　明	625.00	15	672.84	15	730.02	15	812.00	15	942.14	15	12.0
成　都	1310.00	3	1490.86	3	1663.21	3	1870.80	3	2185.70	3	13.6
贵　阳	264.81	22	302.75	22	336.37	22	380.92	23	443.63	23	13.7
西　安	688.51	13	734.00	13	823.50	13	940.35	13	1095.87	14	13.5
兰　州	309.40	19	348.50	19	386.78	19	440.08	20	504.65	21	11.4
乌鲁木齐	275.00	21	315.00	21	354.00	21	408.58	21	487.00	22	13.1
呼和浩特	179.20	23	211.19	23	316.70	23	406.17	22	512.08	20	23.0
银　川	95.00	25	104.00	26	133.46	25	156.60	25	188.97	25	14.9
西　宁	92.01	26	104.49	25	121.34	26	144.83	26	174.74	26	14.8
拉　萨	40.00	27	47.00	27	55.00	27	64.20	27	75.24	27	17.2
广　州	2375.91	1	2684.83	1	3001.70	1	3496.88	1	4115.81	1	15.0
福　州	1003.27	7	1076.08	9	1160.53	10	1347.68	10	1548.46	10	13.0
杭　州	1382.56	2	1568.00	2	1780.00	2	2092.00	2	2515.00	2	15.0
南　京	1021.30	6	1154.44	6	1295.00	6	1576.20	6	1910.00	5	17.3
海　口	133.49	24	144.62	24	157.89	24	228.86	24	253.01	24	13.2
沈　阳	1119.10	5	1238.00	5	1400.02	5	1603.38	5	1900.70	6	15.5
哈尔滨	1002.70	9	1120.10	7	1232.13	7	1414.80	7	1680.50	7	14.7
长　春	824.00	11	1003.00	11	1150.00	11	1338.04	11	1535.00	11	13.5
石家庄	1003.11	8	1085.45	8	1186.81	9	1377.94	8	1633.00	8	14.1
太　原	347.46	17	386.34	17	432.19	17	515.59	17	643.09	17	15.7
合　肥	325.00	18	363.40	18	412.81	18	477.78	19	589.70	18	16.2
南　昌	435.10	16	485.62	16	552.37	16	641.02	16	770.46	16	16.5
济　南	952.20	10	1066.20	10	1200.00	8	1365.33	9	1618.90	9	15.6
郑　州	732.00	12	822.10	12	928.30	12	1102.28	12	1375.00	12	15.5
武　汉	1206.84	4	1347.80	4	1492.74	4	1662.40	4	1956.00	4	14.5
长　沙	656.41	14	728.08	14	812.85	14	929.49	14	1108.85	13	14.8

16-7　各省会城市第一产业增加值

单位：亿元

城　市	2000年	位 次	2001年	位 次	2002年	位 次	2003年	位 次	2004年	位 次	2004年比2003年增长（%）
南　宁	**48.63**	**14**	**49.52**	**14**	**51.16**	**14**	**95.65**	**9**	**102.75**	**12**	**5.9**
昆　明	51.00	13	53.80	13	56.03	13	59.07	14	66.31	14	4.3
成　都	124.00	4	132.54	4	140.19	4	153.18	4	168.00	3	5.7
贵　阳	24.18	20	25.09	20	26.58	20	28.81	20	31.77	20	7.6
西　安	44.65	16	45.00	16	47.77	16	49.21	17	60.05	16	6.7
兰　州	15.90	21	16.90	21	17.68	21	18.38	22	20.61	22	3.3
乌鲁木齐	3.80	26	4.06	26	5.00	26	6.07	27	7.00	26	10.0
呼和浩特	25.10	19	25.51	19	35.54	19	37.26	19	42.19	19	10.3
银　川	10.60	23	11.10	23	15.21	23	14.37	24	16.91	24	3.6
西　宁	8.10	24	8.61	24	8.90	24	9.46	25	10.61	25	5.0
拉　萨	5.60	25	6.00	25	6.20	25	6.40	26	6.80	27	6.3
广　州	94.37	8	95.73	8	102.10	7	105.63	7	115.50	8	5.4
福　州	135.18	3	131.91	5	136.03	5	143.70	5	158.03	5	4.8
杭　州	103.96	6	111.00	6	113.00	6	127.00	6	139.10	6	5.1
南　京	55.01	12	58.75	12	62.40	12	65.10	13	70.00	13	5.2
海　口	3.18	27	3.45	27	3.89	27	20.86	21	21.33	21	7.8
沈　阳	71.10	11	76.60	11	83.54	10	84.87	11	110.70	9	14.2
哈尔滨	176.70	1	186.10	1	199.60	1	222.02	1	275.60	1	10.5
长　春	120.90	5	135.90	3	146.80	3	157.33	3	168.00	3	8.0
石家庄	146.88	2	153.36	2	155.95	2	188.07	2	230.00	2	6.3
太　原	15.03	22	14.94	22	16.03	22	17.77	23	19.33	23	1.4
合　肥	36.00	18	38.09	18	40.06	18	40.81	18	54.00	18	16.6
南　昌	46.00	15	47.94	15	50.57	15	52.82	15	59.40	17	7.1
济　南	95.00	7	97.20	7	98.70	8	103.30	8	118.70	7	7.8
郑　州	42.00	17	43.70	17	47.28	17	49.25	16	61.00	15	5.7
武　汉	81.36	9	85.03	9	89.53	9	95.13	10	103.00	11	5.2
长　沙	74.11	10	78.36	10	80.96	11	83.29	12	103.33	10	7.2

16-8 各省会城市第二产业增加值

单位：亿元

城市	2000年	位次	2001年	位次	2002年	位次	2003年	位次	2004年	位次	2004年比2003年增长（%）
南宁	**89.11**	**22**	**93.43**	**23**	**102.56**	**23**	**148.46**	**22**	**184.97**	**22**	**18.1**
昆明	295.00	14	312.70	14	336.35	15	376.66	15	453.92	15	14.6
成都	588.00	3	676.13	3	758.07	3	859.07	3	1022.00	3	15.8
贵阳	134.69	20	152.69	20	171.28	20	191.94	20	233.24	20	15.6
西安	328.37	13	330.00	13	372.48	13	446.95	13	495.67	13	15.6
兰州	162.90	18	181.30	18	201.42	19	232.61	19	274.97	19	12.7
乌鲁木齐	101.60	21	114.50	21	118.00	22	144.94	23	176.00	23	12.2
呼和浩特	78.50	23	95.42	22	129.97	21	174.71	21	221.61	21	28.8
银川	41.60	24	44.90	24	59.03	24	75.03	25	93.74	24	21.0
西宁	40.26	25	43.96	25	51.80	25	67.75	26	87.52	25	21.1
拉萨	9.50	27	11.40	27	13.20	27	15.30	27	18.30	27	19.6
广州	1032.05	1	1136.51	1	1231.10	1	1508.12	1	1817.71	1	17.2
福州	466.73	7	508.92	7	556.68	8	681.56	7	799.20	7	15.9
杭州	709.32	2	798.50	2	902.00	2	1081.00	2	1332.90	2	16.7
南京	494.08	6	557.61	5	612.60	6	804.40	4	1005.00	4	20.7
海口	34.37	26	39.55	26	45.42	26	76.10	24	82.48	26	14.5
沈阳	495.10	5	542.00	6	615.17	5	758.71	5	940.50	5	19.8
哈尔滨	340.00	12	393.10	12	433.40	12	524.52	12	643.00	12	19.9
长春	365.00	10	443.60	9	522.30	9	630.30	9	742.00	10	15.5
石家庄	466.22	8	502.27	8	559.41	7	664.79	8	795.00	8	17.6
太原	169.09	17	189.60	17	214.89	17	265.96	17	353.95	17	19.8
合肥	155.00	19	176.36	19	207.75	18	238.33	18	297.20	18	17.5
南昌	205.30	16	231.16	16	270.26	16	324.16	16	404.06	16	20.5
济南	418.60	9	442.70	10	501.60	10	599.68	10	742.40	9	19.8
郑州	360.00	11	401.90	11	453.71	11	571.53	11	738.00	11	18.5
武汉	533.31	4	594.84	4	660.46	4	741.80	6	903.00	6	17.8
长沙	268.40	15	297.09	15	337.26	14	393.67	14	492.57	14	20.0

16-9　各省会城市第三产业增加值

单位：亿元

城　市	2000年	位 次	2001年	位 次	2002年	位 次	2003年	位 次	2004年	位 次	2004年比2003年增长（%）
南　宁	**156.55**	**19**	**181.84**	**18**	**202.35**	**18**	**258.42**	**17**	**301.14**	**17**	**13.1**
昆　明	279.00	15	306.34	15	337.65	15	376.27	15	421.91	15	10.5
成　都	598.00	2	682.19	2	764.95	3	858.56	3	995.70	3	12.5
贵　阳	105.94	22	124.97	22	138.51	23	160.17	23	178.62	23	12.3
西　安	315.49	13	359.00	13	403.25	13	444.19	14	540.15	13	12.3
兰　州	130.60	21	150.50	20	167.68	20	189.09	22	209.07	22	10.6
乌鲁木齐	169.60	17	196.44	17	231.00	17	257.58	18	295.00	18	13.6
呼和浩特	75.60	24	90.26	24	151.19	22	194.20	21	248.26	20	19.8
银　川	42.80	26	48.00	26	59.22	26	67.20	26	78.32	25	11.2
西　宁	43.65	25	51.92	25	60.64	25	67.62	25	76.61	26	9.5
拉　萨	24.90	27	29.60	27	35.60	27	42.50	27	50.14	27	18.0
广　州	1249.49	1	1452.59	1	1668.60	1	1883.13	1	2182.60	1	13.8
福　州	401.36	9	435.25	9	467.82	11	522.42	11	591.23	11	11.2
杭　州	569.28	4	658.50	4	902.00	2	884.00	2	1043.00	2	14.3
南　京	472.21	7	538.08	7	620.00	6	706.70	6	835.00	6	14.9
海　口	95.94	23	101.62	23	108.58	24	131.90	24	149.20	24	13.3
沈　阳	552.90	5	619.40	5	701.31	5	759.80	5	849.50	5	11.1
哈尔滨	486.00	6	540.90	6	599.20	8	668.26	7	761.90	7	12.1
长　春	338.10	11	423.50	11	480.90	9	550.41	9	625.00	9	13.0
石家庄	390.01	10	429.82	10	471.45	10	525.08	10	608.00	10	12.4
太　原	163.34	18	181.80	19	201.27	19	231.86	19	269.81	19	12.4
合　肥	134.00	20	148.95	21	164.99	21	198.64	20	238.50	21	14.5
南　昌	183.80	16	206.52	16	231.54	16	264.04	16	307.00	16	14.5
济　南	438.60	8	526.30	8	599.70	7	662.35	8	757.80	8	13.0
郑　州	330.00	12	376.50	12	427.29	12	481.49	12	576.00	12	14.0
武　汉	592.16	3	667.93	3	742.75	4	825.47	4	950.00	4	13.0
长　沙	313.90	14	352.62	14	394.63	14	452.52	13	512.95	14	11.5

16-10 各省会城市人均地区生产总值

单位：元

城市	2000年	位次	2001年	位次	2002年	位次	2003年	位次	2004年	位次
南宁	**10145**	**20**	**11086**	**20**	**12024**	**22**	**7874**	**26**	**9126**	**26**
昆明	13000	10	13900	12	14800	12	16308	13	18744	15
成都	12290	11	146645	1	16239	10	18051	11	20777	12
贵阳	8110	25	9073	24	9948	25	10962	24	12683	25
西安	10107	21	9466	23	11786	23	13252	21	15204	21
兰州	10300	18	11877	18	12948	20	14540	19	16479	20
乌鲁木齐	15200	9	16500	10	17780	8	19899	8	26504	6
呼和浩特	8478	24	9902	22	14720	13	18789	9	23893	8
银川	9546	23	10154	21	10157	24	11890	23	13956	22
西宁	5310	27	5249	26	6027	27	7110	27	8484	27
拉萨	9907	22	11539	19	13431	17	12311	22	13931	23
广州	34292	1	38000	2	41900	1	48372	1	56300	1
福州	17115	5	18034	7	19387	7	20520	7	23400	9
杭州	22342	3	25000	3	28000	2	32700	2	35113	2
南京	18743	4	20671	5	22908	3	27307	3	33050	3
海口	23897	2	24608	4	16096	11	16730	12	17928	16
沈阳	16432	7	18016	8	20316	5	23271	5	27487	5
哈尔滨	10359	17	11900	17	13000	19	14872	18	21285	11
长春	11760	12	14300	11	16300	9	18705	10	21286	10
石家庄	11365	14	12115	16	13187	18	15188	17	17866	17
太原	11418	13	12381	14	13603	16	15873	15	18881	14
合肥	7417	26	8256	25	9274	26	10562	25	13378	24
南昌	10157	19	1129	27	12552	21	14446	20	16904	19
济南	17001	6	18843	6	20979	4	23658	4	27610	4
郑州	11008	16	12225	15	13611	15	15913	14	19560	13
武汉	16206	8	17882	9	19560	6	21460	6	24963	7
长沙	11256	15	12436	13	13747	14	15527	16	17638	18

16-11 各省会城市农林牧渔业总产值

单位：亿元

城　市	2000年	位 次	2001年	位 次	2002年	位 次	2003年	位 次	2004年	位 次	2004年比2003年增长（%）
南　宁	**75.25**	**14**	**77.79**	**15**	**80.05**	**15**	**151.93**	**10**	**172.29**	**10**	**6.5**
昆　明	85.22	13	85.86	13	90.15	13	95.73	14	108.00	14	5.4
成　都	197.74	4	212.14	5	227.59	4	243.81	4	283.20	3	7.4
贵　阳	36.99	20	38.97	20	41.04	20	43.94	20	50.32	20	8.3
西　安	74.37	15	76.75	16	79.70	16	83.79	16	100.10	15	8.4
兰　州	25.85	21	27.99	21	29.30	22	30.94	21	34.56	21	4.1
乌鲁木齐	7.91	25	8.18	25	9.40	26	12.43	26	7.00	27	10.0
呼和浩特	40.40	19	41.23	19	55.16	19	56.13	19	76.40	18	25.0
银　川	17.41	23	18.80	23	25.68	24	25.73	24	31.09	24	8.3
西　宁	14.16	24	15.32	24	15.32	25	16.45	25	18.57	25	5.8
拉　萨	3.67	27	7.72	26	8.40	27	4.15	27	9.49	26	9.8
广　州	163.05	6	167.05	6	175.10	6	180.67	7	201.44	9	5.1
福　州	217.42	3	214.69	4	221.08	5	234.84	5	269.97	5	5.1
杭　州	152.65	8	165.00	7	168.18	7	189.01	6	208.27	7	10.2
南　京	106.34	12	113.29	12	120.01	12	132.59	13	141.20	13	13.8
海　口	4.97	26	5.55	27	33.90	21	29.80	22	34.29	22	7.7
沈　阳	133.54	9	141.30	9	153.42	9	161.62	9	210.90	6	13.5
哈尔滨	280.50	2	295.40	2	316.20	1	351.10	2	399.80	2	11.5
长　春	197.60	5	223.90	3	242.10	3	258.15	3	281.50	4	8.4
石家庄	293.45	1	307.00	1	312.00	2	352.96	1	426.00	1	6.4
太　原	24.62	22	23.34	22	26.90	23	29.37	23	32.87	23	2.7
合　肥	64.44	18	67.03	18	70.41	18	71.42	18	92.57	17	24.4
南　昌	69.44	17	74.21	17	77.29	17	82.30	17	99.11	16	7.1
济　南	154.30	7	162.30	8	167.99	8	180.30	8	204.40	8	7.8
郑　州	73.20	16	78.73	14	82.36	14	86.18	15	61.00	19	5.7
武　汉	126.94	10	133.78	10	141.30	10	151.79	11	165.65	12	6.2
长　沙	116.79	11	124.00	11	130.22	11	137.16	12	172.07	11	7.3

16-12　各省会城市工业总产值

单位：亿元

城　市	2000年	位 次	2001年	位 次	2002年	位 次	2003年	位 次	2004年	位 次	2004年比2003年增长（%）
南　宁	**198.94**	**22**	**207.72**	**22**	**220.58**	**19**	**301.9**	**21**	**263.65**	**22**	**24.55**
昆　明	647.77	13	672.70				829.8	13	1053.36	11	19.40
成　都	1408.26	6	1570.57	5	1743.46	5	970.1	12			
贵　阳	368.71	19	320.64	19	359.25	17	424.1	18	442.65	19	15.90
西　安	986.42	12	930.10	12	1048.96	12	1209.6	11	789.22	13	22.90
兰　州	415.20	18	446.52	18	472.72	16	565.2	17	655.40	17	24.90
乌鲁木齐	259.83	20	251.79	20	273.93	18	346.9	20	354.45	20	8.80
呼和浩特	207.30	21	240.98	21	169.20	21	369.7	19	344.81	21	42.10
银　川	94.00	23	102.22	26	138.67	23	168.0	23	198.04	25	33.90
西　宁	93.64	24	121.08	24	127.03	24	162.1	24	206.13	24	27.20
拉　萨	2.01	26	1.38	27			12.9	25			
广　州	3100.02	1	3393.19	1	3788.91	1	4705.9	1	5043.33	1	22.90
福　州	1334.02	7	1407.26	7	1621.37	7	1916.2	6	1661.01	7	25.90
杭　州	1542.57	4	1919.51	3	2400.30	2			4149.10	2	29.90
南　京	1843.05	2	2040.51	2	2246.67	3	2740.2	2	3285.02	3	30.30
海　口	92.64	25	111.00	25	161.38	22	220.6	22	221.94	23	15.60
沈　阳	1808.47	3	184.71	23	200.17	20	2570.7	3	1493.40	9	36.10
哈尔滨	1011.10	10	1101.00	10	1167.00	11	1300.5	10	886.21	12	25.20
长　春	1049.70	9	1284.45	8	1562.00	8	1890.2	7	1712.70	5	13.90
石家庄		1	1484.96	6	1664.83	6	2043.4	4	1518.54	8	26.43
太　原	427.95	17	463.05	17	544.78	15	614.3	16	708.29	14	36.50
合　肥	441.75	16	505.35	16					659.28	16	25.40
南　昌	472.05	15	538.00	15	640.31	14	798.8	15	543.50	18	27.80
济　南	1093.95	8	1090.70	11	1302.00	9	1544.5	8	1753.80	4	35.90
郑　州	1005.30	11	1112.76	9	1212.27	10	1480.9	9	1236.80	10	23.70
武　汉	1422.38	5	1611.76	4	1769.93	4	1994.9	5	1678.34	6	26.00
长　沙	620.49	14	662.51	14	718.31	13	803.5	14	706.06	15	28.30

注：2004年为规模以上工业总产值。

16-13 各省会城市全社会固定资产投资

单位：亿元

城　市	2000年	位 次	2001年	位 次	2002年	位 次	2003年	位 次	2004年	位 次	2004年比2003年增长（%）
南　宁	**95.85**	**21**	**101.73**	**21**	**124.39**	**23**	**190.36**	**22**	**260.95**	**21**	**36.99**
昆　明	239.00	12	263.91	14	290.00	15	361.65	15	435.00	15	20.30
成　都	475.90	3	582.21	3	702.15	3	862.97	4	1085.20	4	25.80
贵　阳	104.87	19	155.41	17	187.96	17	241.87	17	292.78	20	21.10
西　安	232.37	14	287.72	11	307.24	13	478.10	11	640.40	11	34.00
兰　州	153.60	16	172.42	16	194.54	16	210.64	19	231.92	22	10.10
乌鲁木齐	120.78	18	140.50	19	147.90	19	180.52	23	200.00	23	-3.38
呼和浩特	67.10	23	95.31	23	131.30	22	206.00	20	315.00	19	52.90
银　川	48.60	26	52.96	26	72.96	26	143.39	24	170.97	24	19.20
西　宁	53.82	25	69.27	25	77.66	25	85.42	26	98.54	26	15.36
拉　萨	4.66	27	48.54	27	58.00	27	34.59	27	48.11	27	39.09
广　州	923.67	1	978.21	1	1001.50	1	1175.17	1	1321.96	1	12.50
福　州	255.01	10	257.07	15	302.83	14	425.72	13	526.63	13	23.70
杭　州	515.49	2	629.27	2	769.76	2	1006.74	2	1205.18	2	19.70
南　京	412.20	5	464.91	5	603.00	4	954.05	3	1201.88	3	26.00
海　口	64.04	24	72.10	24	82.55	24	103.40	25	119.28	25	15.40
沈　阳	262.24	8	302.81	9	402.46	8	582.61	6	971.40	5	66.70
哈 尔 滨	253.70	11	311.78	8	361.10	9	435.96	12	532.60	12	22.20
长　春	235.20	13	285.00	12	320.50	12	389.64	14	460.00	14	18.00
石 家 庄	361.10	6	380.87	6	409.37	6	534.98	7	705.70	7	32.00
太　原	104.77	20	122.71	20	147.60	20	204.45	21	335.12	18	63.90
合　肥	130.92	17	142.54	18	168.67	18	255.11	16	361.48	16	41.70
南　昌	79.87	22	96.87	22	137.00	21	235.00	18	350.00	17	48.90
济　南	305.95	7	344.15	7	404.70	7	504.88	8	651.30	9	29.00
郑　州	258.40	9	295.66	10	340.70	10	502.30	9	650.30	10	30.00
武　汉	461.93	4	508.44	4	549.33	5	645.06	5	822.20	6	27.50
长　沙	202.32	15	279.80	13	326.57	11	494.97	10	668.09	8	38.90

16-14 各省会城市社会消费品零售总额

单位：亿元

城　市	2000年	位次	2001年	位次	2002年	位次	2003年	位次	2004年	位次	2004年比2003年增长（%）
南　宁	**149.59**	**17**	**163.44**	**18**	**183.11**	**18**	**254.98**	**16**	**239.41**	**17**	**15.1**
昆　明	239.53	15	265.28	15	293.00	15	328.41	15	370.46	15	12.8
成　都	554.21	4	627.52	3	709.51	3	771.50	3	875.30	3	13.5
贵　阳	108.53	22	121.66	22	136.58	22	153.67	22	175.52	22	11.9
西　安	328.47	12	365.90	13	409.39	12	440.05	13	506.50	13	15.1
兰　州	160.10	16	173.88	16	190.56	16	206.53	18	228.02	19	12.0
乌鲁木齐	122.80	21	134.60	21	146.90	21	172.14	21	200.00	21	16.3
呼和浩特	69.50	24	79.87	24	92.00	23	123.00	23	156.46	23	27.2
银　川	41.54	26	45.47	26	53.79	26	61.30	26	70.54	26	15.1
西　宁	52.71	25	57.60	25	63.47	25	63.58	25	71.62	25	12.6
拉　萨	20.43	27	24.00	27	25.34	27	27.15	27	29.58	27	8.9
广　州	1121.13	1	1243.00	1	1370.70	1	1494.27	1	1675.05	1	9.7
福　州	351.77	9	386.28	10	430.69	10	490.98	9	580.28	9	18.2
杭　州	403.95	7	458.82	7	523.53	7	587.52	7	704.34	7	15.2
南　京	419.81	6	465.83	6	525.20	6	600.24	6	711.44	5	18.5
海　口	74.06	23	81.03	23	89.50	24	86.14	24	101.02	24	17.3
沈　阳	566.01	3	623.50	4	695.24	4	721.54	4	808.80	4	12.1
哈尔滨	454.80	5	503.00	5	559.30	5	624.17	5	707.40	6	13.3
长　春	311.20	13	385.00	11	402.20	13	438.32	14	495.30	14	13.0
石家庄	330.88	11	369.10	12	411.54	11	456.61	11	553.10	11	16.7
太　原	147.75	19	161.13	19	180.96	19	185.37	20	226.34	20	22.1
合　肥	148.27	18	164.60	17	184.77	17	207.43	17	239.77	16	15.6
南　昌	144.41	20	160.81	20	179.84	20	201.18	19	234.88	18	16.8
济　南	354.71	8	397.50	8	446.50	8	533.17	8	621.00	8	15.6
郑　州	345.60	10	386.50	9	430.89	9	479.89	10	558.70	10	16.4
武　汉	606.10	2	685.00	2	770.08	2	853.99	2	960.58	2	12.5
长　沙	307.88	14	344.97	14	401.10	14	452.00	12	525.13	12	14.7

16-15 各省会城市海关进出口贸易总额

单位：万美元

城　市	2000年	位次	2001年	位次	2002年	位次	2003年	位次	2004年	位次	2004年比2003年增长（%）
南　宁	**66164**	**20**	**53733**	**21**	**54634**	**22**	**65792**	**23**	**63661**	**23**	**-3.2**
昆　明	115100	15	134097	13	148100	15	177900	15	261500	15	46.9
成　都	148100	10	189528	9	207784	9	251730	9	337000	11	33.7
贵　阳	49000	22	49427	22	57240	21	85186	21	120500	21	41.5
西　安	173700	7	170000	10	186966	10	230900	10	309300	12	33.9
兰　州	40400	23	46000	23	51025	23	75000	22	68000	22	-9.4
乌鲁木齐	109180	17	63142	20	64000	20	95738	20	280000	14	30.0
呼和浩特	7001	26	7580	26	32878	24	49023	24	45600	25	-7.0
银　川	25500	24	27900	24	23360	25	28750	26	42700	26	48.2
西　宁	13504	25	18309	25	16100	26	28973	25	50800	24	75.5
拉　萨	1117	27	1300	27			697	27	1400	27	107.0
广　州	2338100	1	2303700	1	2793100	1	3944100	1	4479600	1	28.2
福　州	507640	3	537892	4	638804	4	829631	4	1252700	4	52.0
杭　州	1047700	2	1129800	2	1316000	2	1823778	2	2449600	2	34.4
南　京	409895	4	958834	3	1009400	3	1471224	3	2063900	3	40.3
海　口	50200	21	91382	19	112800	17	98039	19	150600	20	53.7
沈　阳	268348	5	279178	5	285600	6	426037	6	525000	6	23.3
哈尔滨	121000	14	127000	15	171000	11	190494	14	210000	17	10.0
长　春	171000	8	230000	6	289247	5	521826	5	531800	5	2.4
石家庄	76000	19	94200	18	113722	16	169301	16	366000	8	30.1
太　原	135572	12	132200	14	164202	13	200483	13	339400	10	69.3
合　肥	190868	6	205416	8	229700	7	301793	8	350800	9	16.3
南　昌	111555	16	97169	17	90931	19	134153	18	165900	19	23.7
济　南	143935	11	150000	12	149300	14	201554	12	305000	13	51.2
郑　州	89982	18	99377	16	103845	18	141086	17	172000	18	21.7
武　汉	133361	13	215600	7	220200	8	313600	7	429800	7	21.7
长　沙	164419	9	165100	11	166365	12	204406	11	245400	16	20.1

16-16　各省会城市海关出口贸易总额

单位：万美元

城市	2000年	位次	2001年	位次	2002年	位次	2003年	位次	2004年	位次	2004年比2003年增长（%）
南　宁	**51238**	**19**	**43053**	**20**	**44760**	**20**	**51143**	**21**	**52457**	**21**	**2.6**
昆　明	71300	14	78033	14	89500	12	100600	14	138400	11	37.6
成　都	81800	11	89368	11	121911	7	135472	11	187000	10	37.9
贵　阳	30600	21	33115	21	37500	21	52320	20	75100	19	43.5
西　安	106100	7	88000	12	112479	9	140300	10	203500	8	45.1
兰　州	28100	22	31000	22	35016	22	60000	19	54000	20	-13.3
乌鲁木齐	79422	12	43613	19	49000	19	41968	22	130500	14	32.0
呼和浩特	5215	26	6540	26	24786	23	36352	23	26700	25	-26.5
银　川	23100	23	22500	23	18658	25	22750	26	34100	24	49.6
西　宁	8047	25	13585	25	13500	26	23934	25	40200	22	68.1
拉　萨	132	27	119	27			341.02	27	1400	26	307.0
广　州	1179000	1	1162400	1	1378400	1	1688900	1	2147300	1	27.1
福　州	270334	3	299856	4	353425	4	464279	4	744400	4	61.9
杭　州	696600	2	728400	2	848000	2	1095486	2	1517500	2	38.6
南　京	178635	4	575100	3	601100	3	766537	3	1046000	3	36.5
海　口	17000	24	21175	24	22400	24	26733	24	34300	23	28.2
沈　阳	129702	6	125093	6	79000	15	200438	5	240000	7	19.8
哈尔滨	70000	15	63000	17	89082	14	90894	16	88000	17	-3.2
长　春	77000	13	98000	9	127250	6	155183	7	82600	18	47.5
石家庄	51000	20	70400	15	89100	13	135195	12	288000	5	23.5
太　原	87932	10	105300	7	118004	8	151741	8	263000	6	73.3
合　肥	132402	5	141054	5	150200	5	181845	6	21.89	27	20.4
南　昌	88728	9	79593	13	72758	16	100441	15	107500	16	7.0
济　南	57108	18	59000	18	69500	17	83545	18	137000	12	64.3
郑　州	62145	17	65743	16	68500	18	87192	17	108000	15	23.8
武　汉	64924	16	94700	10	109100	10	148100	9	193100	9	30.4
长　沙	105091	8	104800	8	102198	11	109811	13	136600	13	24.4

16-17 各省会城市实际利用外资

单位：万美元

城　市	2000年	2001年	2002年	2003年	2004年	位　次
南　宁	**8409**	**11269**	**13154**	**9476**	**10034**	**21**
昆　明	1228			5148	6200	24
成　都	26474	30972	40100	50270	75000	8
贵　阳	5301	5941	8200	7492	7800	22
西　安	15633	17700	22127	25600	27600	16
兰　州	7101	11000	11200			
乌鲁木齐	431	1690	1506	1400	1520	25
呼和浩特	3485	4983	5552	10546	23900	18
银　川	602	976	2131	2878	6400	23
西　宁	733	456	514	776	11700	20
拉　萨						
广　州		239873	265299	306400	247700	2
福　州	80087	100198	103700	130198	136000	6
杭　州	43100	50300	52186	100850	141000	5
南　京	98693	95207	155400	236923	257000	1
海　口	20100	29579	66406	27693	32000	13
沈　阳	104390	120827	165000	227217	242000	3
哈尔滨	20314	22000	20500	27100	40500	11
长　春	36000	50000	63000	75101	90000	7
石家庄	14841	19804	17990	26307	35200	12
太　原	7280	6920	9906	11887	14300	19
合　肥	12743	17600	18200	26048	31600	15
南　昌	3288	12800	36733	58350	73000	9
济　南	31981	43000	54200	65329	31700	14
郑　州	11318	9088	9200	29120	24686	17
武　汉	130279	143201	157602	176200	152000	4
长　沙	17707	26527	32775	50209	50100	10

16-18 各省会城市国际旅游者人数

单位：万人次

城市	2000年	2001年	2002年	2003年	位次	2004年	位次	2004年比2003年增长（%）
南宁	**4.56**	**5.67**	**5.92**	**3.49**	**19**	**6.56**	**18**	**87.7**
昆明	52.02	59.08	69.97	42.67	4	49.33	5	15.6
成都	25.93	34.60	40.10	22.75	8	40.90	6	80.5
贵阳	4.96	5.95	6.75	2.26	22	3.72	23	64.9
西安	65.04	67.00	74.13	33.67	5	65.00	4	93.0
兰州	4.26	3.90	3.30	1.84	23	3.59	24	95.1
乌鲁木齐	13.44	11.51	10.27	7.86	12	11.57	13	47.2
呼和浩特	2.90	2.03	2.88	1.20	26	3.00	25	150.0
银川	0.72	0.49	0.48	0.30	27	0.40	27	33.3
西宁	0.98	1.20	1.86	1.45	25	2.35	26	62.0
拉萨	2.63	2.63	2.60	1.46	24	5.30	22	149.0
广州	420.73	442.37	473.97	362.54	1	437.15	1	20.6
福州	32.02	28.88	29.80	28.18	6	31.08	8	10.3
杭州	70.71	81.94	105.63	86.17	2	123.41	2	43.3
南京	41.90	46.98	56.13	51.51	3	72.00	3	39.7
海口	13.26	11.20	8.31	27.20	7	10.12	15	38.1
沈阳	16.12	17.70	23.76	18.43	10	27.30	9	48.4
哈尔滨	15.50	17.00	18.43	14.55	11	18.40	11	26.0
长春	5.60	6.00	7.60	6.89	13	8.30	16	26.0
石家庄	2.80	4.31	5.41	3.70	18	6.20	19	67.0
太原	4.79	4.37	6.20	3.16	21	7.83	17	147.8
合肥	3.46	3.92	4.93	4.32	17	5.78	20	33.8
南昌	3.70	4.14	4.48	3.45	20	5.43	21	58.1
济南	10.40	9.80	10.10	6.70	14	10.70	14	59.3
郑州	8.10	16.30	9.50	5.30	15	17.40	12	81.3
武汉	22.16	28.60	38.37	22.40	9	31.45	7	40.2
长沙	22.18	23.52	26.82	4.85	16	18.77	10	287.1

16-19 各省会城市国际旅游收入

万美元

城　市	2000年	2001年	2002年	2003年	2004年	2004年比2003年增长（%）
南　宁	**691**	**1340**	**1479**	**817**	**1715**	**109.9**
昆　明	13707	15824	18100	11325	13073	15.4
成　都	8108	11700	14400	10100	14000	39.3
贵　阳	1484	1633	1909	807	1332	65.2
西　安	27000	29000	32000	14600	33000	130.0
兰　州	1112	821	1287	357	578	60.1
乌鲁木齐	3898	3156	2955	2264	3281	44.7
呼和浩特		390	578	355	956	169.3
银　川	180	215	136	82	117	43.2
西　宁	740	150	223	274	633	131.0
拉　萨					2075	160.0
广　州	150580	165200	187200	162207	189700	16.9
福　州	21758	20800	21500	20200	21800	7.9
杭　州	29200	37300	47700	42244	59700	41.5
南　京	22100	24400	32300	31770	51000	59.8
海　口	3118	2645	2140	2075	2736	32.0
沈　阳	8100	10589	13702	11102	14300	29.1
哈尔滨	5772	6701	7572	6606	8467	39.6
长　春	2261	3072	4204	3671	4295	17.0
石家庄	812	2609	2489	838	1791	112.0
太　原	2254	1811	2657	1400	3000	115.6
合　肥	2064	2317	2713	3031	3325	9.7
南　昌	2578	2913	1643	1104	1723	56.8
济　南	3152	3374	3607	2369	3698	54.3
郑　州	4653	5013	5400	2900	5570	92.1
武　汉	9847	12138	16035	9400	12600	34.0
长　沙	11900	13500	14700	2384	14100	491.4

16-20　各省会城市财政收入

单位：亿元

城　市	2000年	位 次	2001年	位 次	2002年	位 次	2003年	位 次	2004年	位 次	2004年比2003年增长（%）
南　宁	**30.30**	**21**	**38.53**	**20**	**44.98**	**21**	**61.06**	**21**	**74.63**	**22**	**22.2**
昆　明	119.45	6	123.02	9	120.52	8	135.15	9	184.93	7	36.8
成　都	120.77	5	145.32	8	181.98	7	216.13	5	286.31	6	26.5
贵　阳	54.55	13	63.26	16	79.15	14	91.60	17	104.04	19	22.1
西　安	69.00	11	83.00	13	93.60	13	117.30	13	164.50	9	21.5
兰　州	27.30	20	34.70	22	38.90	20	72.94	20	84.50	21	15.9
乌鲁木齐	47.53	16	75.04	14			114.00	14	128.43	15	15.5
呼和浩特	20.45	22	22.91	23	32.49	22	40.48	23	60.88	23	50.4
银　川	23.40	21	17.48	25	24.00	23	31.91	24	24.95	25	21.3
西　宁	8.76	24	10.69	26	11.76	24	14.25	25	20.14	26	15.6
拉　萨	5.97	25							2.80	27	14.3
广　州			321.34	1	358.35	1			1307.98	1	17.3
福　州	74.89	10	91.11	12	115.93	10	138.12	8	167.59	8	21.3
杭　州	142.85	3	188.46	4	257.14	3	329.71	2	395.75	3	10.1
南　京	164.58	2	204.77	2	264.92	2	335.03	1	403.65	2	27.6
海　口	17.90	23	22.27	24	32.50	21	42.88	22	51.44	24	20.0
沈　阳			154.10	6	188.13	6	214.56	6	138.20	13	33.5
哈尔滨	85.30	7	103.10	10	117.90	9	144.02	7	161.40	10	19.3
长　春	76.02	9	97.40	11	103.92	12	134.83	10	154.20	11	14.3
石家庄	61.70	12	71.86	15	110.53	11	124.99	12	145.20	12	17.6
太　原	31.13	18	35.16	21	46.71	18	91.62	16	120.17	16	31.2
合　肥	41.90	17	49.29	19	60.92	16	73.08	19	105.40	17	24.9
南　昌	44.60	15	52.43	18	60.78	17	76.47	18	102.06	20	23.3
济　南	169.80	1	202.20	3	234.60	4	264.25	3	377.80	4	18.9
郑　州	81.90	8	157.00	5			131.20	11	104.82	18	31.2
武　汉	126.15	4	150.18	7	196.54	5	230.89	4	288.60	5	25.0
长　沙	51.09	14	63.04	17	75.48	15	102.77	15	133.12	14	29.5

16-21 各省会城市地方财政收入

单位：亿元

城 市	2000年	位 次	2001年	位 次	2002年	位 次	2003年	位 次	2004年	位 次	2004年比2003年增长（%）
南 宁	**17.34**	**21**	**24.30**	**19**	**26.18**	**21**	**36.24**	**18**	**43.25**	**20**	**19.34**
昆 明	56.34	7	59.84	9	57.23	12	62.95	13	85.64	12	36.10
成 都	58.76	6	77.65	6	78.31	6	108.30	4	142.41	4	31.50
贵 阳	24.14	18	27.97	17	34.90	17	43.72	17	49.70	18	23.10
西 安	46.96	11	55.90	11	60.07	10	72.86	11	86.10	11	21.50
兰 州	16.60	22	19.16	22	21.06	22	20.57	23	24.95	23	21.33
乌鲁木齐	28.05	16	34.84	16	40.11	15	46.15	15	53.29	16	15.50
呼和浩特	13.07	24	14.10	24	19.36	23	21.36	22	36.74	22	72.00
银 川	8.86	25	11.58	25	13.32	24	16.06	24	19.46	24	21.20
西 宁	6.34	26	7.79	26	8.40	26	9.13	26	10.03	26	19.50
拉 萨	1.85	27	2.11	27	2.23	27	2.45	27	2.80	27	14.30
广 州	200.55	1	246.19	1	245.87	1	300.55	1	302.82	1	19.20
福 州	55.35	8	68.56	7	70.44	7	83.66	9	107.10	7	28.00
杭 州	69.19	4	104.28	3	118.32	2	150.39	3	197.45	2	19.70
南 京	92.57	2	112.64	2	115.60	3	191.78	2	169.88	3	29.30
海 口	13.49	23	16.36	23	10.79	25	13.71	25	17.43	25	27.20
沈 阳	61.12	5	80.80	5	101.85	4	103.52	5	138.20	5	33.50
哈尔滨	53.60	10	65.40	8	67.70	8	85.05	8	95.60	9	25.20
长 春	30.40	15	36.30	15	37.82	16	45.97	16	50.70	17	10.30
石家庄	37.71	13	44.33	14	44.49	14	49.34	14	58.79	15	23.34
太 原	21.48	19	24.16	20	26.78	20	33.35	21	74.40	14	21.50
合 肥	24.38	17	27.69	18	29.12	18	35.87	19	44.93	19	25.30
南 昌	19.13	20	22.49	21	27.45	19	33.46	20	42.19	21	34.30
济 南	49.05	9	59.60	10	66.30	9	85.60	7	89.04	10	20.90
郑 州	46.00	12	55.90	11	58.30	11	72.47	12	104.80	8	31.20
武 汉	69.77	3	86.16	4	85.83	5	99.71	6	129.21	6	29.60
长 沙	36.06	14	46.02	13	46.07	13	79.33	10	80.66	13	34.70

16-22 各省会城市地方财政支出

单位：亿元

城　市	2000年	位次	2001年	位次	2002年	位次	2003年	位次	2004年	位次	2004年比2003年增长（%）
南　宁	**21.59**	**20**	**25.74**	**22**	**34.36**	**22**	**52.50**	**17**	**62.12**	**16**	**18.3**
昆　明	70.27	7	72.05	8	76.28	9	80.70	13	104.84	9	29.8
成　都	82.92	5	105.66	4	121.72	6	154.90	5	187.57	5	21.1
贵　阳	31.06	16	36.18	16	48.69	16	53.33	16	59.81	18	18.9
西　安	51.89	11	57.30	14	68.76	13	77.25	15	89.50	15	15.9
兰　州	21.20	22	31.50	17	34.03	23	36.57	23	40.80	23	11.5
乌鲁木齐	21.38	21	27.93	21	36.20	19	39.55	22	46.20	22	16.7
呼和浩特	19.78	23	22.54	23	36.05	20	47.63	18	60.41	17	40.3
银　川	10.81	26	14.43	26	20.27	24	23.44	25	28.49	25	21.6
西　宁	10.84	25	14.92	25	18.99	26	19.76	26	23.58	26	23.1
拉　萨	5.92	27	7.89	27	9.47	27	10.04	27	11.47	27	14.2
广　州	240.72	1	292.63	1	326.67	1	395.52	1	408.24	1	10.3
福　州	54.04	10	63.34	10	68.41	14	82.27	12	94.85	13	15.3
杭　州	73.43	6	104.93	5	140.47	3	163.59	3	195.63	4	19.6
南　京	101.29	2	117.72	3	133.12	4	210.47	2	258.98	2	23.0
海　口	11.13	24	18.31	24	19.02	25	23.75	24	28.64	24	25.4
沈　阳	92.49	3	103.50	6	128.17	5	156.56	4	200.20	3	27.9
哈尔滨	69.60	8	93.60	7	105.80	7	128.77	7	150.40	7	23.7
长　春	51.10	12	58.97	13	70.07	11	85.83	11	100.80	11	17.4
石家庄	49.06	14	59.42	12	68.87	12	80.23	14	92.10	14	24.5
太　原	24.59	18	29.74	19	36.81	17	42.77	20	56.76	19	33.1
合　肥	25.78	17	30.69	18	36.46	18	46.43	19	56.40	20	21.5
南　昌	23.79	19	28.32	20	34.73	21	41.99	21	52.23	21	31.9
济　南	55.42	9	70.40	9	77.50	8	93.65	8	101.51	10	14.8
郑　州	50.90	13	63.00	11	75.78	10	90.50	9	108.30	8	28.7
武　汉	89.04	4	119.60	2	147.20	2	136.64	6	163.85	6	19.9
长　沙	42.92	15	55.32	15	62.55	15	90.40	10	99.73	12	27.2

16-23 各省会城市金融机构存款余额

单位：亿元

城市	2000年	位次	2001年	位次	2002年	位次	2003年	位次	2004年	位次
南宁	**619.40**	**20**	**672.66**	**21**	**777.73**	**21**	**943.40**	**21**	**1090.96**	**21**
昆明	1138.28	12	1295.21	12	1469.12	12	1770.26	12	2162.37	13
成都	1890.43	4	2257.12	4	2635.61	4	3240.79	4	3771.50	4
贵阳	530.04	23	645.22	22	731.80	22	893.60	22	1068.03	22
西安	1335.63	7	1629.70	7	2191.47	7	2665.87	7	3061.70	6
兰州	671.90	17	802.00	17	896.05	18	1067.90	19	1239.01	19
乌鲁木齐	661.91	19	772.95	19	875.10	19	1085.80	18	1227.17	20
呼和浩特	316.57	24	368.90	24	407.20	24	478.01	24	635.62	24
银川	208.02	26	266.84	26	358.39	25	464.13	25	514.11	25
西宁	214.57	25	279.65	25	330.86	26	391.04	26	434.02	26
拉萨	94.46	27	147.28	27	195.68	27	214.97	27	240.55	27
广州	5545.19	1	6228.04	1	7498.35	1	8676.72	1	10322.45	1
福州	1033.85	13	1251.02	13	1390.60	14	1696.41	13	2018.87	14
杭州	2088.47	2	2621.51	2	3373.15	2	4652.73	2	5707.20	2
南京	1963.44	3	2293.02	3	3005.89	3	3622.55	3	4412.06	3
海口	564.39	21	531.80	23	513.51	23	618.55	23	700.02	23
沈阳	1700.50	5	1907.00	6	2274.16	6	2691.74	6	3050.50	7
哈尔滨	1256.70	10	1495.40	9	1726.10	10	2015.22	10	2260.70	10
长春	1013.20	14	1158.40	14	1403.60	13	1615.20	14	1766.30	16
石家庄	1313.15	8	1470.74	10	1671.06	11	1932.28	11	2208.90	12
太原	866.24	15	1121.61	15	1371.42	15	1534.59	16	2225.07	11
合肥	562.80	22	710.94	20	845.46	20	1059.62	20	1295.96	18
南昌	670.03	18	791.05	18	928.13	17	1131.35	17	1316.13	17
济南	1274.96	9	1457.50	11	2017.20	9	2449.48	8	2991.00	8
郑州	1215.40	11	1627.30	8	2138.54	8	2434.10	9	2724.80	9
武汉	1694.32	6	2014.86	5	2539.03	5	3032.07	5	3513.79	5
长沙	826.18	16	986.85	16	1232.98	16	1598.70	15	1960.23	15

16-24 各省会城市金融机构贷款余额

单位：亿元

城　市	2000年	位次	2001年	位次	2002年	位次	2003年	位次	2004年	位次
南　宁	**443.50**	**20**	**490.94**	**22**	**733.87**	**20**	**959.77**	**19**	**1208.77**	**18**
昆　明	840.31	14	943.77	14	1055.10	16	1261.24	15	1467.51	16
成　都	1487.15	4	1762.27	4	2181.78	4	2587.94	5	2859.90	4
贵　阳	404.51	22	486.31	23	595.52	22	763.61	22	910.60	21
西　安	972.51	11	1186.00	12	1598.42	10	1954.18	9	2052.30	10
兰　州	588.80	17	649.50	19	789.21	19	952.12	20	1087.58	19
乌鲁木齐	580.16	19	658.13	18	835.20	17	973.78	18	957.45	20
呼和浩特	261.19	24	287.60	24	325.02	25	388.46	25	483.49	25
银　川	194.05	25	225.40	26	285.42	26	372.47	26	401.38	26
西　宁	184.16	26	236.18	25	363.50	24	437.32	24	501.57	24
拉　萨	57.41	27	68.93	27	83.59	27	96.73	27	111.47	27
广　州	3895.49	1	4336.50	1	5257.21	1	6127.27	1	7203.70	1
福　州	883.05	12	1157.15	13	1157.79	14	1367.21	14	1555.98	14
杭　州	1686.64	3	2087.70	2	2752.38	2	3818.70	2	4800.04	2
南　京	1706.44	2	1962.27	3	2549.31	3	3375.34	3	4245.66	3
海　口	389.53	23	607.61	20	432.89	23	514.09	23	674.05	23
沈　阳	1392.17	5	1547.30	5	1848.59	7	2172.18	7	2294.70	7
哈 尔 滨	1050.40	9	1466.60	7	1614.09	9	1711.44	10	2113.40	9
长　春	1243.80	7	1344.80	9	1492.53	11	1629.59	11	1791.50	13
石 家 庄	973.83	10	1349.27	8	1305.96	12	1377.44	13	1474.80	15
太　原	631.38	16	820.94	15	1055.45	15	1104.92	16	1952.82	11
合　肥	587.50	18	705.10	17	811.65	18	1008.09	17	1210.67	17
南　昌	435.48	21	517.72	21	616.06	21	774.42	21	873.07	22
济　南	1069.31	8	1292.00	10	2087.97	5	2593.93	4	2830.00	6
郑　州	881.90	13	1256.80	11	1794.51	8	1981.84	8	2231.30	8
武　汉	1342.94	6	1518.73	6	2004.75	6	2525.13	6	2854.95	5
长　沙	631.57	15	778.28	16	1207.42	13	1629.42	12	1851.38	12

16-25 各省会城市居民消费价格总指数

单位：%

城市	2000年	位次	2001年	位次	2002年	位次	2003年	位次	2004年	位次
南宁	**100.0**	**18**	**102.8**	**4**	**99.4**	**11**	**100.8**	**15**	**104.2**	**4**
昆明	97.5	27	100.6	12	99.2	13	101.6	9	106.5	1
成都	100.2	15	100.8	10	98.7	19	102.1	4	103.9	6
贵阳	98.7	25	103.2	2	98.4	23	100.8	15	102.1	23
西安	100.2	14	98.7	25	98.6	21	100.5	20	102.3	20
兰州	99.3	21	102.1	6	99.3	12	102	5	101.1	25
乌鲁木齐	100.7	9	105.0	1	98.5	22	100.6	19	100.9	27
呼和浩特	103.0	2	100.4	14	99.7	7	101.7	7	102.4	19
银川	99.2	22	101.4	8	102.2	1	101.7	7	103.2	10
西宁	99.9	19	103.2	2	101.4	2	100.7	18	102.6	16
拉萨	99.7	20	101.8	7	101.2	3	100.5	20	101.1	25
广州	102.8	3	98.9	23	97.6	26	100.1	23	101.7	24
福州	101.7	6	98.7	25	99.1	16	100.8	15	104.5	3
杭州	100.8	8	99.5	19	98.8	17	99.5	27	102.5	17
南京	100.0	17	99.9	17	97.9	24	101.4	10	103	14
海口	97.8	26	98.8	24	99.2	13	99.8	26	103	14
沈阳	100.1	16	100.0	16	100.4	5	100.9	13	102.2	21
哈尔滨	100.2	13	101.2	9	99.6	9	100.1	23	103.1	13
长春	98.8	24	102.3	5	99.7	7	101	12	104.1	5
石家庄	100.6	12	99.8	18	99.5	10	102.3	2	103.6	8
太原	103.6	1	99.0	22	97.4	27	101.9	6	103.9	6
合肥	101.3	7	99.4	21	97.8	25	101.2	11	102.2	21
南昌	102.6	4	100.6	12	100.6	4	100.5	20	103.2	10
济南	100.6	11	100.3	15	98.8	17	99.9	25	102.5	17
郑州	99.0	23	100.7	11	100.2	6	105.6	1	105.7	2
武汉	100.6	10	99.5	19	98.6	20	102.3	2	103.3	9
长沙	101.7	5	98.4	27	99.2	13	100.9	13	103.2	10

16-26 各省会城市城市居民人均可支配收入

单位：元

城市	2000年	位次	2001年	位次	2002年	位次	2003年	位次	2004年	位次	2004年比2003年增长（%）
南宁	**7448**	**9**	**7906**	**8**	**8796**	**8**	**9162**	**8**	**9531**	**11**	**4.00**
昆明	7563	8	7790	11	7795	13	7979	17	9046	15	13.37
成都	7649	7	8128	7	8972	7	9641	7	10394	7	7.81
贵阳	6453	15	6909	15	7306	16	7985	16	8989	16	12.57
西安	6364	18	6705	18	7184	18	7748	23	8544	24	10.27
兰州	5850	21	6325	23	6555	27	7094	26	7683	26	8.30
乌鲁木齐	7252	11	7897	9	8653	9	9087	9	9729	9	7.07
呼和浩特	5582	25	6182	26	6996	23	8230	15	10166	8	23.52
银川	5622	24	6257	24	6845	25	7245	25	7984	25	10.20
西宁	5299	27	6041	27	6724	26	7024	27	7626	27	8.57
拉萨	7300	10	7869	10	8079	10	8765	10	9242	14	5.44
广州	13967	1	14694	1	15117	1	15003	1	16884	1	12.54
福州	7944	6	9053	3	9191	3	10179	5	11430	4	12.35
杭州	9668	2	10896	2	11778	2	12898	2	14565	2	12.92
南京	8233	4	8848	4	9157	4	10196	4	11602	3	13.79
海口	7103	12	7755	12	8004	11	8350	13	8981	17	7.56
沈阳	5850	20	6386	21	7050	20	7961	18	8924	19	12.10
哈尔滨	5632	23	6407	20	7004	22	7907	19	8940	18	13.06
长春	5550	26	6339	22	6900	24	7905	20	8900	20	12.59
石家庄	6443	16	6805	17	7240	17	7741	24	8622	22	11.38
太原	6019	19	6500	19	7376	15	8264	14	9353	13	13.18
合肥	6389	17	6817	16	7145	19	7785	22	8610	23	10.60
南昌	5734	22	6206	25	7021	21	7793	21	8744	21	12.20
济南	8471	3	8607	6	8982	6	11013	3	10798	6	-1.95
郑州	6458	14	7266	14	7772	14	8647	11	9364	12	8.29
武汉	6761	13	7305	13	7820	12	8525	12	9564	10	12.19
长沙	7986	5	8704	5	9021	5	9933	6	11021	5	10.95

16-27 各省会城市农民人均纯收入

单位：元

城　　市	2000年	位 次	2001年	位 次	2002年	位 次	2003年	位 次	2004年	位 次	2004年比2003年增长（%）
南　　宁	**2184**	**22**	**2321**	**21**	**2524**	**21**	**2231**	**26**	**2467**	**26**	**10.58**
昆　　明	2220	21	2318	22	2441	22	2581	21	2909	21	12.71
成　　都	2926	12	3111	11	3377	8	3655	8	4072	10	11.41
贵　　阳	2104	23	2229	23	2352	23	2510	22	2809	23	11.91
西　　安	2344	20	2490	20	2641	20	2838	19	3143	20	10.75
兰　　州	2005	24	2134	24	2268	24	2398	23	2550	25	6.34
乌鲁木齐	3398	6	3580	5	3832	5	4154	5	4493	5	8.16
呼和浩特	2538	17	2561	18	2822	17	3169	16	4005	11	26.38
银　　川	2712	14	2852	14	2932	16	3087	17	3388	19	9.75
西　　宁	1512	27	1671	27	1839	27	2054	27	2321	27	13.00
拉　　萨	1666	26	1816	26	1975	26	2265	25	2585	24	14.13
广　　州	6086	1	6446	1	6857	1	6130	1	6625	1	8.08
福　　州	3860	4	4020	4	4192	4	4402	4	4815	4	9.38
杭　　州	4496	2	4896	2	5242	2	5740	2	6382	2	11.18
南　　京	4062	3	4311	3	4579	3	4923	3	5500	3	11.72
海　　口	3435	5	3539	6	3103	14	3271	15	3572	17	9.20
沈　　阳	3135	8	3230	7	3500	6	3818	6	4347	6	13.86
哈 尔 滨	2477	18	2618	17	2777	18	2943	18	3623	16	23.11
长　　春	2568	16	2785	15	3147	13	3411	12	3906	13	14.51
石 家 庄	3158	7	3149	10	3245	12	3394	13	3799	15	11.93
太　　原	2643	15	2738	16	3077	15	3356	14	3873	14	15.41
合　　肥	1975	25	2032	25	2229	25	2384	24	2889	22	21.18
南　　昌	2390	19	2517	19	2664	19	2808	20	3414	18	21.58
济　　南	3047	9	3216	9	3356	10	3619	10	4116	9	13.73
郑　　州	2912	13	3068	13	3377	8	3631	9	4183	8	15.20
武　　汉	2953	11	3100	12	3295	11	3497	11	3955	12	13.10
长　　沙	3005	10	3218	8	3462	7	3745	7	4315	7	15.22

16-28 各省会城市普通高等学校在校学生人数

单位：人

城市	2000年	位次	2001年	位次	2002年	位次	2003年	位次	2004年	位次	2004年比2003年增长（%）
南宁	**54800**	**20**	**63802**	**20**	**88164**	**20**	**107292**	**21**	**135562**	**20**	**26.35**
昆明	69163	17	94900	16	109000	18	135600	17	141000	19	3.98
成都	140700	5	188800	5	306000	5	300700	5	353300	5	17.49
贵阳	52917	21	62000	21	85591	22	107700	20	111600	22	3.62
西安	194089	3	254400	3	329967	4	401200	2	448000	3	11.67
兰州	72281	16	91640	17	116793	17	130400	19	161200	17	23.62
乌鲁木齐	45029	22	58200	22	86000	21	86100	23	88700	23	3.02
呼和浩特	43745	23	56000	23	68835	23	89800	22	115300	21	28.40
银川	15901	24	20100	24	25900	24	30900	24	36800	25	19.09
西宁			17900	25	22198	26	26100	26	29500	26	13.03
拉萨	2002	26	3200	27			4718	27	7600	27	61.09
广州	185078	4	244700	4	299000	6	374742	3	459700	2	22.67
福州	67700	18	91500	18	97140	19	135200	18	160700	18	18.86
杭州	112800	11	174900	6	208338	9	269800	7	314000	9	16.38
南京	216875	2	277600	2	347800	3	333600	4	442100	4	32.52
海口	12279	25	12100	26	23793	25	30200	25	49400	24	63.58
沈阳	130505	7	168000	9	202308	10	236000	11	261100	12	10.64
哈尔滨	132000	6	148000	12	210336	8	257000	10	304000	10	18.29
长春	128954	8	156000	11	196000	12	231000	12	261000	13	12.99
石家庄	73997	14	108213	13	147206	13	153500	15	234000	14	52.44
太原	72700	15	101200	15	121700	15	158800	14	199500	16	25.63
合肥	58897	19	84000	19	119200	16	152500	16	206200	15	35.21
南昌	78300	13	102300	14	141205	14	184400	13	289900	11	57.21
济南	92846	12	170833	8	382900	2	267600	9	319100	8	19.25
郑州	117000	10	162000	10	214000	7	270500	6	325000	7	20.15
武汉	251900	1	308300	1	390681	1	490500	1	615800	1	25.55
长沙	125582	9	172600	7	201881	11	268600	8	329400	6	22.64

16-29 各省会城市年末电话用户数

单位：万户

城　市	2000年	2001年	2002年	2003年	2004年	2004年比2003年增长（%）
南　宁	**82.57**	**91.35**	**154.33**	**267.86**	**352.80**	**31.71**
昆　明	108.89	251.30	347.00	495.08		
成　都	175.12	450.00	602.50	808.40	1041.90	28.88
贵　阳	48.93	128.78	168.82	204.40	222.40	8.81
西　安	141.28	324.83	405.94	495.08	577.30	16.61
兰　州	68.00	157.55	191.00	236.61	260.50	10.10
乌鲁木齐	42.97	122.92	171.00	237.24	276.30	16.46
呼和浩特	29.22	75.48	97.39	149.45	177.10	18.50
银　川	29.36	52.68	72.96	104.26	124.60	19.51
西　宁	0.00	50.44	82.99	103.30	118.60	14.81
拉　萨	4.82	14.32	21.10	28.97	37.40	29.10
广　州	329.38	935.59	1181.20	1131.34	1631.60	44.22
福　州	122.84	264.86	381.75	471.35	545.30	15.69
杭　州	213.07	396.90	527.11	722.66	833.00	15.27
南　京	131.85	296.12	373.40	530.76	673.00	26.80
海　口	32.05	75.00	109.81	140.53	154.60	10.01
沈　阳	174.40	366.58	438.28	548.39	618.00	12.69
哈尔滨	141.90	363.91	480.30	605.80	592.70	-2.16
长　春	110.61	270.20	377.40	432.00	494.93	14.57
石家庄	117.03	233.32	279.08	445.77	528.81	18.63
太　原	65.01	151.69	183.80	279.31	332.20	18.94
合　肥	68.09	154.32	187.10	220.38	306.70	39.17
南　昌	74.10	160.79	212.01	267.56	302.30	12.98
济　南	106.34	218.60	276.70	377.30	484.90	28.52
郑　州	204.50	282.21	330.40	431.40	494.50	14.63
武　汉	247.50	351.52	480.20	623.52	797.70	27.93
长　沙	115.81	224.61	282.00	356.79	431.50	20.94

注：年末电话用户含移动电话用户。

EXPLANATORY NOTES ON STATISTICAL INDICATORS

主要指标解释

地区生产总值 是按市场价格计算的地区生产总值的简称。它是一个国家(地区)所有常住单位在一定时期内生产活动的最终成果。地区生产总值有三种表现形态，即价值形态、收入形态和产品形态。从价值形态看，它是所有常住单位在一定时期内所生产的全部货物和服务价值超过同期投入的全部非固定资产货物和服务价值的差额，即所有常住单位的增加值之和；从收入形态看，它是所有常住单位在一定时期内所创造并分配给常住单位和非常住单位的初次分配收入之和；从产品形态看，它是最终使用的货物和服务减去进口货物和服务。在实际核算中，地区生产总值的三种表现形态表现为三种计算方法，即生产法、收入法和支出法。三种方法分别从不同的方面反映地区生产总值及其构成。

可比价格 指在不同时期的价值指标对比时，扣除了价格变动的因素，以确切反映物量的变化。按可比价格计算有两种方法：一种是直接用产品产量乘某一年的不变价格计算；另一种是用价格指数换算。

不变价格 指用同类产品的年平均价格作为固定价格，来计算各年产品价值。按不变价格计算的产品价值消除了价格变动因素，不同时期对比可以反映生产的发展速度。新中国成立后，随着工农业产品价格水平的变化，国家统计局先后五次制定了全国统一的工业产品不变价格和农业产品不变价格，从1949年到1957年使用1952年工(农)业产品不变价格，从1957年到1971年使用1957年不变价格，1971年到1981年使用1970年不变价格，从1981年到1990年使用1980年不变价格，从1990年开始使用1990年不变价格。

平均每年增长速度 在我国计算平均增长速度有两种方法，一种是习惯上经常使用的“水平法”，又称几何平均法，是以间隔期最后一年的水平同基期水平对比来计算平均每年增长(或下降)速度。另一种是“累计法”，又称代数平均法或方程法，是以间隔期内各年水平的总和同基期水平对比来计算平均每年增长(或下降)速度。

在一般正常情况下，两种方法计算的平均每年增长速度比较接近，但在经济发展不平衡，出现大起大落时，两种方法计算的结果差别较大。

国有经济单位 指生产资料归国家所有的各种企业、事业单位，以及各级国家机关、人民团体等单位。

集体经济单位 指生产资料归公民集体所有的各种企业、事业单位。包括农村各种经济组织经营的农、林、牧、副、渔业，乡、村经营的企业、事业单位；城市、县、镇以及街道举办的集体经济性质的企业、事业单位。

私营经济单位 指生产资料归公民私人所有的单位。包括私营独资企业、私营合伙企业和私营有限责任公司。

联营经济单位 指不同所有制性质的企业之间或者企业、事业单位之间共同投资组成新的经济实体。包括紧密型联营企业，半紧密型联营企业和松散型联营企业。

股份制经济单位 指全部注册资本由全体股东共同出资，并以股份形式投资举办企业。主要包括股份有限公司和有限责任公司。

外商投资经济单位 指外国投资者根据中华人民共和国有关涉外经济的法律、法规，以合资、合作或独资的形式在中国大陆境内开办企业。包括中外合资经营企业、中外合作经营企业和外资企业。

港澳台投资经济单位 指港、澳、台地区投资者参照中华人民共和国有关涉外经济的法律、法规，以合资、合作或独资的形式在大陆举办企业。包括合资经营企业、合作经营企业和独资企业。

三次产业 根据社会生产活动历史发展的顺序对产业结构的划分，产品直接取自自然界的部门称为第一产业，对初级产品进行再加工的部门称为第二产业。为生产和消费提供各种服务的部门称为第三产业。它是世界上通用的产业结构分类，但各国的划分不尽一致。我国的三次产业划分是：

第一产业：农业(包括种植业、林业、牧业、副业和渔业)。

第二产业：工业(包括采矿业，制造业，电力、燃气及水的生产和供应业)和建筑业。

第三产业：除第一、第二产业以外的其他各业。第三产业包括：交通运输、仓储和邮政业，信息传输、计算机服务和软件业，批发和零售业，住宿和餐饮业，金融业，房地产业，租赁和商务服务业，科学研究、技术服务和地质勘察业，水利、环境和公共设施管理业，居民服务和其他服务业，教育，卫生，社会保障和社会福利业，文化、体育和娱乐业，公共管理和社会组织、国际组织。

劳动者报酬 劳动者报酬是指劳动者因从事生产活动所获得的全部报酬。它包括劳动者获得的各种形式工资、奖金和津贴，既包括货币形式的，也包括实物形式的，它还包括劳动者所享受的公费医疗和医药卫生费、上下班交通补贴和单位支付的社会保险费等。单位支付的社会保险费，就是单位直接支付给负责社会保险的政府单位(一般指劳动部门)的社会保险金或为本单位职工离退休、发生死亡、伤残、医疗保险等而支付的保险费。对于个体经济来说，其所有者所获得的劳动报酬和经营利润不易区分，这两部分统一作为劳动者报酬处理。

生产税净额 指生产税减生产补贴后的差额。生产税指政府对生产单位生产、销售和从事经营活动以及因从事生产活动使用某些生产要素，如固定资产、土地、劳动力所征收的各种税、附加费和规费。具体包括销售税金及附加、增值税、管理费中开支的各种税、应交纳的养路费、排污费和水电费附加、烟酒专卖上缴政府的专项收入等。生产补贴与生产税相反，是政府对生产单位的单方面收入转移，因此视为负生产税处理，包括政策亏损补贴、粮食系统价格补贴、外贸企业出口退税收入等。

固定资产折旧 指一定时期内为弥补固定资产损耗按照核定的固定资产折旧率提取的固定资产折旧，或按国民经济核算统一规定的折旧率虚拟计算的固定资产折旧。它反映了固定资产在当期生产中的转移价值。各种类型企业和企业化管理的事业单位的固定资产折旧指实际计提并计入成本费用中的折旧费；不计提折旧的单位，如政府机关、非企业化管理的事业和居民住房的固定资产折旧则是按照统一规定的折旧率和固定资产原值计算的虚拟折旧。原则上，固定资产折旧应按固定资产的重置价值来计算，但是我国目前尚不具备对全社会固定资产进行重估价的基础，所以暂时只能采用上述方法来计算。

营业盈余 指常住单位创造的增加值扣除劳动者报酬、生产税净额和固定资产折旧后的余额。它相当于企业的营业利润加上生产补贴，但要扣除从利润中开支的工资和福利以及从税后利润中提取的公益金等。

人口数 指一定时点、一定地区范围内的有生命的个人的总和。

年度统计的年末人口数是指每年 12 月 31 日 24 时的人口数。年度统计的全国人口总数内未包括台湾省和港澳同胞以及海外华侨人数。

人口自然增长率 指在一定时期内(通常为一年)人口自然增加数(出生人数减死亡人数)与该时期内平均人数(或期中人数)之比，一般用千分率表示。计算公式：

$$人口自然增长率=\frac{本年出生人数-本年死亡人数}{年平均人数}1000‰$$

人口自然增长率＝人口出生率－人口死亡率

经济活动人口 指在 16 岁以上，有劳动能力，参加或要求参加社会经济活动的人口。包括：从业人员和失业人员。

从业人员 指从事一定社会劳动并取得劳动报酬或经营收入的人员。包括：

(1) 全部职工

(2) 再就业的离退休人员

(3) 私营业主

(4) 个体户主

(5) 私营和个体从业人员

(6) 乡镇企业从业人员

(7) 农村从业人员

(8) 其他从业人员(包括民办教师、宗教职业者、现役军人等)

这一指标反映了一定时期内全部劳动力资源的实际利用情况，是研究我国基本国情国力的重要指标。

各单位的从业人员是指在各级国家机关、政党机关、社会团体及企业、事业单位中工作，并取得劳动报酬的全部人员。包括职工、再就业的离退休人员、民办教师以及在各单位中工作的外方人员和港、澳、台方人员。

城镇私营和个体从业人员 城镇私营从业人员指在工商管理部门注册登记，其经营地址设在县城关镇(含城关镇)以上的私营企业从业人员。包括：私营企业投资者和雇工。城镇个体从业人员指在工商管理部门注册登记，并持有城镇户口或城镇长期居住，经批准从事个体工商经营的从业人员。包括：个体经营者和在个体工商户劳动的家庭帮工和雇工。

城镇登记失业人员及失业率 指有非农业户口，在一定的劳动年龄内，有劳动能力，无业而要求就业，并在当地就业服务机构进行求职登记的人员。城镇登记失业率指城镇登记失业人数同城镇从业人数与城镇登记失业人数之和的比。计算公式为

$$城镇登记失业率=\frac{城镇登记失业人数}{城镇从业人数+城镇登记失业人数}\times 100\%$$

职工 指在国有经济、城镇集体经济、联营经济、股份制经济、外商和港、澳、台投资经济、其他经济单位及其附属机构工作，并由其支付工资的各类人员。

合同制职工 指各单位根据国务院国发(1986)77 号文件和国务院第 99 号的规定，通过签订有固定期限劳动合同、无固定期限劳动合同和以完成一项工作为期限劳动合同所使用的职工。包括实行全员劳动合同制单位的全部职工。

国有经济单位职工 指在国有经济单位及其附属机构工作，并由其支付工资的各类人员，国有经济单位职工不包括：返聘的离退休人员、民办教师、在国有经济单位工作的外方人员和港、澳、台人员。

城镇集体经济单位职工 指在城镇集体经济单位及其管理部门工作，并由其支付工资的各类人员。

其他经济单位职工 指在联营经济、股份制经济、外商投资经济、港、澳、台投资经济单位工作，并由其支付工资的各类人员。

职工工资总额 指各单位在一定时期内直接支付给本单位全部职工的劳动报酬总额。

工资总额的计算原则应以直接支付给职工的全部劳动报酬为根据。各单位支付给职工的劳动报酬以及其他根据有关规定支付的工资，不论是计入成本的还是不计入成本的，不论是按国家规定列入计征奖金税项目的，还是未列入计征奖金税的，不论是以货币形式支付的还是以实物形式支付的，均包括在工资总额内。

职工平均工资 指企业、事业、机关单位的职工在一定时期内平均每人所得的货币工资额。它表明一定时期职工工资收入的高低程度，是反映职工工资水平的主要指标。计算公式为：

$$职工平均工资=\frac{报告期实际支付的全部职工工资总额}{报告期全部职工平均人数}$$

职工平均实际工资 指扣除物价变动因素后的职工平均工资。计算公式为：

$$职工平均实际工资=\frac{报告期职工平均工资}{报告期城镇居民消费价格指数}$$

农林牧渔业总产值 是以货币表现的农、林、牧、渔业全部产品的总量，它反映一定时期内农业生产总规模和总成果。

农、林、牧、渔业的统计范围包括国有经济的各种专业农(农、林、牧、渔)场以及国家各级机关团体学校、部队；集体所有制的乡、镇、村各级办农场；工矿企业经营的农、林、牧、渔业，农村各种经济组织和农户经营的农林牧渔业的农民家庭兼营的商品性工业等。

(1)**农业** 包括种植业和其他农业。

种植业 包括谷物、豆类、薯类、棉、油料、糖料、麻类、烟叶、蔬菜、药材、瓜类和其他农作物的种植，以及茶园、桑园、果园的生产经营。

其他农业 包括采集野生植物的果实、纤维、树胶、树脂、油料以及柴草、野生药材、菌类等及农民家庭兼营的商品性工业。

(2)**林业** 包括林木的栽培(不包括茶园、桑园和果园的栽培、管理和收获等活动)、林产品的采集和村及村以下合作经济组织和农户的竹木采伐。

(3)**牧业** 包括除渔业养殖以外的一切动物饲养和放牧以及野生动物的捕猎和饲养。

(4)**渔业** 包括水生动物和海藻类植物的养殖和捕捞。

农业总产值的计算方法通常是按农林牧渔业产品及其副产品的产量分别乘以各自单位产品价格求得，少数生产周期较长，当年没有产品或产品产量不易统计的，则采用间接方法匡算其产值，然后将四业产品产值相加即为农业总产值。

1957 年以前的农业总产值中包括了厩肥和农民自给性手工业(如农民自制衣服、鞋、袜，自己从事粮食初步

加工等)。1958 年及以后的农业总产值，林业中增加了村及村以下竹木采伐产值；牧业中取消费厩肥产值；副业中取消了农民自给性手工业产值，增加了村及村以下办的工业产值；渔业中增加了海洋捕捞水产品产值。1980 年及以后的农业总产值，在副业中增加了农民家庭兼营工业商品部分的产值。从 1984 年起村及村以下办工业产值划归工业。从 1993 年起，取消副业。将野生动物的捕猎划入牧业，野生植物采集和农民家庭兼营商品性工业划归农业。

粮食产量 指全社会的产量。包括国有经济经营的、集体统一经营的和农民家庭经营的粮食产量，还包括工矿企业办的农场和其他生产单位的产量。粮食除包括稻谷、小麦、玉米、高粱、谷子及其他杂粮外，还包括薯类和豆类。其产量计算方法，豆类按去豆荚后的干豆计算；薯类(包括甘薯和马铃薯，不包括芋头和木薯)1963 年以前按每 4 公斤鲜薯折 1 公斤粮食计算，从 1964 年开始及以后改为按 5 公斤鲜薯折 1 公斤粮食计算。城市郊区作为蔬菜的薯类(如：马铃薯等)按鲜品计算，并且不做为粮食统计。其他粮食一律按脱粒后的原粮计算。

水产品产量 指人工养殖的水产品和天然生长的水产品的捕捞量。包括海水的鱼类、虾蟹类、贝类和藻类以及内陆水域的鱼类、虾蟹类和贝类，不包括淡水生植物。

猪、牛、羊肉产量 指当年出栏并已屠宰后除去头蹄下水后带骨肉(即胴体重)的重量。

灌溉面积 指具有一定的水源，地块比较平整，灌溉工程或设备已经配套，在一般年景下当年能够进行正常灌溉的耕地面积。

农用化肥施用量 指本年内实际用于农业生产的化肥数量。包括氮肥、磷肥、钾肥和复合肥。化肥施用量要求按折纯量计算数量。折纯法化肥施用量是把氮肥、磷肥和钾肥分别按含氮、含五氧化二磷、含氧化钾的百分之一百成份折算后的数量。复合肥按其所含主要成分折算。

工业 指从事自然资源的开采，对采掘品和农产品进行加工和再加工的物质生产部门。具体包括：⑴对自然资源的开采，如采矿、晒盐、森林采伐等(但不包括禽兽捕猎和水产捕捞)；⑵对农副产品的加工、再加工，如粮油加工、食品加工、轧花、缫丝、纺织、制革等；⑶对采掘品的加工、再加工，如炼铁、炼钢、化工生产、石油加工、机器制造、木材加工等，以及电力、自来水、煤气的生产和供应等；⑷对工业品的修理、翻新，如机器设备的修理、交通运输工具(包括小卧车)的修理等。

工业统计调查单位 工业统计调查单位分为两类：独立核算法人工业企业和工业活动单位。

(1)**独立核算法人工业企业** 是指从事工业生产经营活动的单位。独立核算法人工业企业应同时具备以下条件：①依法成立，有自己的名称、组织机构和场所，能够承担民事责任；②独立拥有和使用资产，承担负债，有权与其他单位签订合同；③独立核算盈亏，并能够编制资产负债表。

(2)**工业活动单位** 是指在一个场所从事一种或主要从事一种工业生产活动的经济单位。它包括独立核算工业企业按主营业务活动(即工业生产活动)划分的主营业务活动单位和非工业企业所属的工业生产活动单位(即原非独立核算工业生产单位)。工业活动单位，一般应同时具备以下三个条件：①具有一个场所，从事一种或主要从事一种工业活动；②单独组织工业生产、经营或业务活动；③单独核算收入和支出。

国有经济工业(即过去的全民所有制工业或国营工业)指生产资料归国家所有的一种经济类型。包括中央和地方各级国家机关、部队、科研机构、学校、人民团体和国有经济企事业单位等举办的国有经济工业。1957 年以前的公私合营和私营工业，后均改造为国营工业，1992 年改为国有工业，这部分工业的资料不单独分列时，均包括在国有工业内。

集体经济工业 指生产资料归公民集体所有的一种经济类型，是社会主义公有制经济的组成部分。包括城乡所有使用集体投资举办的企业，以及部分个人通过集资自愿放弃所有权并依法经工商行政管理机关认定为集体所有制的企业。

其他经济类型工业 指除国有经济、集体经济、私营经济、个体经济、联营经济以外的其他经济类型工业企业(单位)。包括股份制经济(股份有限公司，有限责任公司)；外商投资经济(中外合资经营、中外合作经营、外资企业)；港、澳、台投资经济(与大陆合资经营、与大陆合作经营、港、澳、台资企业)及其他经济类型的工业。

轻工业 指主要提供生活消费品和制作手工工具的

工业。按其所使用的原料不同，可分为两大类：(1)以农产品为原料的轻工业，是指直接或间接以农产品为基本原料的工业。主要包括食品制造、饮料制造、烟草加工、纺织、缝纫、皮革和毛皮制作、造纸以及印刷等工业；(2)以非农产品为原料的轻工业，是指以工业品为原料的轻工业。主要包括文教体育用品、化学药品制造、合成纤维制造、日用化学制品、日用玻璃制品、日用金属制品、手工工具制造、医疗器械制造、文化和办公用机械制造等工业。

重工业 是指为国民经济各部门提供物质技术基础的主要生产资料的工业。按其生产性质和产品用途，可以分为下列三类：(1)采掘(伐)工业，是指对自然资源的开采，包括石油开采、煤炭开采、金属矿开采、非金属矿开采和木材采伐等工业；(2)原材料工业，指向国民经济各部门提供基本材料、动力和燃料的工业。包括金属冶炼及加工、炼焦及焦炭化学、化工原料、水泥、人造板以及电力、石油和煤炭加工等工业；(3)加工工业，是指对工业原材料进行再加工制造的工业。包括装备国民经济各部门的机械设备制造工业、金属结构、水泥制品等工业，以及为农业提供的生产资料如化肥、农药等工业。

根据上述划分原则，修理业中以重工业产品为修理作业对象的划为重工业，反之划为轻工业。

工业总产值 是以货币表现的工业企业在一定时期内生产的已出售或可供出售工业产品总量，它反映一定时间内工业生产的总规模和总水平。它包括：在本企业内不再进行加工，经检验、包装入库(规定不需包装的产品除外)的成品价值，工业性作业价值，自制半成品、在产品期末初差额价值。工业总产值采用“工厂法”计算，即以工业企业作为一个整体，按企业工业生产活动的最终成果来计算，企业内部不允许重复计算，不能把企业内部各个车间(分厂)生产的成果相加。但在企业之间、行业之间、地区之间存在着重复计算。

轻重工业总产值的划分也是按“工厂法”计算的，即一个工业企业在正常情况下生产的主要产品的性质属于轻工业，则该企业的全部总产值作为轻工业总产值；一个工业企业生产的主要产品的性质属于重工业，则该企业的全部总产值作为重工业总产值。

工业增加值 是指工业行业在报告期内以货币表现的工业生产活动的最终成果。

固定资产原价 固定资产原值指企业在建造、购置、安装、改建、扩建、技术改造某项固定资产时所支出的全部货币总额。它一般包括买价、包装费、运杂费和安装费等。

固定资产净值 是指固定资产原价减去历年已提折旧额后的净额。

利税总额 指企业利润总额、产品销售税金及附加和应交增值税之和。

产品销售收入 指企业销售产品的销售收入和提供劳务等主要经营业务取得的业务总额。

产品销售税金及附加 指企业销售产品和提供工业性劳务等主要经营业务应负担的城市维护建设税、消费税、资源税和教育费附加。

产值利税率 指报告期已实现的利润、税金总额(包括利润总额、产品销售税金及附加和应交增值税)占同期全部工业总产值的百分比，计算公式为：

$$\text{产值利税率}(\%)=\frac{\text{利税总额}}{\text{工业总产值}}\times 100\%$$

全员劳动生产率 指根据产品的价值量指标计算的平均每一个职工在单位时间内的产品生产量。是考核企业经济活动的重要指标，是企业生产技术水平、经营管理水平、职工技术熟练程度和劳动积极性的综合表现。目前我国的全员劳动生产率是将工业企业的工业增加值除以同一时期全部职工的平均人数来计算的。计算公式：

$$\text{全员劳动生产率}=\frac{\text{工业增加值}}{\text{全部职工平均人数}}$$

为了使各年度的全员劳动生产率数字可以比较，1990年以前各年的全员劳动生产率均按指数换算成1990年不变价格。

总负债 指企业承担并需要偿还的全部债务。包括流动负债和长期负债、递延税项等，即为企业资产负债表的负债合计项。

(1)**流动负债** 指企业在一年内或者超过一年的一个营业周期内需要偿还的债务合计，其中包括短期借款、应付及预收款项、应付工资、应交税金和应交利润等。

(2)**长期负债**　指企业在一年以上或者超过一年的一个生产周期以上需要偿还的债务合计，其中包括长期借款、应付债务、长期应付款项等。

所有者权益　指企业投资人对企业净资产的所有权。企业净资产等于企业全部资产减去全部负债后的余额，其中包括投资者对企业的最初投入，以及资本公积金、盈余公积金和未分配利润，对股份制企业即为股东权益。

货(客)运量　指在一定时期内，各种运输工具实际运送的货物(旅客)数量。是反映运输业为国民经济和人民生活服务的数量指标，也是制定和检查运输生产计划，研究运输发展规模和速度的重要指标。货运按吨计算，客运按人计算。货物不论运输距离长短，货物类别，均按实际重量统计；旅客不论行程远近或票价多少，均按一人一次作为客运量统计。半价票、小孩票也按一人统计。

货物(旅客)周转量　指在一定时期内，由各种运输工具运送的货物（旅客）数量与其相应运输距离的乘积之总和；是反映运输业生产总成果的重要指标，也是编制和检查运输生产计划，计算运输效率、劳动生产率以及核算运输单位成本的主要基础资料。通常以吨公里和人公里为计算单位。计算货物周转量通常按发出站与到达站之间的最短距离，也就是计费距离计算。

邮电业务总量　指以货币表现的邮电部门用于传递信息和提供其他邮电服务的总数量。它综合反映了一定时期邮电工作的总成果，是研究邮电业务量构成和发展趋势的重要指标。根据邮电管理体制不同，分为中央国营业务总量和地方国营业务总量。它用各种邮电分类业务量，如函件件数、电报份数、长话张数、市内电话和农村电话的年均户数、订销报刊累计份数等，分别乘以相应的平均单价(不变价)，加总后再加上出租电路和设备的收入、代用户维护电话交换机和线路等设备的收入、其他业务收入求得。

市内电话　指接入县城(包括个别城镇)及县以上城市的市内电话网上，并按市内电话进行经营管理的电话。按计费办法分为包月制和计次制两种。

(1)**住宅电话**　指话机装在居民住宅里的电话。它包括私人付费、 公费和免费三个部分。

(2)**私人付费电话**　指住宅居民自费安装并自己缴纳通话费的电话。

无线寻呼电话用户　指携带小型寻呼机，接收市话用户通过无线寻呼中心，在规定范围内向其发出声音、数字或文字显示信息的用户。目前在邮电部门办理登记手续的无线寻呼电话用户，每一部寻呼机按一户计算。

移动电话用户　指在邮电部门登记，通过移动电话交换机进入移动电话网、占有移动电话号码的电话用户。用户数量以实际办理登记手续进入邮电部门移动电话网的户数进行计算，一部或一台移动电话统计为一户。

全社会固定资产投资　固定资产投资是社会固定资产再生产的主要手段。通过建造和购置固定资产的活动，国民经济不断采用先进技术装备，建立新兴部门，进一步调整经济结构和生产力的地区分布，增强经济实力，为改善人民物质文化生活创造物质条件。这对我国的社会主义现代化建设具有重要意义。

固定资产投资额　是以货币表现的建造和购置固定资产活动的工作量，它是反映固定资产投资规模、速度、比例关系和使用方向的综合性指标。全社会固定资产投资包括国有经济单位投资、城乡集体经济单位投资、其他各种经济类型的单位投资和城乡居民个人投资。按照我国现行计划管理体制，全社会固定资产投资总额分为基本建设、更新改造、房地产开发投资和其他固定资产投资四个部分；城乡集体经济单位投资包括城镇集体所有制单位投资和农村集体所有制单位投资；其他各种经济类型单位投资包括联营经济、股份制经济、中外合资经营、中外合作经营、外资、与大陆合资经营、与大陆合作经营、港澳台独资及其他经济的单位投资。城乡居民个人投资包括城市、县城、镇、工矿区所辖范围内的个人建房和农村个人建房及购买生产性固定资产的投资。

基本建设投资　基本建设是企业、事业、 行政单位以扩大生产能力或工程效益为主要目的的新建、扩建工程及有关工作。包括(1) 列入中央和各级地方本年基本建设计划的建设项目，以及虽未列入本年基本建设计划，但使用以前年度基建计划内结转投资(包括利用基建设备材料)在本年继续施工的建设项目；(2) 本年基本建设计划内投资与更新改造计划内投资结合安排的新建项目和新增生产能力(或工程效益)达到大中型项目标准的扩建项目，以及为改变生产力布局而进行的全厂性迁建项目；(3)国有单位既未入基建计划， 也未列入更新改造计划的总投资在5万元以上的新建、扩建、恢复项目和为改变生产力布局而进行的全厂性迁建项目，以及行政、事业单位增建业务用房和行政单位增建生活福利设施的项目。

更新改造投资 更新改造是指企业、事业单位对原有设施进行固定资产更新和技术改造，以及相应配套的工程和有关工作(不包括大修理和维护工程)。包括：(1) 列入中央和各级地方本年更新改造计划的项目和虽未列入本年更新改造计划，但使用上年更新改造计划内结转的投资在本年继续施工的项目；(2)本年更新改造计划内投资与基本建设计划内投资结合安排的对企、事业单位原有设施进行技术改造或更新的项目，和增建主要生产车间、分厂等其新增生产能力(或工程效益)未达到大中型项目标准的项目，以及由于城市环境保护和安全生产的需要而进行的迁建工作；(3)国有企、事业单位既未列入基建计划也未列入更新改造计划，总投资在5万元以上的属于改建或更新改造性质的项目，以及由于城市环境保护和安全生产的需要而进行的迁建工程。

房地产开发投资 包括各种经济类型的房地产开发公司、商品房建设公司及其他房地产开发单位统一开发的包括统代建、拆迁还建的住宅、厂房、仓库、饭店、宾馆、度假村、写字楼、办公楼等房屋建筑物和配套的服务设施、土地开发工程，如道路、给水、排水、供电、供热、通讯、平整场地等基础设施工程的投资。包括非房地产企业实际从事房地产开发或经营活动，不包括单纯的土地交易活动。

新增生产能力 指通过固定资产投资活动而增加的设计能力或工程效益，它是用实物形态表示的固定资产投资的成果。新增生产能力的计算，是以能独立发挥生产能力或效益的单项工程(或项目)为对象。当单项工程(或项目)建成，经有关部门鉴定合格，正式移交投入生产，即可计算新增生产能力。

新增生产能力或工程效益有以下几种表现形式：

(1)以建设项目或单位工程建成后的年产能力表示。如煤炭开采、石油开采等。

(2)以建设项目或单项工程建成后处理原料的能力表示。如选矿工程的年处理矿石能力，洗煤厂年洗原煤能力等。

(3)以新增的主要设备数量或容量表示。如棉纺锭枚数，发电机组容量等。

(4)以建筑物容积、容量、面积或长度表示。如水库容量、铁路公路里程等。

新增生产能力的数量一般按设计能力计算。设计能力是指设计文件中规定的在正常情况下能够达到的生产能力，而不论投产后的实际产量如何。以设备数量、建筑物容积、面积、长度等表示的新增生产能力(或效益)，则按建成的实际数量计算。

施工和竣工房屋建筑面积 房屋建筑面积是从房屋外墙线算起的各层平面面积的总和，包括房屋结构(如柱、墙)占用的面积和地下室面积。多层建筑按各自然层面积总和计算，包括房屋内的楼隔层，突出墙面的眺望间、门斗、有柱雨罩的面积。不包括突出墙面结构的构件、艺术装饰等所占的面积，如台阶等。凹阳台、挑阳台按其水平投影面积一半计算建筑面积。

住宅建筑面积 指施工和竣工房屋建筑面积中供居住用的施工和竣工房屋建筑面积。

竣工面积 指在报告期内房屋建筑按照设计要求已全部完工，达到住人和使用条件，经验收鉴定合格，正式移交使用单位的建筑面积。

房屋建筑面积竣工率 指一定时期内房屋竣工面积占同期房屋施工面积的比率。它是从房屋建筑施工速度的角度反映投资效果和建筑业经济效益的指标。

新增固定资产 指通过投资活动所形成的新的固定资产价值。包括已经建成投入生产或交付使用的工程价值和达到固定资产标准的设备、工程、器具的价值及有关应摊入的费用。它是以价值形式表示的固定资产投资成果的综合性指标，可以综合反映不同时期、不同部门、不同地区的固定资产投资成果。

建设项目投产率 指一定时期内全部建成投入生产项目个数占同期正式施工项目个数的比率。它是从项目建设速度的角度反映投资效果的指标。

固定资产交付使用率 指一定时期新增固定资产与同期完成投资额的比率。它是反映各个时期固定资产动用速度，衡量建设过程中投资效果的一个综合性指标。

年底自来水生产能力 指年底城建部门管理的自来水厂和自备水源的社会单位取水、净化、送水、出厂输水干管等环节的实际生产能力。

年底供水管道长度　指从送水泵到用户水表之间所有管道的长度。

全年供水总量　指公用自来水厂和自备水源的社会单位全年的供水总量，包括有效供水量及损失水量。

生活用水量　指居民日常生活与公共福利设施的用水量。包括居民、饮食店、旅馆、医院、理发店、浴池、洗衣店、游泳池、商店、学校、机关、部队等单位的用水量。

城市人口用水普及率　指城市用水的非农业人口数（不包括临时人口和流动人口）与城市非农业人口总数之比。计算公式：

用水普及率＝(城市用水的非农业人口数÷城市非农业人口数)×100%

全年供气总量　指全年售给各类用户的全部煤气量。包括工业用量、家庭用量和其他用量。

城市用气普及率　指使用煤气(包括人工煤气、液化石油气、天然气）的城市非农业人口数(不包括临时人口和流动人口)与城市非农业人口总数之比。计算公式：

$$城市煤气普及率=\frac{城市用气的非农业人口数}{城市非农业人口总数}$$

年底实有铺装道路长度　指除土路外，路面经过铺装宽度在3．5米以上的道路，包括高级、次高级道路和普通道路。

城市下水道总长度　指所有排水总管、干管、支管及暗渠、检查井、连接井进出水口等长度之和。

城市污水日处理能力　指污水处理厂每昼夜处理污水量的设计能力。

年末实有公共汽(电)车　指年底可参加营运的全部车辆数，包括年底营运车辆数和库存查封未参加营运的车辆，不包括非营运车辆，如架线车、油罐车、工程车、货车及其他专用车辆和借人的客运车辆。

城市园林绿地面积　指城市公共绿地、专用绿地、生产绿地、防护绿地、郊区风景名胜区的全部面积。

公共绿地　指供游览休息的各种公园、动物园、植物园、陵园以及花园、游园和供游览休息用的林荫道绿地、广场绿地。不包括一般栽植的行道树及林荫道的面积。

能源生产总量　指一定时期内全国(地区)一次能源生产量的总和，是观察全国(地区)能源生产水平、规模、构成和发展速度的总量指标。一次能源生产量包括原煤、原油、天然气、水电及其他动力能(如风能、地热能等)发电量。不包括低热值燃料生产量、生物质能、太阳能等的利用和由一次能源加工转换而成的二次能源产量。

能源消费总量　指一定时期内全国(地区)物质生产部门、非物质生产部门和生活消费的各种能源的总和，是观察能源消费水平、构成和增长速度的总量指标，能源消费总量包括原煤和原油及其制品、天然气、电力。不包括低热值燃料、生物质能和太阳能等的利用。能源消费总量分为三部分，即终端能源消费量、能源加工转换损失量和损失量。

(1)终端能源消费量　指一定时期内全国(地区)物质生产部门、非物质生产部门和生活消费的各种能源在扣除了用于加工转换二次能源消费量和损失量以后的数量。

(2)能源加工转换损失量　指一定时期内全国(地区)投入加工转换的各种能源数量之和与产出各种能源产品之和的差额。它是观察能源在加工转换过程中损失量变化的指标。

(3)能源损失量　指一定时期内能源在输送、分配、储存过程中发生的损失和由客观原因造成的各种损失量。不包括各种气体能源放空、放散量。

社会消费品零售额　指各种经济类型的批发零售贸易业、餐饮业、制造业和其他行业对城乡居民和社会集团的消费品零售额。这个指标反映通过各种商品流通渠道向居民和社会集团供应的生活消费品来满足他们生活需要，是研究人民生活，社会消费品购买力、货币流通等问题的重要指标。社会消费品零售额包括：(1)售给城乡居民作为生活用的商品和修建房屋用的建筑材料；(2)售给机关、团体、学校、部队、企业、事业单位的职工食堂和旅店(招待所)附设专门供本店旅客食用，不对外营业的食堂的各种食品、燃料；企业、单位和国营农场直接售给本单位职工和职工食堂的自己生产的产品；(3)售给部队干部、战士生活用的粮食、副食品、衣着品、日用品、燃料；(4)售给来华的外国人、华侨、港澳台同胞的消费品；(5)居民自费购买的中、西药品、中药材及医疗用品；(6)报社、出版社直接售给居民和社会集团的报纸、图书、杂志、集邮公司出售的新、旧纪念邮票、特种邮票、首日封、集邮册、集邮工具等；(7)旧货寄售商店自购、自销部分的商品；(8)煤气公司、液化石油气站售给居民和社会集团的煤气灶具和罐装液化石油气；(9)农民售给非农业居民和社会集团的商品。不包括售给国民经济各部门企业、事业单位(包括国有经济的农场)生产经营用的各种原料、燃料、设备、工具等和给批发零售贸易业、餐饮业作为转卖用的商品、旧货寄售商店受托寄售卖出的商品、服务业的营业收入、邮局出售邮票的收入、自来水、电力、煤气生产(供应)单位的产品供应收入，也不包括农民之间的商品销售。

批发零销贸易业商品购、销、存总额 指以各种经济类型的批发、零售贸易业(不包括个体)为总体的商品购、销、存。

商品购进总额 指从本企业(单位)以外的单位和个人购进(包括从国外直接进口)作为转卖或加工后转卖的商品。这个指标反映批发零售贸易业从国内、国外市场上购进商品的总量。商品购进总额包括：(1)从工农业生产者购进的商品；(2)从出版社、报社的出版发行部门购进的图书、杂志和报纸；(3)从各种经济类型的批发零售贸易企业(单位)购进的商品；(4)从其他单位购进的商品，如从机关、团体、企业、单位购进的剩余物资，从餐饮业、服务业购进的商品，从海关、市场管理部门购进的缉私和没收的商品，从居民收购的废旧商品等；(5)从国(境)外直接进口的商品。不包括企业(单位)为自身经营用，和未通过买卖行为而收入的商品以及销售退回、商品升溢等。

商品销售总额 指对本企业(单位)以外的单位和个人出售(包括对国(境)外直接出口)的商品。这个指标反映批发零售贸易业在国内市场上销售商品以及出口商品的总量。商品销售总额包括：(1)售给城乡居民和社会集团消费用的商品；(2)售给工业、农业、建筑业、运输邮电业、批发零售贸易业、餐饮业、服务业等作为生产、经营使用的商品；(3)售给批发零售贸易业作为转卖或加工后转卖的商品；(4)对国(境)外直接出口的商品。不包括：出售本企业(单位)自用的废旧包装用品，未通过买卖行为付出的商品，经本单位介绍，由买卖双方直接结算，本单位只收取手续费的业务，购货退出的商品以及商品损耗和损失等。

城乡集市贸易成交额 指在农村集市和城市集市上买卖双方(包括农民、非农业居民、机关、团体、工商企业、个体商贩)成交的全部商品金额，是反映集市贸易规模的综合性指标。

批零贸易业法人机构 指独立核算批发零售贸易业、餐饮业法人企业。独立核算法人批发零售贸易企业、餐饮企业应同时具备以下条件：

(1)依法成立，有自己的名称、组织机构和场所，能够承担民事责任；

(2)独立拥有和使用(或授权使用)资产，承担负债，有权与其他单位签订合同；

(3)会计上独立核算，并能编制资产负债表。

批零贸易业网点 指本批发零售贸易企业(单位)设立的从事批发、零售贸易业务的自然单位[包括本企业(单位)自身]，凡具有独立固定的营业场所，配备一定的业务人员，不论单位大小，不论是否单独核算，均按自然网点计算，即有一个点就算一个网点。不包括同一营业场所内各柜组以及派出的流动推销小组，流动售货车等。

城市居民消费价格指数

是反映城市居民所购买的生活消费品和服务项目价格变动趋势及其程度的相对数。编制城市居民消费价格指数，可以观察和分析消费品的零售价格和服务项目价格变动对职工货币工资的影响，作为研究职工生活和确定工资政策的依据。

利用外资 指我国各级政府、部门、企业和其他经济组织通过对外借款、吸收外商直接投资以及用其他方式筹措的境外现汇、设备、技术等。

对外借款 是我国利用外资的主要部分。包括我国通过外国政府贷款，国际金融组织贷款，外国银行商业贷款，出口信贷以及对外发行债券，股票等方式，从境外筹措的资金。

外商直接投资 是指外国企业和经济组织或个人(包括华侨、港澳台胞以及我国在境外注册的企业)按我国有关政策、法规，用现汇、实物、技术等在我国境内开办外商独资企业、与我国境内的企业或经济组织共同举办中外合资经营企业、合作经营企业或作合作开发资源的投资(包括外商投资收益的再投资)以及经政府有关部门批准的项目投资总额内，企业从境外借入的资金。

旅游人数　指来我国参观、访问、旅行、探亲、访友、休养、考察、参加会议和从事经济、科技、文化、教育、体育、宗教等活动的外国人、华侨、港澳和台湾同胞的人数。不包括外国在我国的常住机构，如使领馆、通讯社、企业办事处的工作人员；来我国常驻的外国专家、留学生以及在岸逗留不过夜人员。

国际旅游(外汇)收入　指入境旅游的外国人、华侨、港澳台同胞在中国大陆旅游过程中发生的一切旅游支出，对于国家来说就是国际旅游(外汇)收入。

进出口总额　海关进出口总额指实际进出我国国境的货物总金额。包括对外贸易实际进出口货物，来料加工装配进出口货物，国家间、联合国及国际组织无偿援助物资和赠送品，华侨、港澳台同胞和外籍华人捐赠品，租赁期满归承租人所有的租赁货物，进料加工进出口货物，边境地方贸易及边境地区小额贸易进出口货物(边民互市贸易除外)，中外合资经营企业、中外合作经营企业、外商独资经营企业进出口货物和公用物品，到、离岸价格在规定限额以上的进出口货样和广告品(无商业价值、无使用价值和免费提供出口的除外)，从保税仓库提取在中国境内销售的进口货物，以及其他进出口货物。进出口总额用以观察一个国家在对外贸易方面的总规模。我国规定出口货物按离岸价格统计，进口货物按到岸价格统计。

财政收入　国家财政参与社会产品分配所取得的收入，是实现国家职能的财力保证。财政收入所包括的内容几经变化，目前主要包括：

(1)**各项税收**　包括增值税、营业税、消费税、土地增值税、城市维护建设税、资源税、城市土地使用税、印花税、固定资产投资方向调节税、个人所得税、企业所得税、关税、农牧业税和耕地占用税等。

(2)**专项收入**　包括征收排污费、征收城市水资源费收入，教育费附加收入等。

(3)**其他收入**　包括基本建设贷款归还收入、国家能源交通重点建设基金收入、国家预算调节基金等。

(4)**国有企业计划亏损补贴**　这项为负收入，冲减财政收入。

中央财政收入和地方财政收入　按财政体制划分的中央本级收入和地方本级收入。1994 年分税制财政体制以后，属于中央财政的收入包括关税、海关代征消费税和增值税，消费税，中央企业所得税，地方银行和外资银行及非银行金融企业所得税，铁道、银行总行、保险总公司等集中缴纳的营业税、所得税、利润和城市维护建设税，增值税的 75%部分，海洋石油资源税和证券(印花)税 50%部分。属于地方财政的收入包括营业税，地方企业所得税，个人所得税，城镇土地使用税，固定资产投资方向调节税，城镇维护建设税，房产税，车船使用税，印花税，屠宰税，农牧业税，农业特产税，耕地占用税，契税，增值税 25%部分，证券交易税(印花税)的 50%部分和除海洋石油资源税以外的其他资源税。

中央财政支出和地方财政支出　根据政府在经济和社会活动中的不同职责，划分中央和地方政府的责权，按照政府的责权划分确定的支出。中央财政支出包括国防支出，武装警察部队支出，中央级行政管理费和各项事业费，重点建设支出以及中央政府调整国民经济结构、协调地区发展，实施宏观调控的支出。地方财政支出主要包括地方行政管理和各项事业费，地方统筹的基本建设、技术改造支出，支援农村生产支出，城市维护和建设经费，价格补贴支出等。

预算外资金收支　预算外资金是有关单位凭借国家权力或由国家授权而取得的没有纳入国家预算管理的财政性资金。其收入包括地方财政部门的各项附加收入，集中事业收入，专项收入等，事业行政单位的专用基金，经营性服务纯收入，行政事业性收费，专项资金，中小学勤工俭学收入，税收分成等。其支出包括固定资产投资支出，城市维护支出，福利奖励支出，行政事业支出等。

信贷资金　国家银行用于发放贷款的资金叫信贷资金。中国人民银行信贷资金的来源有各项存款、对国际金融机构负债、流通中货币、银行自有资金及当年结益等。信贷资金的运用有各项贷款、黄金占款、外汇占款、财政借款及在国际金融机构中的资产等。

存款　企业、机关、团体或居民根据可以收回的原则，把货币资金存入银行或其他信用机构保管并取得一定利息的一种信用活动形式。根据存款对象的不同可划分为企业存款、财政存款、机关团体存款、基本建设存款、城镇储蓄存款、农村存款等科目。它是银行信贷资金的主要来源。

城乡居民储蓄存款余额　包括城镇居民储蓄存款和

农民个人储蓄存款两部分。不包括居民的手存现金和工矿企业、部队、机关团体等集团存款。储蓄存款余额，是指城乡居民存入银行及农村信用社储蓄的时点数(存入数扣除取出数的余额)，如月末、季末或年末数额。

贷款 银行或其他信用机构根据必须归还的原则，按一定利率，为企业、个人等提供资金的一种信用活动形式。我国银行贷款分为流动资金贷款、固定资产贷款、城乡个体工商户贷款以及农业贷款等科目。

承保额 又叫保险金额。它是保险人对被保险人负提损失补偿或约定给付的金额。它是保险合同上的最高责任额，也是计算保费的依据。

保费 又叫保险费。是保险人根据保险合同的有关规定，为被保险人取得因约定危险事故发生所造成的经济损失补偿(或给付)权利，付给保险人的代价。包括财产险和人身险储金收入。

赔款 保险事故发生后，经查证确属保险责任范围以内的保险标的损失，保险人根据保险合同的规定履行赔偿义务，给予被保险人的款项叫做赔款。赔款可分为已决赔款和未决赔款两种。

普通高等学校 指按照国家规定的设置标准和审批程序批准举办，通过国家统一招生考试，招收高中毕业生为主要培养对象，实施高等教育的全日制大学、独立设置的学院和高等专科学校、短期职业大学。

成人高等学校 指按照国家有关规定审批，招收通过全国成人高教统一招生考试的具有高中毕业或同等学历的在职从业人员利用脱产、半脱产、业余或函授等多种形式对其实施高等学历教育，培养高等教育专科或本科毕业水平的专门人才，修业年限、课程设置和总学时数均按高等学历教育要求付诸实施的学校。包括广播电视大学、职工高等学校、民高等学校、管理干部学院、教育学院、独立设置的函授学院等。

小学学龄儿童入学率 指调查范围内已入小学学习的学龄儿童占校内外学龄儿童总数(包括弱智儿童在内，但不包括聋哑儿童)的比重。计算公式：

$$\text{学龄儿童入学率}=\frac{\text{已入学的小学学龄儿童数}}{\text{校内外小学学龄儿童总数}}\times 100\%$$

科学家和工程师 指具有大学本科及以上学历的和不具备上述学历但有高、中级职称的人员。

其他科技人员 指大专、中专毕业和具有初级职称的从事科技活动人员。

专业技术人员 指已取得科学技术职称，或大学、中专的理、工、农、医科系毕业生，以及国民经济各部门从工作实践中提拔，从事理、工、农、医等自然科学技术的研究、教学、生产的专业人员和在机关、企业、事业中从事科学技术业务管理工作的专业人员。

文化事业机构 指从事专业文化工作和为专业文化工作服务的独立建制的单独核算的单位。不包括这些单位另外举办独立核算的其他机构和各部门的业余文化组织。

艺术表演团体 指从事戏曲、音乐、舞蹈、杂技等专业艺术表演，有独立帐户，实行单独核算的团体。不包括半工半艺、半农半艺和民间职业剧团。

电影放映单位 指具有放映机器设备、固定或不固定的放映场所与专职或兼职的放映技术人员，经有关部门登记批准，经常为一定的观众对象放映电影的机构。包括经批准对外开放进行营业，并与电影发行放映管理机构分帐的专用放映单位和军委系统租片单位。

艺术表演观众人数(人次) 指售票、包场演出或民族地区免费演出的艺术表演观众人次数。不包括彩排审查和内部观摩演出的观看人次数。

等级运动员人数 指经考核正式批准授予等级运动员称号的人数。运动员等级分别为国际级运动健将、运动健将、一级运动员、二级运动员、三级运动员、少年级运动员。

等级裁判员人数 指经考核正式批准授予等级裁判员称号的人数。裁判员等级分为国际裁判、国家级裁判、一级裁判、二级裁判、三级裁判。

体育场 指有400米跑道(中心含足球场)，有固定道牙，跑道6条以上，并有固定看台的室外田径场地。以看台容纳观众人数分：甲级 25000 人以上，乙级 15000-25000人，丙级5000-15000人，丁级5000人以下。

体育馆 指有固定看台，可供篮球、排球、羽毛球、乒乓球、体操等项目训练比赛活动用的室内运动场地。以看台容纳观众人数分：甲级6000人以上，乙级4000—6000人，丙级2000-4000人，丁级2000人以下。

医院 指名称为医院，设有固定床位能收容病人住院并能为病人提供医疗、护理服务的医疗机构。包括县及县以上医院、农村乡卫生院、其他医院三部分。按所属性质分为卫生部门、工业及其他部门，集体经济单位三类。其中县及县以上医院按业务性质分为综合医院和专科医院。

卫生技术人员 指卫生事业机构支付工资的全部固定职工和合同制职工中现任职务为卫生技术工作的专业人员。包括中医师、西医师、中西医结合高级医师、护师、中药师、西药师、检验师、其他技师、中医士、西医士、护士、助产士、中药剂士、西药剂士、检验士、其他技士、其他中医、护理员、中药剂员、西药剂员、检验员，其他初级卫生技术人员。

医生 指经卫生部门审查合格，从事医疗工作的专业人员。分为中医医生和西医医生。包括卫生技术人员中的中医师、西医师、中西结合高级医师、中医士、西医士和其他中医。

社会福利事业单位 指集中收养社会孤老、残、幼的机构。包括由民政部门管理的社会福利院、儿童福利院、精神病人福利院和城镇集体办的福利院，以及农村集体举办的的敬老院。

社会福利事业单位收养人数 包括民政部门管理的和城镇及农村集体举办的社会福利事业单位中收养的老人、少年儿童、缺乏生活自理能力的残疾人员和精神病人。

农村五保户 指农村中既无劳动能力，又无经济来源的老、弱、孤、残的农民生活由集体供养，实行保吃、保穿、保住、保医、保葬(孤儿保教)，简称："五保"。享受五保待遇的家庭叫五保户。

城镇居民家庭全部收入 指被调查城镇居民家庭全部的实际现金收入， 包括经常或固定得到的收入和一次性收入。不包括周转性收入，如提取银行存款、向亲友借入款、收回借出款以及其他各种暂收款。

城镇居民家庭可支配收入 指被调查城镇居民家庭在支付个人所得税之后，所余下的实际收入。

城镇居民家庭消费性支出 指被调查的城镇居民家庭用于日常生活的全部支出，包括购买商品支出和文化生活、服务等非商品性支出。不包括罚没、丢失款和缴纳的各种税款(如个人所得税、牌照税、房产税等)，也不包括个体劳动者生产经营过程中发生的各项费用。

城镇居民家庭购买商品支出 指被调查的城镇居民家庭购买商品的全部支出，包括从商店、工厂、饮食业、工作单位食堂、集市以及直接从农民购买各种商品的开支。共分九类：食品、衣着品、日用品、文化娱乐用品、书报杂志、药及医疗用品、房屋及建筑材料、燃料、其他商品。不论自用的或赠送亲友的都包括在内。

农村居民家庭纯收入 指农村常住居民家庭总收入中， 扣除从事生产和非生产经营费用支出、缴纳税款和上交承包集体任务金额以后剩余的，可直接用于进行生产性、非生产性建设投资、生活消费和积蓄的那一部分收入。它是反映农民家庭实际收入水平的综合性的主要指标。农民家庭纯收入，既包括从事生产性和非生产性的经营收入，又包括取自在外人口寄回带回和国家财政救济、各种补贴等非经营性收入；既包括货币收入，又包括自产自用的实物收入。但不包括向银行、信用社和向亲友借款等属于借贷性的收入。

中国统计出版社最新资料简目

中国统计年鉴-2005
中国统计摘要-2005
2005 中国发展报告
中国城市统计年鉴-2004
中国劳动统计年鉴-2005
中国人口统计年鉴-2005
中国工业经济统计年鉴-2005
中国市场统计年鉴-2005
2004 中国城市发展报告
中国建筑业统计年鉴-2004
中国价格及城镇居民家庭收支调查统计年鉴-2005
国际统计年鉴-2005
中国对外经济贸易统计年鉴-2004
中国基本单位统计年鉴-2004
中国民政统计年鉴-2005
中国高技术产业统计年鉴-2005
中国房地产行业名录
中国农村统计年鉴-2005
中国农村住户调查年鉴-2005（中文）
中国农村住户调查年鉴-2005（英文）
中国乡镇统计资料-2004
中国县（市）社会经济调查年鉴-2005
中国西部农村统计资料-2005
中国建建制镇统计资料-2005
中国农产品价格调查年鉴-2005
中国资金流量核算历史资料（1998-2002）
中国国民经济核算年鉴-2005

北京统计年鉴-2005
天津统计年鉴-2005
河北统计年鉴-2005
山西统计年鉴-2005
内蒙古统计年鉴-2005
辽宁统计年鉴-2005
吉林统计年鉴-2005
黑龙江统计年鉴-2005
上海统计年鉴-2005
江苏统计年鉴-2005
浙江统计年鉴-2005
安徽统计年鉴-2005
福建统计年鉴-2005
江西统计年鉴-2005
山东统计年鉴-2005
河南统计年鉴-2005
湖北统计年鉴-2005
湖南统计年鉴-2005
广东统计年鉴-2005
广西统计年鉴-2005
海南统计年鉴-2005
重庆统计年鉴-2005
四川统计年鉴-2005
贵州统计年鉴-2005
云南统计年鉴-2005
西藏统计年鉴-2005
陕西统计年鉴-2005
甘肃年鉴-2005
青海统计年鉴-2005
宁夏统计年鉴-2005
新疆统计年鉴-2005
新疆生产建设兵团统计年鉴-2005
石家庄统计年鉴-2005
唐山统计年鉴-2005
邯郸统计年鉴-2005
呼和浩特经济统计年鉴-2005
鄂尔多斯市统计年鉴-2005
包头统计年鉴-2005
赤峰统计年鉴-2005
沈阳统计年鉴-2005
大连统计年鉴-2005
鞍山统计年鉴-2005
长春统计年鉴-2005
吉林市社会经济统计年鉴-2005
四平统计年鉴-2005
延吉统计年鉴-2005
哈尔滨统计年鉴-2005
齐齐哈尔经济统计年鉴-2005
黑龙江恳区统计年鉴-2005
上海浦东新区统计年鉴-2005
南京统计年鉴-2005
苏州统计年鉴-2005
无锡统计年鉴-2005
常州统计年鉴-2005
徐州统计年鉴-2005
南通统计年鉴-2005
盐城统计年鉴-2005
镇江统计年鉴-2005
江阴统计年鉴-2005
杭州统计年鉴-2005
宁波统计年鉴-2005
绍兴统计年鉴-2005
台州统计年鉴-2005
舟山统计年鉴-2005
温州统计年鉴-2005
金华统计年鉴-2005
嘉兴统计年鉴-2005
安庆经济统计年鉴-2005
福州统计年鉴-2005
福州年鉴-2005
厦门经济特区年鉴-2005
福州经济技术开发区年鉴-2005
南昌经济社会统计年鉴-2005
上饶经济社会统计年鉴-2005
九江经济统计年鉴-2005
济南统计年鉴-2005
青岛统计年鉴-2005
潍坊统计年鉴-2005
淄博统计年鉴-2005
郑州统计年鉴-2005
洛阳统计年鉴-2005
三门峡统计年鉴-2005
南阳统计年鉴-2005
武汉统计年鉴-2005
宜昌统计年鉴-2005
十堰统计年鉴-2005
荆州统计年鉴-2005
长沙统计年鉴-2005
广州统计年鉴-2005
东莞统计年鉴-2005
惠州统计年鉴-2005
深圳统计年鉴-2005
南宁统计年鉴-2005
桂林经济社会统计年鉴-2005
柳州经济年鉴-2005
来宾统计年鉴-2003
河池地区经济社会统计年鉴-2005
海口统计年鉴-2005
成都统计年鉴-2005
贵阳统计年鉴-2005
昆明统计年鉴-2005
西安统计年鉴-2005
兰州统计年鉴-2005
西宁统计年鉴-2005
银川统计年鉴-2005
乌鲁木齐统计年鉴-2005
巴音郭楞统计年鉴-2005
吐鲁番统计年鉴-2005

编辑电话：（010）63262276 63266600-30607,30609
欲购以上图书请与中国统计出版社发行部联系。电话：（010）63459084 同椙行书店电话：68585978
通讯地址：北京市西城区三里河月坛南街 75 号。邮政编码：100826